长江上游航道整治建筑物水毁机理及监测修复技术

王平义　杨成渝　喻　涛
李　晶　张明进　付中敏　著

科学出版社
北　京

内容简介

本书以长江上游航道整治建筑物水毁为研究对象，统计分析了整治建筑物的水毁类型及特征。在此基础上，通过物理模型试验和数学模型计算，重点研究不同结构形式的丁坝的水力特性及水毁机理，深入分析了整治建筑物破坏与水流泥沙运动及河床冲淤的关系，给出了整治建筑物水毁监测及修复技术措施。这些研究成果发展和完善了航道整治建筑物水毁模拟方法、航道整治的理论与技术等，对航道整治与河道治理具有重要的参考价值和指导意义。

本书可供从事航道整治、河床演变、流域规划与管理等方面的科技人员及高等院校有关专业的师生参考。

图书在版编目(CIP)数据

长江上游航道整治建筑物水毁机理及监测修复技术 / 王平义等著. —北京：科学出版社，2015.12

ISBN 978-7-03-046732-4

Ⅰ.①长… Ⅱ.①王… Ⅲ.①长江-上游-航道整治-建筑物-水淹-研究②长江-上游-航道整治-建筑物-监测-研究③长江-上游-航道整治-建筑物-修复-研究 Ⅳ.①U617.9

中国版本图书馆 CIP 数据核字（2015）第 313663 号

责任编辑：杨 岭 唐 梅 / 责任印制：余少力
责任校对：韩雨舟 / 封面设计：墨创文化

科学出版社出版

北京东黄城根北街16号
邮政编码：100717
http://www.sciencep.com

成都创新包装印刷厂印刷

科学出版社发行 各地新华书店经销

*

2016 年 1 月第 一 版 开本：787×1092 1/16
2016 年 1 月第一次印刷 印张：15
字数：400 千字

定价：158.00 元

前　言

长江是我国内河水运最发达、运输规模最大和最为繁忙的通航河流，是长江流域综合运输体系中的主骨架，是长江沿江经济快速发展和沿江产业带形成的重要支撑。长江上游航道作为长江干线航道的重要组成部分，具有显著的战略地位和开发利用价值。随着重庆建设为长江上游航运中心、武汉建设为长江中游航运中心、上海建设为国际航运中心的进程加快以及三峡工程的蓄水运用，长江航运的整体畅通尤显重要。根据交通运输部确定的长江航道建设“深下游、畅中游、延上游”的总体思路，长江上游近期以解决枯水期通航不畅、进行滩险整治为重点，叙渝段是长江上游的严重碍航河段，也是长江上游系统整治的重要一环。由此，开展长江上游航道整治建筑物水毁及监测修复技术研究，弄清复杂水沙动力作用下航道水沙运动特点、滩险演变规律，揭示整治建筑物的破坏机理，提出水毁整治建筑物的监测修复技术，对于加快叙渝段航道整治工程实施步伐、确保航道整体畅通具有十分重要的意义。

为此，交通运输部在2009年批准由重庆交通大学承担，长江航道规划设计研究院、交通运输部天津水运工程科学研究所和长江泸州航道局等单位参加，开展“长江上游航道整治建筑物水毁及监测修复技术的研究”项目的研究工作。项目组先后采用调研总结、理论分析、水槽模型试验、数学模型计算和实际应用观测等研究手段，针对长江上游航道整治建筑物类型及水毁情况、丁坝水力特性及水毁机理、航道整治建筑物水毁预防及监测修复措施、航道整治建筑物三维数值模拟等关键问题进行了系统深入地研究。经对大量实例和资料分析及系统总结，对长江上游不同类型整治建筑物的水毁部位、水毁原因和特征得出了规律性的认识；通过水槽概化模型试验，采用先进的量测仪器和技术，首次系统、全面地揭示了不同断面形式丁坝周围的三维紊动强度、紊动能分布规律及丁坝不同部位的破坏机理；根据对冲刷坑影响因素的分析，对坝头形式与挑角系数进行修正，采用多元线性回归的方法得出了较符合实际的山区河流散抛石坝冲刷坑计算公式；建立了复杂水动力条件下非静压假定三维水流数学模型，对丁坝周围复杂三维水流结构及压强分布进行了精细模拟；在总结分析现有整治建筑物水毁及维修经验基础上，提出了不同的结构形式整治建筑物水毁预防监测及维修措施。项目研究与实际工程结合紧密，项目研究成果已在长江上游叙渝段航道整治及维护管理中应用，经济效益和社会效益显著，对类似山区河流航道整治工程具有借鉴意义。

本书为该项目的主要研究成果。全书共分7章，主要内容是：第1章“概论”，包括研究背景及目的，国内外研究现状等。第2章“长江上游航道整治建筑物类型及水毁情况”，主要介绍长江上游航道整治建筑物运行情况、水毁类别和破坏程度及影响因素等。第3章“概化模型试验设计及试验内容”，介绍了水槽概化模型试验的设计依据，并详细说明了定、动床试验方案及观测内容。第4章“丁坝水力特性”，主要介绍丁坝定床模型试验成果，包括丁坝周围水面线及流速分布、紊动特性等。第5章“丁坝水毁机理”，包括丁坝及床面水毁变形过程、丁坝不同部位水毁机理、冲刷坑的形成过程及确定方法、丁坝周围水流紊动与冲刷的关系及其对推移质输沙率的影响、不同结构形式丁坝稳定性及防冲措施等模型试验及理论分析成果。第 6 章“航道整治建筑物水毁的预防及监测修复措施”，包括不同类型的航道整治建筑物稳定性的预防措施、水毁监测措施、整治建筑物维修原则及修复措施等。第 7 章“航道整治建筑物三维水流数值模拟”，包括三维水流数学模型的建立与验证、原型水槽与概化数值水槽计算结果比较、丁坝三维数值模拟结果分析及实际工程丁坝三维水流计算分析等。

参加本项目研究及本书编写的重庆交通大学的人员主要有：王平义，杨成渝，喻涛，李晓玲，张秀芳，杨忠超，陈里，张可，苏伟，门永强，韩林峰，杨振华，张玉，郭根庭，胡杰龙，任晶轩等。长江航道规划设计研究院的主要人员有：付中敏，雷国平，郑惊涛，吴腾等。交通运输部天津水运工程科学研究所主要人员有：张明进，张华庆，王建军，康苏海，曹艳敏等。长江航道局的主要人员有：李晶，刘怀汉，赖珍宝，肖勇，唐诚，殷厚臣等。在项目研究过程中得到了交通运输部科技司、西部交通建设科技项目管理中心、交通运输部水运局、长江航道局等单位的领导和专家的关心及大力支持，在此深表感谢。

囿于撰写时间仓促，加之作者和研究者水平有限，书中难免存在不足之处，敬请有关专家和广大读者批评指正。

作者

2015 年 8 月

目　　录

第 1 章 概 论

1.1 研究背景及研究目的

长江上游流经我国西南地区，属典型的山区河流。从四川宜宾到湖北宜昌约 1030 km 长的河段，通常称为川江。自古以来，长江上游水运在各种交通运输方式中占有重要的地位，是不可替代的运输方式。但是，1949 年前由于航道未加整治，航道条件极其复杂多变，给川江航运带来了不利条件。例如，宜宾到兰家沱 304 km 长的河道，具有大型山区河流的基本特征，枯水时河宽一般为 400 m，洪水期河宽可达 1.5 km，水位变幅大，流速急、流态紊乱，比降较大，平均比降约 0.26‰，洪水平均流速 3.6 m/s，枯水期一般为 1.5～2.0 m/s，个别急滩最大流速达 4.2 m/s 以上，因受河流平面形态及河床石嘴、石梁、暗礁等的影响，水流结构复杂，形成大量急流跌水、泡漩水、滑梁水、扫弯水等不良流态，其间存在的 49 处险滩严重影响航运的发展；兰家沱到重庆段长 81 km，江流分汊较多，有险滩 4 处、浅滩 11 处；重庆到万州段长 328 km，江面较宽，枯水期河宽为 300～600 m，但浅滩一个接一个，枯水时航道又弯又窄，对航行不利。特别是每年中、洪水期，由于水位陡涨陡落，水流流速变化大，流态紊乱，泥沙冲淤频繁，河床变形剧烈，滩险演变非常复杂，严重影响航行安全，经常造成海损事故，船舶减载、停航和断航频繁发生，给沿线区域经济社会的发展带来极为不利的影响。

为使川江这条“黄金水道”充分发挥效益，交通部于 20 世纪 70 年代按Ⅲ级航道标准开始对渝兰段(重庆至兰家沱)航道进行了整治，共整治滩险 12 处，取得了较好的整治效果。1978 年又安排了兰叙段(兰家沱至宜宾)航道整治，后因国民经济调整于 1979 年停工缓建，之后由于国民经济发展的需要，于 1987 年和 1989 年先后批准兰叙段航道整治一期工程续建和二期整治工程。兰叙段整治于 1997 年 3 月全部完工并经交通部竣工验收。至此，长江重庆至宜宾段航道全部达到 2.7 m×50 m×560 m(航深×航宽×弯曲半径)的Ⅲ级航道标准，航行条件全面改善。

但是，长江重庆至宜宾段航道在整治工程实施后，受坡陡流急和水沙动力急剧变化的影响，每年都造成以丁坝为主的整治建筑物及航道设施受损严重。根据长江泸州航道局 1998～2000 年的统计，叙渝段 70%的整治建筑物出现了不同程度的水毁破坏现象。另外，由于整治工程建成后，对水沙及河床演变规律、滩险特性认识不足，航道维护措施未及时跟上，很长一段时间内泸渝段(泸州至重庆)部分河段航道尺度达不到 2.7 m×50 m×560 m 的Ⅲ级航道标准，限制了千吨级船舶的航行，在一定程度上制约了长江上游经济的发展。

泸渝段的整治建筑物主要有丁坝、顺坝(含碛头顺坝和碛尾顺坝)、锁坝(也称堵坝)、潜坝等，其中以丁坝的数量最多，顺坝次之，锁坝和潜坝较少。据统计，泸渝段 20 处滩险中共建设 35 座整治建筑物，其中丁坝 16 座，顺坝 14 座，锁坝 2 座，潜坝 3 座。由于泸渝段两岸多为较坚硬的基岩，开采石料方便，且费用较低，因此整治建筑物的坝体均采用抛石结构，除潜坝外，丁坝、顺坝、锁坝均需修理平整坝面，坝面主要采用抛石结构和干砌条石结构和浆砌条石结构。在 20 世纪 90 年代以前，泸渝段航道整治建筑物的坝面主要为抛石结构和干砌条石结构，但由于受到水流的冲击和渗透、泥沙和漂木的撞击以及大块石下部填塞的中小石块不够紧密等因素影响，使得坝体水毁情况十分严重。在 90 年代以后，坝面结构开始采用浆砌条石，从而使整治建筑物的水毁现象有所减少，但在一些流速较大、受水流顶冲或某个水位期会集中冲刷的整治建筑物，其水毁现象还是比较常见。根据现场踏勘和实测的坝体地形图进行分析统计，大部分滩险的整治建筑物受到不同程度的破坏，其中水毁最为严重的是丁坝，其次是顺坝，潜坝和锁坝总体情况较好。如冰盘碛丁坝、小米滩丁坝、称杆碛丁坝等都是典型的整治建筑物水毁工程。这些整治建筑物遭水毁破坏后，影响了整治效果的正常发挥，致使泸渝段航道未能较好的发挥整治效果。

随着国家“西部大开发”战略的实施，西部经济快速发展，水运业呈现出良好的发展势头，特别是集装箱运量增长尤为迅速，这就要求重庆至宜宾的长江航道进一步加强建设，并配套建设相应的维护设施。沿江各级地方政府和长江航运企业也多次呼吁对渝叙段现有碍航滩险进行完善性整治，同时提高该段航道的维护标准，使千吨级船队能昼夜通航。为此，2002 年 9 月，交通部组织有关部门对兰叙段航道整治工程建设效果及沿江港口建设进行了现场调研，并根据调研成果于 2003 年先行安排了长江泸州至重庆段航道建设工程的实施工作，2005 年初该工程按Ⅲ级航道标准正式开工建设，于 2007 年基本完工。泸渝段航道建设工程的航道整治主要是对金钟碛、瓦窑滩、神背嘴、莲石滩、斗笠子等在内的 10 个滩险进行整治，对称杆碛、火焰碛、小米滩等 11 处滩险的水毁坝体进行修复(图 1-1)。但通过 2008 年汛期后对已实施的航道整治建筑物稳定情况进行调查和观测发现，受水流顶冲、坡陡流急、坝体周围严重冲刷等因素的影响，一些整治建筑物仍出现了不同程度的水毁破坏现象，如金钟碛丁坝局部破坏情况。

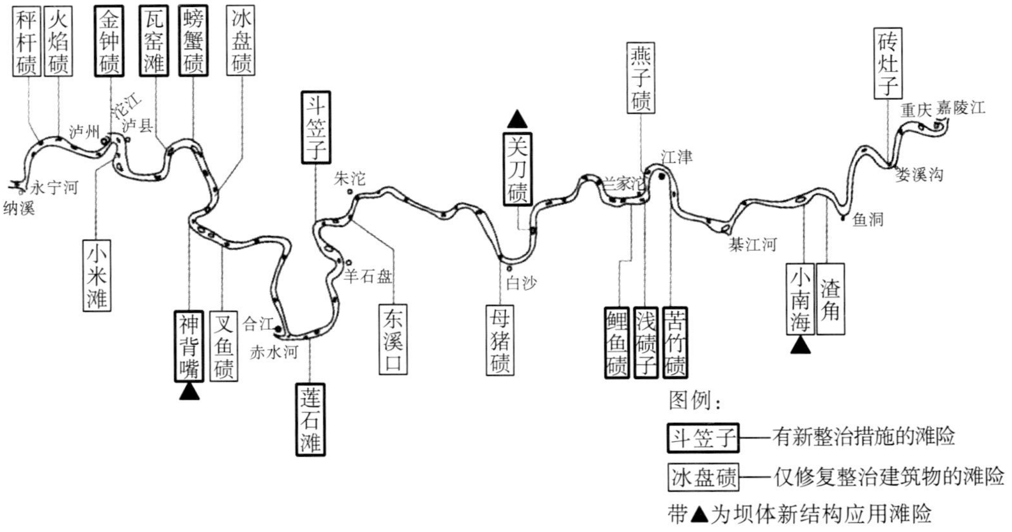

图 1-1　泸渝段航道整治滩险分布

因此，为弄清受山区河流复杂的水沙动力因素影响下滩体的水力特性和冲淤变化特点、整治建筑物的破坏机理，从而采取切实有效的预防监测和修复措施对水毁部位及时进行维护，防止或减少灾害损失，给长江上游航道安全通畅提供强有力的技术支撑并创造有利条件，急需开展长江上游航道整治建筑物水毁及监测修复技术的研究。

1.2　航道整治建筑物水力特性研究现状

1.2.1　丁坝水力学问题研究进展

丁坝水力学要素包括水位、水深、流速等。在航道整治中首先要确定的是水面线，其目的是了解浅滩、急滩及险滩在整治前后各水力要素的沿程变化，以判断不同整治工程方案的效果及其对相邻河段的影响。

最早关于单丁坝对流场影响的研究是 1928 年 Windel 对不透水丁坝的水槽试验，随后日本富水正博士、苏联的阿尔图宁以及我国南京水利科学研究院等相关单位做了大量的室内试验研究。

目前国内外在航道整治研究中对水面线计算一般仍采用伯努利水流能量方程式，该方法也纳入了我国航道整治水力计算规范。应用上述方程来求解水面线时，常用的方法有逐段试算法和图解法。该方法在应用中，河段糙率和局部水头损失系数对所推求的河道水面线精度影响很大，而这两个系数的准确率定一直是个难点。另外，当河段内沿程流速及上下断面形状变化较大时，计算会出现较大误差。

糙率的估值问题，也称为参数率定问题，用数学语言讲，就是满足一组偏微分方程以及相应的初边值条件下的参数的确定问题，也称为反问题。Becker 和 Yeh 用影响系数法进行了一维非恒定明渠流动糙率系数的确定，并用计算值与实测值的误差所形成的目标函数求极值法，对长直渠道的糙率系数进行了率定。Fread 和 Smith 通过一维 Newton-Rephson 法求解上述目标函数的极值，比 Becker 和 Yeh 的方法前进了一步，可进行天然河道的糙率率定。

然而，Becker 和 Yeh，Fread 和 Smith 都假定两水尺站河段为一平均糙率，前者还假定了糙率不随时间变化，不能适应天然河道非恒定流特点，后者使用了流量层的概念，将流量作为糙率的自变量，发展了前者的方法。另外，他们关于目标函数的设置方法不能反映整个河段上下游相互影响的特点。为此，郑邦民、齐鄂荣提出了用水尺站的实测值与计算值的误差函数和控制方程离散后非线性代数方程组的余量函数共同组成目标函数，并用无约束求极值的方法求解此目标函数。这一方法有助于天然河道糙率的深入研究。

20 世纪 70 年代以来，计算机技术的发展，促进了明渠一维非恒定流计算，出现了一批通用程序，其中规模较大功能较完善的软件包有 DWOPER、PROGS 等。DWOPER 是美国气象局的河流预报系统的一部分。这些软件系统能够迅速为特定河流建立数学模型，可联机修改和率定，但其适用性还不够普遍，差分格式少，边界条件的组合少。

谭维炎针对上述软件包的不足，开发了明渠一维非恒定流计算程序包 MYBC，它采用完全形式的圣维南方程组，提供了上下游 9 种边界条件组合，可选择显式差分、隐式差分和特征格式共三类九种典型算法。但未考虑断面流速分布不均匀系数及其变化、局部水头损失和漫滩的影响。庚维德等采用 Preissmann 隐式解，扩充了 MYBC，开发出明渠一维非恒定流计算程序包 MYBC/Y1，计入了断面突然变化引起的局部水头损失和漫滩影响。

近年来一个更为先进和功能较为完整的水力分析软件——Hec-Ras，它是由美国陆军工程兵团开发的，主要用于一维恒定流及非恒定流的水面线计算，同时包括泥沙等沉积物的输移和一些水力设计的计算。Hec-Ras 模型将丁坝考虑成一个堰的形式，该形式不仅考虑了丁坝的挡水作用，而且考虑了丁坝的壅水作用。该软件一个突出的优点是地形数据的输入方便快捷，计算结果输出生动直观。

尽管上述一维恒定流及非恒定流的水面线计算方法在实际工程中得到广泛应用，但对河床地形复杂或像丁坝这样引起断面形状突变的情况，计算误差仍是较大的。另外，其中关键性的糙率和局部损失系数一般都通过实测资料来估计，这就大大削弱了该计算方法对未建成工程的预测功能。因此，直到现在，在航道整治中的一些重大工程项目的设计不得不依靠物理模型试验。

刘建新等对非淹没条件下，正挑丁坝空口断面的流速分布及丁坝阻水流量的再分配进行了试验研究。试验表明：丁坝阻水流量有一定的随机性，邻近坝头的流体摆幅较大，随着坝长的增大，主流居中。该成果对单侧丁坝长度的确定，最佳整治线的选择和航道水深设计有一定参考价值，但仅适用于宽浅、顺直、河床形态变化不大的情况。

许光祥等对丁坝对河道水位影响进行了系列试验研究，他们通过 45 组流量和丁坝束窄条件下丁坝河段水位的测量和分析，提出了丁坝及其临近断面水位变化与丁坝束窄度的经验关系，同时给出了估算上游壅水长度的简单公式。

赵连白对淹没丁坝群水力特性进行了试验，研究了坝顶溢流比的分配规律，建立了坝顶溢流比与溢流面积比之间的经验公式。试验表明，丁坝群对水位的影响表现为中水时壅高较大，洪水时较小。该试验还提出了虚糙率概念，这一近似处理方法对丁坝个数较多时简单实用。

孔祥柏、应强等对丁坝水力特性做了大量试验研究和理论分析工作。研究表明，淹没单丁坝的局部水头损失系数是丁坝对水流压缩比的函数，淹没丁坝群的局部损失系数在广义单丁坝条件下可进行叠加，并建立计算局部水头损失系数的经验公式。他们的研究工作大都建立在水槽试验基础上，将其推广到天然河道尚需作进一步的工作。

程昌华等通过在试验水槽中模拟勾头丁坝这种组合坝型，着重研究了不同勾角和不同勾长组合时对流场的影响，分析了产生这种影响的内在机理。试验表明，增加勾头后，不同程度地减弱了原丁坝坝头水流分离产生的漩涡，减少了坝后能量损失；非淹没时，勾长对上游壅水有一定影响，勾长增加，壅水减少，勾角影响不大；淹没时，勾角对水位影响相对较明显，勾角越大，壅水越高；增加勾头后，回流范围减少。

应强以水槽试验为基础，对淹没丁坝附近的水流现象进行了定性描述，采用量纲分析的方法，提出了过坝流量和坝前最大壅水的计算公式，并由能量方程导出了丁坝下游主槽平均流速沿程变化公式。

彭静等采用颜料示踪和油膜技术对淹没丁坝群附近流场进行了可视化试验研究，结果表明，绕丁坝的近场流动具有很强的三维非恒定特性，表现在坝后震荡回流区的形成和坝顶表面波的生成。在坝头的分离区，流动加速并伴有二次回流，形成该处冲刷的水力学条件。

上面简要评述了丁坝水力学特性研究的发展过程，其中主要涉及一维水面线计算方法研究和丁坝对水流影响的试验研究。可以看出，尽管丁坝在航道整治中得到广泛应用，运用一维分析方法可以解决其中一些不复杂的情况，但许多水力学基础问题尚待进一步深入研究。例如，由于丁坝附近流动具有很强的三维非恒定特性，采用一维甚至二维方法追踪自由水面需做大量近似处理和参数估计工作，使得对复杂流动条件和对尚未建成工程对流动影响的预测变得十分困难。当然，一维方法更难以对流场作出准确描述。另外，上述试验研究中一般都采用测压管或旋桨流速仪进行测量，这样的研究手段无疑将难以获得精确描绘丁坝附近流场和紊动场的信息。

1.2.2　丁坝附近紊流特性的研究

对于紊流的研究大致有四种途径：第一种是以试验为基础，研究紊流的形成机理和内部结构，如猝发现象、拟序结构等；第二种是以统计理论为基础，从脉动量的相关关系出发研究紊流内部结构和运动特性；第三种是近二三十年发展起来的利用分叉和混沌的观点来研究紊流机理；第四种是从 N-S 方程出发，利用统计平均的概念，推导出描述紊流运动的雷诺方程，并用紊流数学模型对雷诺方程进行封闭，利用计算机和数值方法对紊流特征量进行数值模拟。这四种方法相互联系、相互渗透，都取得了一定的研究成果。由于紊流数值模拟具有成本低、能够适用于各种复杂的边界和几何条件，有重要的现实意义和应用价值，所以日益受到人们的重视。

对紊流进行数值模拟，最直接的方法就是利用 N-S 方程直接求解得出描述紊流在某一瞬时的运动情况的物理量，这种方法吸引着大批数学家和流体力学专家的注意，在一些简单边界条件下也是可实现的，但由于对计算机容量和速度要求过高，在工程研究领域尚鲜有应用。

实际应用中，人们一般根据统计理论，用系统平均的 N-S 方程来描述紊流运动，将速度、压力等瞬时量分解为时间平均量和脉动量两部分，利用时间平均的方程组来求解紊动流场中平均量的分布。由于在时均化过程中引入了含有不同脉动量间的未知相关项，处理后的方程组不封闭，不能求解。如何根据紊流的性质，对这些未知相关量建立附加的条件，使方程组封闭，就是所谓的建立紊流数学模型。

自从 Reynolds 提出时间平均的 N-S 方程以来，科研工作者花费了大量的时间和精力来研究紊流数学模型。100 多年过去了，紊流数学模型的研究工作取得了很大进步，一些紊流模型在工程方面的应用价值已经被许多同行认可。紊流数学模型有很多，可以从不同角度对其进行分类。从解方程组时所增加的偏微分方程数目来分，紊流数学模型有零方程模型、单方程模型、双方程模型和多方程模型等，这也恰好代表了紊流数学模型的发展历程。

在紊流的工程应用理论中，零方程模型是提出最早、最简单的紊流数学模型。零方程模型主要包括 Boussinesq 紊流涡黏性模型、Prandtl 混合长度模型、Taylor 涡量传递模型和紊动局部相似模型等。

零方程模型尽管有一些成功的应用，但存在以下缺点：对于速度梯度为零的点，零方程模型将给出该点紊流切应力为零的错误结论；它们均未考虑紊动量的对流和扩散输运，对于比较复杂的问题，特别是回流问题计算更是无能为力；此外，缺少通用性也是它的显著不足之处。不少学者曾对零方程模型进行改进，想使其可以计算稍复杂的流动，但很少获得较大成功。

为了克服零方程模型的缺陷，人们在连续方程和 Reynolds 时均方程之外，又建立了一个紊流特征量的微分方程，构成所谓的单方程模型。这个紊流特征量可以是紊动动能 k，也可以是紊动黏性系数 v_t，常用的是紊动动能 k 方程。单方程模型在理论上比零方程模型前进了一步。在工程实际中，还需采用经验或半经验公式来确定长度尺度，从而限制了单方程模型的通用性，降低了单方程模型的精度。在实际的应用中，单方程模型的优点并不突出。

在紊动能模型中，紊流的长度标尺 L 是由经验公式给出的。对于一些特定的流动，扩散作用对长度尺度的影响很大，因而长度尺度也应由微分方程给出。文献中广泛采用形如 $Z=K^m L^n$ 的公式来选择与紊流脉动的长度标尺有关的量组成双方程模型。在紊流的工程计算中，$Z=K^{1.5}L^{-1}$作为另一变量组成的 k-ε 双方程模型形式比较简单，应用较广。k-ε 模型不仅考虑到紊动速度比尺的输运，而且考虑到紊动长度比尺的输运，因而能确定各种复杂水流的长度比尺分布，且可以成功地预测许多剪切层型水流和回流。但是，k-ε 模型也存在难以克服的缺陷，例如，模型中的经验常数通用性尚不十分令人满意；紊动黏性系数是各向同性的标量的处理方法，无法反映应力的各向异性及由此造成的流动宏观参数的改变。k-ε 模型是高雷诺数(Re)模型，对于壁面附近低雷诺数的情况，k-ε 方程亦要作相应修改。

前面介绍的模型，无论是零方程模型、单方程模型还是双方程模型，其基本出发点都是各向同性的涡黏性假设，因此不能反映 Reynolds 应力在不同方向的输运。为了反映 Reynolds 应力在各个不同方向之间的输运关系，许多科学工作者放弃了 Boussinesq 涡黏性假设，设法建立了关于 Reynolds 应力的微分输运关系式，并由此得出 Reynolds 应力输运方程模型(RSM)。与双方程模型相比，在理论上具有更好的通用性和精度。但这套模型要求解 Reynolds 应力的所有分量所满足的微分方程，同时还要求解 k、ε 方程，从而使需求解的模型方程数大大增加。

Reynolds 应力方程模型计算工作量太大，在实际应用中十分麻烦，为了减少偏微分方程，人们在雷诺应力方程模型的基础上，设法用雷诺应力的代数关系取代其微分方程，和 k、ε 方程构成代数应力模型(ASM)。比之于标准 k-ε 模型和 RSM，ASM 的优点是在一定程度上综合了前者的经济性和后者的通用性。在有必要计及体积力效应(浮力、流线弯曲、旋转等)时，ASM 的优点尤为突出，ASM 是目前计算复杂紊流最实用的模型。

在目前，广泛应用的紊流模型是 k-ε、ASM 和 RSM 模型。三种模型对于无分离流动，如自由剪切流和壁面剪切流都可以取得满意的效果；对于复杂流动，如流动发生分离或不规则边界，RSM 效果更好一些，ASM 优于 k-ε。总体说来，RSM 在三种模型中是最精细的模型，预测效果最好，但要求解的微分方程组太多，因而在工程应用中受到一定限制。ASM 的优点是比 RSM 简单得多而其计算结果比 RSM 差不了多少，受到了工程界的推崇。k-ε 模拟结果虽不如 ASM 精确，但进一步简化了计算，可以提供满足工程需要的数据。以上说明紊流模型已经取得了某些预报能力，但是仍然不够完善有效。

近年来许多学者在改进上述紊流模型的预报精度与适用范围等方面，开展了大量工作，取得了不少进展。

前面已经提到，ASM 能很好地预测流线弯曲流动，但从计算的角度，还有待于在工程实践中推广应用。为了计算简单，并计及流线弯曲的影响，以标准 k-ε 模型为基础的曲率修正模型便得到广泛的重视，许多学者进行了深入的研究。考虑曲率修正的方法主要有两类：一是修正柯莫哥洛夫－普朗特表达式中的常数 C_μ，使其成为合适的水流参数的函数；二是修正 k-ε 方程中的经验常数。采用最多的是用 ASM 方法来推导 C_μ 的表达式，Pourahamadi 及 Humphrey 和 Leschzinder 及 Rodi 得到了各自的 C_μ 表达式。虽然曲率修正模型取得了一定的成功，但就今后的发展来看，ASM 将是模拟有流体弯曲问题最有希望的工具。

正如前面指出的紊流模型的发展和成功应用，推动了丁坝流场计算的发展。林秀维等曾用普朗特混合长紊流模型来模拟丁坝绕流场，从模拟结果来看，它基本上能反映出丁坝上游主流收缩，水流偏向对岸；水流绕过坝头后，由于惯性作用，主流宽度继续收缩，形成主流最窄的收缩断面和坝后回流的趋势。虽然普朗特混合长紊流模型比较简单，但它更适用于大尺度或流动缓慢的水域计算，如果将普朗特混合长紊流模型用于模拟丁坝绕流只能粗略地反映出丁坝上下游水流的收缩或渐扩趋势，还不能准确反映丁坝附近水面、流场的变化情况。

水深平均 k-ε 紊流模型是忽略了各物理量沿水深分布不均而引起的弥散作用，将三维问题的紊流时均方程和标准 k-ε 方程沿水深积分平均得到。郑永红曾在前人总结的基础上建立了水深平均的代数应力模型，拾兵和曹叔尤也曾用该模型模拟桥墩等障碍物后紊动水流的流速分布。李国斌等曾尝试用水深平均二维数学模型来研究淹没丁坝群的流场。关于水深平均二维数学模型在丁坝流场计算中应用的报道比较多，这里不一一赘述。总之，该模型虽然充分考虑了水流紊动，但丁坝附近上游断面各物理量在垂向上分布的不均匀性仍不可忽略，加上其模型参数仍沿用标准 k-ε 模型的经验参数，所以，计算结果与实测值比较仍不够理想。水深平均 k-ε 紊流模型参数的正确率定还有待进一步研究。

二维大涡模型比前两种模型更为完善一些，对强二维漩涡的模拟具有特殊效果。蒋昌波等用它模拟丁坝绕流，计算值与实测值吻合较好，而且能在一定程度上反映绕流流场、水面线和涡的变化规律。但是如何用它精细模拟丁坝坝头处的流动，如何将它推广到实际工程中去，还有待进一步研究。

在紊流力学中，标准的 k-ε 紊流模型是目前应用最广，检验程度最高的紊流模型。目前三维两相流水面计算方法主要有欧拉模型中的 MAC(Mark and Cell)法和 VOF(Volume of Fluid) 法。由于 MAC 法需要很大的计算机内存和计算工作量，且对于非均匀流场在网格中会出现虚假的密度很高或很低的标记点，因而造成自由液面形状的失真。VOF 法则克服了上述不足，是目前研究自由液面问题的理想方法。VOF 法最早是由 Hirt 和 Nichofs 于 1981 年在研究压力容器流体自由液面时提出的，对于运动界面的数值模拟作出了开创性贡献。近年来 VOF 方法模拟自由水面在国内也逐渐得到应用。韩标等应用 VOF 方法对波动液面进行了数值模拟。孙大鹏采用 0-1 混合型边界元法计算了三维波动水槽内的波浪变形，获得了比较理想的结果。陈群利用 VOF 模型模拟阶梯溢流坝自由水面，模拟结果与模型试验结果吻合较好。此外，还有不少研究者对船舶附近自由水面进行了研究。

尽管两相流理论特别是VOF模型在自由水面模拟中显示着其他方法无法比拟的优势，但应用两相流理论对天然水体水面的模拟目前尚不多见。这主要是因为天然水体空间尺度很大，而自由水面的求解又对计算域，尤其是界面附近的网格质量要求极高，造成整体网格数量巨大且复杂，使计算收敛性差，求解速度极低。目前一些尝试性的工作已见诸文献。李然、李洪等采用两相流理论，建立了三维相间界面计算模型——VOF模型，并利用泄洪渠实测资料对模型进行了验证。结果表明，三维两相流模型不仅可以考虑三维空间上的几何突变，还可以考虑支流汇入和下游回水影响。腾爱国等用VOF模型模拟海岸附近海浪的变形，也获得了比较理想的结果。李志勤等对溢流丁坝附近的自由水面进行了试验研究，应用VOF方法和标准的k-ε模型模拟了丁坝附近自由水面，模拟结果与实测结果吻合良好。

1.2.3 整治建筑物三维水流数学模型发展现状

在水动力学研究领域，二维数学模型发展已较为成熟，外国一些公司早已摆脱个体作业方式，以辅助功能较为齐全的集成式软件形式长期占领了工程软件和设计市场的相当份额，如DHI Mike21、Delft3D、HEC等。近几年，我国相应科研机构在数值模拟软件化方面也做了大量工作，填补了我国在二维水动力数值模拟软件方面的空白，如天津水运工程科学研究所的TK-2D、TK-2DC等。水动力数学模型向软件化方向发展是大势所趋，对于三维数学模型尤其是非静压假设下的三维水动力数学模型及其相应的数据后处理的软件化目前尚在逐步研发过程中，尚没有十分完善的软件产品满足市场需求，这主要是由于自由表面下的精细三维水动力数学模型求解格式需要研究，对三维计算结果数据的后处理，包括流场可视化、数据统计等需要软件化，所有这些都使得三维数值模拟技术有待提高。

三维水动力数学模型的求解困难主要在于水体是不可压流体，没有状态控制方程，因此除非在某些情况下做静压假设，否则迭代求解压力项时极其费时，以往受限于计算格式和计算机性能，其计算量对一般工程应用来说都是不能接受的；另外，自由水面的跟踪也是一大难题。

早期应用于水动力工程的三维模型只能采用基于静压假设的分层三维模型，即三维浅水模型。该模型中的压力项用静压求解公式代替，避免了迭代求解，使得模型整体计算量大幅下降，对水面处理采用内外模等方式计算，从而使三维浅水方程模型能够在大范围盐度入侵、温排水等工程领域得到应用。在水运工程和水环境应用领域，像国外的DHI Mike3模型、ECOM(Estuarine Coastal Ocean Model)模型、POM(Princeton Ocean Model)模型、CH3D(Curvilinear-grid Hydrodynamics 3D model)模型、Delft3D模型等都是基于静压假设下的三维数学模型；早期国内也有众多学者进行了这方面的研究工作，开发了相应三维模型计算格式，曹祖德开发了三维潮流数学模型，金生等开发了适用于河道和河口的FEM法的TAP模型，韩国其等采用σ坐标系和算子分裂技术建立了三维潮流数值模型，宋志尧等基于模态分裂法和ADI格式建立了三维潮流的计算格式等。然而，在众多三维工程应用中、短波驱动的水流问题中、强密度梯度分层流中以及地形变化较大的水流问题中，静压假设已不合理，计算结果与实际相差过大而不能应用，这时需要求解考虑建立非静压假设的模型方程。

对于非静压假设的三维水动力数学模型的研究目前已经取得了部分成果。Casulli 采用半隐式控制体法建立了非静压三维模型；相似地，Mahadevan 等用有限差分法开发了一种非静压假设的中尺度海洋水动力计算模型；Jankowski 通过在有限元模型中加入非静压项也建立了三维非静压数学模型；Kocyigit 等以 σ 坐标法离散垂向水深，采用与 Casulli 和 Mahadevan 相似的方法开发了一种非静压模型。所有这些非静压模型都采用了算子分裂技术，即根据各自物理过程，在动量方程求解时将其分裂成若干个微分算子，原来的动量方程被分裂成为几个简单的方程组合，每个方程只包含了所有的物理过程中的相关项，原来的动量方程此时被看作简单的方程组的合成，其中一个简单方程考虑了非静压的影响。后又有学者，如 Li 和 Fleming 在垂向采用 σ 坐标系统，以投影法分离压力项中的对流扩散项，并以 MacCormack 隐式法求解对流扩散项建立了三维非静压数学模型，模型格式具有时间和空间二阶精度，它适用于三维波浪计算，即使对高阶波依然能够很好地模拟；Young 采用 σ 坐标变换方法，对压力梯度项采用高精度的差分离散，建立了垂向二维的非静压自由表面流动的数值模型，模型在计算畸形波方面取得了很好的结果。在 σ 坐标系统下，整个计算域均匀地处于 0 和 −1 之间，数值离散与计算可以在一个固定的盒式区域内进行，计算域在垂向可以分为相同的层数，给数值离散带来了方便。

对自由水面的跟踪，一般工程应用中不考虑水面破碎，不必用 MAC 法、Level Set 函数法或 VOF 法计算复杂的自由水面，例如，波浪破碎、翻滚和合并等现象，可以采用垂向分层结合动网格技术，即平面上以固定网格覆盖整个计算区域，垂向自水面到底部固定层数离散水深，这样便使得整个计算域三维网格结构不变，不影响离散求解格式，只是随水面波动，网格垂向坐标值有变化，以水位函数法进行水位求解，这将大大简化数值求解步骤。

1.3 航道整治建筑物水毁机理研究概况

1.3.1 丁坝冲刷深度与范围研究

研究冲积性河流整治建筑物水毁的一个极其重要的部分就是研究整治建筑物(以丁坝为例)的冲刷深度、泥沙的起动速度等。丁坝的坝头冲刷与水流条件、泥沙条件、丁坝本身的性质有关，有的学者认为它还与作用时间有关，即丁坝的冲刷深度 H 为

$$H = f(\text{水流特性,泥沙特性,坝体特性,作用时间})$$

国内外研究有关丁坝坝头局部冲深的计算式有很多。其中，有以冲刷深度和行进单宽流量为相关量所建立的计算式(如阿马德公式)；有以上游行进弗汝德数来表达坝头局部最大冲刷深度的计算式(如嘎德公式)；有以剪切力为主要参数的计算式(如吉尔公式)；还有以水流结构为基础，应用连续原理及泥沙起动和平衡输沙的河流动力的有关理论而建立的计算式(如阿尔屠宁公式)等。同样，国内也有很多科研机构和高等院校从实验室概化模型中得出了丁坝坝头局部冲深的计算式(表 1-1)。

表 1-1　坝头局部冲深的研究情况表

单位	从事人员
南京水利科学研究院	应强，毛佩郁，季永新等
长沙理工大学	程永舟，周援衡等
重庆交通大学	赵世强等
西安公路交通大学	高冬光，张义青等
交通部公路科学研究所	茅锡华，何凤华
四川大学	沈荣焕，李青等
合肥工业大学	汪德胜，方达宪，王军等
河海大学	卢无疆，严以新等
浙江省河口海岸研究所	林炳尧，蒋纬等

比较典型的公式主要有以下几种。

1)汪德胜计算式

$$\frac{h_s}{h} = 3.0885\left(\frac{V - V_{is}}{V}\right)^{1.49} \tag{1-1}$$

式中，h 为坝前水深；h_s 为冲刷坑深度；V 为丁坝上游水流行进流速；V_{is} 为床沙起动流速(即丁坝坝头附近床沙恰好达到起冲时，上游行进水流端面的垂线平均流速)，其计算式为

$$V_{is} = 1.086\left(\frac{h}{h + h_{is}}\right)^{0.471}\left(\frac{B}{D + B}\right)^{4.505} V_c, \quad 0.08 < \frac{D}{B} < 0.5 \tag{1-2}$$

式中，床沙起动流速 $V_c = (1.137 + 0.138\ln\delta_d)\sqrt{\frac{\gamma_s - \gamma}{\gamma} g d_{50}}\left(\frac{R}{d_{50}}\right)^{\frac{1}{6}}$；$B$ 为河宽；D 为丁坝的有效长度；h_{is} 为坝高；γ_s 为床沙重度；γ 为水的重度；g 为重力加速度；R 为水力半径；d_{50} 为床沙的中值粒径；床沙的不均匀系数 $\delta_d = d_{85.1}/d_{15.87}$($d_{85.1}$ 和 $d_{15.8}$ 分别为在床沙累计曲线上 85.1%和 15.87%所对应的粒径)。

2)方达宪计算式

$$\frac{h_s}{V_{is}}\sqrt{\frac{g}{D}} = \frac{(V - V_{is})/V}{0.1818 + 0.09308(V_{is}/V)} \tag{1-3}$$

$$\frac{V_{is}}{\sqrt{gh}} = 10.3916\left(\frac{B - D}{h}\right)^{0.3776}\left(\frac{D}{B}\right)^{0.5061}\left(\frac{d_{50}}{D}\right)^{0.8458} \tag{1-4}$$

考虑到丁坝挑角 θ(丁坝与岸线平行，并指向水流行进方向时 $\theta = 0°$)对起冲流速 V_{is} 的影响，一般挑角为 120°左右时，冲刷最厉害，起冲流速需要进行修正：

$$\frac{V_c - V_{is\theta}}{V_{is}} = 1.6326\left(\frac{\theta}{90°}\right)^{0.1724}\left(2 - \frac{\theta}{90°}\right)^{0.0718} \tag{1-5}$$

对于有边坡丁坝引起的冲刷坑深度 h_{sm} 与直墙引起的冲刷坑深度 h_s，进行比较后(令边坡影响系数 $k_m = h_{sm}/h_s$)则有以下结论。

(1)坝面上、下游边坡系数 m 相同的漫水丁坝：

$$K_m = 1 - 0.278m, \quad m \leqslant 2 \tag{1-6}$$

$$K_m = \frac{m}{3.0m - 1.5}, \quad m > 2 \tag{1-7}$$

(2)床面以下为直墙的漫水丁坝：

$$K_m = 1 - 0.048m, \quad m \leqslant 1.5 \tag{1-8}$$

$$K_m = 1.249 - 0.214m, \quad 1.5 \leqslant m \leqslant 3.0 \tag{1-9}$$

3)林炳尧等提出了在水流条件不变的情况下，丁坝坝头冲刷速率的计算式：

$$\frac{h_{st}}{h_s} = 1 - \exp\left[-\alpha\left(\frac{V_t}{h}\right)^{\beta}\right] \tag{1-10}$$

式中，h_{st}为某一时段后丁坝的冲刷坑的深度。在冲刷坑已有 h_{s0}深度后，则 Δt 时段末的冲深为

$$h_{st} = h_{sm}\left\{1 - \exp\left[-\alpha\left(\frac{vt_0}{h} + \frac{v\Delta t}{h}\right)^{\beta}\right]\right\} \tag{1-11}$$

此外，现行国家标准《堤防工程设计规范》(GB 50286—2013)还给出了非淹没丁坝坝头局部冲刷深度的计算式，交通部《航道整治工程技术规范》(JTJ 312—2003)也给出了丁坝坝头局部冲刷深度的计算式。

由于丁坝坝头的局部冲刷机理非常复杂，且与之相关的影响因素也很多，因此其计算公式也很多，而且公式的形式也是五花八门，难以统一。况且以上的这些公式大多数都是在概化模型的基础上通过回归分析得出来的，尚需实际观测资料的进一步验证。

1.3.2　水毁机理与破坏程度

王平义等探讨了山区河流航道整治建筑物水毁灾害过程中各物相(固态、液态、气态)之间耦合破坏作用的特征，耦合作用物理模型及仿真模型的概念和关系，为深入研究整治建筑物水毁机理提供理论依据。并建立了物理模型与仿真模型，其中物理模型为

$$F = f[S, L, G, h(S, L), i(L, G), j(G, S), k(S, L, G)] \tag{1-12}$$

式中，F 为异相耦合破坏作用力；S 为固态灾害因子；L 为液态灾害因子；G 为气态灾害因子；f 为异相耦合作用函数；h 为固态、液态灾害因子耦合作用函数；i 为液态、气态灾害因子耦合作用函数；j 为气态、固态灾害因子耦合作用函数；k 为固、液、气三相灾害因子耦合作用函数。

张玮等提出的散抛石丁坝水毁形式为：按损毁部位大致可分为坝头损毁、坝身损毁、坝根损毁和整体损毁 4 类。坝头损毁多为基础冲刷导致损毁，其一般过程是：基础冲刷—边坡坍塌—坝顶坍塌。坝身损毁的形式较多，有些是坝身基础被冲刷导致坝体坍塌，此类损毁形式类似于坝头损毁；有些属于坝面块石剥落滚失形成小缺口，继而又扩大冲深演变成大缺口；还有一些是水流直接冲刷背水坡，致使背水坡坍塌损毁。坝根损毁在山区河流散抛石坝中也不在少数，部分原因是坝根与岸坡接头处的砂卵石被冲刷而造成坍塌；有些是坝根段坝面块石逐个剥落移位，形成浅小缺口，日后逐渐扩大成大缺口；还有则是坝根处溢流直接冲刷基脚，基础被淘刷而损毁。坝体的整体损毁，往往是多种局部损毁因素共同组合作用在一起，或是单一损毁未得到及时修复而扩大蔓延所致。按损毁原因主要可分为直接损毁和间接损毁两类。直接损毁主要是由于散抛石坝护面块石粒径偏小，稳定重量不足，在受到中洪水主流、横向环流或斜向水流的强烈冲击时，坝体表面块石逐渐被水流冲移，形成缺口，继而扩大冲深，从而导致坝体的损毁。间接损

毁主要起因于散抛石坝周边基础破坏，导致坝体损坏。有些散抛石坝经常会由于坝基(多为砂卵石)处理不当，导致坝体基础在水流作用下被淘空，使坝体外侧失去支撑或坝根衔接处形成缺口，而导致坝体损毁。

秦宗模提出的破坏机理第一步：由于坝体是抛在河床质较软的砂卵石上，河床质大部分是沙，卵石粒径较小，基础本身就很不稳定。对于丁坝，水流冲在坝体迎水坡上，一部分水流向上翻越坝顶，顺背水坡流下冲刷坝体背水坡坝脚的砂卵石，一部分水流顺迎水坡向下淘刷坝体迎水坡脚的砂卵石；对于顺坝，水流直接顺坝体迎水坡冲刷坝脚砂卵石，砂卵石被水流冲走后形成空洞，坝脚石塌向空洞。第二步：由于坝脚石向下塌，紧接着坝体边坡(迎水坡、背水坡)面石向下塌，抛石坝本身就是个松散体，如此不断发展，造成坝体垮塌，产生缺口，缺口越来越大，导致坝体毁坏。

有关试验及原型观测表明，丁坝根石在水流的冲击作用下有两种主要运动形式：一是随着冲刷的逐步发展，大量块石失稳向冲刷坑底塌落；二是水流的挟带力引起部分块石向下游或向冲刷坑底滚动。根石的这两种运动形式通称根石位移，第二种运动形式即根石走失，是坝岸出险的重要原因之一。

根石走失主要有三种去向：一是在折冲水流的作用下沿坝面向冲刷坑底滚动，这部分块石一般块体较大，使丁坝根基加深加厚，下部坡度变缓，有利于丁坝稳定；二是沿丁坝挑流方向顺流而下，这部分块石一般块体较小；三是沿回流冲刷深槽分布，且在走失量和体积上沿程递减。

根石走失与水流流速、水深、块石粒径及断面形态等有关。流速越大，根石越容易走失；边坡系数越大，单个块石的稳定性越好，水深较大处的根石不易走失。

1.3.3　丁坝防冲措施

刘海涛等提出丁坝的损坏往往是由于冲刷破坏引起的。坝头受水冲刷严重，通常坝头外侧冲成深坑，危及丁坝基础，故坝头部分的基础埋置深度应大于坝身的埋置深度。坝根与坝身的基础可浅些，但不能浅于冲刷线。既然坝头受冲刷是丁坝损坏的最主要和最直接的原因，那么解决好坝头的防护就是防止丁坝损坏的最根本的措施。①丁坝平台基础防护：在丁坝坝头周围修建一定宽度的平台的基础防护，其作用是一方面阻止坝头不利水流直接冲刷基础床面；另一方面可加剧水流紊动和液固相的摩擦，削减水流能量，从而减少局部冲刷深度。②坝头顺降低坝防护：在坝头顺坝身方向修筑一段短的低坝，其作用是在洪水位较高时，低坝能最大限度地限制洪水底部潜流，减轻了水对坝体的冲刷和淘蚀，同时由于坝身较低，对整个河道行洪不会造成过大的阻塞。

张玮等指出一般可以通过两种途径来提高散抛石坝的防水毁性能：一种方法是提高坝体表层单个块体的形状稳定系数，如在防波堤设计中，常采用人工块体来代替天然块石，使得形状稳定系数由 4 提高至 24～28，稳定性大为改善；另一种方法就是增加坝体护面块体的整体性，如采用合金钢丝笼、混凝土铰连体等，将整个坝体表层护住，使之形成一个整体。

秦宗模提出了如下几种措施：①用土工布做软体排先铺底，再在软体排上抛石。②在坝体缝隙灌砂浆，使抛石坝成为一个整体。③由于坝体垮塌是因坝脚被淘空所致，只要能护住坝脚，就解决问题，由此提出钢筋穿石护坝，就是把一定规格的块石，用风钻打孔，再用 $\Phi 12$ mm 的钢筋把打好孔的块石一个一个地穿起来，把一串一串的串石放在坝体的迎水坡和背水坡。根据河床质的软硬情况，决定拖出坡脚的长度，即使坝脚的砂卵石被淘空，串石本身是个柔性结构，它因自重往下掉，以达到护住坝脚的作用，同时也护住了迎水坡和背水坡的面石，从而就保护了坝体。

林发永指出丁坝坝身结构相对坝头而言比较薄弱，因此一旦坝身侧冲坑形成和发育，对丁坝安全更加不利。丁坝冲刷坑基本完全处在水下，平时用肉眼很难观察到，且丁坝坝身侧水域一般船只无法靠近，常年水下测量也只能一笔带过，往往只有等到坝身松动以后，才能加以重视。这就造成丁坝坝身侧冲刷坑的发育较为隐蔽，其危害性更大。

杨火其等提出要使块体在坝头冲刷坑部位保持稳定应尽量不让涌潮的能量消耗在坝头冲刷坑部位。基于这一思路，结合对块体抗冲流速公式的分析，提出改善块体坝头防冲效果的方法。块体的抗冲能力，不仅与块体的重量(大小)有关，而且与它所处地点的水深(大小)有关，同时还与基面的相对粗糙度、块体群的空隙率等因素有关。

方达宪探讨了平台加齿坎基础冲刷防护措施的削弱作用，建立了平台或平台加齿坎基础防护形式的局部冲刷深度的计算模式，合理选择丁坝基础冲刷深度的计算公式和基础冲刷防护的形式，降低其丁坝基础的埋置深度，使其既达到防冲效果最佳的防护形式，又达到减少水下污工量、方便施工及节省工程费用的目的。

1.3.4 丁坝维护措施

近 20 年来随着土工合成材料的应用，工程结构设计与施工技术得到了很大的发展。利用土工合成材料的反滤性能修做土工织物沉排体，铺放于丁坝易滑部位，可达到护底、护坡，防止淘刷的目的。在黄河下游有代表性的试验研究主要有以下几方面。

1)编织袋装水泥土沉排坝

1985 年 5 月河南黄河河务局在封丘大宫控导工程 12# 坝进行了编织袋装水泥土沉排坝试验，沉排是由众多藕状条型编织袋缝制在一起，组成所需尺寸的排体，袋上下及袋与袋之间用化纤绳联结成一体。

2)充泥长管袋沉排坝

1988 年修建的封丘禅房控导工程 34# 坝为充泥长管袋软体沉排坝，长管袋沉排下层为防冲排布，排布分数块铺放，每块四周要折边缝成套角，以穿化纤绳便于铺放，排布上压载物为垂直于坝轴线的充土长管袋，管袋内用混凝土输送泵充填滩地沙土搅拌而成的高浓度泥浆。袋与袋之间在用化纤绳上下交错扎结在一起，以便保证排体的整体性。

3)充沙长管袋褥垫沉排坝

为解决充泥长管袋沉排向水中铺放防冲排布受气候及水流条件的影响，以及长管袋水下充填不宜控制，易造成压载不均等问题，1992 年在封丘禅房控导工程中修筑了充沙长管袋褥垫沉排试验坝(禅房 37# 坝)。每个褥垫由两层土工布构成，底层为宽幅透水编织布，面层为折成“Ω”形、缝在底层上的窄幅不透水涂膜编织布，褥垫内充填高浓度泥浆，构成排布和压载体合二为一的新结构，并首次采用刚性的水泥土和整体模袋形式护坡。

4)铰链式模袋混凝土沉排坝

模袋混凝土是1983年从日本引进的一种新技术，它是利用特制的双层合成纤维织物制成模袋，在其内灌注具有一定流动度的混凝土或砂浆制成的构件。化纤模袋自身有透水性，由于混凝土输送泵充灌，使混凝土或砂浆在模袋内凝固，获得高密度、高强度的混凝土或砂浆硬结体，于1994年在郑州马渡险工修筑了26#坝下的护岸。土工合成材料具有强度较高、柔性好、耐冲击、透水保土、延伸率高、使用寿命长等优点。土工合成材料沉排坝是适合黄河下游丁坝的结构形式。但因黄河水沙关系复杂，需对坝岸工程的防护范围、自身稳定性等进行系统和深入研究，对坝体在平面布置、结构尺寸和基础稳定深度等进行优化设计。

第 2 章　长江上游航道整治建筑物类型及水毁情况

2.1　已建整治建筑物概况

2.1.1　整治建筑物基本情况

长江上游宜宾至宜昌河段全长约 1045 km，习惯称为“川江”，属大型山区河流，是沟通大西南与华中、华东地区以及沿海各地的唯一水运干线。新中国成立前本河段基本处于天然状态，以滩多、流急、水乱而闻名于世，航道条件恶劣，特别是宜昌至巫山河段处于峡谷之中，两岸重峦叠嶂，航道弯曲狭窄，水势汹涌，礁石棋布，自古以来就有“天险”之称。

新中国成立后，党和国家高度重视对长江水运的开发和利用，特别是自 20 世纪 70 年代以来加大了对川江河段航道治理力度，至 90 年代中期先后完成了“兰巴段”“兰叙段一期”“兰叙段二期”等长河段的系统治理工作。整治工程的实施基本消除了绞滩现象，航道尺度不断提高，满足了当时经济、社会发展的需求。

从 20 世纪 90 年代中期开始，随着三峡工程的开工建设和国家“西部大开发”战略的实施，为充分发挥长江“黄金水道”航运效益，促进沿江经济又好又快发展，长江上游河段先后启动了 6 个航道整治项目，即长江三峡工程施工期变动回水区航道整治工程（“7250”工程）、涪陵至铜锣峡河段炸礁工程、铜锣峡至重庆娄溪沟河段炸礁工程、长江泸州纳溪至重庆娄溪沟河段航道建设工程以及长江宜宾合江门至泸州纳溪河段航道建设一、二期工程。

根据目前调研的资料显示，长江上游已进行了 4 次较系统的长河段治理工程（“兰叙段”一期工程、“兰叙段”二期工程、“7250”工程及“泸渝段”整治工程），其他单滩治理工程约 50 个，截至 2009 年，共建成坝体航道整治建筑物 92 座，见表 2-1。此外，据不完全统计，在 2010 年底前进行竣工验收的长江宜宾合江门至泸州纳溪河段航道建设一、二期工程建成坝体整治建筑物 12 座，这使得长江上游坝体建筑物达到 104 座。

表 2-1　长江上游已建坝体整治建筑物统计表

序号	已建工程名称及内容	航道整治建筑物	工程结构	竣工时间
1	“泸渝段”整治工程	金钟碛上丁坝	抛石坝体、铰链排盖面	2009 年
2		金钟碛下丁坝	抛石坝体	
3		瓦窑滩上潜坝	抛石坝体	
4		瓦窑滩下潜坝	抛石坝体	

续表

序号	已建工程名称及内容	航道整治建筑物	工程结构	竣工时间
5		神背嘴小罐口堵坝	抛石结构、条石坝面	
6		神背嘴 1# 丁坝	抛石结构	
7		神背嘴 2# 丁坝	抛石结构	
8		神背嘴 3# 丁坝	抛石结构	
9		神背嘴 4# 丁坝	抛石结构	
10		神背嘴 1# 潜坝	钢丝石笼结构	
11	"泸渝段"整治工程	神背嘴 2# 潜坝	抛石结构	2009 年
12		神背嘴 3# 潜坝	抛石结构	
13		关刀碛上丁坝	抛石坝体砼坝面	
14		关刀碛下勾头丁坝	抛石结构	
15		鲤鱼碛顺坝	抛石坝体、条石坝面	
16		鲤鱼碛潜坝	抛石结构	
17		斗笠子岛尾坝	抛石结构	
18		上洛碛 1# 勾头丁坝	抛石坝体、条石坝面	2003 年
19		上洛碛 2# 丁顺坝	抛石坝体、条石坝面	2003 年
20	"7250"工程	上洛碛 3# 丁坝	抛石坝体、条石坝面	2003 年
21		上洛碛 4# 丁坝	抛石坝体、条石坝面	2003 年
22		青岩子丁顺坝	抛石坝体、条石坝面	1999 年
23		买米石上丁坝	抛石结构	1997 年
24		买米石上丁坝	抛石结构	1997 年
25		铜鼓滩丁顺坝	抛石结构	1993 年
26		油榨碛上丁顺坝	抛石结构	1993 年
27		油榨碛上丁顺坝	抛石结构	1993 年
28		吊鱼嘴丁顺坝	抛石结构	1993 年
29		香炉滩丁坝	抛石结构	1993 年
30		香炉滩上潜坝	抛石结构	1993 年
31	"兰叙段"二期工程	香炉滩下潜坝	抛石结构	1993 年
32		风簸碛潜坝	抛石结构	1996 年
33		风簸碛碛头坝	抛石结构	1995 年
34		风簸碛碛尾坝	抛石结构	1995 年
35		红灯碛上顺坝	抛石结构	1995 年
36		红灯碛下顺坝	抛石结构	1996 年
37		螃蟹碛 1# 导流坝	抛石结构	1991 年
38		螃蟹碛 2# 导流坝	抛石结构	1991 年
39		螃蟹碛 3# 导流坝	抛石结构	1991 年

续表

序号	已建工程名称及内容	航道整治建筑物	工程结构	竣工时间
40	“兰叙段”一期工程	火焰碛丁坝	抛石	1988 年
41		神背嘴碛头坝	抛石	1989 年
42		叉鱼碛顺坝	抛石结构	1989 年
43		叉鱼碛勾头丁坝	抛石结构	1990 年
44		莲石滩顺坝	抛石结构	1979 年
45		红花碛上潜坝	抛石结构	1992 年
46		红花碛下潜坝	抛石结构	1992 年
47		斗笠子锁坝	抛石结构	1988 年
48		斗笠子顺坝	抛石结构	1988 年
49		东溪口碛头坝	抛石结构	1989 年
50		哑吧碛潜坝	抛石结构	1990 年
51		哑吧碛顺坝	抛石结构	1990 年
52		母猪碛碛头坝	抛石结构	1991 年
53		甑柄碛丁顺坝	抛石结构	1988 年
54	其他整治工程	石棚称杆碛上丁坝	抛石结构	1979 年
55		石棚称杆碛下丁坝	抛石结构	1979 年
56		石棚称杆碛顺坝	抛石结构	1979 年
57		火焰碛碛头坝	抛石结构	1980 年
58		小米滩上丁坝	抛石结构	1979 年
59		小米滩下丁坝	抛石结构	1979 年
60		小米滩上潜坝	抛石结构	1981 年
61		小米滩下潜坝	抛石结构	1981 年
62		瓦窑滩碛头坝	抛石结构	1979 年
63		冰盘碛丁坝	抛石结构	1979 年
64		神背嘴大罐口堵坝	抛石结构	1960 年
65		叉鱼碛强盗坝	抛石结构	1960 年
66		燕子碛丁坝	抛石结构	1977 年
67		苦竹碛丁坝	抛石结构	1972 年
68		眉毛碛碛尾坝	抛石结构	1971 年
69		车亭子锁坝	抛石结构	1974 年
70		车亭子顺坝	抛石结构	1978 年
71		生板堆上丁坝	抛石结构	1974 年
72		生板堆下丁坝	抛石结构	1974 年
73		渣角碛头坝	抛石结构	1975 年

续表

序号	已建工程名称及内容	航道整治建筑物	工程结构	竣工时间
74		黄家碛丁坝	抛石结构	1971 年
75		铁门坎丁坝	抛石结构	1978 年
76		粗柄碛丁坝	抛石结构	1978 年
77		老马凼上丁坝	抛石结构	1971 年
78		老马凼下丁坝	抛石结构	1976 年
79		忠水碛尾顺坝	抛石结构	1960 年
80		灶门子丁顺坝	抛石结构	1960 年
81		钓鱼嘴潜坝	抛石结构	1986 年
82		蚕背梁导流坝	抛石结构	1973 年
83	其他整治工程	铁门坎锁坝(含磨盘石锁坝)	抛石结构	1960 年
84		簸箕子丁坝	抛石结构	1978 年
85		吊脚楼子丁坝	抛石结构	资料不详
86		折桅杆丁顺坝	抛石结构	1970 年
87		东洋子顺坝	抛石结构	资料不详
88		庙基子拦石坝	抛石结构	1990 年
89		蚂蟥溪堵口坝	抛石结构	1960 年
90		喇叭滩拦石坝	抛石结构	1978 年
91		宝子滩堵口坝	块石砼结构	1978 年
92		下马滩导流坝	抛石结构	1956 年

2.1.2　坝体类型及功能

经统计，截至 2009 年长江上游已建坝体整治建筑物主要有丁坝、顺坝、锁坝和潜坝等类型，其中已建整治建筑物中含丁坝(丁顺坝)共 41 座，顺坝(导流坝、碛头和碛尾坝)共 27 座，潜坝(丁潜坝)共 15 座，锁坝(堵坝和拦石坝)共 9 座，长江上游已建坝体整治建筑物组成见图 2-1。

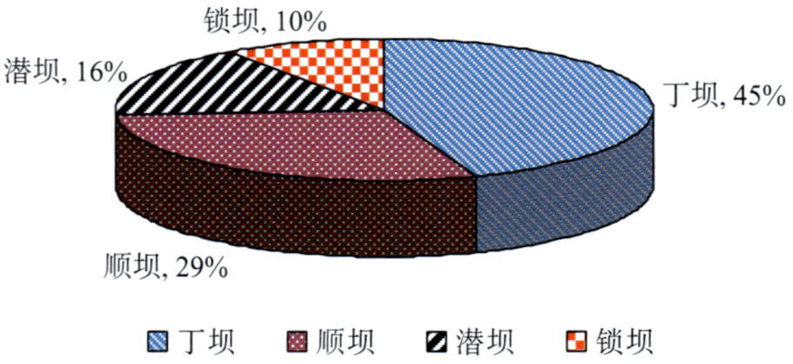

图 2-1　截至 2009 年长江上游已建坝体整治建筑物分类情况

坝体整治建筑物的主要作用为束水、导流、导沙和固滩等。据统计，长江干线已建坝体整治建筑物主要有丁坝、顺坝、锁坝、潜坝等类型，丁坝、顺坝、潜坝由护底(上游坝体有的无护底)、坝体、坝面、坝头、坝根组成；锁坝两端接岸或江心洲，没有坝头，有两处坝根。各类坝体整治建筑物的基本功能如下。

(1)丁坝。丁坝是最常见的航道整治建筑物。丁坝坝根通常情况下与河岸连接，坝头伸向河心，坝轴线与水流方向正交或斜交，在平面上与河岸构成丁字形，形成横向阻水的整治建筑物。它的主要作用是：未淹没时束窄河槽，提高流速冲刷浅区；淹没后形成环流，横向导沙，调整分汊河道的分流比、控制分流、淤高河滩，保护河岸；挑出主流以防顶冲河岸和堤防等。

(2)顺坝。顺坝是一种坝轴线沿水流方向或与水流交角很小的建筑物，起引导水流、束窄河床的作用，故又称导流坝。顺坝的整治效果取决于顺坝的位置、坝高、轴线形态及其与水流的交角，其中位置和线形尤为关键。顺坝一般沿整治线布置，施工后若需调整整治线宽度，就很难更改，所以确定位置时应特别慎重。顺坝的作用如下。

①调整急弯，规顺岸线，促使航槽稳定。对于一些不规则的河岸引起的乱流，也可用顺坝构成新的河岸，平顺水流，改善流态；

②堵塞倒套、尖潭；

③堵塞支汊，调整汇流上的交汇角；

④沿整治线束窄河宽；

⑤拦截漫滩水流。

(3)潜坝。潜坝是指在最枯水位时均潜没在水面下不碍航的整治建筑物，有潜丁坝、潜锁坝等，它的作用是壅高上游水位，调整比降，增加水深；也可以促淤赶沙，减小过水断面和消除不良流态等。

(4)锁坝。锁坝是从一岸到另一岸横跨河槽及串沟的建筑物，又名堵坝。在分汊河道上为了集中水流冲刷通航汊道，或在有串沟的河汊上，不使串沟发展，可在非通航汊道上或串沟上修建锁坝，这种措施又称“塞支强干”。

2.1.3　整治建筑物工程结构特征

抛石坝是用块石抛筑而成的，使用广泛，可在任何水力条件的河流中使用，其施工较简单，维护方便，是国内外采用最普遍的一种形式。特别是在山区河流中，整治建筑物基本上采用抛石坝。通过对长江上游已建整治建筑物统计可知，已有的坝体整治建筑物中有 98%的坝体采用抛石丁坝的工程结构，部分采用条石坝面的结构及混凝土坝面结构。

对于现有整治建筑物的施工设计过程中，抛石坝的材料、粒径、断面尺寸、纵坡均有一定的要求。例如，据川江的整治经验，块石在采用机械化施工时，大块石一般不小于 100 kg，坝顶采用不小于 800 kg 的块石保护坝面；在采用人工施工时，块石都小于 100 kg，枯水位以上部位采用干砌或浆砌来加强坝体的整体性。坝体的横断面多呈梯形，迎水坡为(1∶1)～(1∶1.5)，背水坡为(1∶1.5)～(1∶2.5)，坝顶宽度为 1～4 m。但对于坝体基础的处理没有特别的规定，大部分的抛石坝在施工过程中，直接对工程区进行抛石。从实际的调研成果来看，部分坝体虽然采用条石坝面或混凝土坝面，但因坝体基石的冲刷流失，使得坝根被淘空，坝体的稳定性较差，甚至在坝根淘空处被水流冲断以至坝体水毁。

因此，抛石坝在施工设计过程中应着重对坝体底部进行处理，不仅对坝面进行加强整体性的措施，更应该对坝体底部进行加强整体性的工程措施，使得坝体在底部附近尽量减少因河床冲刷导致基石的流失。

2.2 已建坝体水毁情况分析

2.2.1 坝体的水毁类别

有关研究分析和工程实践表明，造成坝体损毁的影响因素主要包括水力因素、河演因素、设计因素、施工因素、人为因素、其他因素等六个方面，这些因素之间相互影响，相互作用，使整治建筑物受到不同程度的破坏。其损毁类别按损毁原因分为直接损毁和间接损毁两类，按损毁部位主要分为坝头、坝根、坝身和坝面损毁。

直接损毁主要是由于抛石丁坝护面块石粒径偏小，在受到中洪水主流、横向环流或斜向水流强烈冲击时，由于坝体表面块石重量不够而逐渐被水流冲移，形成缺口，继而扩大冲深，最终导致坝体的损毁。由于抛石护面丁坝在表层块石冲毁之后内部的沙袋在阳光中紫外线的照射下很容易破坏，所以认为抛石护面丁坝与抛石丁坝的破坏同样源于坝体块石的起动、冲毁。间接损毁主要起因于丁坝周边基础破坏，如一些抛石丁坝经常会由于坝基(多为砂卵石)处理不当或者受到冲刷，在水流的长时间作用下被淘空，使坝体外侧失去支撑或坝根衔接处形成缺口，从而导致坝体损毁。

1. 直接损毁

从结构上看，抛石丁坝属抛石堆积体，它靠块石自重和块石之间的镶合及相互掩护来抵抗水流的冲击力。在调查中发现，坝体结构破坏情况可大致分为以下两种。

1)丁坝面石被水流掀盖破坏

这种情况在所调查的滩险中最为普遍，且多出现在坝头及丁坝背水坡的坡脚。丁坝坝面块石水毁破坏见图 2-2。由于表层坝面石不能抵御水流冲击力，而使表层块石被水流掀翻带走，从而使坝体逐层破坏。

2)坝体自身不能抵御水流而滑动塌落

在调查中发现，在一些石料粒径级配不当的坝体内含有大量的卵石，这些卵石多从边滩上捡来，大小各异，受水流长期冲刷，已失去棱角，形状圆滑。相互间的摩擦力和镶合力很差，石料间不能相互掩护，极易滑动，形成滑动面，水流力达到一定程度时，坝体冲毁(图 2-3)。

(a)火焰碛丁坝

(b)小米滩丁坝

图 2-2　丁坝坝面块石水毁破坏图

图 2-3　关刀碛丁坝自身滑动水毁图

抛石丁坝属松散粒体结构，在过流情况下，不可避免地会受到流体的渗透作用和溢流时表面水流的动水作用。在一些抛石丁坝设计中下游采用钢筋笼护面，与混凝土块护坡相比，由于透水性好，一般不易发生破坏。当其发生破坏时，一般先是部分钢筋笼凸起，发生局部稳定破坏，随后，凸起部分在动水压力及脉动压力作用下，冲离原位置，产生冲刷破坏，随之整个护坡突然整体失稳。

2. 间接损毁

水流经过丁坝后，单宽流量增大，水流紊动增强，水流对床面的脉动压力增大，在丁坝坝头附近形成冲刷坑。冲刷坑在平面上呈扁圆形，同时因为从坝头至下游一定距离的流线弯曲，以及面流与底流流向偏角差异所表现出的螺旋流，更导致了冲刷坑内泥沙的横向输移。冲刷坑在发展过程中，常造成根石流失和坝头坍塌破坏。

1)基底河床冲刷引起的垮塌破坏

这种情况多发生在丁坝坝头和背水面。破坏原因主要是由于筑坝后改变了河道水流特征，破坏了以往的输沙平衡，加上一些丁坝位置、方向、角度布置上的失误，护底抛石不足，坝体的一些位置基床冲刷淘空，导致护坦乃至坝体滑垮。

2)推移质底沙磨蚀

如果河流水流急、推移底沙强度大、粒径粗、输移时间长，与建筑物的相互作用就会十分激烈。据实地考察，凡地处在卵石输移带上的建筑物，其面层均被磨蚀得凹凸不平，30～40 cm厚的建筑石块，在3～4年内，可磨损1/3～1/2。原因是沙砾石的硬度远比建筑物砌体大，所以推移底沙强烈冲刷坝头的护脚，从而导致坝头的坍塌。

3)河道中漂浮物的冲击导致丁坝坝面破坏

在水流流速较大时，河道中的漂浮物，尤其是漂木等大型物体会对丁坝造成较大的冲击，造成表面块石之间的镶合及相互掩护的体系被破坏，形成缺口。之后，缺口扩展冲深，坝体断裂，破坏越来越严重。例如，1994年8月8日在岷江九龙滩左导流丁顺坝，急流顶冲处，发现有一处宽约15 m、深约1 m的缺口。由于当时正值汛期，未能及时抢修补缺，致使缺口迅速拓宽冲深。到11月初，缺口扩宽到50 m，水深达9.6 m，分流量占到50%以上。

2.2.2　坝体水毁部位及破坏程度

近几年，长江航道局每年均对已建整治建筑物进行观测和技术状况评价，对水毁严重的建筑物进行维修。从维修情况来看，2006年至2009年底，长江上游坝体航道整治建筑物维修共计51座次，见图2-4和表2-2。通过对近年长江上游的51座次坝体整治建筑物维修情况进行统计分析，尽管上游已建整治建筑物的坝体结构形式基本相同，但由于其整治功能和受力情况存在明显差异，建筑物发生损毁的部位和程度也具有很大的差别(图2-5～图2-9)。从维修的部位来看，整治建筑物的主要的水毁部位为坝头、坝面、坝身、坝根，其破坏程度可分为局部坝体全毁、严重毁坏、中度毁坏、轻微毁坏。

(1)丁坝：近年共计维修27座次，占已建丁坝总数的66%。其常见的损毁部位主要集中在坝头和坝体背水坡，丁坝坝头顶冲剧烈和背水坡坡脚外侧受翻坝水冲刷容易形成较大冲刷坑，从而引起丁坝失稳破坏。此外由于丁坝一般与河岸相连，在坝体和岸坡衔接部位容易形成回流等不良流态，造成坝根段岸坡的破坏，坝体损毁较严重，部分坝体出现局部全毁现象。

(2)顺坝：近年共计维修27座次，占已建顺坝总数的70%。顺坝常见的损毁部位主要集中在坝面和坝头等部位，对于修建在碛坝上的顺坝也常因坝体埋入碛坝的长度和深度有限而出现坝根段破坏。但总体来看，由于顺坝受水流顶冲作用较小，一般都是因近坝流等次生流态的影响损毁多出现在坝体的上部，两侧边坡等部位一般保存较完整，坝体损毁程度与丁坝相比较小，一般为中度破坏和轻度破坏。

(3)潜坝：近年共计维修2座次，占已建潜坝总数的13%。该类坝体维护工作量相对较小，其损毁部位主要发生在受床沙推移质磨损较严重的坝面部分。一般为轻度破坏。

(4)锁坝：近年共计维修3座次，占已建锁坝总数的33%。该类整治建筑物常见的损毁部位主要集中在受水流顶冲的坝体部分，坝体易在水流的顶冲和翻坝水持续作用下出现缺口和背水坡外侧形成冲刷坑。一般为轻度破坏。

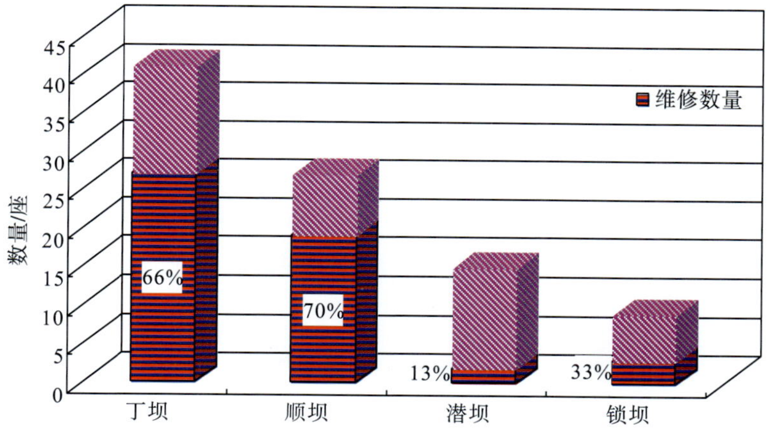

图 2-4　长江上游 2006 年至 2009 年年底坝体建筑物维修数量与总量关系

表 2-2　长江上游 2006 年至 2009 年年底坝体整治建筑物维修情况统计表

序号	维修工程名称	坝体类型	坝体名称	主要损毁部位	维修时间
1	泸渝段航道建设工程	丁坝	称杆碛上丁坝	坝中部缺口，坝面	2006 年
2			称杆碛下丁坝	坝中部缺口，坝面	
3			小米滩上丁坝	坝中部缺口，坡脚淘空	
4			小米滩下丁坝	坝中部缺口，坡脚淘空	
5			冰盘碛丁坝	坝头段冲毁	
6			大桥口丁坝	坝面	
7			燕子碛丁坝	坝头及坝面	
8			生板堆上丁坝	坝头及坝根	
9			生板堆下丁坝	坝根	
10			铁门坎丁坝	坝头	
11			粗柄碛丁坝	坝头	
12			黄家碛丁坝	坝头及坝根	
13			老马凼上丁坝	坝中段	
14			老马凼下丁坝	坝头	
15			苦竹碛丁坝	坝面及坝头	
16		顺坝	火焰碛碛头顺坝	坝体中部	
17			叉鱼碛强盗坝	坝体中部及坝头	
18			东溪口碛头坝	坝体中段	
19			母猪碛碛头坝	坝体中段	
20			眉毛碛碛尾坝	全部坝体	
21			渣角碛头坝	坝头	

续表

序号	维修工程名称	坝体类型	坝体名称	主要损毁部位	维修时间
22	泸渝段航道建设工程	顺坝	莲石滩顺坝	坝面及两侧边坡	2006 年
23			神背嘴碛头坝	坝面及两侧边坡	
24		锁坝	大罐口锁坝	坝体中段	
25	叙泸段一期	丁坝	买米石上丁坝	背水坡及坝根段护岸	2008 年
26			买米石下丁坝	背水坡及坝根段护岸	
27	叙泸段一期航道建设工程	丁坝	吊鱼嘴丁顺坝	背水坡及坝根段护岸	2008 年
28			油榨碛上丁顺坝	坝面	
29			油榨碛下丁顺坝	坝面	
30		顺坝	风簸碛碛头坝	坝面及坝根	
31			风簸碛碛尾坝	坝面及坝根	
32			红灯碛上顺坝	坝面及坝体	
33			红灯碛下顺坝	坝面	
34	叙泸段二期	丁坝	香炉滩丁坝	坝头及迎水坡	2009 年
35	2008 年度航道整治建筑物维修工程	丁坝	火焰碛丁坝	坝头	2008 年
36		顺坝	车亭子顺坝	坝中段坝面及背水坡	
37			螃蟹碛 1# 导流坝	坝尾坝体	
38			螃蟹碛 3# 导流坝	坝尾坝体	
39			称杆碛顺坝	坝头及坝根	
40		锁坝	车亭子锁坝	坝体中段缺口	
41			大罐口锁坝	坝体背水坡	
42	2009 年度航道整治建筑物维修工程	丁坝	上洛碛 1# 丁坝	坝根	2009 年
43			甑柄碛丁顺坝	坝头	
44		顺坝	瓦窑滩顺坝	坝头	
45		潜坝	哑吧碛潜坝	坝面冲刷降低	
46	2010 年度航道整治建筑物维修工程	丁坝	黄家碛丁坝	丁坝坝尾坝面及边坡	2010 年
47			大桥口丁坝	坝面及勾头段坝体	
48			称杆碛上丁坝	坝面及坝体边坡	
49		顺坝	眉毛碛碛尾顺坝	坝面	
50			火焰碛碛头顺坝	坝面	
51		潜坝	香炉滩上潜坝	中段坝体	

图 2-5　小南海生板堆下丁坝坝头破坏

图 2-6　苦竹碛丁坝坝面破坏

图 2-7　小米滩上丁坝坝根破坏

图 2-8 金钟碛坝后淘空破坏

图 2-9 神背嘴坝后淘空破坏

2.3 坝体稳定性影响因素研究

2.3.1 坝体水毁的主要影响因素

航道整治建筑物是为了调整水流，消除乱水、急流等不良流态，改善通航条件。尤其是坝体类航道整治建筑物，在调整水流的同时，也承受了较大的水流作用力，损毁的概率也较高。有关研究分析和工程实践表明，造成坝体损毁的影响因素主要包括水力因素、河演因素、设计因素、施工因素、人为因素和其他因素等六个方面。各因素影响下的主要破坏特征如下。

1)水力因素

水流条件是影响坝体稳定，造成坝体损毁最常见和最主要的因素。坝体整治建筑物是在与水流的对抗过程中体现其整治功能的，因此，长时间运行的整治建筑物发生水毁是必然的。水流对坝体的常见破坏形式主要包括急流顶冲、横向冲刷、坝后淘刷等。

①急流顶冲：凡地处中洪水主流顶冲点上的整治建筑物，在汛期承受着很大的冲击力，在着力点处，局部集中冲刷是整治建筑物破坏的主要动力。破坏过程先是坝顶或坡面出现单个或多个缺口剥落流失，形成小缺口，之后缺口扩散冲深，坝体断裂，破坏越来越严重。

②横向冲刷：导流顺坝、堵顺坝、封弯顺坝前沿，因受弯道横向环流的作用将坝基(多为砂卵石)淘空，致使坝体外侧失去支撑，导致坝体在自重作用下，失去平衡而塌陷破坏。此外，汊道进出口和急流进口是横向流发育的河段，在该处修建的洲头坝和堵口坝，承受着较强的横向冲刷，横比降越大，分流量越大，坝体承受的冲击力越强，破坏越严重。

③坝后冲刷：丁坝、锁坝迎水坡与背水坡水位差值较大。中水期坝后流速大、冲刷力强，坝后护坡块石常被急流剥落，坝基基脚常被淘空，失去支撑导致产生不均匀沉降或偏移，从而导致整治建筑物上部结构产生破坏。

2)河演因素

河床演变也是造成整治建筑物损毁的重要原因，由于河床演变而引起的整治建筑物破坏通常有以下两种形式：由于局部河床变形而引起的坝体损坏；由于床沙输移而引起的坝体损坏。

①河床变形作用：洪水期间，不仅是水流的破坏作用，而且水流中挟带的大量床沙淤高河床，促使岸边河床形态再造，特别是在弯道处，床沙堆积于凸岸，从而改变主流位置和方向，对凹岸产生极大的冲刷作用，将加剧结构物的破坏。通常坝体基础附近河床在水流的作用下发生冲刷，随着冲刷坑的增大，逐渐威胁坝基稳定，随着坝基的破坏，坝体由于失去支撑而发生垮塌。

②推移底沙作用：山区河流推移底沙颗粒较粗，输移时间长，与建筑物的相互作用激烈，建筑物砌体面层磨损严重，加剧了建筑物的破坏作用。破坏区域一般集中在坝面、坝体转角坡面和坝基附近坡面。坝面随着表层压载层的损毁将导致坝体大面积损坏，坝体坡面和坝基的损坏也都会引起坝体的整体破坏。

3)设计因素

设计方面的不足会使航道整治建筑物出现不同程度的损毁，在设计工作中要对整治建筑物易损毁区域考虑足够的强度，或者明确使用时限。设计因素主要包含以下几个方面。

①地处在急流顶冲点上的坝体和护脚棱体，因断面尺寸偏小，导致工程水毁；

②坝根位置偏低。坝轴(坝根段)与上游来水交角偏大，水流顶冲力相对较大；坝根与自然河岸岸坡连接处常因纵坡较缓，而使坝根顶部溢流时间提前，此时坝下无水垫消能，导致后坡冲刷，引起水毁(如买米石上、下丁坝)；

③设计选择建筑石料强度低，耐磨性差，易风化水解。

4)施工因素

航道整治建筑物的施工过程就是其“生产”过程，“生产”过程的严格与否直接影响“产品”的质量，因此必须严格控制施工质量。根据以往工程经验，施工对整治建筑物稳定性的影响主要包含以下几个方面。

①水下不可见项目施工质量影响；

②施工观测不足，未根据水流变化及时调整施工方案；

③未对施工过程合理分期；

④未能严格按照设计方案和相关规范要求进行施工。

5)人为因素

人类在整治建筑物附近的生产、生活活动也会对整治建筑物的稳定性产生影响，主要表现在以下几个方面。

①随意采挖沙卵石。沿江村民为获取暂时的眼前利益，常在坝根处开挖沙石，将基脚挖空，形成隐患；

②拾取水柴，撬拗坝顶块石。洪水期，随洪流漂移的枯枝残根，常卡落在丁坝、顺坝、洲头坝等坝体的缝隙中，村民为拾取柴火，用钢钎随意撬拗石块，抽取水柴，使坝体松动，密实度降低，咬合功能减弱，洪水一到，极易成为水毁的突破口；

③无序的围河造地，护岸保土。沿江村民为了各自的利益，随意地筑堤围地，破坏了天然河流的动态平衡，危及河势和稳定。例如，小米滩上、下丁坝的破坏即是由于人们在进行河堤护岸施工时，航道设施保护意识淡薄，施工弃土堆至河道内，造成两道坝体坝根段损毁严重。

6)其他因素

航道整治建筑物的破坏过程和影响因素都是十分复杂的。例如，漂浮物的撞击，尤其在山区河流中、洪水期流速较大，常有木材等漂浮物顺流而下，这些漂浮物依赖水流的水力作用，对整治建筑物形成强大的冲击力，造成建筑物砌体从顶部或坡面开始破坏，然后逐层剥落，出现断裂，形成溃缺。还有风、浪作用，山区整治建筑物常处于极为恶劣的自然环境中，风化、侵蚀现象较为常见。风、洪水、船只等形成的波浪，对建筑物产生巨大的间歇往复作用力，威胁整治建筑物的安全。

2.3.2 坝体水毁原因分析

1)坝体损毁特点

根据已有资料的分析和整治建筑物维修资料统计可以看出，长江上游已建坝体破坏主要有以下几个特点。

①由于建筑物坝头、坝根等部位的基础和泥沙常年受到水流的冲刷和侵蚀作用，底部河床容易被淘空，建筑物在其自身重力作用下失稳，造成建筑物的局部或整体崩陷、塌落；

②已建坝体常处于极为恶劣的自然环境中，风化现象较为严重；

③建筑物与固体颗粒经常彼此相互磨损，尤其是处在卵石输移带上的建筑物，磨损尤为剧烈；

④抛石坝体块石常在水流和漂浮物的冲击下，以滑动和滚动的形式脱离原位，被推到下游河滩堆积；

⑤建筑物在水流或漂浮物的冲击作用下，砌体从顶部开始逐层剥落，最终溃决；

⑥局部坝体的整体损毁，往往是多种局部水毁因素共同作用在一起，或是单一水毁因素未得到及时修复而扩大蔓延所致。

2)坝体损毁的主要类型

长江上游山区河流地形复杂，水流湍急，水流流速分布极为不均，坝体的损坏形式多种多样。若按损毁原因可分为直接损毁和间接损毁两类。若按散抛石坝的损毁部位，大致可分为局部损毁和整体损毁两类。其中，局部损毁又可分为坝头损毁、坝身损毁和坝根损毁三类。

3)坝体损毁的原因分析

(1)坝头破坏。

①推移质磨蚀。

山区河流水流急、推移质强度大、粒径粗、输移时间长、与建筑物的相互作用剧烈。如长江上游小南海河段，河床质平均粒径为 6 cm，据实地考察，凡地处卵石输移带上的建筑物，其面层均被磨蚀得凹凸不平，30～40 cm 厚的建筑块石，在 3～4 年内，可磨损 1/3～1/2。原因是沙砾石的硬度远比建筑物砌体大，所以推移质强烈冲刷坝头，从而导致坝头的坍塌(图 2-10)。

(a)　　　　(b)

图 2-10　小南海眉毛碛碛尾顺坝破坏照片

②基础冲刷。

平顺微曲河段上建成的顺坝，坝头较为稳定，而建在急弯河道上的顺坝水毁程度较大，损毁过程是：基础冲刷—边坡坍塌—坝顶坍塌。在急弯河段，泡漩水强度大，底蚀力强，极端情况下冲刷坑深达 7～8 m。例如，母猪碛顺坝在 2006 年泸渝段进行维修时就曾发现坝体中段出现严重破坏，缺口达 150 m 左右，坝体背水坡坡脚出现明显冲刷坑，坝体块石滑落至冲刷坑内的情况。

(2)坝身破坏。

①急流顶冲。

地处中洪水主流顶冲部位的散抛石坝，汛期承受着强大的水流冲击力，在着力点处，局部集中冲刷是散抛石坝破坏的主要动力。实测表明，在顶冲点处，中洪水行进流速可达 5～6 m/s，因而结构松散的散抛石坝极易被水流逐个剥落，导致溃决。破坏过程先是坝顶出现单个或多个块石剥落流失，形成小缺口，之后缺口扩展冲深，坝体断裂，破坏越来越严重(图 2-11)。

图 2-11 小南海锁坝破坏照片

②横向环流的侧向侵蚀。

在一些封弯顺坝、导流顺坝、堵顺坝、洲头坝、丁坝、弯道护岸棱体前沿，往往存在较强的横向环流，其侧向扫刷迎水坡(主要是中水傍蚀，其次为低水淘蚀)，逐步将坝基(多为砂卵石)前脚淘空，使坝体外侧基础失去支撑保护，导致抛石坝坝体在自身重力作用下失去平衡而塌陷。

③斜向水流冲刷。

汊道进出口和急弯河道进口处是斜向水流发育的河段。修建在汊道分流口的洲头坝和急弯河道的堵口坝，其坝身承受着较强的水流冲刷。横比降是斜向水流的动力条件，横比降越大，斜流越强，坝体承受的冲击力越大，破坏力越烈。横向流弱的坝体部位较稳定；横向流强的坝体部位水毁较重。例如，渣角碛头坝，因地处两汊河道分流口，横流强度大，流速 2～3 m/s，冲刷历时长达 6 个月，日夜不停，其流向与坝轴交角为 30°～40°，加之推移质的磨蚀和维护修补不及时，初期为多处坝面剥落流失，之后是多个浅小缺口。该坝在 2006 年泸渝段维修时，头部段长 80 余米的坝身被毁得面目全非。水毁后支汊分流比增大，主河道分流比减少，导致航道水深不足，回淤较重。

(3)坝根破坏。

①坝根嵌埋处处理不当。

坝根端部大多嵌埋入台地边缘坡脚的砂卵石岸坡内，而砂卵石结构岸坡抗冲蚀力弱，水流首先淘刷台地坡脚带走沙石，形成浅小缺口后，继续扩大冲深，导致水流绕流泄流。另外在一些工程施工过程中，由于种种原因对坝根端部未作任何处理甚至没有嵌埋，也是坝根破坏的一个重要原因。

②坝根位于水流顶冲点处。

在某些散抛石坝的设计中，坝根在水流转向点的下游，坝根段轴线与上游来水的交角明显增大，水流顶冲力就相对增大。

破坏开始时坝面块石逐个剥落移位，形成浅小缺口，然后逐渐扩大，冲蚀河底，形成大缺口；另一种形态是坝面块石被推移到背水坡后，散乱堆积，状如棋子般散落，块石可被推移数十米远。

③坝根基础开挖不够。

坝根基础开挖深度一般为 0.5～1.0 m。有些坝基开挖深度不够，其高程高于水流冲刷线高程，导致坝根基础被冲刷损毁。因此为确保坝根稳定，坝根基础宜开挖到冲刷线以下。

④人工挖沙、采石。

随着城乡建筑业的不断发展，沿江村民为获取暂时的眼前利益，汛期过后，常在坝根和坝基处开挖沙石出售，将基脚挖空，形成隐患。另外，随洪流漂移的枯枝残根，常卡落在丁坝的缝隙中，村民为拾取柴火，用钢钎随意撬动石块，抽取水柴，使坝体松动，密实度降低，从而导致坝体的失稳，产生损坏。

4)其他损毁原因分析

(1)坝位布置不当。

当丁坝坝位布置不当时，正好处于中洪水集中冲刷区，丁坝坝轴线与中洪水主流交角过大或局部水毁缺口未及时修补，常导致整个坝体的崩毁。

(2)断面尺寸偏小。

地处在急流顶冲部位的坝体和护脚棱体，如果设计断面尺寸偏小，则容易在汛期时产生坝体的整体失稳。

(3)坝体偏角失当。

一般地，当淹没期丁坝在偏角向下游时，在坝根与河岸交界处易产生淘刷，从而引起坝体的水毁。在一些散抛石坝的坝根与自然河岸连接处，纵坡较缓，当水位上涨时，坝上、下游水位差较大，上游壅水翻坝，从而使坝根顶部溢流时间提前，这样就会由于此时坝下无水垫消能，溢流直接冲刷坝根背水坡，造成坝根的破坏。

(4)施工质量。

施工质量控制不到位是散抛石坝的破坏因素之一。建筑石料的硬度、重量、几何尺寸、抛筑密实度、块石级配和断面尺寸等，均直接影响散抛石坝的整体性和稳定性。由于散抛石坝由抛石筑成，施工如果不加注意，导致坝体结构松散、整体性差、渗流量大，在急流冲击下，块石容易逐个逐层剥落，从而导致坝体解体。

(5)忽视维护。

整治建筑物竣工后，丁坝、顺坝、洲头坝、洲尾坝等在水沙运动的作用下，难免有局部的冲蚀、塌陷、断裂、块石滚落流失等。这些变化当属正常，关键在于及时发现，及时修补，以保持坝体的完整性、抗冲性，不能因小利而误大局。观察表明，有些损毁过程是较为缓慢的，若在初期能及时发现，迅速修复，大规模损毁是可以避免的，可以将损失减小到最低限度。

第 3 章 概化模型试验设计及试验内容

3.1 水槽概化模型设计

模型试验在重庆交通大学国家内河航道整治工程技术研究中心航道整治试验大厅进行。根据依托工程——丁坝整治建筑物建立正态水槽概化模型(图 3-1)，矩形玻璃水槽长 30 m、宽 2 m、高 1 m。

图 3-1 试验水槽模型照片

3.1.1 模型设计依据

为了能将研究成果推广运用到天然河流上，必须考虑水槽概化模型试验比尺问题。由于长江上游天然河段及丁坝工程尺度较大，水槽概化模型不可能模拟某个具体河段和工程，只能模拟部分工程长度，并使水槽试验用沙和水深、流速与天然河流有某种粗略的比尺关系。

统计分析长江上游河段河床泥沙见表 3-1。

表 3-1 长江上游叙渝段床沙平均级配统计表

金钟碛	比例/%	0	5	50	95	100				
	粒径/mm	0.31	1.06	81	241.25	285				
铜鼓滩	比例/%	15	17	19	26	50	65	82	100	
	粒径/mm	1	3	5	10	50	100	200	300	
朱沱	比例/%	1	5	10	30	50	60	90	95	100
	粒径/mm	1	5	23.2	43.4	65	77	149	185	214

丁坝由坝体、坝头和坝根护岸等三部分组成。以长江上游叙渝段丁坝工程为参考依据(表 3-2)，模型设计考虑丁坝结构形式与其基本相似。

表 3-2　长江上游叙渝段丁坝特征值汇总表

坝号	坝长/m	坝头高程/m	坝宽/m	纵坡	迎水坡	背水坡	最大坝高/m
金钟碛 1#	290	225.6	3	1∶500	1∶1.5	1∶2	5
金钟碛 2#	390	225.6	3	1∶500	1∶1.5	1∶2	6
神背嘴 1#	52	215.5	3	1∶250	1∶1.5	1∶2	2.25
神背嘴 2#	43	215.5	3	1∶250	1∶1.5	1∶2	2.25
神背嘴 3#	50	215.5	3	1∶250	1∶1.5	1∶2	2.25
神背嘴 4#	146	215.5	3	1∶250	1∶1.5	1∶2	2.25
关刀碛 1#	160	186.1	3	1∶250	1∶1.5	1∶2	5
关刀碛 2#	165	186.1	3	1∶250	1∶1.5	1∶2	5.5
关刀碛 3#	205	186.1	3	1∶250	1∶1.5	1∶2	5.3

1)坝体

采用散抛石、混凝土和浆砌条石的混合坝体结构。坝顶宽为 3 m，迎水坡为 1∶1.5，背水坡为 1∶2，块石盖面厚度为 40 cm，其中坝顶面层 40 cm 迎水坡为混凝土浇筑，背水坡为浆砌条石。坝顶纵坡为 1∶300。

2)坝头

坝头端 10 m 范围内采用全抛石结构，坝头顶部与坝体结构相同，迎水坡为混凝土浇筑，背水坡为浆砌条石，坝头顶部前段为直径 5 m 的半圆，然后呈辐射状与河底相接；沿坝轴线向河坡坡比为 1∶2.5，向河坡上、下游边坡与坝体平顺衔接。

根据交通部《航道整治工程技术规范》(JTJ 312—2003)中对丁坝坝身结构的要求和长江上游航道丁坝常见结构形式，丁坝横断面一般为梯形。由于长江上游原型丁坝水毁严重，特别是坝头部分，因此试验设计坝头为常见的圆弧直头和圆弧勾头两种形式；为了探索既能满足整治要求，坝身坝头稳定性又较好且水毁程度较低的坝头结构形式，我们在原有方案基础上增加了扇形头的方案；此外，在整合当前国内外丁坝水毁的研究现状并结合长江上游丁坝水毁现状的情况下，创新性地提出了圆弧断面结构的新型坝体结构形式，通过试验做了一些创新性探索。由于山区河流卵石滩一般采用正挑(挑角 90°)和下挑丁坝(挑角 120°左右)，所以模型试验采用挑角为 90°和 120°的丁坝。

3.1.2　模型各项比尺的确定

1)模型几何比尺的确定

由于丁坝局部冲刷与丁坝对断面的缩窄程度有关。因此，最好是进行丁坝影响河段的正态冲刷模型试验。但对于大型河流(如本书研究的长江)，模型太大，模拟难度太大，因此一般方法是将水流及丁坝作为二维问题处理。

依托工程河段较宽，但试验水槽的宽度只有 2 m，为了考虑坝长对束窄河床的影响，模型坝长按水面收缩比 μ 与原型相等进行设计，即模型坝长应满足式(3-1)。

$$\left(\frac{L}{B}\right)_P = \left(\frac{L}{B}\right)_M = \mu \tag{3-1}$$

式中，L，B 分别表示丁坝长和河宽。

长江上游河宽为 500～1000 m，根据上游河段丁坝长度，取原型丁坝的长度为 200 m，则丁坝引起的收缩比为

$$\mu_1 = \frac{L}{B_1} = \frac{200}{500} = 0.4 \tag{3-2}$$

$$\mu_2 = \frac{L}{B_2} = \frac{200}{1000} = 0.2 \tag{3-3}$$

故丁坝的收缩比为 $0.2 \leqslant \mu \leqslant 0.4$，实际试验取用 0.25 和 0.35 两个收缩比，试验水槽为 2 m，根据收缩比来定出模型丁坝的长度：

$$L_M = \left(\frac{L}{B}\right)_P B_M = \mu_1 B_M = 0.35 \times 2.0 = 0.7(\mathrm{m}) \tag{3-4}$$

$$L_M = \left(\frac{L}{B}\right)_P B_M = \mu_2 B_M = 0.25 \times 2.0 = 0.5(\mathrm{m}) \tag{3-5}$$

故模型丁坝的长度采用 50 cm 和 70 cm 两种尺寸。

根据河段平面尺寸以及丁坝结构尺寸，考虑试验水槽宽 2 m 和供水系统的实际情况，水槽概化模型仅考虑模拟部分工程长度，采用平面比尺：$\lambda_L=40$。概化模型设计为正态，故水平比尺和垂直比尺为

$$\lambda_L = \lambda_H = 40 \tag{3-6}$$

根据表 3-3，原型丁坝的坝高为 4 m，顶宽为 3 m，故模型坝高为 10 cm，坝顶宽为 7.5 cm；坝体面层厚度按垂直比尺确定；纵坡、迎水坡、背水坡与原型一致；丁坝护底范围按水平比尺确定。

原型坝体块石粒径根据《航道工程手册》中 7.3.3-1 公式计算，即

$$d = 0.04V_f^2 \tag{3-7}$$

式中，d 为块石等容粒径(m)；V_f 为建筑物处的表面流速(m/s)。

模型坝体块石仍采用天然材料，但必须保证与原型块石起动相似，根据流速比尺，确定出模型坝体块石粒径起动流速后，由式(3-7)计算出模型坝体的块石粒径，详见表 3-3。

表 3-3 丁坝几何尺寸组合表

编号	坝顶宽/m		坝高/m		挑角/(°)		块石粒径/cm	
	原型	模型	原型	模型	原型	模型	原型	模型
1	3	0.075	4	0.1	90	90	25～48	0.6～1.2
2	3	0.075	4	0.1	120	120	25～48	0.6～1.2

2)模型水流比尺的确定

为了保证水流运动的相似，应同时满足下列两个条件：

$$\lambda_V = \sqrt{\lambda_H} \tag{3-8}$$

$$\lambda_V = \frac{1}{\lambda_n}\lambda_H^{1/6}\frac{\lambda_H}{\sqrt{\lambda_L}} \tag{3-9}$$

联解式(3-8)和式(3-9)，得到要求的糙率比尺以及要求的模型糙率为

$$\lambda_n = \lambda_H^{1/6}\sqrt{\frac{\lambda_H}{\lambda_L}} = 40^{1/6}\sqrt{\frac{40}{40}} = 1.85 \tag{3-10}$$

$$n_m = \frac{n_p}{\lambda_n} = \frac{0.025}{1.85} = 0.0135 \tag{3-11}$$

故为保证模型水流运动的相似，应采用：

$$\lambda_V = \sqrt{40} = 6.325 \tag{3-12}$$

$$\lambda_q = \lambda_H \lambda_V = 40 \times 6.325 = 253 \tag{3-13}$$

3)模型沙材料及粒径的确定

本书主要依托长江上游金钟碛和小米滩丁坝水毁工程。

根据前期工作经验，选用天然石英砂作为试验用模型沙能够较好地模拟出丁坝及其周围床面的变形。最初采用金钟碛河段床沙级配：

$$d_{50} = 81\ \text{mm},\quad d_{95} = 241\ \text{mm},\quad d_5 = 1.06\ \text{mm}$$

采用沙莫夫起动流速公式：

$$U_c = 1.4\sqrt{gD}\ln\frac{h}{7D} \tag{3-14}$$

计算得 U_{0p_1}=2.858 m/s。

依据模型比尺计算后得到模型沙中值粒径 D_m=2.025 mm，采用适用于无黏性模型沙起动流速的冈察洛夫(1954)不动流速公式：

$$V_0 = 1.06\lg\frac{8.8H}{D_{95}}\sqrt{\frac{(\gamma_s-\gamma)gD}{\gamma}} \tag{3-15}$$

计算得 U_{0p}=0.443 m/s。

因此得 $\lambda_{V_0}=\dfrac{2.858}{0.443}=6.451$，与 $\lambda_V=6.325$ 相差不大，认为基本满足相似条件。

根据定床 Q=95 L/s、H=14 cm 实测流速资料，坝体断面平均流速约为 0.6 m/s，大于泥沙起动流速，因此认为选沙是基本合理的。

按照上述粒径比尺配制模型沙进行冲刷试验，级配见图 3-2。

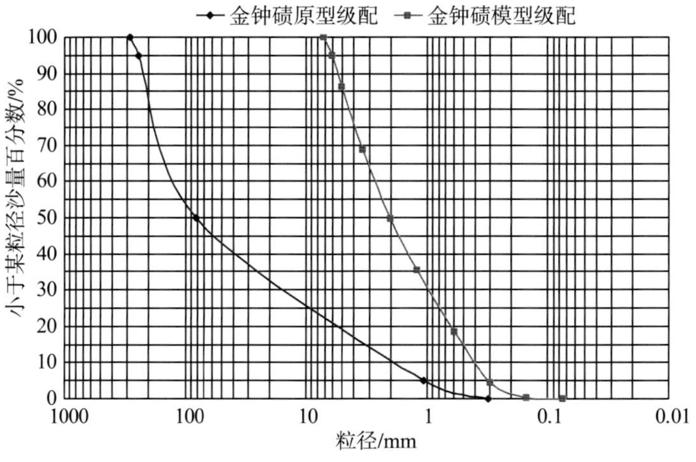

图 3-2 金钟碛河段床沙级配曲线

通过几组试验后发现，虽然水流流速比按照中值粒径计算的起动流速大很多，但是冲刷在较短的时间内即达到平衡，河床表面粗化严重。于是选用中值粒径较小的铜鼓滩(d_{50}=50 mm)泥沙级配(图 3-3)，重复前述几组试验过程，同样发现冲刷在较短的时间内达到平衡且河床表面粗化严重。经过对比分析这两组泥沙级配数据，发现虽然采用均匀沙下的起动流速公式计算中值粒径的泥沙颗粒满足起动条件，但是试验用沙属于非均匀沙且这两组沙中粗颗粒泥沙所占比重较多(所选级配属于在长期的冲刷发展过程中已经粗化后的床沙级配)，冲刷在发展到一定程度之后，表层的细颗粒泥沙被冲向下游，下层的细颗粒泥沙受到上层粗颗粒泥沙的遮蔽作用不易起动，导致床面粗化后冲刷出现停滞现象，造成冲刷坑及坝体破坏与原型相似度不大。

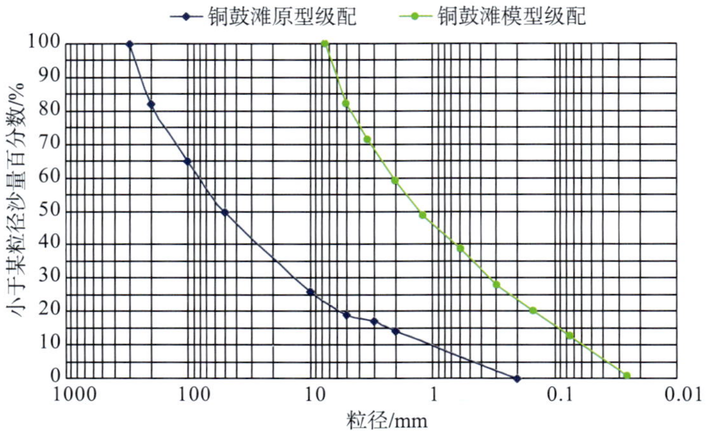

图 3-3 铜鼓滩泥沙级配曲线

因此，需对泥沙级配进行调整，在铜鼓滩河段原型级配的基础上概化出长江上游天然河床床沙级配，中值粒径减小为 40 mm，同时调整粗颗粒泥沙所占的百分比(图 3-4)，通过试验发现冲刷与原型相似度较好。

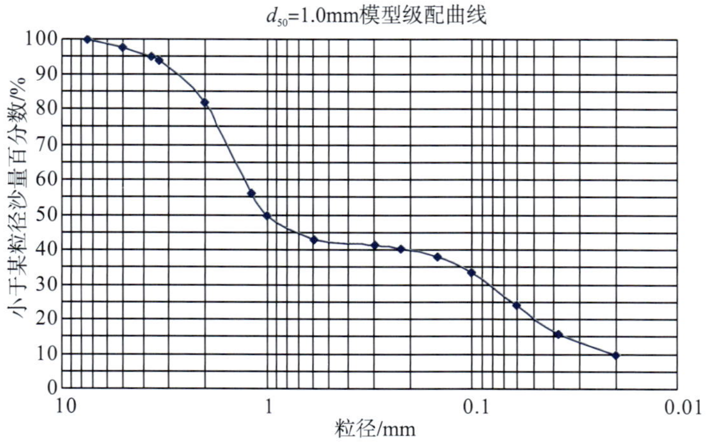

图 3-4 概化均匀床沙级配曲线

3.2　清水定床试验

进口流量由清华大学和北京尚水信息技术公司联合研制的 DCMS 流量控制系统控制(图 3-5)，坝前控制水位通过水位测针控制(图 3-6)，实时水位通过超声自动水位测量系统量测(图 3-7)，流速采用美国 SonTek 公司生产的 Horizon ADV 三维流速测量系统进行测量(图 3-8)，系统设定采样频率为 30 Hz，采用脉冲采样方法，每个点采样时长为 30 s。

图 3-5　电磁流量计

图 3-6　水位测针

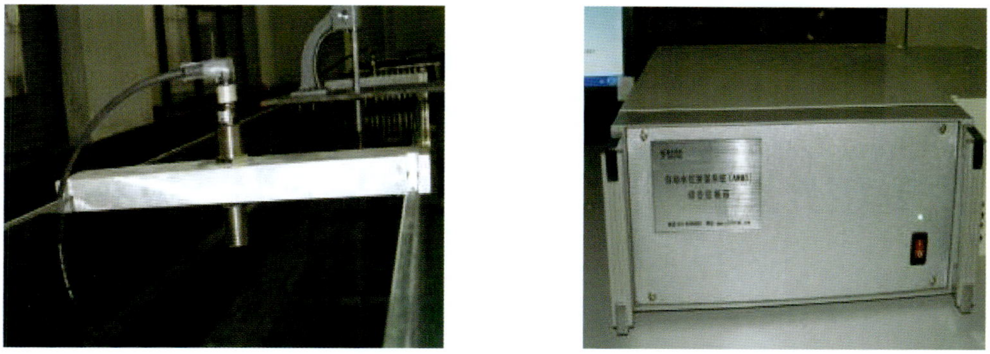

图 3-7　超声波水位探头及自动水位综合控制箱

图 3-8　ADV 三维流速测量仪

3.2.1 定床试验方案

(1)流量：为了研究不同流量情况下丁坝周围的水流流态，流量分别采用 $Q=65$ L/s、95 L/s 和 135 L/s 三级流量。

(2)水深：为了研究不同水深情况下丁坝周围的水流流态，水深采用对丁坝作用较强的淹没状态下三种水深，分别为 $H=11$ cm、14 cm 和 17 cm。

(3)坝长：为了研究不同坝长情况下丁坝周围的水流流态，坝长分别采用 $L=50$ cm 和 70 cm 两种情况。

(4)挑角：山区河流卵石滩一般采用正挑和下挑丁坝，模型试验采用挑角为 90°和 120°的丁坝。

(5)坝身横断面：梯形断面、圆弧断面。

(6)坝头形状：圆弧直头、圆弧勾头、扇形直头和扇形勾头。

(7)坝体结构形式：梯形断面圆弧直头、梯形断面圆弧勾头、梯形断面扇形直头、梯形断面扇形勾头、圆弧断面圆弧直头。

根据上述各种因素的变化，进行试验设计，列出定床试验组合情况如表 3-4 所示。各种坝体的结构如图 3-9 所示。

表 3-4 定床试验组合表

试验工况	坝长/cm	挑角/(°)	坝身横断面形式	坝头形状	流量/(L/s)	水深/cm
1	50	90	梯形	圆弧直头	65	11
2	50	90	梯形	圆弧直头	95	14
3	50	90	梯形	圆弧直头	135	17
4	50	90	梯形	圆弧勾头	65	11
5	50	90	梯形	圆弧勾头	95	14
6	50	90	梯形	圆弧勾头	135	17
7	50	90	梯形	扇形直头	65	11
8	50	90	梯形	扇形直头	95	14
9	50	90	梯形	扇形直头	135	17
10	50	90	梯形	扇形勾头	65	11
11	50	90	梯形	扇形勾头	95	14
12	50	90	梯形	扇形勾头	135	17
13	50	120	梯形	圆弧直头	65	11
14	50	120	梯形	圆弧直头	95	14
15	50	120	梯形	圆弧直头	135	17
16	50	120	梯形	扇形直头	65	11
17	50	120	梯形	扇形直头	95	14
18	50	120	梯形	扇形直头	135	17
19	50	120	梯形	圆弧勾头	65	11

续表

试验工况	坝长/cm	挑角/(°)	坝身横断面形式	坝头形状	流量/(L/s)	水深/cm
20	50	120	梯形	圆弧勾头	95	14
21	50	120	梯形	圆弧勾头	135	17
22	50	120	梯形	扇形勾头	65	11
23	50	120	梯形	扇形勾头	95	14
24	50	120	梯形	扇形勾头	135	17
25	70	90	梯形	圆弧直头	65	11
26	70	90	梯形	圆弧直头	95	14
27	70	90	梯形	圆弧直头	135	17
28	70	90	梯形	圆弧勾头	65	11
29	70	90	梯形	圆弧勾头	95	14
30	70	90	梯形	圆弧勾头	135	17
31	70	90	梯形	扇形直头	65	11
32	70	90	梯形	扇形直头	95	14
33	70	90	梯形	扇形直头	135	17
34	70	90	梯形	扇形勾头	65	11
35	70	90	梯形	扇形勾头	95	14
36	70	90	梯形	扇形勾头	135	17
37	70	120	梯形	圆弧直头	65	11
38	70	120	梯形	圆弧直头	95	14
39	70	120	梯形	圆弧直头	135	17
40	70	120	梯形	圆弧勾头	65	11
41	70	120	梯形	圆弧勾头	95	14
42	70	120	梯形	圆弧勾头	135	17
43	70	120	梯形	扇形直头	65	11
44	70	120	梯形	扇形直头	95	14
45	70	120	梯形	扇形直头	135	17
46	70	120	梯形	扇形勾头	65	11
47	70	120	梯形	扇形勾头	95	14
48	70	120	梯形	扇形勾头	135	17
49	50	90	圆弧	圆弧直头	95	14
50	70	90	圆弧	圆弧直头	95	14
51	50	120	圆弧	圆弧直头	95	14
52	70	120	圆弧	圆弧直头	95	14

注：表中水深为坝顶水面高程与水槽底部高程之差

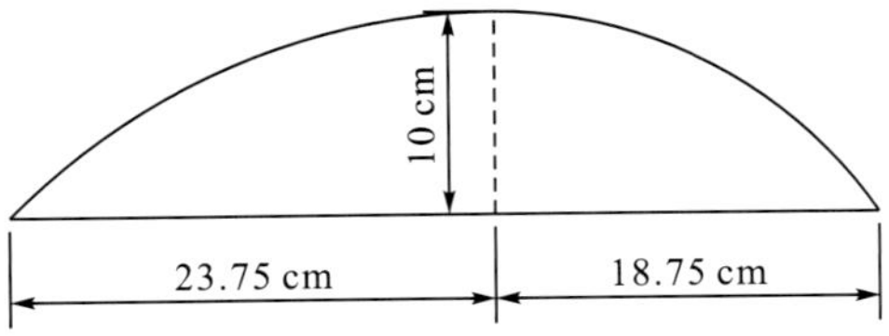

(a)圆弧断面

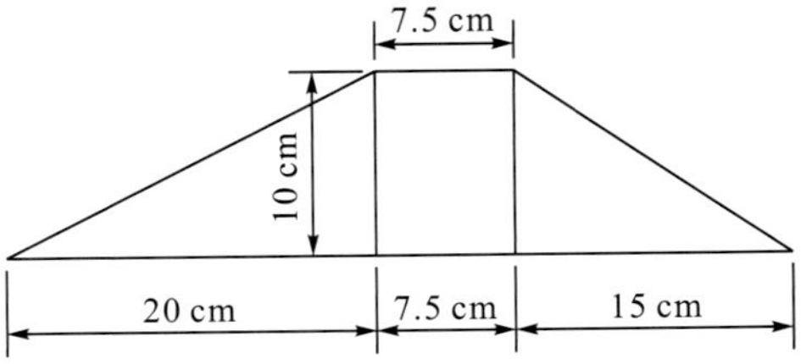

(b)梯形断面

图 3-9 坝身横断面图

3.2.2 定床试验观测内容

(1)观测各种情况下的流速分布，选取如图 3-10 所示的 20 个断面，每个断面上根据所处位置的不同选取需要的测点个数，采用三点法(0.2h、0.6h 和 0.8h)测定各点的三维流速。

(2)观测各种情况下的水面线，选取如图 3-11 所示的 9 个纵断面，每个纵断面上安放 8 个超声波水位探头，即每个纵断面测量 8 个点，观测其水面高程。

(3)观测各工况下水面线分布、流速分布。

(4)观测各种情况下坝前壅水和回流区的变化。

(5)观测各种情况下坝后涡流运动情况和水流紊动强度。

在进行试验前，首先检测了水槽两侧水面线和上、中(坝轴线)、下三个断面的流速分布场，检测结果表明，水槽两侧水面线是基本重合的，水槽试验段表面和垂线平均流速基本上是均匀的，仅在距侧壁 2～3 cm 受侧壁影响，流速略有减小；水槽侧壁和槽底根据测定水力要素计算其糙率为 0.011～0.012。根据电磁流量系统测定流量与给定流量对比发现两者误差在 3%以内，图 3-12 为进口流量为 95 L/s 时上述两者对比图。

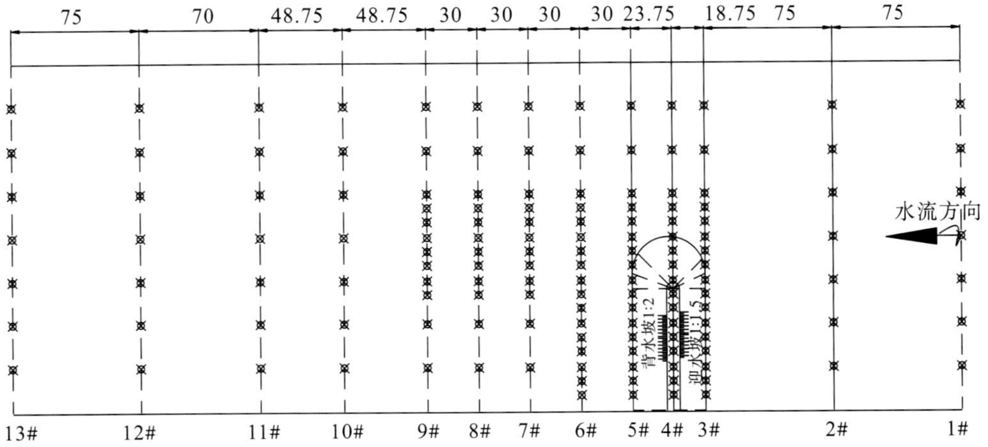

(a)70 cm 正挑梯形断面圆弧直头丁坝流速测点布置图

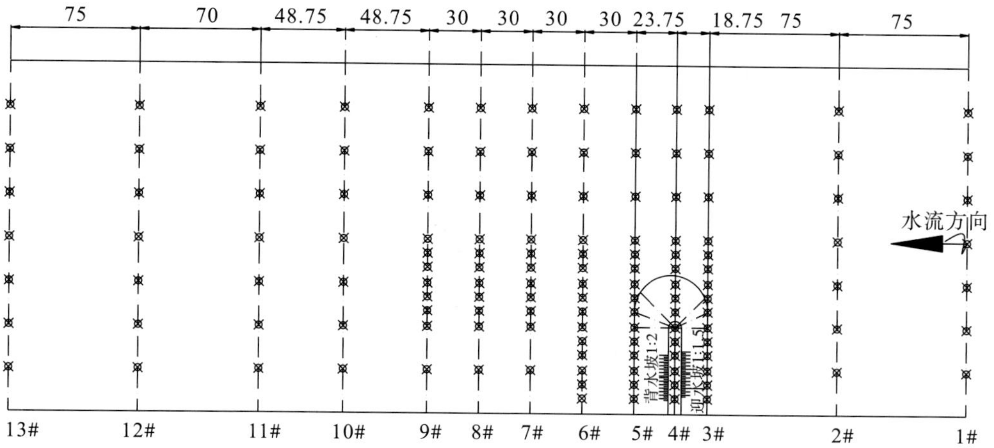

(b)50 cm正挑梯形断面圆弧直头丁坝流速测点布置图

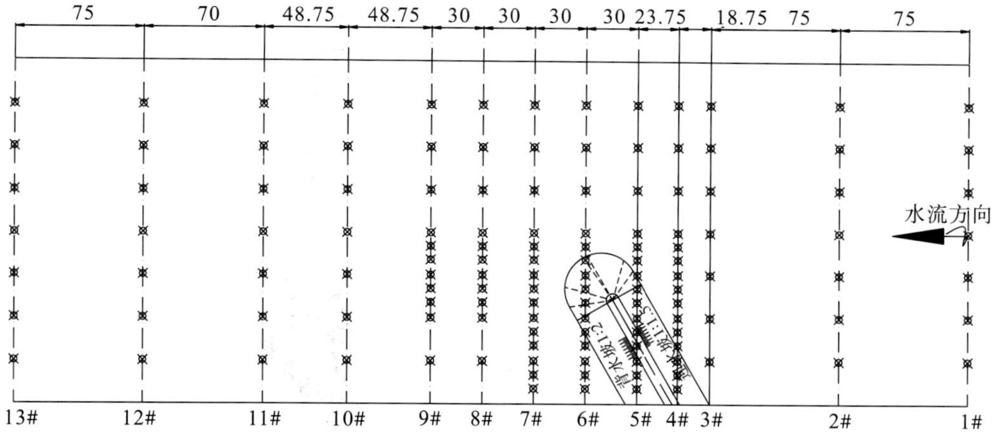

(c)70 cm下挑梯形断面圆弧直头丁坝流速测点布置图

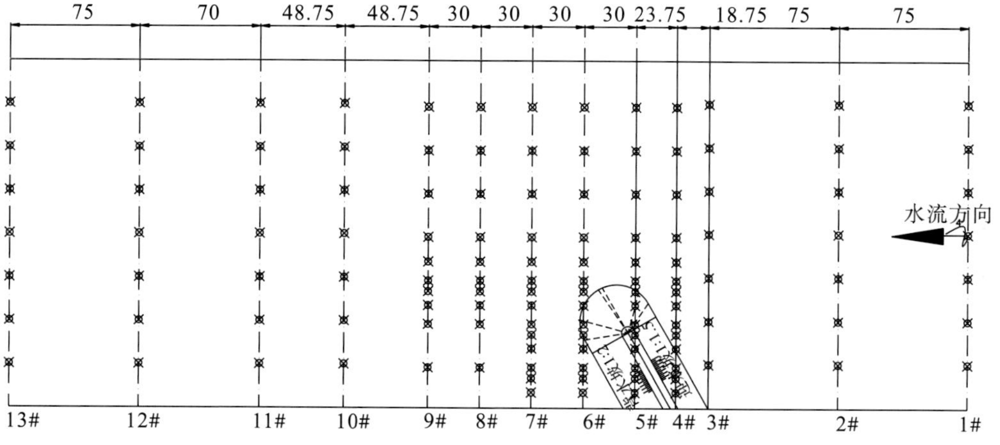

(d)50 cm下挑梯形断面圆弧直头丁坝流速测点布置图

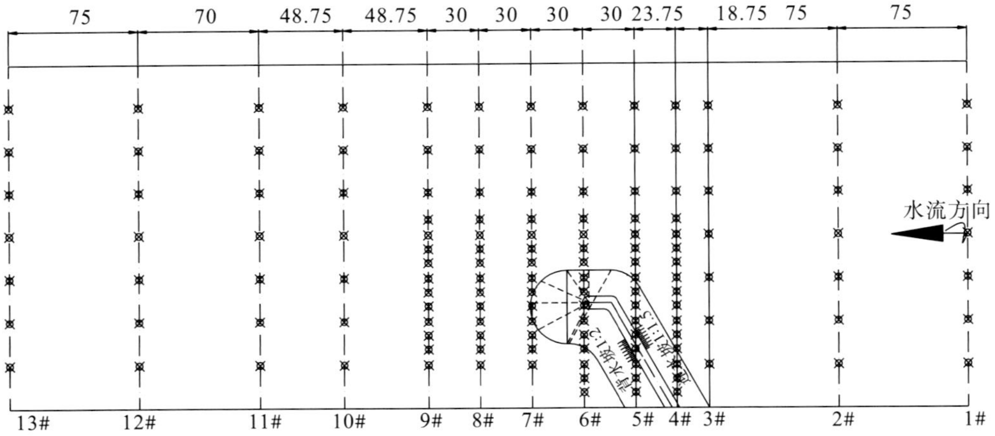

(e)70 cm下挑梯形断面圆弧勾头丁坝流速测点布置图

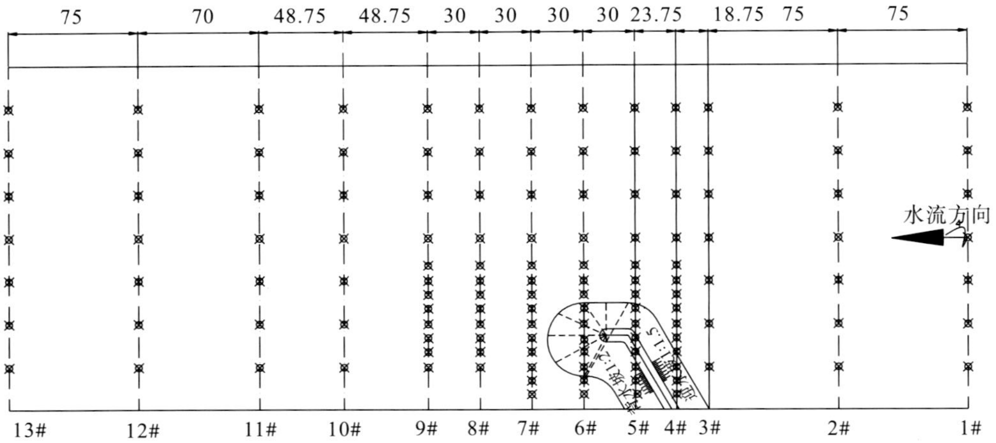

(f)50 cm下挑梯形断面圆弧勾头丁坝流速测点布置图

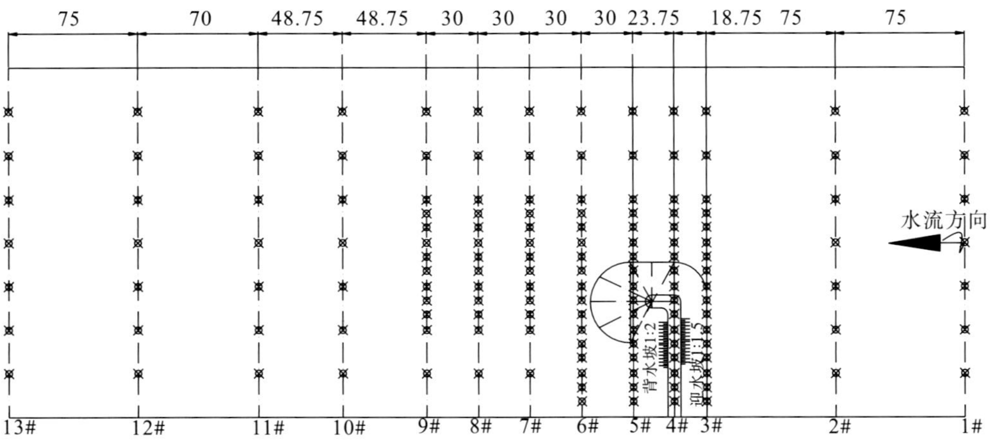

(g)70 cm正挑梯形断面圆弧勾头丁坝流速测点布置图

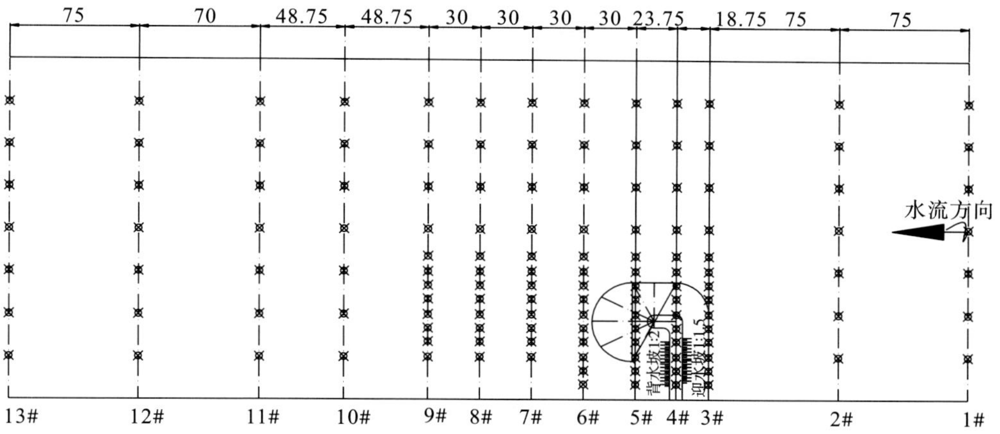

(h)50 cm 正挑梯形断面圆弧勾头丁坝流速测点布置图

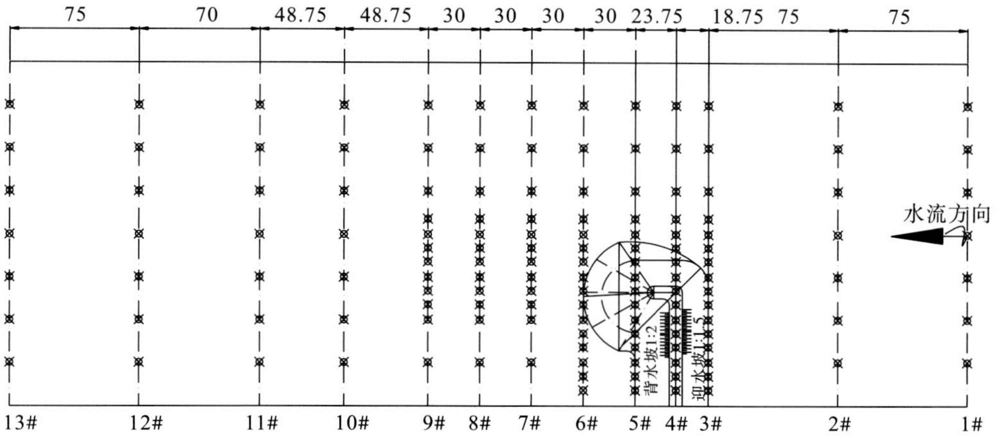

(i)70 cm 正挑梯形断面扇形勾头丁坝流速测点布置图

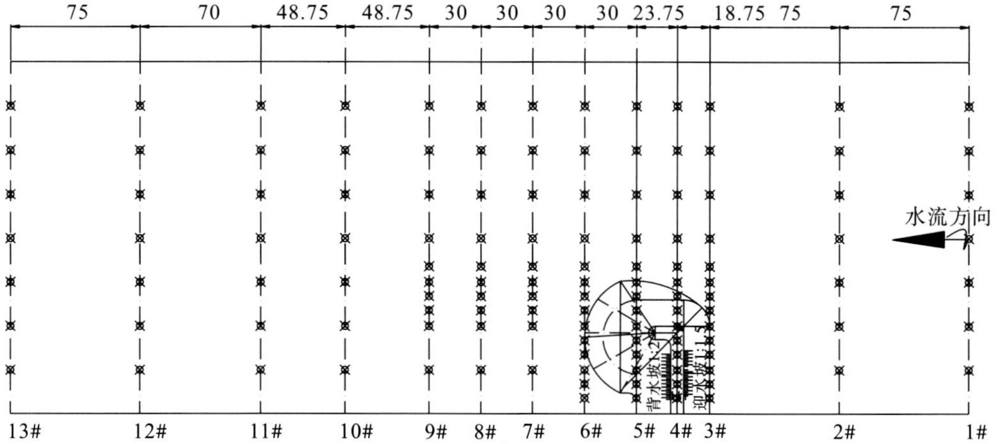

(j)50 cm 正挑梯形断面扇形勾头丁坝流速测点布置图

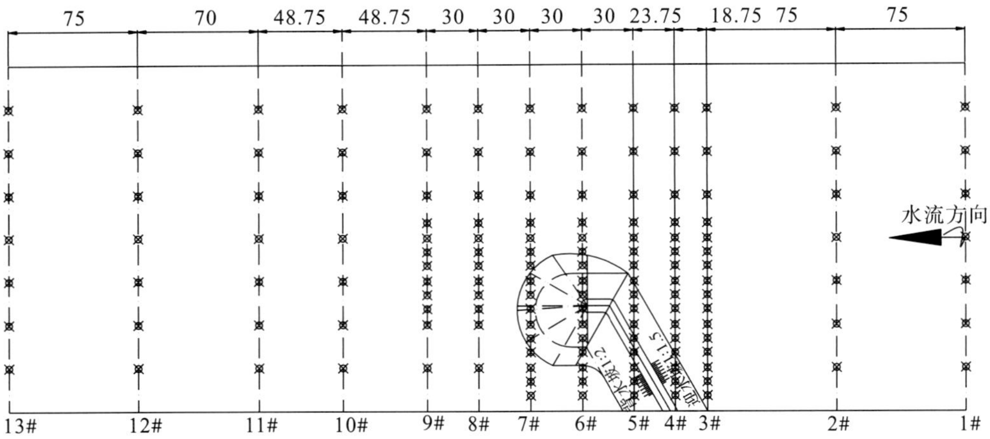

(k)70 cm下挑梯形断面扇形勾头丁坝流速测点布置图

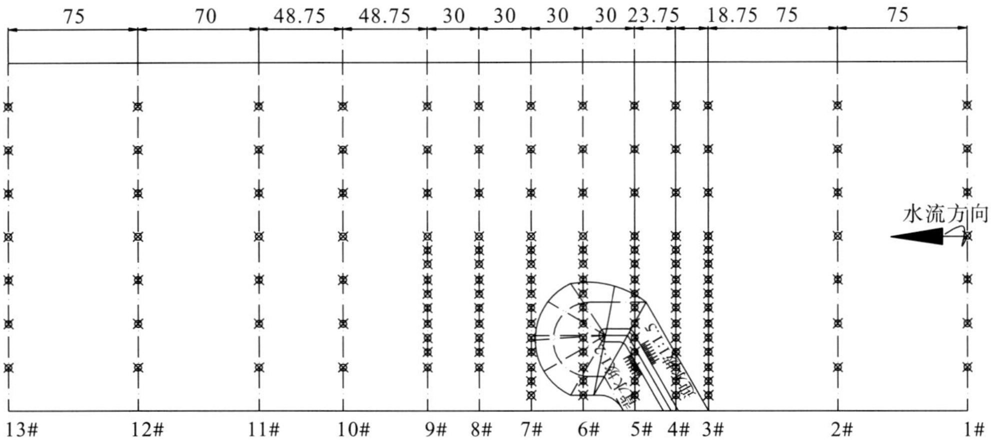

(l)50 cm下挑梯形断面扇形勾头丁坝流速测点布置图

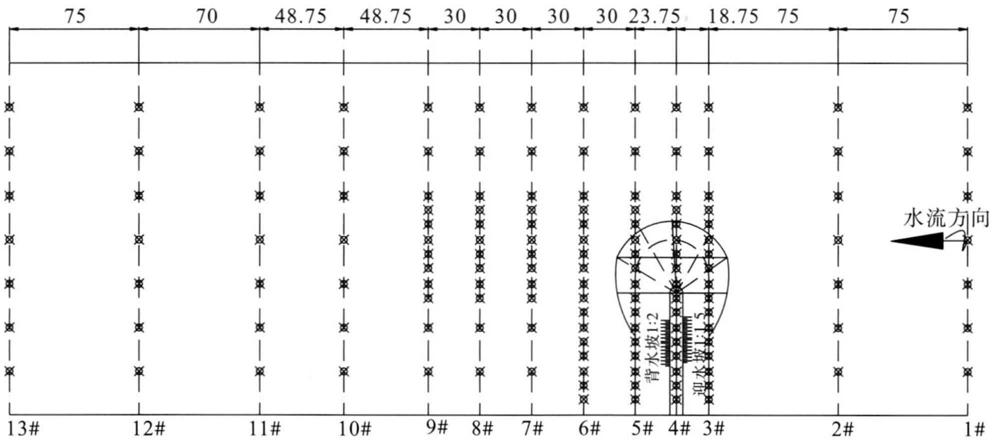

(m)70 cm正挑梯形断面扇形直头丁坝流速测点布置图

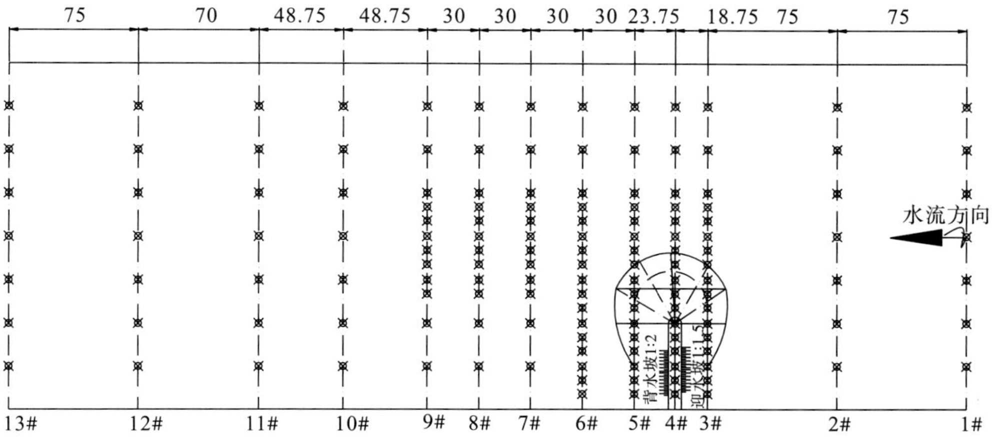

(n)50 cm 正挑梯形断面扇形直头丁坝流速测点布置图

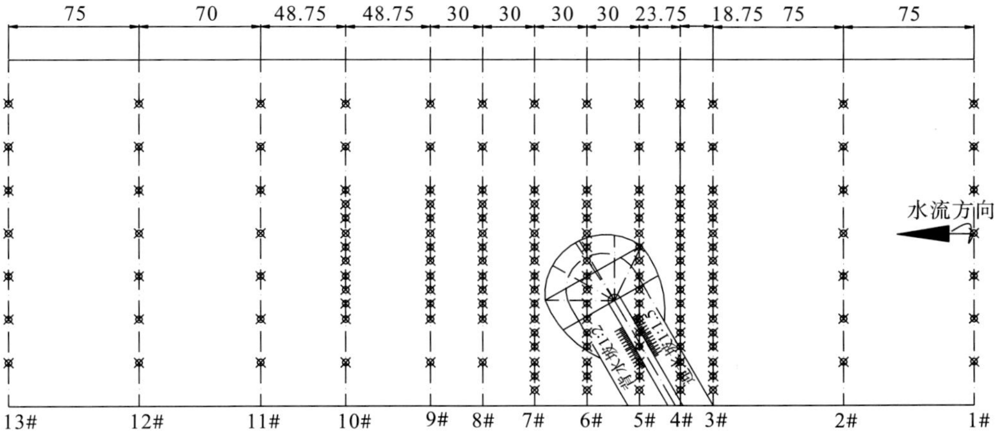

(o)70 cm 下挑梯形断面扇形直头丁坝流速测点布置图

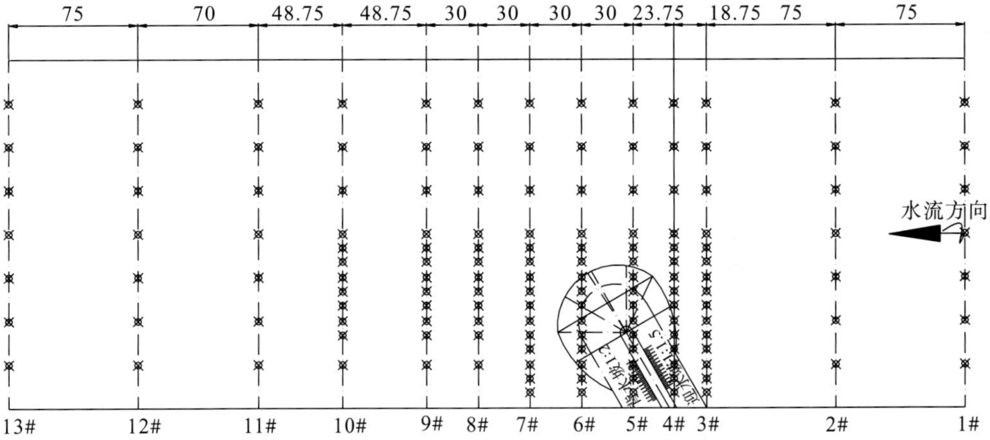

(p)50 cm 下挑梯形断面扇形直头丁坝流速测点布置图

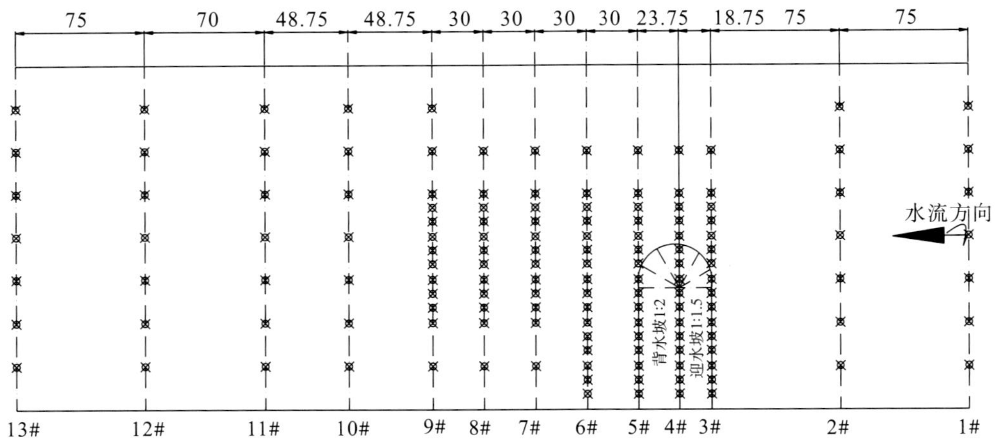

(q)70 cm正挑圆弧断面圆弧直头丁坝流速测点布置图

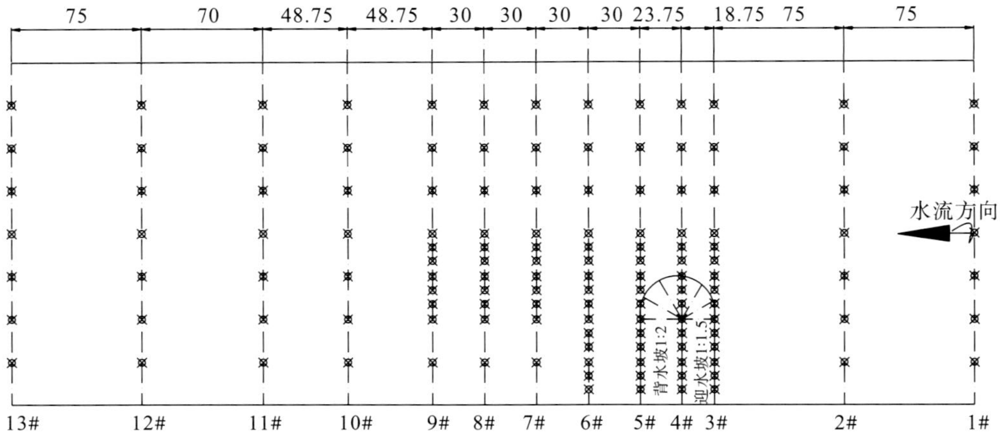

(r)50 cm正挑圆弧断面圆弧直头丁坝流速测点布置图

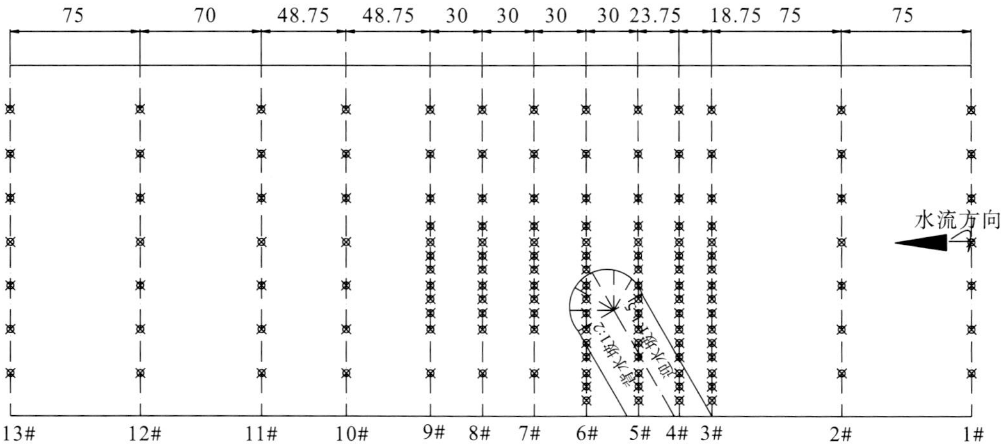

(s)70 cm下挑圆弧断面圆弧直头丁坝流速测点布置图

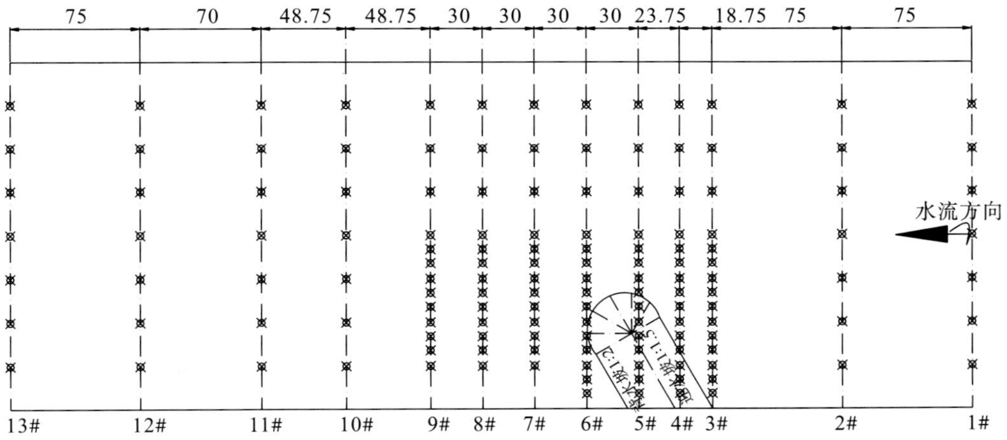

(t)50 cm 下挑圆弧断面圆弧直头丁坝流速测点布置图

图 3-10　流速测点平面布置图(单位：cm，⊠表示流速测点)

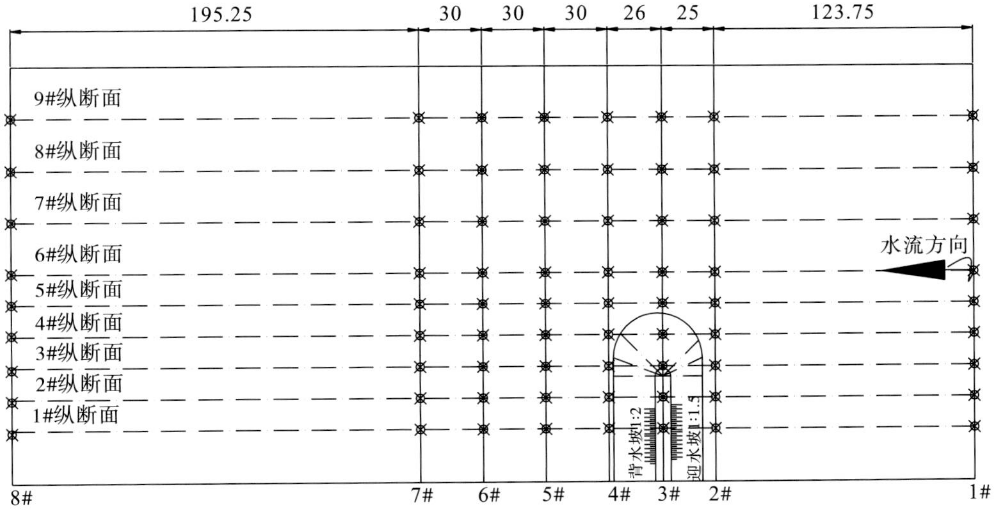

图 3-11　水位测点平面布置图(单位：cm，⊠表示水位测点)

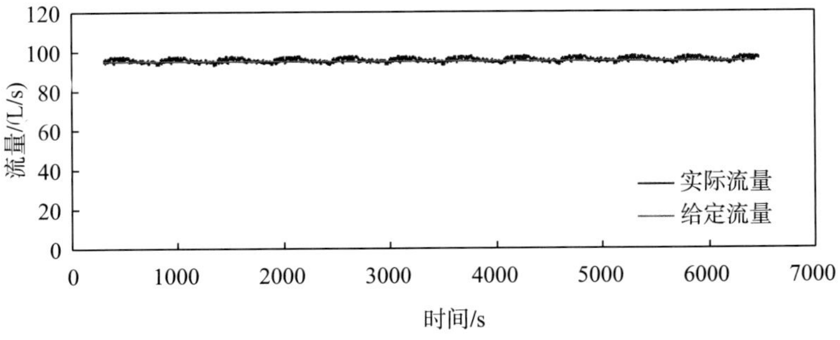

图 3-12　实际流量与给定流量对比

3.3 清水动床冲刷试验

3.3.1 动床试验方案

清水冲刷试验与前面的定床水槽试验一致，模型也是在重庆交通大学国家内河航道整治工程技术研究中心航道整治试验厅长 30 m、宽 2 m 的矩形玻璃水槽中进行的。原型丁坝观测的最大冲刷深度为 6 m 左右，平均冲刷坑深度为 4 m 左右。根据模型比尺水槽底部拟平铺试验沙平均厚 0.1 m，丁坝周围区域铺沙厚 0.22 m，在水槽的中部铺设了 8.0 m 长的动床段，模型布置见图 3-13。

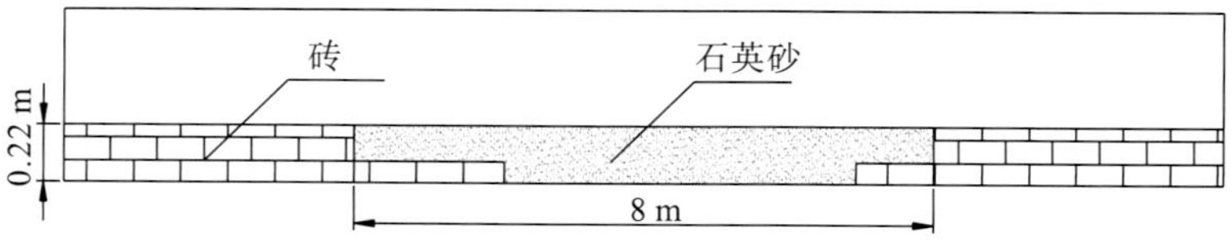

图 3-13 动床试验模型布置图

进口流量由清华大学和北京尚水信息技术公司联合研制的 DCMS 流量控制系统控制(图 3-5)，坝前控制水位通过水位测针控制(图 3-6)，水位由超声波水位探头及自动水位综合控制箱(图 3-7)测量，冲刷地形由安装在槽顶的活动测针测量。

丁坝的坝体长度、断面形式、结构形式和流量选用定床试验工况中具有代表性的工况。坝体材料采用散抛石坝，抛石粒径为 6～12 mm 的混合碎石。试验方案(包括流量、坝长和坝体结构形式组合)取控制水深为 14 cm 的定床试验时工况，共 22 种工况，工况组合情况见表 3-5。试验模型沙选用 $\gamma=2.65\ t/m^3$ 的天然石英砂，经筛分按选用级配配比制成，一共选用两个级配，d_{50}分别为 1 mm 和 2 mm，级配曲线如图 3-4 和图 3-2 所示。

表 3-5 清水冲刷试验工况组合

工况	流量/(L/s)	水深/cm	河床中值粒径/mm	坝体粒径/mm	坝长/cm	挑角/(°)	坝型	有无护底	备注
M_1	95	14	2	6～12	50	90	梯形断面圆弧直头	无	
M_2	95	14	2	6～12	50	90	圆弧断面圆弧直头	无	
M_3	95	14	2	6～12	50	90	梯形断面圆弧勾头	无	
M_4	95	14	1	6～12	50	90	梯形断面圆弧直头	无	
M_5	95	14	1	6～12	50	90	圆弧断面圆弧直头	无	
M_6	95	14	1	6～12	50	90	梯形断面圆弧直头	有	
M_7	95	14	1	6～12	50	90	圆弧断面圆弧直头	有	
M_8	95	14	1	6～12	50	90	梯形断面圆弧勾头	有	
M_9	95	14	1	6～12	50	90	梯形断面圆弧勾头	无	
M_{10}	95	14	1	6～12	70	90	梯形断面圆弧勾头	无	

续表

工况	流量/(L/s)	水深/cm	河床中值粒径/mm	坝体粒径/mm	坝长/cm	挑角/(°)	坝型	有无护底	备注
M_{11}	95	14	1	6～12	50	120	梯形断面圆弧勾头	无	
M_{12}	95	14	1	6～12	70	120	梯形断面圆弧勾头	无	
M_{13}	38		1	6～12	200	90	坝体局部放大	无	混凝土铰链排压载
M_{14}	38		1	6～12	200	90	坝体局部放大	无	混凝土与浆砌条石压载
M_{15}	95	14	1	6～12	50	90	梯形断面圆弧勾头	无	混凝土与浆砌条石压载
M_{16}	95	14	1	6～12	70	90	梯形断面圆弧直头	无	
M_{17}	95	12	1	6～12	70	120	梯形断面圆弧直头	无	
M_{18}	95	14	1	6～12	50	120	梯形断面圆弧直头	无	
M_{19}	95	14	2	6～12	50	120	梯形断面圆弧直头	无	
M_{20}	95	14	2	6～12	50	120	圆弧断面圆弧直头	无	
M_{21}	95	14	2	6～12	50	120	梯形断面圆弧勾头	无	
M_{22}	65	11	2	6～12	50	120	梯形断面圆弧直头	无	

3.3.2　动床试验观测内容

清水冲刷试验主要内容如下。

(1)观测各种情况下丁坝坝体和坝头冲刷水毁的程度随动床冲刷试验时间的变化。

(2)实时观测和跟踪各工况下坝头下游冲刷坑的形成、发展和平衡，冲刷坑的范围、几何尺寸和最大冲深随试验时间的变化。

(3)观测坝体采用不同材料时对坝后冲刷坑的深度和范围的影响。

(4)观测各种情况下整个铺沙段的冲刷地形。

(5)测量整个动床段最终冲刷地形。

第 4 章　丁坝水力特性

4.1　水面线分布

4.1.1　纵向水面线

1)流量不同时纵向水面线变化

选取坝长为 50 cm，挑角为 90°时梯形断面的圆弧形勾头丁坝，分析工况 4(Q=65 L/s，h=11 cm)、工况 5(Q=95 L/s，h=14 cm)和工况 6(Q=135 L/s，h=17 cm)2＃、6＃和 8＃纵断面的纵向水面线对比关系，如图 4-1 所示。

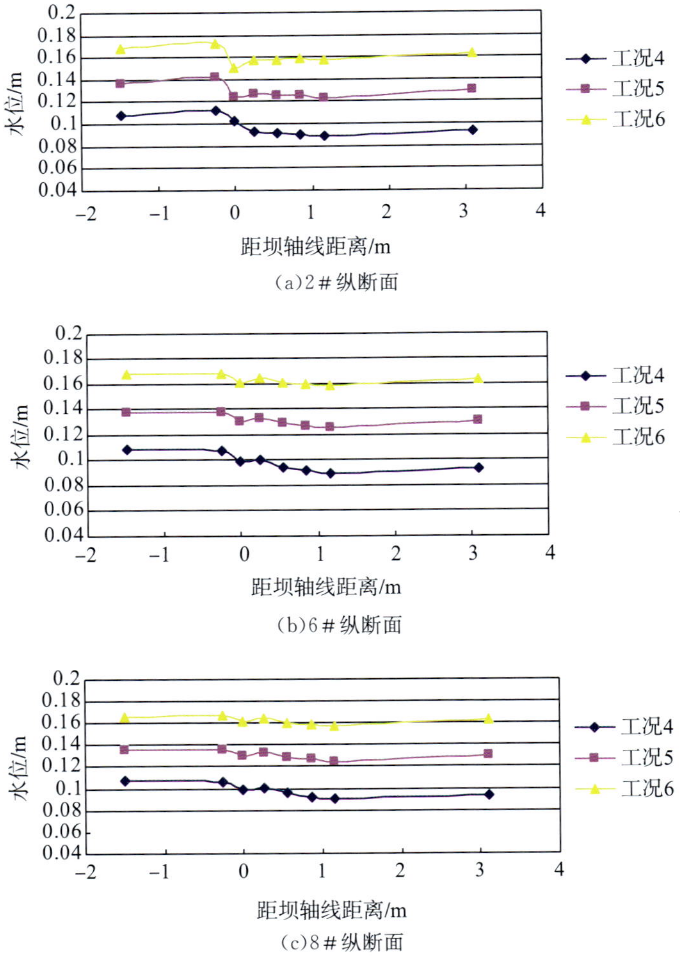

图 4-1　不同流量时纵向水面线对比图

三种工况下，受丁坝影响，水面线发生明显变化。受丁坝的阻水作用上游出现壅水，坝头附近水位抬高，过坝后水位明显降低，在坝头及丁坝右岸附近，由于顺流束窄区流速较大，出现二次壅水，水位再次被抬高。丁坝下游出现一段顺坡之后，水位缓缓回升。从丁坝左岸、坝头附近以及丁坝右岸不同断面出发，可以发现，三种工况下在丁坝左岸纵 2 断面跌水较大，坝头附近纵 6 断面以及丁坝右岸纵 8 断面跌水较小，这主要是因为丁坝所在一侧，丁坝上游受阻水所致，水位壅高较明显，致使跌水较大。流量不同时，丁坝所在一侧左岸纵 2 断面，工况 4 跌水较小，且跌水后水位没有出现二次壅水，这主要是因为工况 4 水位流速都较小，引起水位变化较小。

2)坝长不同时纵向水面线变化

选取流量为 95 L/s，控制水深为 14 cm 时的梯形断面正挑圆弧形勾头坝，工况 5($L=50$ cm)和工况 29($L=70$ cm)2＃、6＃和 8＃纵断面的纵向水面线对比关系，如图 4-2 所示。

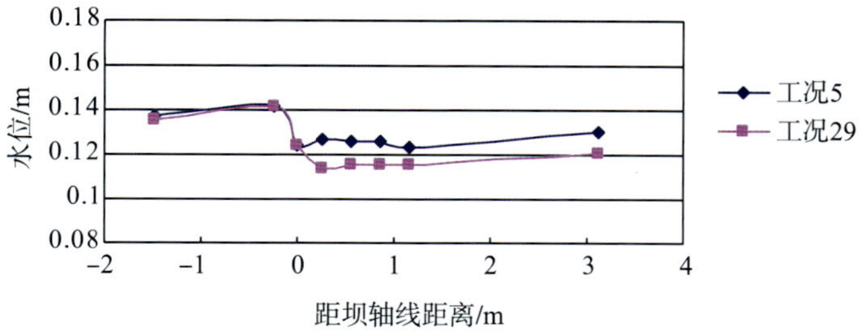

(a)2＃纵断面

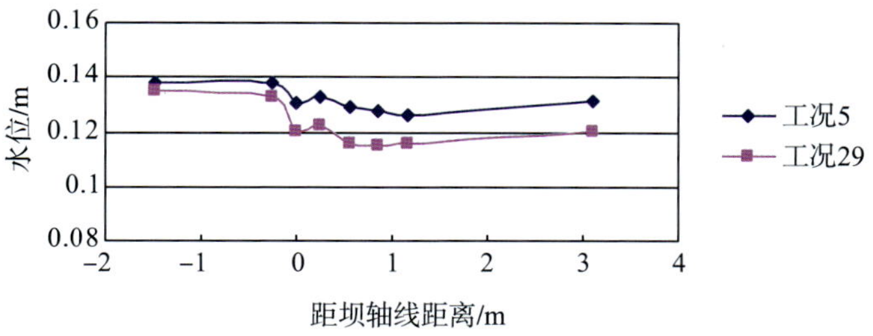

(b)6＃纵断面

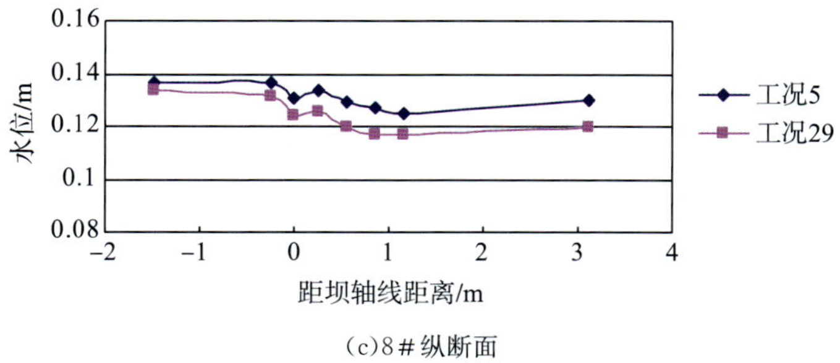

(c)8＃纵断面

图 4-2　不同坝长时纵向水面线对比图

由图 4-2 可以看出，受丁坝影响，水面线发生明显变化。受丁坝的阻水作用上游出现壅水，坝头附近水位抬高，过坝后水位明显降低，再由于下潜水流流速过大，出现二次壅水，水位再次被抬高，丁坝下游出现一段顺坡之后，水位缓缓回升。从丁坝左岸、坝头附近以及丁坝右岸不同断面出发，可以发现，两种工况下在丁坝左岸纵 2 断面跌水较大，坝头附近纵 6 断面以及丁坝右岸纵 8 断面跌水较小，这主要是因为丁坝所在一侧，丁坝上游受丁坝阻水所致，水位被抬较高，跌水较大。受坝长影响，丁坝左岸纵 2 断面，在丁坝上游工况 29($L=70$ cm)水位较高，在坝身以及下游工况 5($L=50$ cm)水位较高；在纵 6 和纵 8 断面，丁坝下游工况 29($L=70$ cm)水位一直低于工况 5($L=50$ cm)，坝长越长，阻水面积越大，坝前壅水越高，坝后跌水增大越明显，坝后回流区水位越低，而在顺流束窄区，坝长较大，流速较大造成比降较大、水位较低。

3)挑角不同时纵向水面线变化

选取流量为 95 L/s，控制水深为 14 cm 时梯形断面 50 cm 圆弧形勾头坝，两个挑角情况下工况 5($\beta=90°$)和工况 20($\beta=120°$)2＃、6＃和 8＃断面的纵向水面线对比关系，如图 4-3 所示。

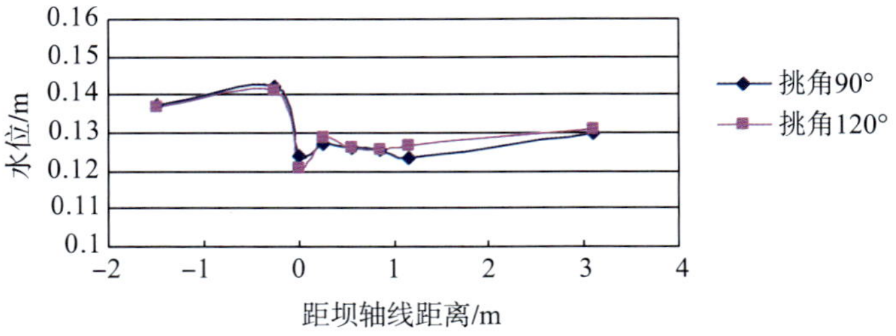

(a)2＃纵断面

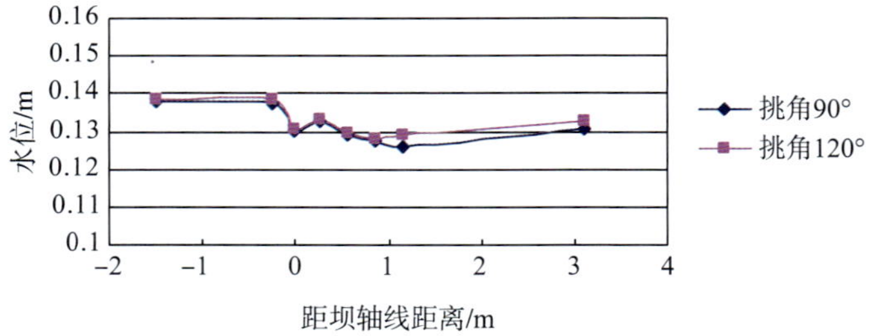

(b)6＃纵断面

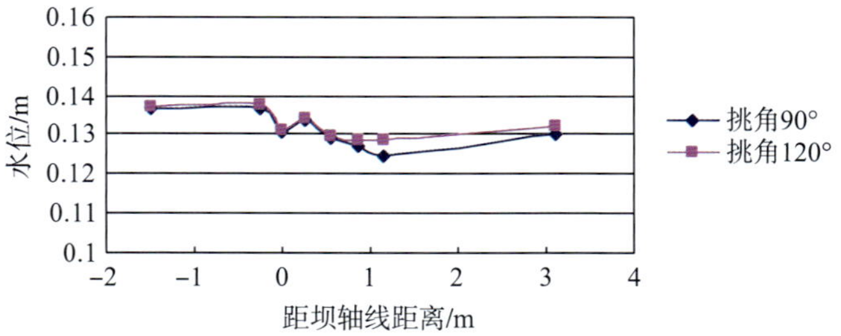

(c)8＃纵断面

图 4-3　挑角不同时纵向水面线对比图

受丁坝影响，水面线发生明显变化。水面线总体变化趋势如前所述。由图 4-3 可以看出，纵 2 断面在挑角较小(工况 5)时，过坝跌水变大，而且壅水较大，这是由于下挑阻水面积较小，上游水位被抬高较少所致。在工况 20 下，丁坝下游水位回升较快，且下游水位较工况 5 偏低。这是由于正挑丁坝阻水面积小，下游水位较高所致。

4)坝型不同时纵向水面线变化

选取流量为 95 L/s，控制水深为 14 cm 时 $L=70$ cm 的坝，5 个坝体结构形式情况下(梯形断面圆弧直头、梯形断面圆弧勾头、梯形断面扇形直头、梯形断面扇形勾头和圆弧断面圆弧直头)2＃、6＃和 8＃断面的纵向水面线对比关系，如图 4-4 所示。

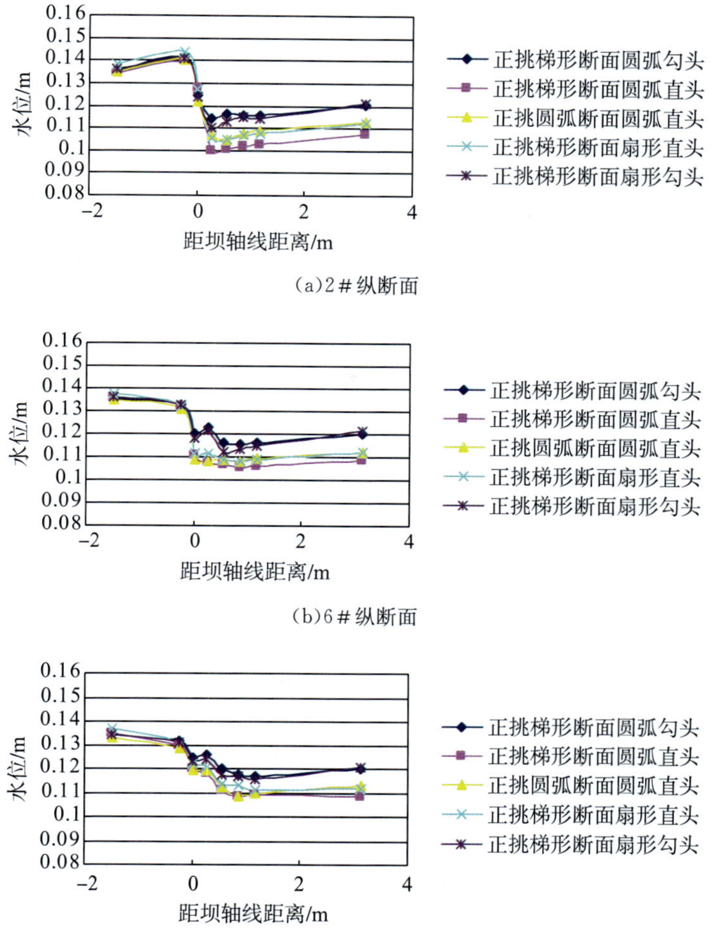

(a)2＃纵断面

(b)6＃纵断面

(c)8＃纵断面

图 4-4　坝型不同时纵向水面线对比图

从丁坝左岸、坝头附近以及丁坝右岸不同断面出发，可以发现，五种工况下在丁坝左岸纵 2 断面跌水较大，坝头附近纵 6 断面以及丁坝右岸纵 8 断面跌水较小。对比各种工况，丁坝左岸纵 2 断面跌水最大的为梯形断面圆弧直头坝，最小为梯形断面圆弧勾头坝，且直头丁坝跌水总高于勾头丁坝。主要是由于直头断面阻水面积大，坝前壅水较高。在丁坝坝头附近纵 6 断面正挑丁坝坝头前开始出现跌水，而后水位逐渐回升，而勾头丁坝在坝后出现二次壅水比较明显，且扇形水位要低于勾头丁坝。丁坝下游水位最低的为梯形断面圆弧头直头坝，最高的为圆弧头勾头梯形断面，且直头丁坝跌水总高于勾头丁坝。丁坝右岸纵 8 断面所有工况都出现二次壅水，丁坝下游水位最低的为圆弧头直头梯形断面，最高的为圆弧头勾头梯形断面，直头丁坝跌水总低于勾头丁坝，圆弧断面水位基本处于中间位置。

4.1.2　横向水面线

1)流量不同时横向水面线变化

选取坝长为 50 cm，挑角为 90°时梯形断面的圆弧形勾头丁坝，分析工况 4(Q=65 L/s，H=11 cm)、工况 5(Q=95 L/s，H=14 cm)和工况 6(Q=135 L/s，H=17 cm)2#、3#、4#和 6#横断面的横向水面线对比关系，如图 4-5 所示。

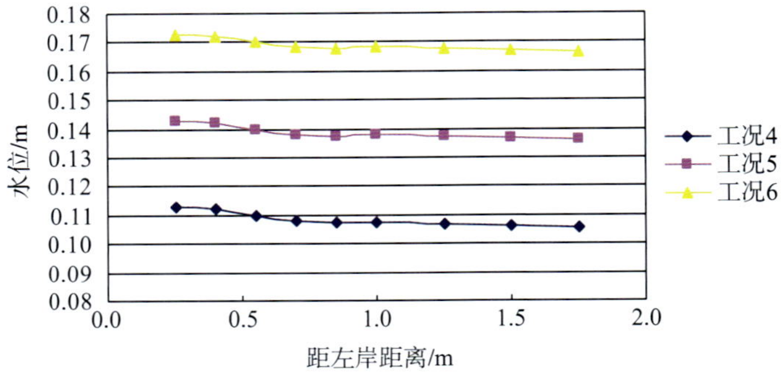

(a)2#横断面

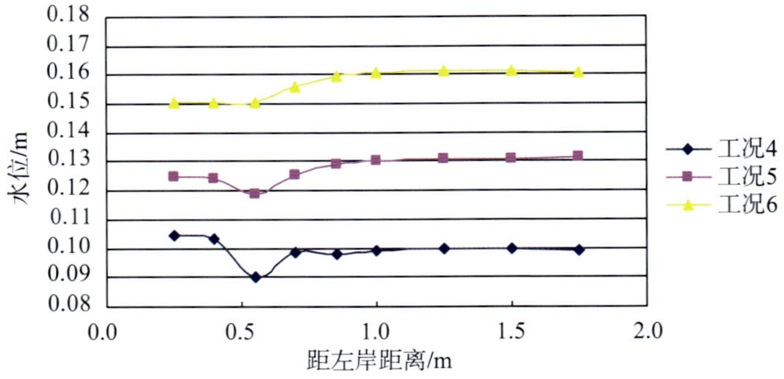

(b)3#横断面

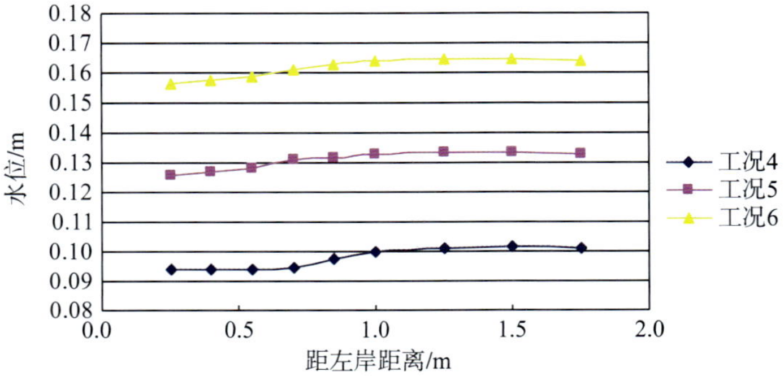

(c)4#横断面

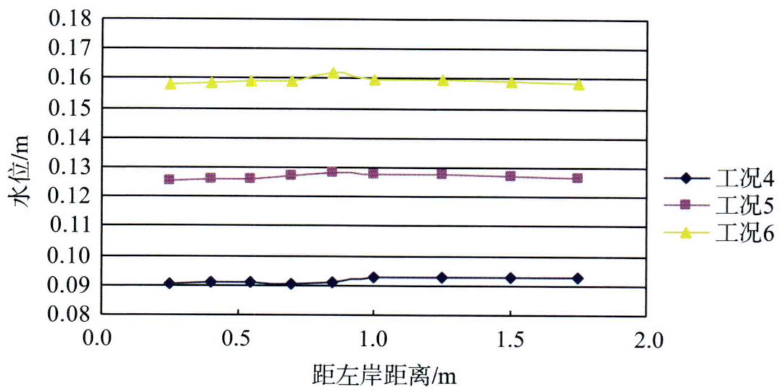

(d)6＃横断面

图 4-5　三级流量下横向水面线对比图

由图 4-5 可见，每个横断面的三级流量横向水面线变化趋势大致相同，坝前水面线左高右低，束窄段为左低右高，坝后趋于平均化。左岸和右岸横比降变化较小，横比降变化最大处为 3＃横断面的坝头附近，且以工况 4 较大。出现这种情况的原因主要是丁坝布置在左岸，丁坝阻流、挑流所致。

2)坝长不同时横向水面线变化

选取流量为 95 L/s，控制水深为 14 cm 时梯形断面正挑圆弧形勾头坝，分析工况 5 (L＝50 cm)和工况 29(L＝70 cm)2＃、3＃、4＃和 6＃横断面的横向水面线对比关系，如图 4-6 所示。

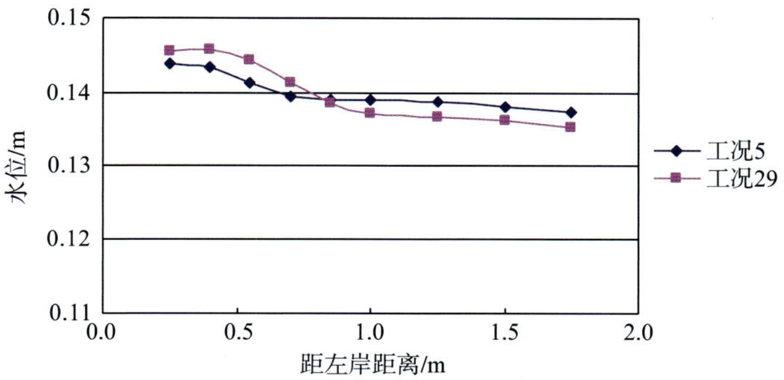

(a)2＃横断面

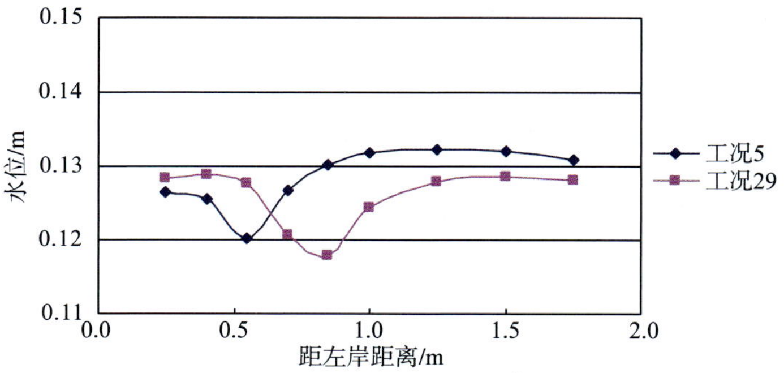

(b)3＃横断面

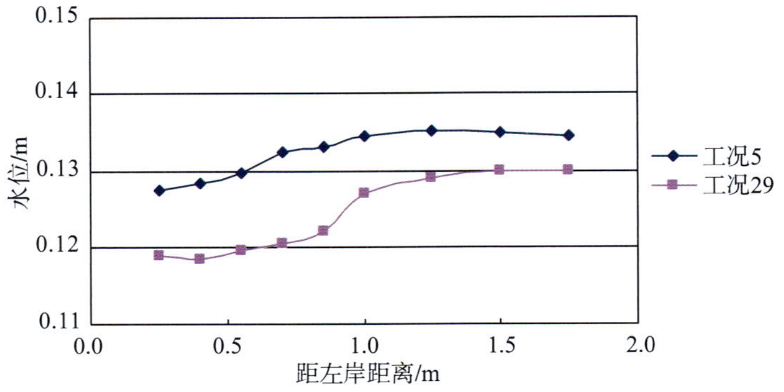

(c)4#横断面

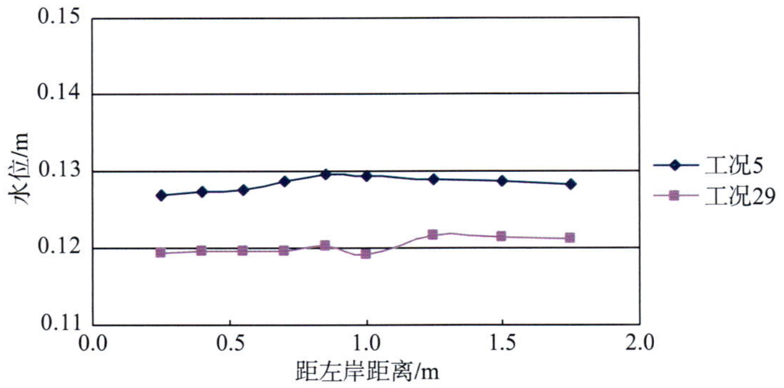

(d)6#横断面

图 4-6 两种坝长下横向水面线对比图

由图 4-6 可见，每个断面的横比降变化趋势基本一致，左岸和右岸横比降变化较小，坝头附近变化较大。坝前水面线左高右低，束窄段左低右高，坝后趋于平均化，出现这种分布的原因主要是丁坝布置在左岸，丁坝阻流、挑流所致。坝前阻流区水位，以工况 29 较高，顺流区水位以工况 5 较高，束窄段及坝后水位以工况 5 较高；在束窄段坝头附近出现较大横比降变化，且以工况 29 较明显。主要是由于坝长 L 越长，丁坝的阻流作用影响越大，壅水越高，对顺流区挑流作用越明显，在坝头附近出现的跌水越大。

3)挑角不同时横向水面线变化

选取流量为 95 L/s，控制水深为 14 cm 时梯形断面 50 cm 圆弧形勾头坝，分析工况 5 ($\beta=90°$) 和工况 20($\beta=120°$)2#、3#、4#和 6#横断面的横向水面线对比关系，如图 4-7 所示。

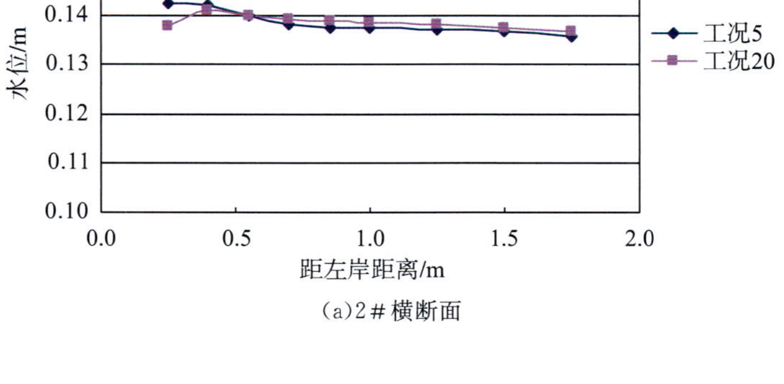

(a)2#横断面

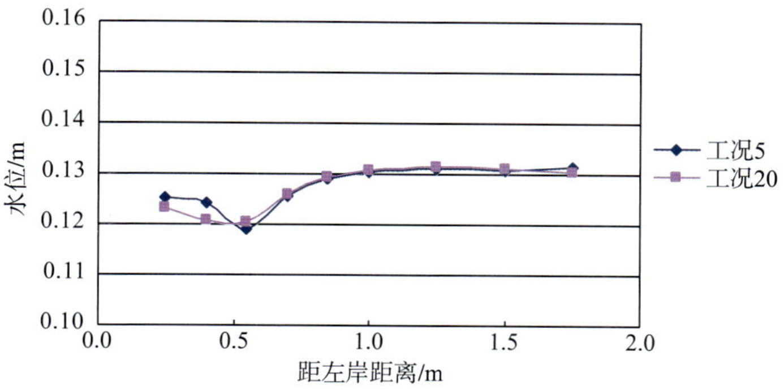

(b)3＃横断面

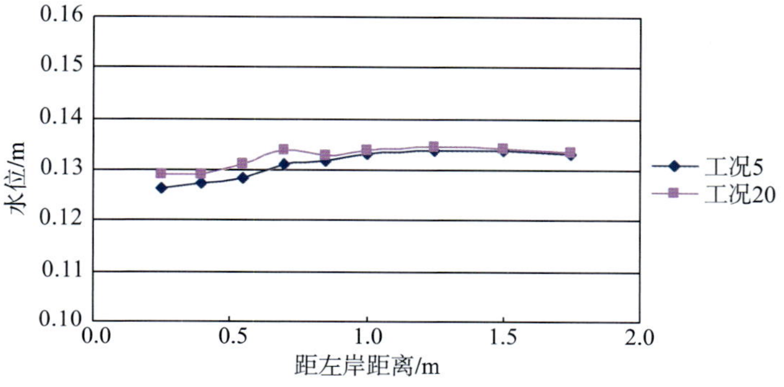

(c)4＃横断面

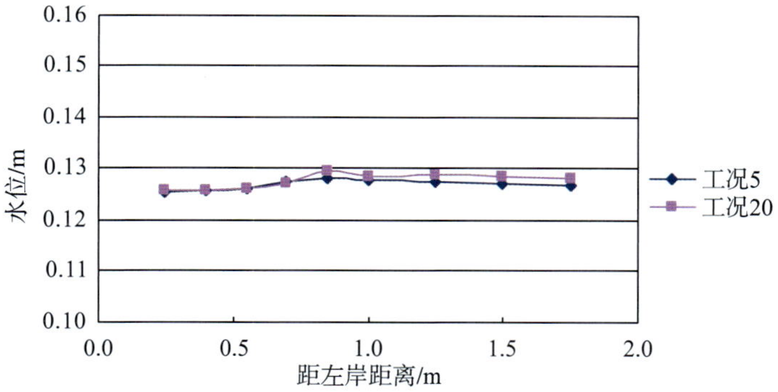

(d)6＃横断面

图 4-7　两种挑角下横向水面线对比图

由图 4-7 可见，坝前阻流区水位以工况 5 较高，顺流区水位以工况 20 较高；束窄段都出现大的横比降变化，且工况 5 的横比降变化更快；工况 20 坝后水位略高。出现这种水位分布的主要原因是正挑丁坝阻水、挑流作用较明显，而且正挑丁坝的束窄段陡然达到最大值，下挑丁坝水位增幅较为缓慢。

4)坝型不同时横向水面线变化

选取流量为 95 L/s，控制水深为 14 cm 时 $L=70$ cm 的坝，分析工况 26(梯形断面圆弧直头)、工况 29(梯形断面圆弧勾头)、工况 32(梯形断面扇形直头)、工况 35(梯形断面扇形勾头)和工况 50(圆弧断面圆弧直头)2＃、3＃、4＃和 6＃横断面的横向水面线对比关系，如图 4-8 所示。

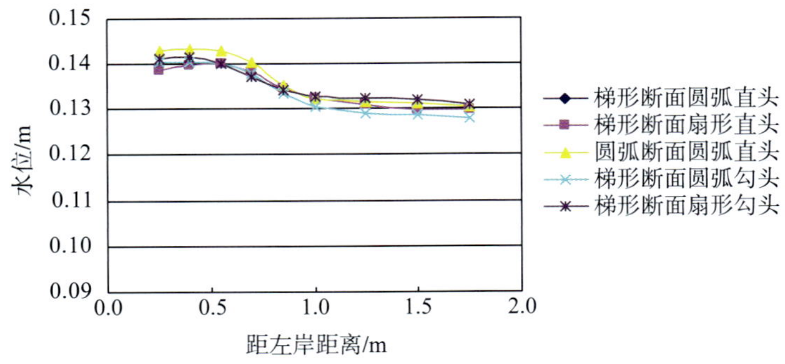

(a)2＃横断面

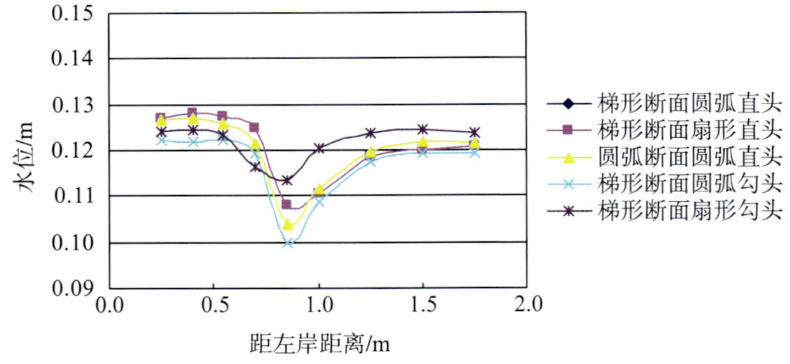

(b)3＃横断面

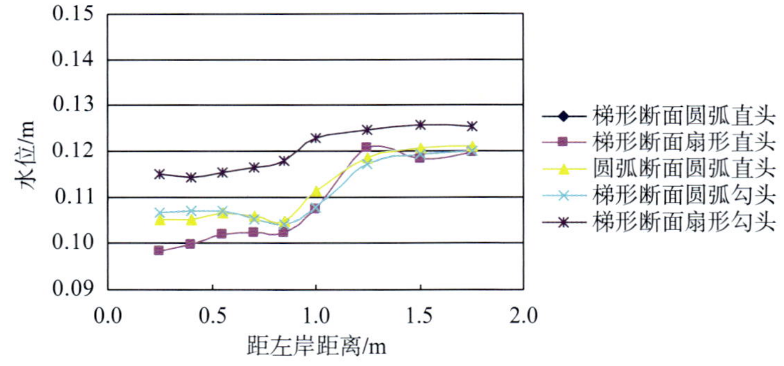

(c)4＃横断面

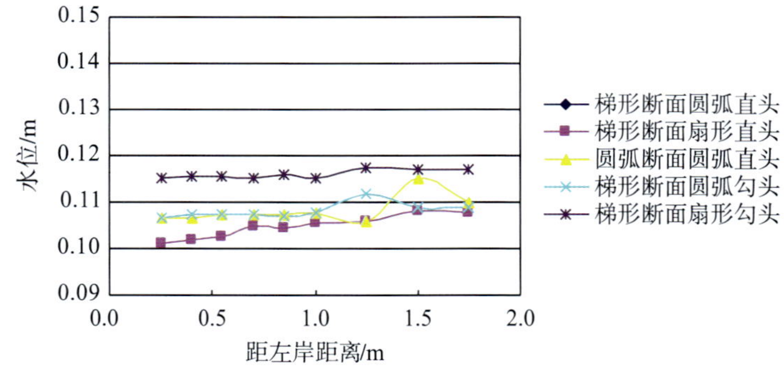

(d)6＃横断面

图 4-8　五种坝体结构形式下横向水面线对比图

由图 4-8 可见，勾头坝各断面横向水面线与直头坝总体变化趋势基本相同。坝前阻流区水位最高的为工况 32(梯形断面扇形直头)，顺流区水位最低的为工况 50(圆弧断面圆弧直头)；束窄段都出现大的横比降变化，但直头坝变化均大于勾头坝；坝后水位趋于平均化，以工况 35(梯形断面扇形勾头)水位最高，且勾头坝的水位均高于直头坝。出现这种水位分布的主要原因是直头坝的阻流作用影响较大，挑流作用较明显，导致阻流区壅水较高，顺流区水位较低，从而在束窄段产生较大跌水。在直头坝中以扇形坝阻流作用最大，圆弧断面更为光滑，断面糙率较小，有利于水流下泄，导致顺流区水位较低。

工况 32(梯形断面扇形直头)和工况 50(圆弧断面圆弧直头)在 6＃横断面靠近右岸处出现较大横比降变化，原因是其位于回流区与顺流区的交界处，回流区漩涡的水流会产生向右运动的水流，与来自右岸向左运动的水流交汇，抬高水位。

4.1.3　水面线的二维分布

选取工况 2、工况 5 和工况 14 三种工况对水面线二维分布情况进行分析。根据试验测得的水位资料，绘出了三种工况下的水面线等值线图(图 4-9)。

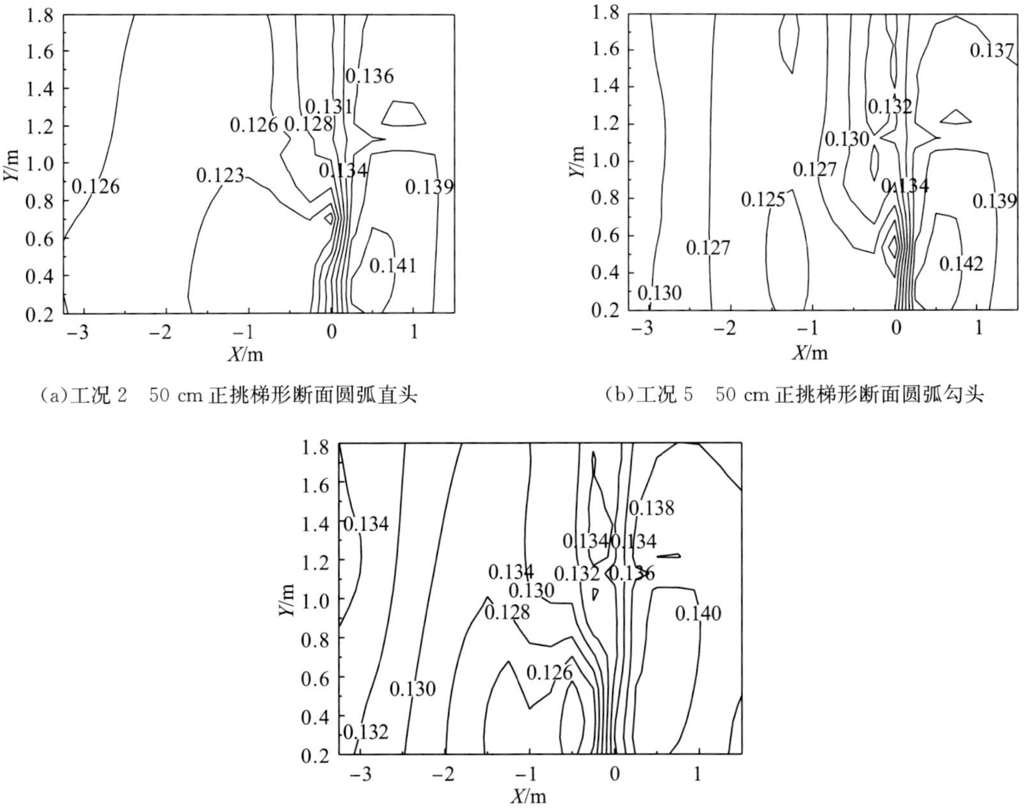

(a)工况 2　50 cm 正挑梯形断面圆弧直头

(b)工况 5　50 cm 正挑梯形断面圆弧勾头

(c)工况 14　50 cm 下挑梯形断面圆弧直头

图 4-9　不同坝型水面线分布对比(单位：m)

从整体来看，在纵断面上，丁坝上游水位较高，然后逐渐下降，降至最低点后，水位又逐渐上升，最后水位达到平稳。在横断面上，丁坝上游临近断面水位是从左岸(丁坝所在岸)向右岸逐渐降低的，形成横向水位差，丁坝下游临近断面水位是右岸高、左岸低，这是由于丁坝阻水后，水流无法下泄，水位壅高，只有一小部分水作为翻坝水流向下游，而大部分底流转向流向右岸，出现了左岸水位高，右岸水位低的现象，这就是造成横向水位差的原因。当右岸水流通过收缩段后，水流开始横向扩散，使右岸水流向左岸坝后补充，形成一定的水位差。对于三种工况，坝后都出现了一块低水位区域。

在相同条件下，对比工况 2(正挑直头)和工况 5(正挑勾头)，两种工况在坝上游的水位分布情况基本相同，水流经过丁坝所在断面后，水位分布情况出现差异，工况 2 丁坝下游(邻近坝体)水位是四周高、中间低，水位分布呈现“盆状”(0.126 的等值线把 0.123 的等值线包围在其中)，而工况 5 丁坝下游水位则呈现“带状”(等值线 0.127～0.130)，在整个横断面上水位均匀分布，在其中出现了一些水位偏低区域。

对比工况 2(正挑直头)和工况 14(下挑直头)，两种工况在坝后都出现了低水位区，并且形状相似。从坝轴线位置开始，工况 14 的水位普遍比工况 2 的要高，而且沿纵断面的水位变化较工况 2 缓，水位的回升位置距丁坝较工况 2 近，这说明下挑直头丁坝能够在一定程度上减小水位变化梯度，继而水位变化引起的紊动强度也会降低，从而减小坝体破坏。

4.2 丁坝局部水头损失

4.2.1 丁坝局部水头损失理论研究

由非淹没丁坝坝轴线断面的流速分布规律可知，坝轴线断面上的最大平均流速位于坝头附近某点 P 处。设该点距坝头的距离为 r_0，丁坝的几何长度为 b_0，则当 $y=b_0+r_0$ 时，有 $u=u_{\max}$，其中 $u_{\max}$ 为坝轴线断面上流速矢量 u 的最大值。由于当 $b_0<y<b_0+r_0$ 时，水流将脱离坝体形成漩涡，引起局部能量损失，所以坝轴线断面上单位时间内形成漩涡的水流动能可以表达为

$$e=\frac{\rho}{2}\int_{\omega_0}u\cos\theta\cdot u^2\mathrm{d}\omega \tag{4-1}$$

式中，ω_0 为 $y=b_0$ 到 $y=b_0+r_0$ 范围内的过水面积；θ 为水流方向与河岸的夹角；u 为坝轴线断面上的流速矢量。

设 H_1 为 $b_0<y<b_0+r_0$ 区间内的平均水深，则 $\mathrm{d}\omega=H_1\mathrm{d}y$，$\omega_0=H_1r_0$。在 $b_0<y<b_0+r_0$ 区间内设流速沿 y 方向作直线变化，即

$$u=\frac{y-b_0}{r_0}u_{\max} \tag{4-2}$$

将式(4-2)代入式(4-1)，则有

$$e=\frac{\rho}{2}\int_{b_0}^{r_0+b_0}u_{\max}^3\cos\theta\cdot H_1\left(\frac{y-b_0}{r_0}\right)^3\mathrm{d}y \tag{4-3}$$

若存在 a_1，使式(4-4)成立：

$$\int_{b_0}^{r_0+b_0}u_{\max}^3\cos\theta\cdot H_1\left(\frac{y-b_0}{r_0}\right)^3\mathrm{d}y=a_1\int_{b_0}^{r_0+b_0}u_{\max}^3\cdot H_1\left(\frac{y-b_0}{r_0}\right)^3\mathrm{d}y \tag{4-4}$$

于是式(4-3)可表示为

$$e = \frac{\rho}{2} a_1 H_1 \frac{r_0}{4} u_{\max}^3 \tag{4-5}$$

而局部水头损失 h_j 为单位重量水体损失的能量，它应与单位时间内形成漩涡的动能成正比，即

$$h_j = K_1 \frac{e}{\gamma Q} \tag{4-6}$$

式中，Q 为总能量，且有

$$Q = BH_0 U_0 \tag{4-7}$$

其中，U_0、H_0 分别为丁坝断面无坝时的平均流速与水深。

设坝头处无丁坝时的垂线平均流速为 u_0，且可以表示为

$$u_0 = \delta U_0 \tag{4-8}$$

将式(4-5)、式(4-7)、式(4-8)代入式(4-6)整理后可得

$$h_j = \frac{K_1 a_1}{4} \frac{r_0}{B/\delta} \frac{H_1}{H_0} \left(\frac{u_{\max}}{u_0}\right)^3 \frac{u_0^2}{2g} \tag{4-9}$$

则局部水头损失系数可表示为

$$\xi_j = \frac{K_1 a_1}{4} \frac{r_0}{B/\delta} \frac{H_1}{H_0} \left(\frac{u_{\max}}{u_0}\right)^3 \tag{4-10}$$

根据水槽试验数据资料求得 $\frac{K_1 a_1}{4} = 2.67$。

以上各式中 B/δ 和 H_1/H_0 与丁坝长度 b_0 和水槽宽度 B 有关。现令丁坝挡水流量为 Q_b（无坝时丁坝部分断面的流量），并将比值 Q_b/Q 称为水流压缩系数，则 $\frac{r_0}{B/\delta}$ 和 $\frac{u_{\max}}{u_0}$ 在断面形态和流速分布一定的情况下均为水流压缩系数 Q_b/Q 的函数，局部水头损失系数可表示为

$$\xi_j = 2.67 f(Q_b/Q) \tag{4-11}$$

假设纵向流速沿边壁和床面法线方向的分布均可用对数规律来描述。则宽深比较大的矩形明渠流动的空间流速分布规律为

$$\frac{u_{\max} - u(y, z)}{U_*} = \frac{1}{k} \ln \frac{H_0}{z} + \frac{1}{k_1} \ln \frac{B}{2y} \tag{4-12}$$

式中，$u_{\max}$ 为断面最大流速；$u(y, z)$ 为坐标为 (y, z) 处的流速；$U_* = \sqrt{gRJ}$，J 为能坡，R 为水力半径；根据矩形明渠实测的资料求得 $k \approx 0.40$，$k_1 \approx 0.75$。

如图 4-10 所示，丁坝坝长为 b_0，坝高为 D，水深为 H_0，河宽为 B，y 为距丁坝所在岸的距离，断面总流量为 Q。根据式(4-12)，最大流速为

$$u_{\max} = \left(\frac{1}{k_1} + \frac{1}{k}\right) U_* + \frac{Q}{BH_0} \tag{4-13}$$

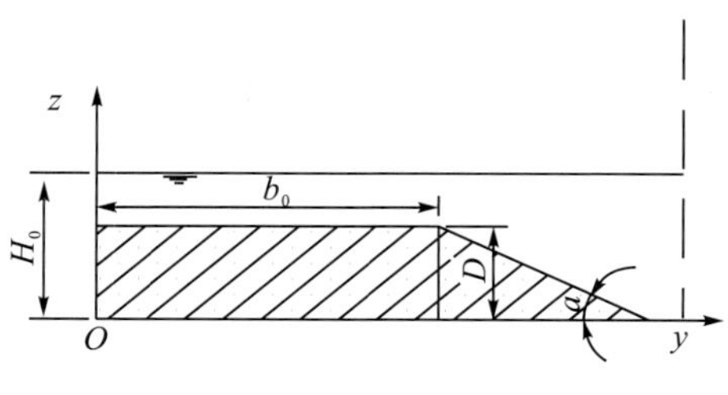

图 4-10　挡水流量计算

沿图 4-10 中的阴影部分即丁坝截面分两部分来处理，先对矩形部分对式(4-12)进行积分，可得矩形部分的挡水流量为

$$Q_{b矩}=\int_0^D\int_0^{b_0}u\,\mathrm{d}x\,\mathrm{d}z=Db_0\left[u_{\max}-\frac{U_*}{k_1}\left(1-\ln\frac{2b_0}{B}\right)-\frac{U_*}{k}\left(1-\ln\frac{D}{H_0}\right)\right] \tag{4-14}$$

把式(4-13)代入式(4-14)可得

$$Q_{b矩}=\frac{Db_0Q}{H_0B}+Db_0U_*\left(\frac{1}{k_1}\ln\frac{2b_0}{B}+\frac{1}{k}\ln\frac{D}{H_0}\right) \tag{4-15}$$

从式(4-14)可以看出，当 $D=0$，$b_0=0$ 时，$Q_{b矩}=0$；当 $D=H_0$，$b_0=B/2$ 时，$Q_{b矩}=Q/2$，正与实际情况符合。

现求三角形部分的挡水流量，设三角形上边界的方程为

$$z=k'y+c \tag{4-16}$$

其中 $k'=-\tan\alpha$，$c=D-k'b_0$。

对式(4-12)进行积分，则有

$$\begin{aligned}Q_{b三角}&=\int_{b_0}^{-\frac{D}{k'}}\int_0^{k'y+c}u\,\mathrm{d}y\,\mathrm{d}z\\&=\int_{b_0}^{-\frac{D}{k'}}\int_0^{k'y+c}\left[u_{\max}+U_*\left(\frac{1}{k}\ln\frac{z}{H_0}+\frac{1}{k_1}\ln\frac{2x}{B}\right)\right]\mathrm{d}y\,\mathrm{d}z\end{aligned} \tag{4-17}$$

对式(4-17)积分整理后得

$$\begin{aligned}Q_{b三角}=&\left[\left(\frac{1}{k_1}+\frac{1}{k}\right)U_*+\frac{Q}{BH_0}\right]\left[\frac{k'}{2}\left(\frac{D^2}{k'^2}-b_0^2\right)+(D-k'b_0)\left(-\frac{D}{k'}-b_0\right)\right]\\&+\frac{U_*}{2k'k_1}\left[k'^2b_0^2\left(\frac{2}{B}\ln\frac{-2k'b_0}{B}-\frac{1}{B}-1\right)-D^2\left(\frac{2}{B}\ln\frac{2D}{B}-\frac{1}{B}-1\right)\right]\\&+\frac{U_*}{2k'k}\left[k'^2b_0^2\left(\frac{1}{H_0}\ln\frac{-k'b_0}{H_0}-\frac{1}{2H_0}-1\right)-D^2\left(\frac{1}{H_0}\ln\frac{D}{H_0}-\frac{1}{2H_0}-1\right)\right]\end{aligned} \tag{4-18}$$

则总挡水流量

$$Q_b=Q_{b矩}+Q_{b三角} \tag{4-19}$$

对淹没丁坝和非淹没丁坝而言，根据流体力学空间绕流的理论决定其局部水头损失系数的最终因素都可归结为相应的水流压缩系数 Q_b/Q。

4.2.2 丁坝局部水头损失分析

采用断面比能来分析丁坝的水头损失，在计算断面比能时采用全断面平均流速和平均水深：

$$E_s=h+\frac{\alpha v^2}{2g} \tag{4-20}$$

式中，α 为动能修正系数，在此取 $\alpha=1$。

1)流量对丁坝局部水头损失的影响

为了分析不同来水流量对丁坝局部水头损失的影响，选取 $L=50$ cm、挑角 $\beta=90°$、梯形断面的圆弧勾头丁坝的三种工况进行分析。工况 4：$Q=65$ L/s；工况 5：$Q=95$ L/s；工况 6：$Q=135$ L/s，如图 4-11 所示。

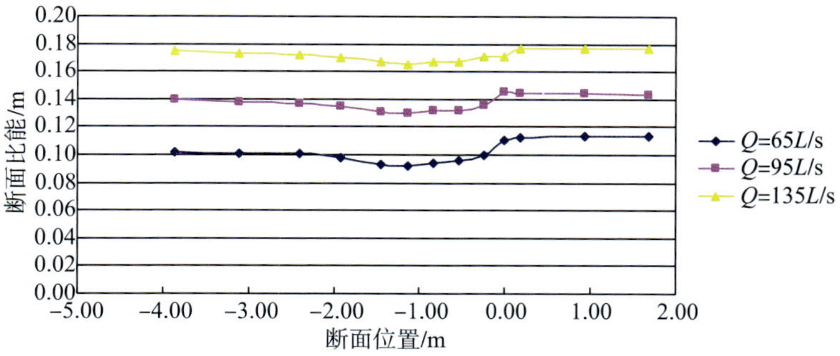

图 4-11　流量不同时断面比能对比图

由图 4-11 中三个工况下图线整体走势可知，断面比能有随着流量增大而增大的趋势。就单独的每根图线而言，三个流量下的图线走势大致相同，坝前(图中横坐标为正)断面比能高于坝后(图中横坐标为负)断面比能，在坝前，各断面比能变化不大，这是因为坝前各断面水位和流速变化很小。在坝后，图线有先下降后上升最后趋于稳定的现象出现。断面比能变化的开始点，正是丁坝所在位置。当水流经过丁坝时，受到了丁坝的阻碍，在坝前形成滞留区，坝后形成回流区，坝头出现卡门涡，在此位置局部水头损失严重。由于丁坝的束水作用，坝前坝后水位差较大，这就导致断面比能在丁坝下游邻近位置有减小的趋势。水流远离丁坝，受丁坝的影响越来越小，经过扩散段，流速趋于平均，水位趋于平稳，而且水位有壅高的趋势，断面比能开始增大，直到水流在恢复区达到一个稳定状态，断面比能又趋于一个稳定值。

2)坝长对丁坝局部水头损失的影响

为了分析不同坝长对丁坝局部水头损失的影响。选取 $Q=95$ L/s、$H=14$ cm、挑角 $\beta=90°$、梯形断面的圆弧勾头丁坝的两种工况进行分析。工况 5：$L=50$ cm；工况 29：$L=70$ cm，如图 4-12 所示。

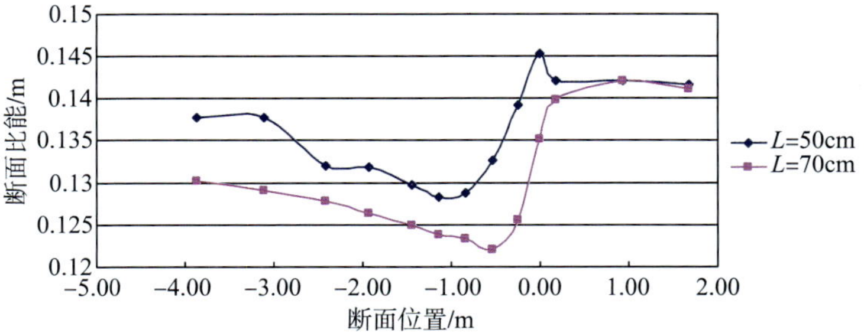

图 4-12　坝长不同时断面比能对比图

由图 4-12 中图线整体走势可知，在坝后(图中横坐标为负)邻近位置断面比能出现了最小值。两个工况下的图线走势大致相同，在坝后，50 cm 丁坝的平均断面比能普遍大于 70 cm 丁坝的平均断面比能。分析两个工况，在坝前(图中横坐标为正)水位和流速基本不受丁坝影响，两个工况断面比能非常接近，在坝轴线上(横坐标为 0)，工况 5 断面比能变化曲线有一个陡增趋势，经多方面分析，可能是由于流速量测有误差，但总的来说它并不影响图线的整体走势。坝后两个工况断面比能都有减小的趋势，其中工况 29 减小的幅度更大，这是由于 70 cm 丁坝坝后回流区内的紊动动能比 50 cm 的丁坝大。根据能量守恒原理，来水的能量一定，在经过丁坝的过程中，70 cm 丁坝能量损失大，而 50 cm 丁坝能量损失小，这也就是坝后工况 5 的平均断面比能普遍大于工况 29 的平均断面比能原因。

3）挑角对丁坝局部水头损失的影响

为了分析不同挑角对丁坝局部水头损失的影响。选取 $Q=95$ L/s、$H=14$ cm、$L=50$ cm、梯形断面的圆弧勾头丁坝的两种工况进行分析。工况 5：$\beta=90°$；工况 20：$\beta=120°$，如图 4-13 所示。

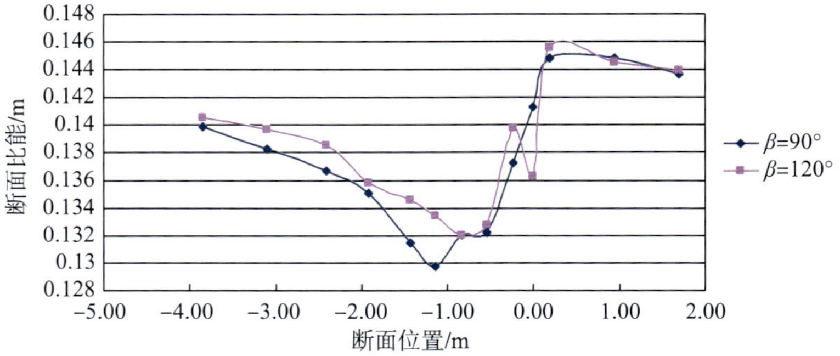

图 4-13　两种挑角断面比能对比图

由图 4-13 中图线整体走势可以看出，在整个纵断面上工况 20 的断面比能都不小于工况 5 的断面比能，两个工况在坝前（图中横坐标为正）的断面比能基本相同，在坝后（图中横坐标为负）断面比能有先减少后增大的趋势。在坝轴线（横坐标为 0）处，工况 20 的图线出现了突变现象，这是由于在模拟测量过程中，由于试验仪器设备和坝面水流条件的限制，在整个横断面上有些点的流速测不到，这样就导致平均流速出现了误差，从而引起断面比能的失真。但从整体上看，这个突变点不会对整体趋势产生太大影响。50 cm 正挑 90°丁坝比下挑 120°丁坝有效长度长，因此正挑 90°丁坝壅水要比下挑 120°丁坝高。这就导致正挑 90°丁坝翻坝水引起的紊动损失大于下挑 120°丁坝。而且下挑 120°丁坝对来水有挑流作用，使其在坝头位置紊动损失要小一些。这些也就是整个纵断面上工况 20 的断面比能都不小于工况 5 的断面比能原因。

4）坝型对丁坝局部水头损失的影响

为了分析不同挑角对丁坝局部水头损失的影响。选取 $Q=95$ L/s、$H=14$ cm、$L=50$ cm、$\beta=90°$条件下 5 种坝体结构形式（扇形勾头、扇形直头、圆弧断面直头、圆弧勾头、圆弧直头）进行分析，如图 4-14 所示。

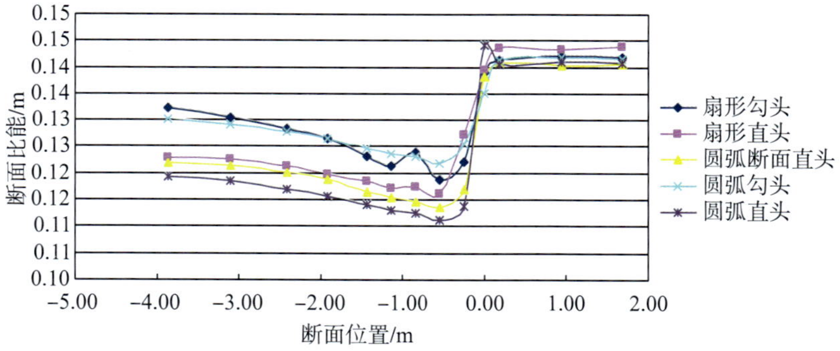

图 4-14　坝型不同时断面比能对比图

由图 4-14 中图线整体走势可以看出，5 种坝体结构形式的丁坝的断面比能曲线形式相似，在坝前(图中横坐标为正)接近一个稳定值，丁坝轴线位置(横坐标为 0)是一个转折点，从这一点开始断面比能开始减小，达到一个最小值后又开始升高。从总体来看，在整个纵断面上扇形勾头丁坝断面比能较高，而圆弧直头丁坝较低，其余三种介于两者之间。

综上所述，流量越小、水深越小、坝体越长、正挑 90°的坝体，水流绕过丁坝后断面比能跌落得越厉害；因为跌水大，所以流速大，丁坝的阻水作用越明显，水流紊动越强，较大一部分能量转移到漩涡中，从而使断面比能减少越厉害。此外，在断面比能计算时，没有考虑回流区中的回流能量，这也是断面比能减少的一个重要原因。

4.3　流速分布

4.3.1　整个测区流速分布

选取工况 5(50 cm 正挑梯形断面圆弧勾头，Q=95 L/s，H=14 cm)做丁坝周围垂线平均流速分布等值线图(图 4-15)。

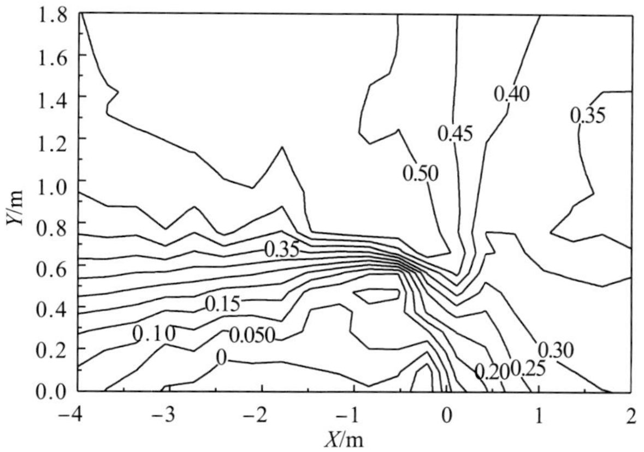

图 4-15　工况 5 垂线平均流速等值线图(单位：m/s)

由图 4-15 可见，在丁坝附近整个水流流速分布为，丁坝上游左岸为壅水区，右岸为收缩段。收缩段流速最大，且越靠近坝头跌水位置处流速越大，壅水区流速较小。坝后左岸为回流区，流速最小，甚至出现 0 和负值(回流)的流速。下游右岸挑流带流速较大，但是小于跌水位置和坝前收缩段流速。收缩段下游，由于坝头跌水和收缩段，所以流速也很大。

4.3.2　横断面垂线平均流速分布

1)流量不同时横断面流速分布

选取坝长为 50 cm，挑角为 90°时梯形断面的圆弧勾头丁坝的三种工况，工况 4

(Q=65 L/s)、工况 5(Q=95 L/s)和工况 6(Q=135 L/s)，做 3＃、4＃、5＃和 7＃断面的流速对比关系图，如图 4-16 所示。图中有些断面流速点有缺失，是由于坝体影响以及试验仪器的局限性导致某些点无法测量，余同。

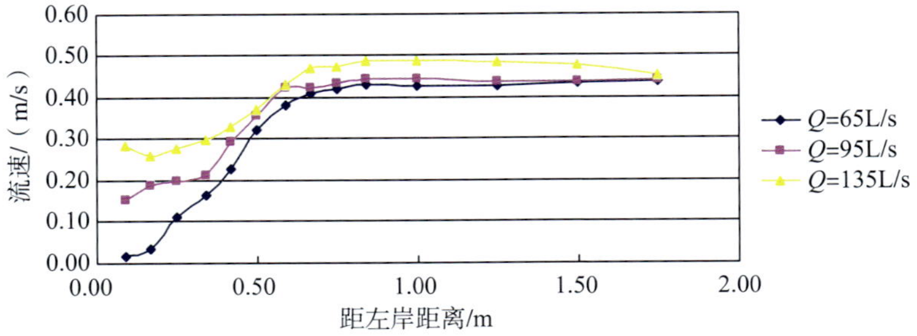

(a)3＃断面

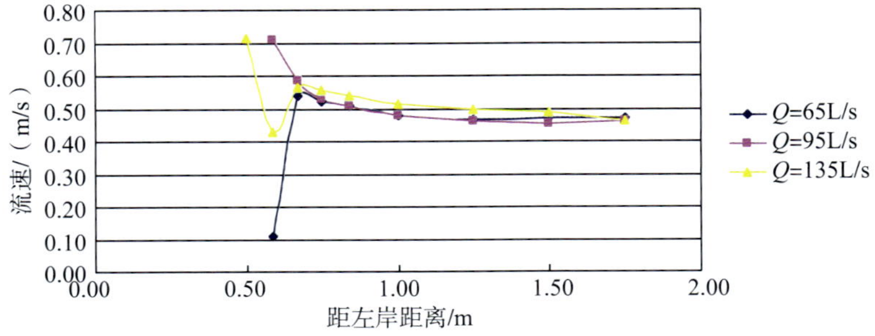

(b)4＃断面

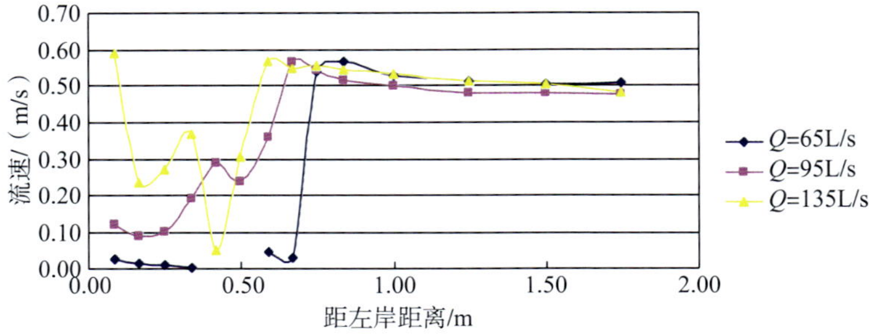

(c)5＃断面

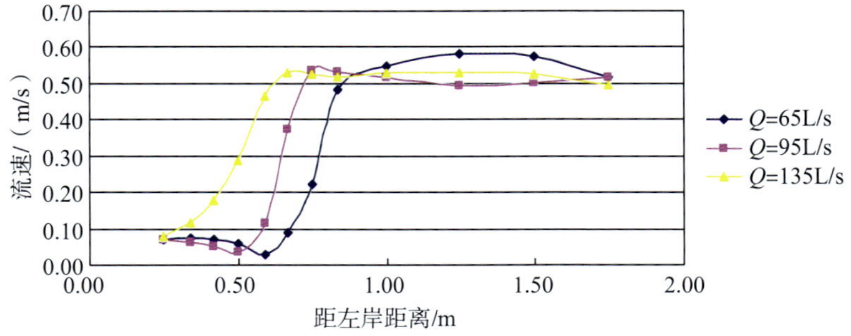

(d)7＃断面

图 4-16 不同流量时流速对比图

由图 4-16 可以看出，断面上各个点的流速都有随流量的增大而增大的趋势。而其中又以 3＃断面最为明显，3＃断面位于坝体前沿，此时上游来流比较顺直，水流结构无明显变化，所以随流量增大趋势最为明显。而 4＃、5＃和 7＃断面依次位于坝轴线以及坝体后沿和下游。此处水流绕过丁坝，从 4＃断面开始出现明显跌水，由于流量越大丁坝阻流作用随着翻坝水流出现越来越小，坝前壅水也越来越小，导致流量越小跌水反而越大，跌水越大，坝后流速越大，从而使得 4＃、5＃和 7＃断面各点流速并没有明显随流量增大而增大的趋势。从流速沿断面的横向分布来看，从左岸(丁坝布置在左岸)开始流速逐渐增大，流速在水槽中部左右达到最大，随后向右岸靠近流速略有减小，而后在整个丁坝对岸，流速变化不大且流速分布趋于均匀化。出现这种流速分布的原因主要是由于丁坝布置在左岸，丁坝阻流作用导致左岸产生壅水，流速较小，坝头位于水槽中部，挑流作用明显，致使坝头附近流速较大，而在远离坝头靠水槽右岸一侧由于受丁坝挑流作用较弱，故流速沿横向分布变化不大。

2)坝长不同时横断面流速分布

选取流量为 95 L/s，控制水深为 14 cm 时的梯形断面正挑圆弧勾头坝的工况 5(L=50 cm)和工况 29(L=70 cm)，作 3＃、4＃、5＃和 7＃断面的流速对比关系图，如图 4-17 所示。

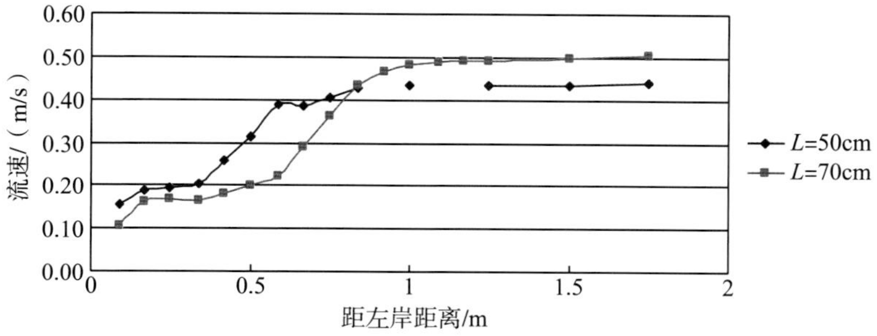

(a)3＃断面

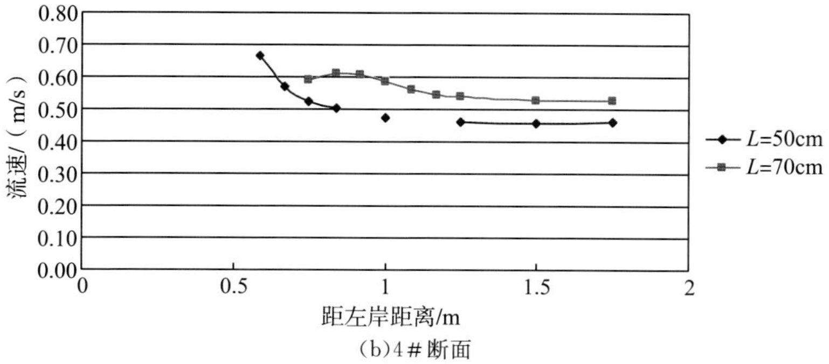

(b)4＃断面

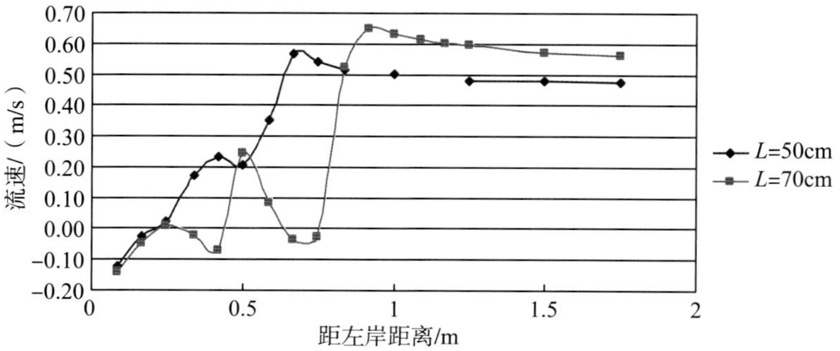

(c)5＃断面

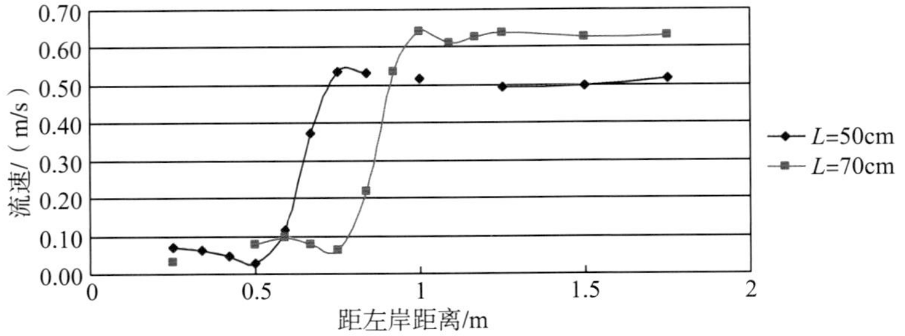

(d)7#断面

图 4-17 不同坝长时流速对比图

由图 4-17 可以看出，3#、4#、5#和 7#断面中，在左岸回流区，50 cm 坝流速都大于 70 cm 坝流速。由于 50 cm 坝坝体较短，70 cm 长坝的挑流和壅水作用更明显，从而导致 70 cm 坝从坝头开始往下游方向，回流区区域更大，回流区流态更紊乱，所以 70 cm 坝坝后正向流速普遍小于 50 cm 坝。其中流速突变点是由回流区紊流、挑流和卡门涡造成的。

从 4#、5#和 7#断面可以看出，从左岸到右岸，由于 50 cm 坝短，首先在坝头出现跌水，所以 50 cm 坝流速曲线首先开始上升，而 70 cm 坝曲线延后 20 cm 左右出现上升趋势。由于 70 cm 坝长挑流作用和壅水作用更明显，跌水就更大，跌水大直接导致流速更大。跌水位于坝头段，所以从坝头向右岸收缩段，70 cm 坝收缩段受挑流跌水影响更明显，流速也就更大。两种坝的流速从水槽中段到右岸收缩段，整个水流流线趋于顺直，流速趋于均匀和稳定。

由此得到结论，坝体越长，阻流、壅水和挑流作用越明显，跌水越大，坝后左岸回流区越大，且流态越紊乱。而坝后右岸顺流区，坝长越长，阻流、壅水和挑流作用越明显，跌水越大，流速也就越大。

3)挑角不同时横断面流速分布

选取流量为 95 L/s，控制水深为 14 cm 时梯形断面 50 cm 圆弧形勾头坝的两个工况，工况 5($\beta=90°$)和工况 20($\beta=120°$)，作 3#、4#、5#和 7#断面的流速对比关系图，如图 4-18 所示。

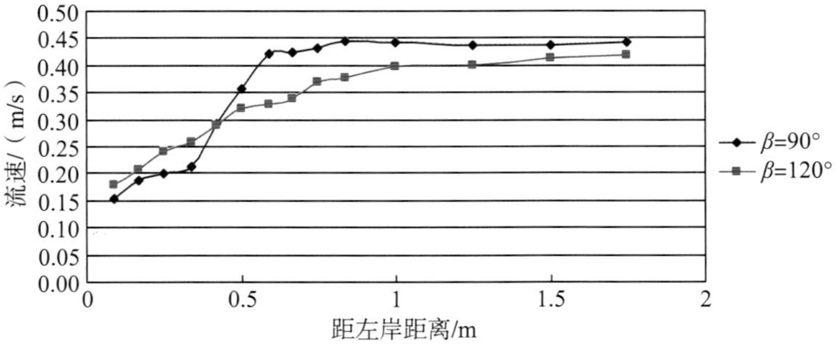

(a)3#断面

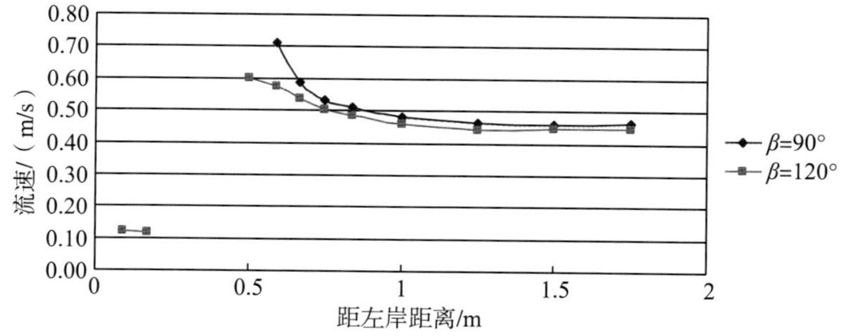

(b)4＃断面

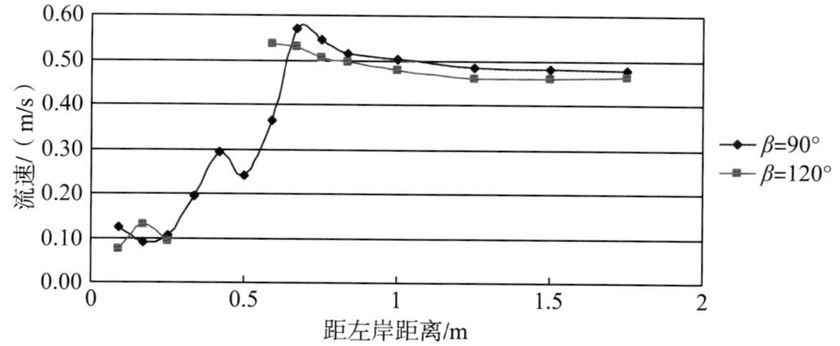

(c)5＃断面

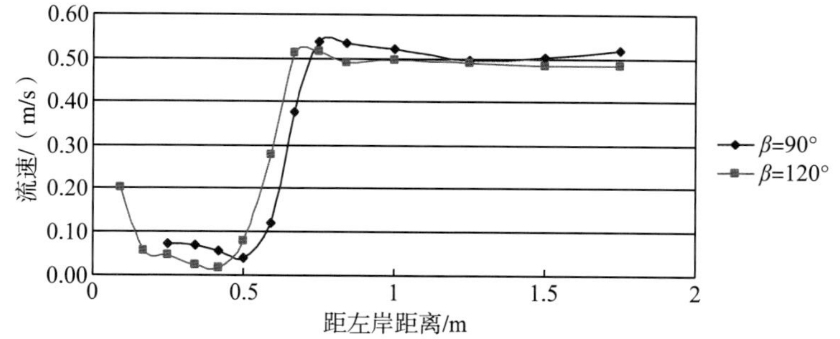

(d)7＃断面

图 4-18　挑角不同时流速对比图

如图 4-18 所示，3＃、4＃断面靠左岸流速，120°挑角坝的流速要大于 90°挑角坝的流速，因为 90°挑角横向长度更长，来流与坝轴线成 90°，水流到此处流态突然发生变化，所以阻流作用更明显，而 120°挑角横向长度较短，而且来流到此处有个角度的缓冲，阻流作用不如 90°明显。由于 90°坝体阻流作用更明显，壅水作用更明显，导致坝头位置跌水更大，所以从水槽中部坝头位置开始，两种挑角流速都急速增大，90°挑角坝在此处流速增大，直至大于 120°挑角坝体。再向右岸，流线趋于顺直，水流结构趋于稳定，流速分布趋于均匀化，而受坝头跌水影响，90°坝体右岸收缩段流速明显大于 120°坝体。5＃、7＃断面左岸流速均较小，甚至出现负值，这是由于跌水在坝后滩底和坝头挑流形成的涡流的作用，在坝后左岸形成回流区，流态紊乱。由于 120°挑角坝体与坝后下游左岸水槽壁形成一个 60°的夹角，坝头挑流形成的涡流和坝后回流区水流活动区域更小，不易向外移动和发展，与水槽壁、水槽底和坝体后沿碰撞，能量损失较大，所以在 7＃断面，120°挑角坝后流速要小于 90°挑角坝后流速。

4)坝型不同时横断面流速分布

选取流量为 95 L/s，控制水深为 14 cm 时 $L=70$ cm 坝的 5 个工况，工况 26(梯形断面圆弧直头)、工况 29(梯形断面圆弧勾头)、工况 32(梯形断面扇形直头)、工况 35(梯形断面扇形勾头)和工况 50(圆弧断面圆弧直头)，作 3＃、4＃、5＃和 7＃断面的流速对比关系图，如图 4-19 所示。

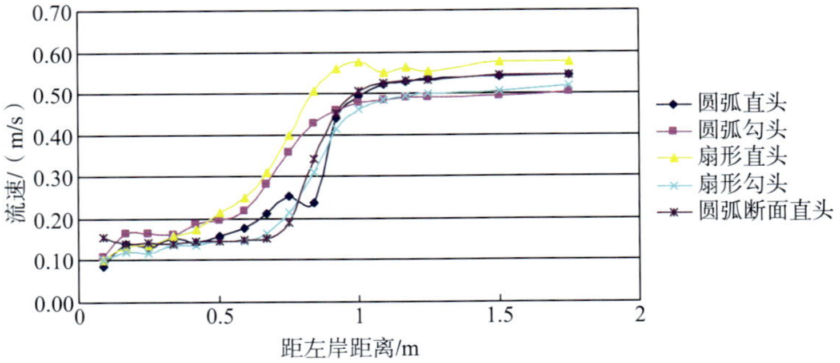

(a)3＃断面

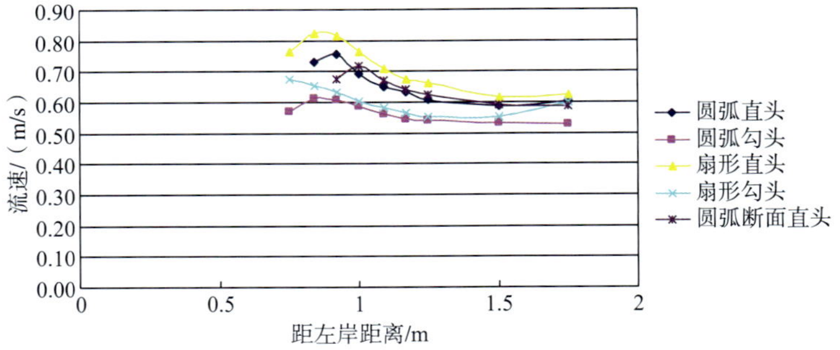

(b)4＃断面

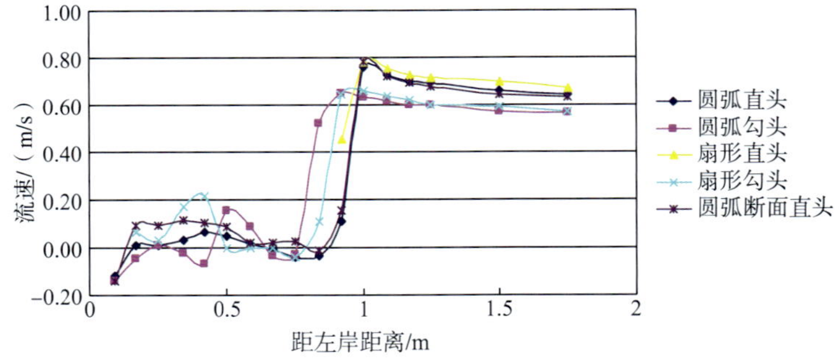

(c)5＃断面

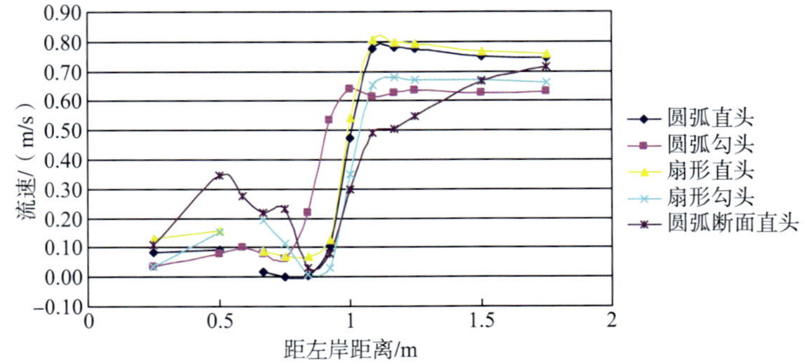

(d)7＃断面

图 4-19　不同坝型时流速对比图

如图 4-19 所示，5 种坝体结构形式流速从左岸到中段再到右岸，整体变化趋势基本一致，左岸为坝后回流区，由于挑流和卡门涡，回流区流态紊乱，正向流速不大且经常出现回流、横向流、涡流和顶层水流与底层水流交换等现象，要准确测量三维流速较困难。坝头处跌水最大，各坝型流速急速上升至接近右岸处趋于均匀和平稳。右岸流线顺直，流态稳定，各坝型曲线比较平稳，变化不大。

从 3＃和 4＃断面看，扇形直头坝的流速在阻流区和收缩段都较大一些，接下来依次为圆弧直头坝、圆弧断面直头坝、扇形勾头和圆弧勾头。这是因为从坝体挡水量来看，扇形直头坝阻水能力较强，接下来依次为梯形断面圆弧直头坝、圆弧断面圆弧直头坝、梯形断面扇形勾头坝和梯形断面圆弧勾头坝。梯形断面扇形直头坝坝前产生的壅水更大，导致在坝头位置处跌水更大，而 3＃和 4＃断面处于壅水区刚好开始下跌的位置，所以流速较大，而收缩段也因此流速更大。

从 5＃和 7＃断面来看，左岸坝后回流区因为挑流、紊流和涡流以及翻坝水滩底等因素影响，流态紊乱，十分复杂，没有明显规律可循。而右岸收缩段呈现与 3＃、4＃断面相同的规律。其中梯形断面圆弧直头坝和圆弧断面圆弧直头坝的挡水量基本相同，但是圆弧断面圆弧直头坝坝体外形曲线更为光滑，所以略小于梯形断面圆弧直头坝。

4.3.3　横剖面垂向流速分布

分别选取丁坝附近的 3＃、4＃、5＃断面，分析 Q=95 L/s、L=70 cm 和 β=90°条件下 4 种工况，工况 26(梯形断面圆弧直头)、工况 29(梯形断面圆弧勾头)、工况 35(梯形断面扇形勾头)和工况 50(圆弧断面圆弧直头)，作各个断面垂向流速的等值线图，分析其丁坝附近水流垂向流速分布情况，如图 4-20～图 4-22 所示。

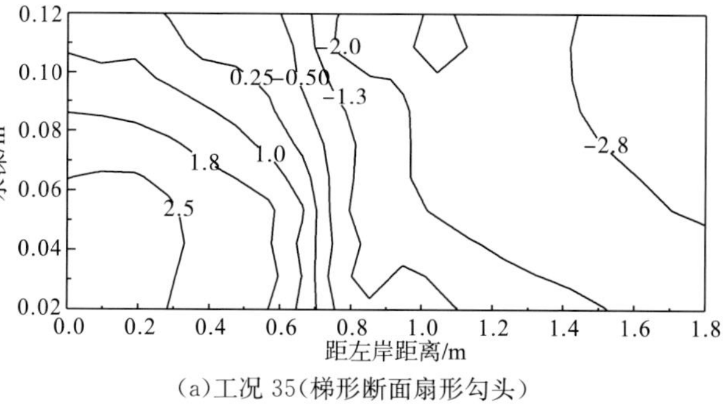

(a)工况 35(梯形断面扇形勾头)

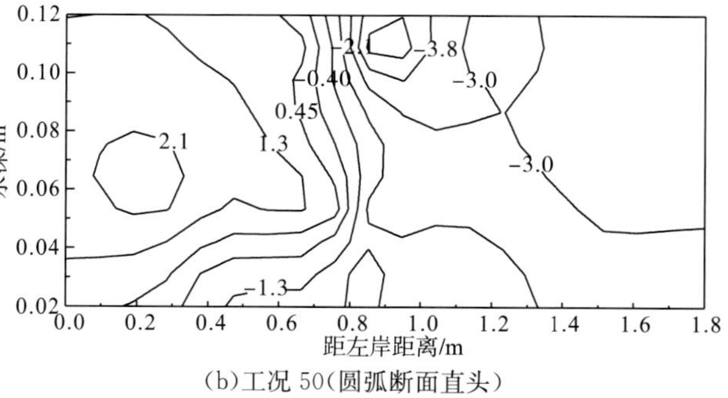

(b)工况 50(圆弧断面直头)

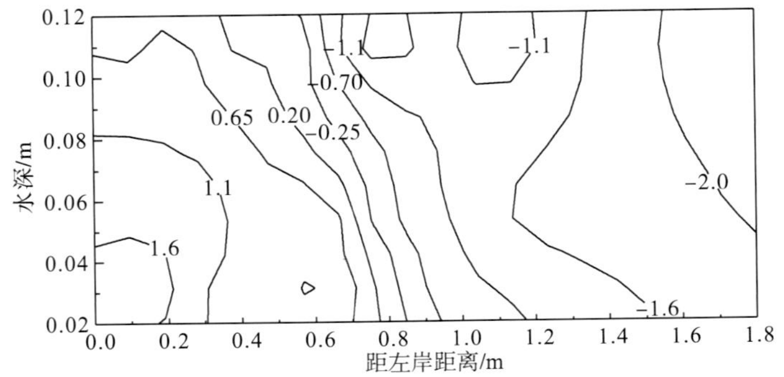

(c)工况 29(梯形断面圆弧勾头)

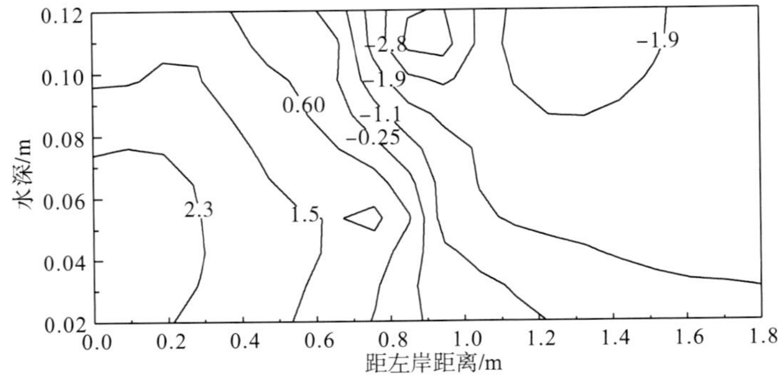

(d)工况 26(梯形断面圆弧直头)

图 4-20　4 种工况 3＃断面垂向流速等值线图(单位：cm/s)

由图 4-20 可见，3＃断面位于丁坝前沿。左岸为坝前壅水区，在此处上游来流接触丁坝坝体，水槽底部和丁坝坝体都是封闭边界，水流无法通过，于是水流只能往上流翻过丁坝，往右岸流绕过丁坝。测量仪器坐标系为 Z 轴往上为正，所以左岸 0～0.6 m 区域内，流速基本都为正值，表示此处水流往上流。而水流接触丁坝后，由于丁坝迎水坡呈斜坡状，底流受阻后迅速转而向上流，随着水流上升，逐渐到达丁坝坝顶处翻过丁坝，向上的流速逐渐减小，所以在左岸，水流流速在垂线方向呈底流流速大于面流流速的分布规律。而在丁坝坝头位置和右岸收缩段，坝头跌水导致整个坝头区域和收缩段水面下降，面流下降较大，所以面流垂向的负向流速较大，由于水槽底部为封闭边界，下降水流接触水槽底后能量损失，向下流速减小，所以在坝头区域和右岸收缩段，流速在垂线方向上呈面流流速大于底流流速的分布规律。

在左岸，可以看到 4 种工况之间的垂向流速分布规律为：工况 35(梯形断面扇形勾头)垂向的正向流速较大，其次为工况 26(梯形断面圆弧直头)，再为工况 50(圆弧断面圆弧直头)，最后为工况 29(梯形断面圆弧勾头)。大小规律与 4 种工况壅水程度大小规律相同，由此可知，由于挡水量的不同，造成垂向流速不同，最后导致壅水程度不同。而因为跌水程度大小规律为工况 35(梯形断面扇形勾头)较大，其次为工况 26(梯形断面圆弧直头)，再为工况 50(圆弧断面圆弧直头)，最后为工况 29(梯形断面圆弧勾头)，跌水越大，下跌水流垂向流速越大，所以直接导致丁坝坝头和右岸收缩段垂向流速分布规律也与之相同。

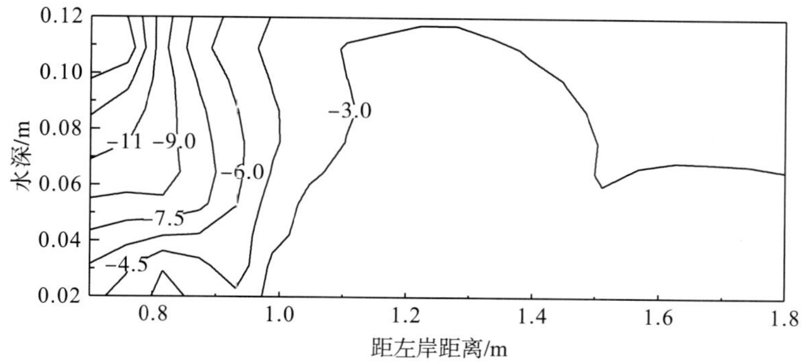

(a)工况 35(梯形断面扇形勾头)

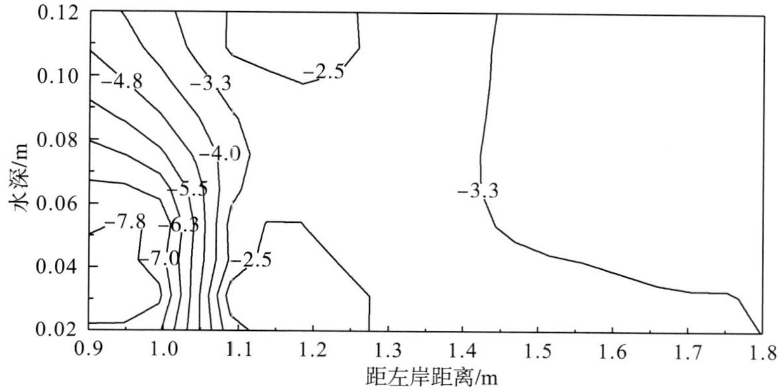

(b)工况 50(圆弧断面直头)

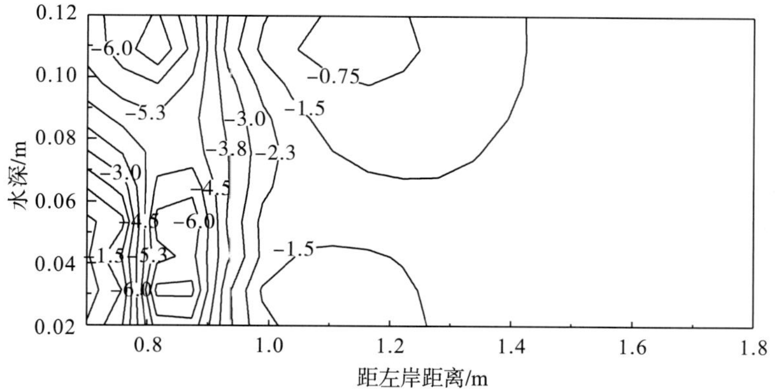

(c)工况 29(梯形断面圆弧勾头)

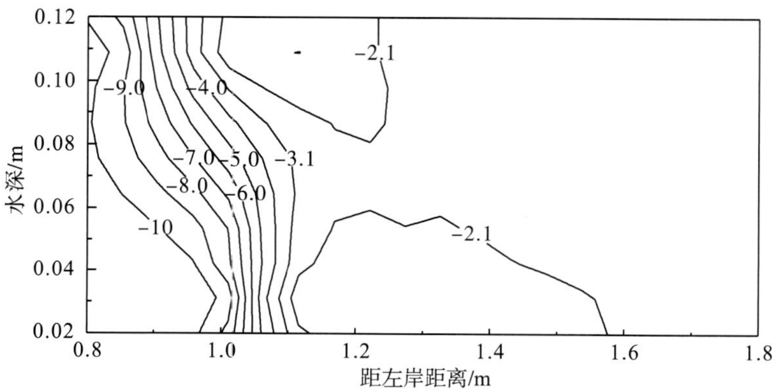

(d)工况 26(梯形断面圆弧直头)

图 4-21　4 种工况 4# 断面垂向流速等值线图(单位：cm/s)

由图 4-21 可见，4＃断面位于坝轴线位置。坝顶区域流速无法测量，所以等值线图横坐标为 0.8～1.8 m。由于坝头跌水造成水面下降，水槽底为封闭边界，所以垂向流速在垂线方向上呈面流流速大于底流流速的分布规律。同样，垂向流速在横向方向上的分布呈越靠近坝头垂向流速越大的分布规律，原因在于坝头是跌水最大的位置，此处水面比降下降最大，水流势能转化为动能最多。

因为跌水程度大小规律为工况 35(梯形断面扇形勾头)较大，其次为工况 26(梯形断面圆弧直头)，再为工况 50(圆弧断面圆弧直头)，最后为工况 29(梯形断面圆弧勾头)，跌水越大，下跌水流垂向流速越大，所以直接导致丁坝坝头和右岸收缩段垂向流速分布规律也与之相同。

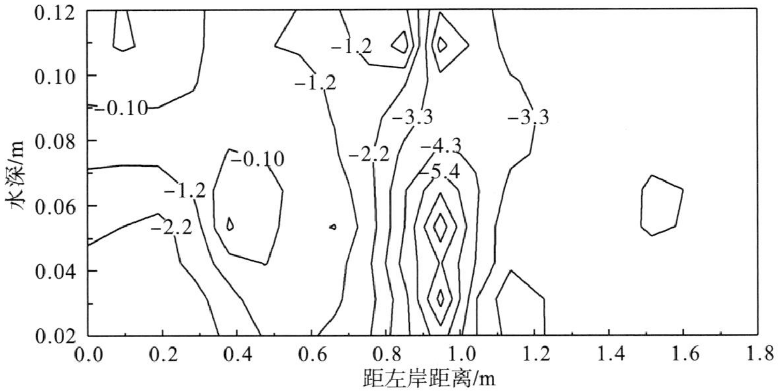

(a)工况 35(梯形断面扇形勾头)

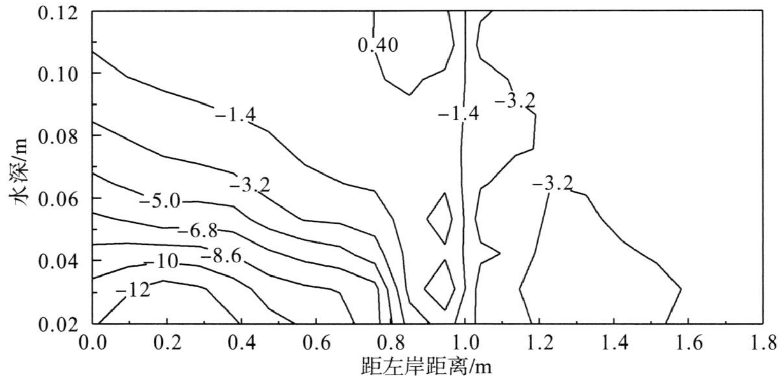

(b)工况 50(圆弧断面直头)

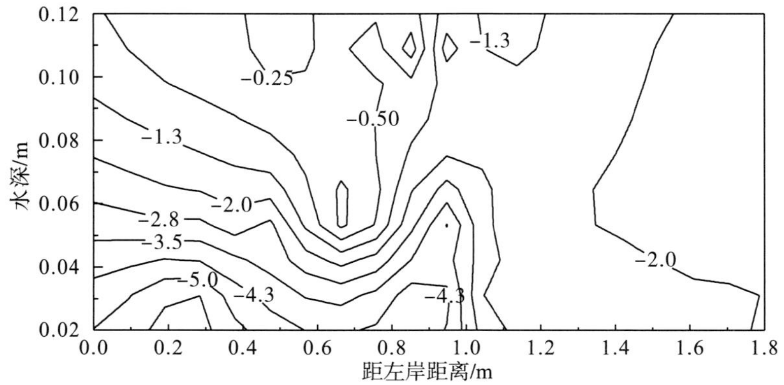

(c)工况 29(梯形断面圆弧勾头)

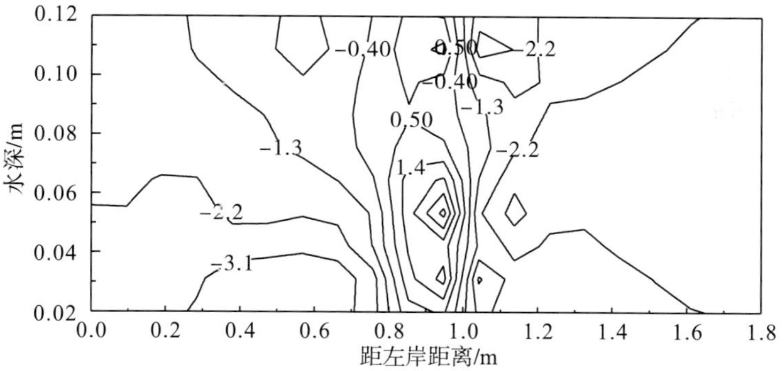

(d)工况 26(梯形断面圆弧直头)

图 4-22　4 种工况 5#断面垂向流速等值线图(单位：cm/s)

由图 4-22 可见，5#断面位于坝后沿背水坡。左岸位于坝后回流区，坝前翻坝水翻过坝顶之后，在背水坡急速下降，形成滩底水流，水流滩底接触水槽底部后，部分水流折返向上流，所以在左岸垂线方向的垂线流速呈底流多为负向水流，且流速较大，面流多为正向流速。其中图 4-22(c)中左岸底流部分出现了一个较大的正向流速值，这是由于水流滩底后部分水流撞击水槽底部后迅速折返造成的。坝头后部和坝后右岸仍然处于跌水区域，水位持续下降，所以分布规律为在垂向方向，面流的负向流速大于底流的负向流速。

在坝头后和右岸区域，因为跌水程度大小规律为工况 35(梯形断面扇形勾头)较大，其次为工况 26(梯形断面圆弧直头)，再次为工况 50(圆弧断面圆弧直头)，最后为工况 29(梯形断面圆弧勾头)，跌水越大，下跌水流垂向流速越大，所以直接导致丁坝坝头和右岸收缩段垂向流速分布规律也与之相同。

4.3.4　丁坝附近水流流态

根据试验观察发现，丁坝被淹没后，丁坝的束水作用大大降低，坝下回流区随水流不断地升高而消失。观察淹没丁坝的水流，明显的被坝体分成面流和底流两部分。坝顶以上的面流基本上保持原水流方向不变，在坝体附近及下游，面流受底流影响流速有所减小，流向也稍许向坝头方向偏转。而坝顶以下的底流，从上游绕过坝顶，在坝顶形成一个很强的水平轴回流区。这个平轴漩涡体系可以将坝下游回流区底沙卷向上游，使丁坝背水面淤积。淹没丁坝水流结构如图 4-23 所示。

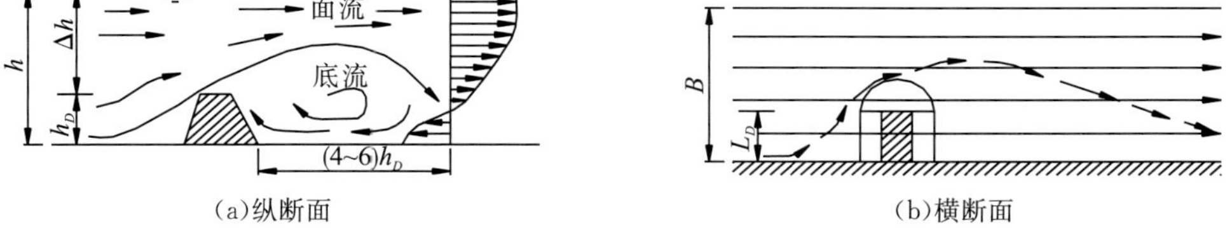

(a)纵断面　　(b)横断面

图 4-23　淹没丁坝坝体附近水流结构图

选取工况 26(70 cm 梯形断面圆弧直头)、工况 29(70 cm 梯形断面圆弧勾头)、工况 35(70 cm 梯形断面扇形勾头)和工况 50(70 cm 圆弧断面圆弧直头)四种不同坝体结构型式，对比分析丁坝附近水流流态(图 4-24)。

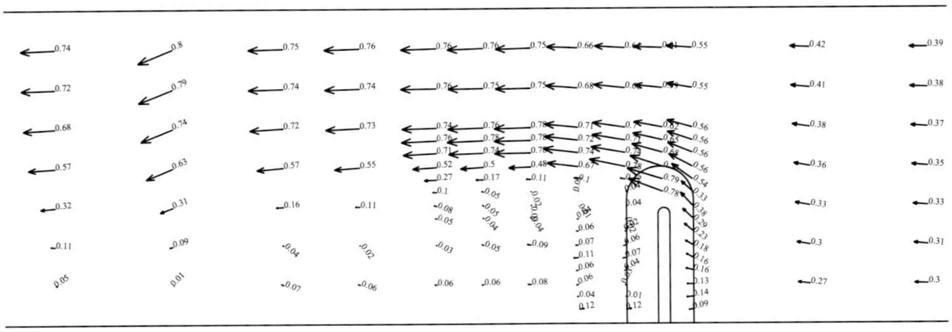

(a)工况 26　70 cm 梯形断面圆弧直头

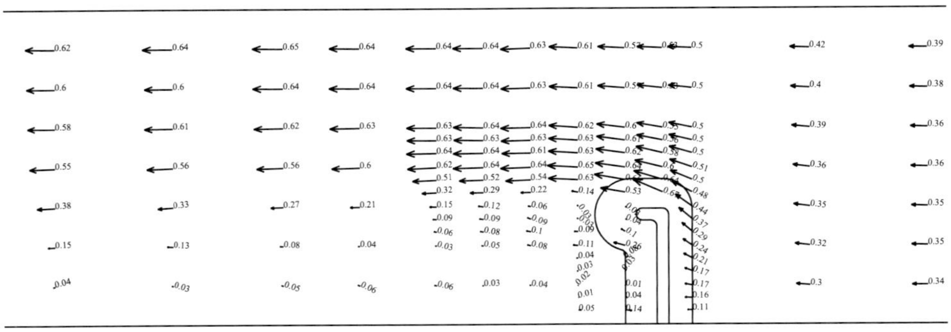

(b)工况 29　70 cm 梯形断面圆弧勾头

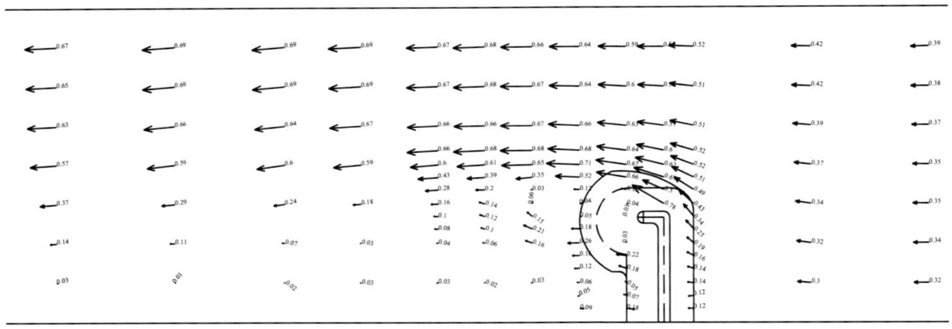

(c)工况 35　70 cm 梯形断面扇形勾头

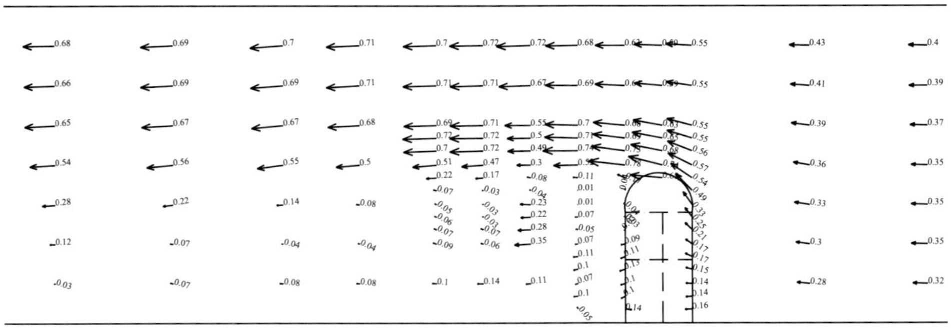

(d)工况 50　70 cm 圆弧断面圆弧直头

图 4-24　不同坝型丁坝附近水流流场图(单位：m/s)

从图 4-24 中可以观察到不同位置的流速分布情况和坝后回流区，在坝下游形成回流区的原因是水槽中设置了丁坝后，压缩了水槽的有效过水断面，被压缩的水流绕过坝头后，产生水流边界层的离解现象和涡旋，水流的流速场和压力场都发生了明显的变化，在图中能够明显地观察到水流流态的变化。

水流绕过丁坝头部时，其流线曲率、速度旋度的垂直分量以及压力梯度都很大，因此，水流绕坝头一定角度(30°～80°)后边界层即发生分离。分离点以下，沿坝头表面的流动是逆向的，速度近于零，并在其下游形成旋转角速度较大的垂直轴漩涡，丁坝头部是涡源所在。粗略地说，漩涡是每隔一段时间发生一个并向下游移动，因此，固定点处的流速、流向及压力(水位)也相应地发生周期性脉动。漩涡有其自身产生、发展和消失的过程，漩涡产生时，角速度较大，体积较小，在向下游移动的过程中，在一定距离内体积不断扩大，其强度也随之增大。在一系列向下游运动的漩涡之间，互相碰撞而破碎或合并的现象频繁发生。在丁坝下游一个较大的范围内，流速、流向、水位等因素的脉动量较大，回流长度和宽度亦有一定幅度的变动。回流区下游的流态则逐渐恢复正常。

受丁坝影响后，在丁坝上游，行进丁坝的水流流速度有所降低。由图 4-25 可以明显看出，在水槽左岸，丁坝上游，流速变化很大。具体变化情况见表 4-1。

图 4-25　坝头垂直轴漩涡照片

表 4-1　不同坝型丁坝流速范围变化对比　(单位：m/s)

工况 / 流速	工况 26	工况 29	工况 35	工况 50
丁坝上游流速	0.30～0.35	0.34～0.36	0.32～0.35	0.32～0.35
行近丁坝流速	0.09～0.29	0.11～0.29	0.12～0.25	0.16～0.25

因绕过坝头速度方向也向对岸偏转，在丁坝轴线断面上流速分布发生了剧烈变化，靠近丁坝，流速很小，在丁坝向外，流速迅速增加，并达到最大值，然后逐渐减小。坝轴线以下，收缩断面上主流的平均流速最大，但不同坝型丁坝最大值不同，工况 26(0.77 m/s)最大，工况 29(0.64 m/s)最小，工况 35(0.67 m/s)和工况 50(0.72 m/s)居中。

4.4　水流紊动分析

对于丁坝所导致的复杂三维水流结构，以往研究更多关注的是丁坝本身的形态和不同水流条件下对回流尺度以及坝头冲刷坑尺度的影响研究，而对于丁坝附近的水流形态及其紊动特性研究较少。由于丁坝附近的局部流态非常复杂，呈现三维紊流特性（图 4-26），因此研究丁坝附近水流的紊动特性对于完善丁坝水力学和加深对丁坝水流结构的认识是非常重要的。

图 4-26　丁坝附近水流照片

4.4.1　水流紊动能分析

水流的紊动能为 $E=\frac{1}{2}(\overline{V'^2_u}+\overline{V'^2_v}+\overline{V'^2_w})$，用进口段平均流速 V_0 对紊动能进行无量纲化，得到水流紊动能的无量纲形式$\frac{E}{V_0^2}$，以此来分析水流紊动能的变化。

1）水流紊动能在整个测区的分布

以工况 5（50 cm 正挑梯形断面圆弧勾头，Q=95 L/s，H=14 cm）为例，分析相对水深（测点距水面的深度与总水深的比值）为 0.2h，0.6h，0.8h 时紊动能的分布情况。选择 2＃，6＃，7＃断面分析水流紊动能在各测点的变化规律，如图 4-27 所示。

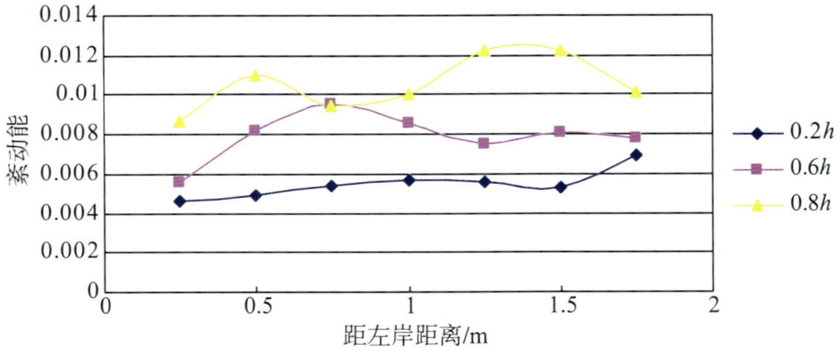

（a）2＃断面

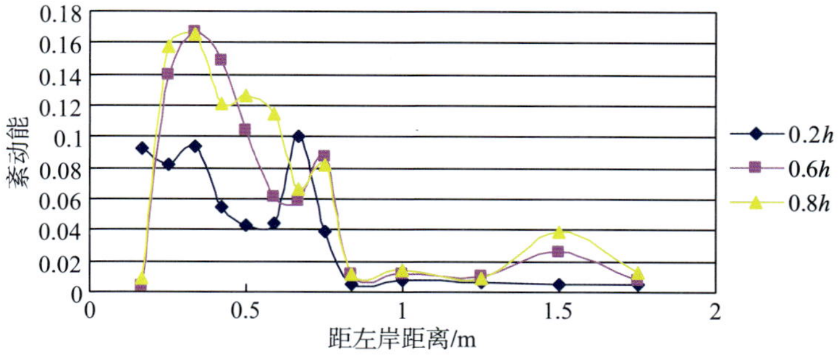

(b)6＃断面

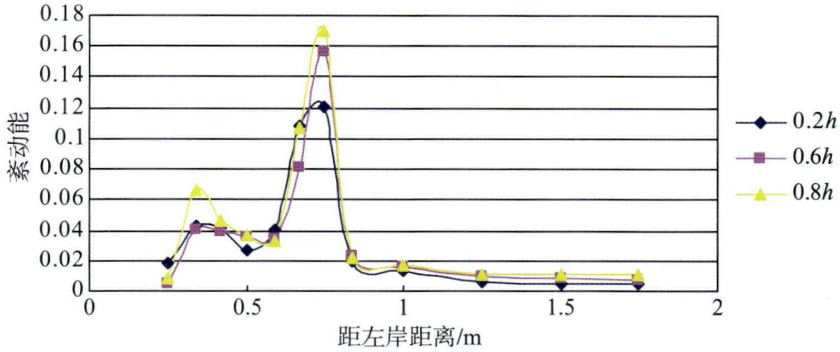

(c)7＃断面

图 4-27　水流紊动能沿横断面分布

从水流紊动能在断面的分布可知，在丁坝上游 2＃断面处，0.2h 水深处的紊动能较小，0.6h 水深处的紊动能较大，0.8h 水深处的紊动能最大，它们的大小分布比较明显，但其整体数值都较小，在断面中部，0.6h、0.8h 水深处紊动能值有交叉，说明其底部紊动能分布相同；在丁坝下游坝头附近 6＃断面处，丁坝左岸一段 0.6h、0.8h 水深处分布曲线基本相同，紊动能较小，0.2h 水深处紊动能较大，但随着横向距离的增加，0.6h、0.8h 水深处紊动能逐渐增大，在坝头附近出现最大值，且明显大于 0.2h 水深处紊动能值，在丁坝右岸紊动能沿垂线变化不大，且整体数值较小，这主要是由于丁坝阻水，水流绕过丁坝发生分离，由于是圆弧头坝，产生卡门涡，在其后形成涡街，紊动能骤然增加，而两边较小。在丁坝下游 7＃ 断面处，紊动能随水深增加而增加，且沿垂线方向变化不大，但在水流分离区紊动能沿垂线变化较大，且 0.8h 水深处紊动能出现最大值，两边较小，且分布趋势相同。

2)不同流量时水流紊动能变化

研究紊动能随流量的变化关系，选取工况 4、工况 5、工况 6 进行对比，流量分别为 Q=65 L/s，Q=95 L/s，Q=135 L/s 时，0.8h 水深时紊动能等值线图的分布情况进行分析，如图 4-28 所示。

当 Q=65 L/s 时，0.8h 水深紊动能等值线较稀且其值较小，紊动能最强的地方在丁坝下游强紊动区(D)和对岸区(B)交界处附近，强紊动区分布范围较小；随着流量的增大紊动能也逐渐增大，当 Q=135 L/s 时，紊动能等值线图较密，紊动能值最大，最大值出现在坝头下游附近，且强紊动区(D)分布范围也较大；当 Q=95 L/s 时，紊动能等值线图最密，紊动能值较 Q=135 L/s 小，最大值也出现在坝头下游附近，且强紊动区(D)分布范围最大；出现这种情况的原因是，当流量较小时，流速较小，紊动不剧烈，等值线分布较稀疏，且各个分区不是很明显；随着流量的增加，流速较大，紊动加强，等值线较密；但当流量增加到一定程度时，等值线又慢慢变稀疏，但坝头紊动值较大。

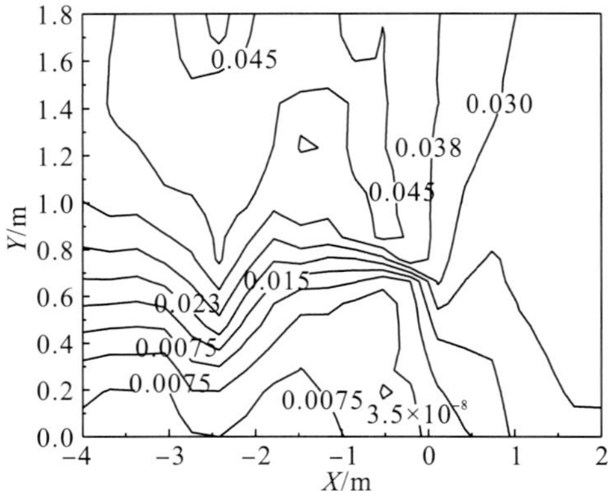

(a)工况 4　50 cm 正挑梯形断面圆弧勾头

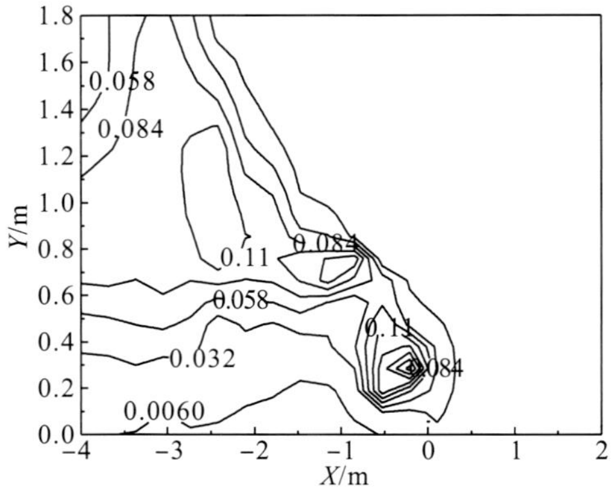

(b)工况 5　50 cm 正挑梯形断面圆弧勾头

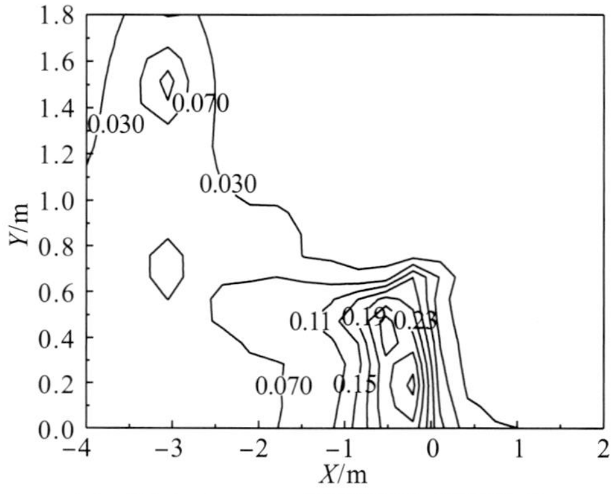

(c)工况 6　50 cm 正挑梯形断面圆弧勾头

图 4-28　不同流量时 0.8h 水深处紊动能等值线图

3)不同坝长时水流紊动能变化

研究紊动能随坝长的变化关系，选取工况 5(50 cm 正挑梯形断面圆弧勾头)、工况 29(70 cm 正挑梯形断面圆弧勾头)0.8h 水深处紊动能等值线图的分布情况进行分析，如图 4-29 所示。

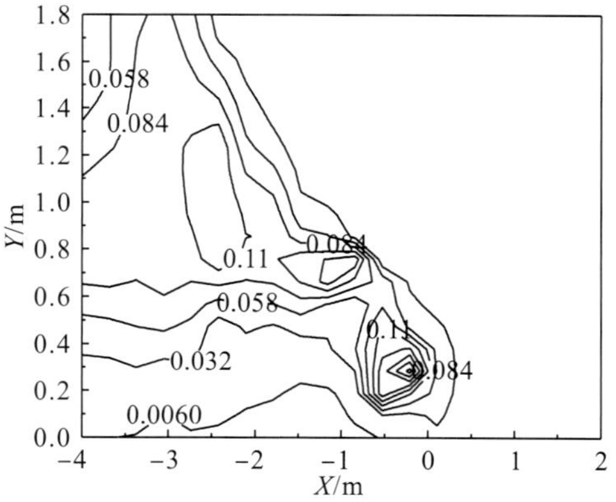

(a)工况 5　50 cm 正挑梯形断面圆弧勾头

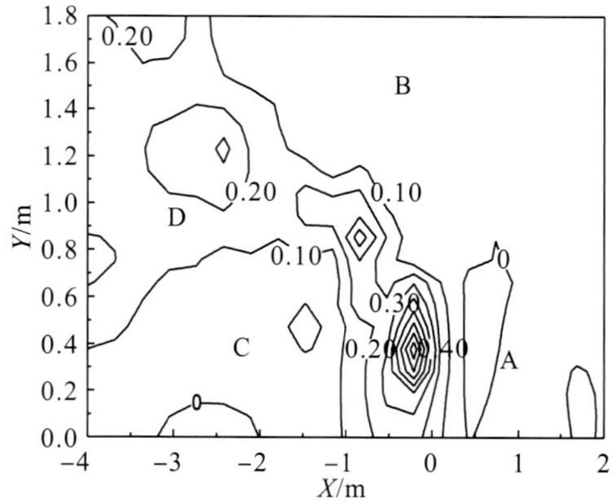

(b)工况 29　70 cm 正挑梯形断面圆弧勾头

图 4-29　不同坝长时 0.8h 水深处紊动能等值线图

从图 4-29 中可以看到，坝长为 70 cm 时，紊动能等值线较密，且数值较大，坝长为 50 cm 时，等值线较稀疏，数值较小，这是因为丁坝越长，丁坝对水流的阻水作用越强，水流绕过丁坝紊动越强烈，且紊动能越大，分布范围也越大。同一数值的等值线，坝长为 70 cm 时分布范围较大。两种坝长的紊动能值都在坝头附近下游处，随着坝长的增长，紊动能较大的强紊动区(D 区)离丁坝所在岸越远，且强紊动区(D 区)也较大。

4)不同挑角时水流紊动能变化

研究紊动能随挑角的变化关系，选取工况 2(50 cm 正挑梯形断面圆弧直头)和工况 14(50 cm 下挑梯形断面圆弧直头)，挑角分别为 90°、120°时，0.8h 水深处紊动能等值线图的分布情况进行分析，如图 4-30 所示。

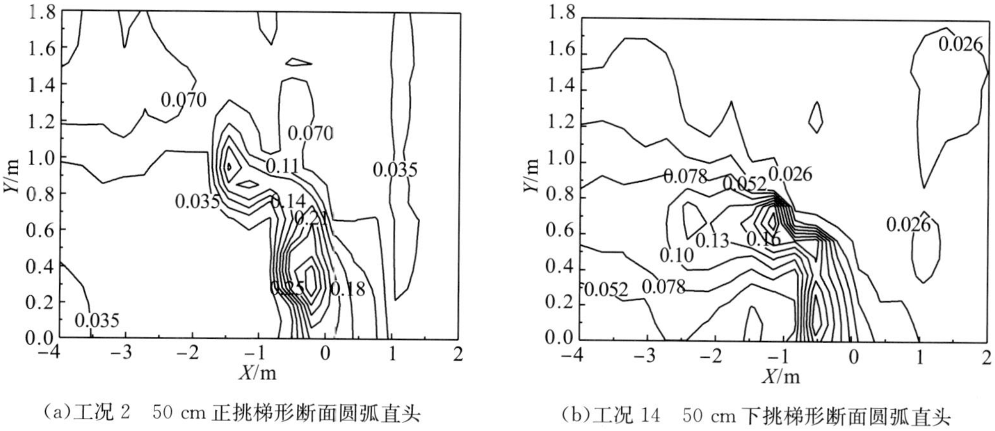

图 4-30　不同挑角时 0.8h 水深处紊动能等值线图

当挑角为 90°时，在坝头下游附近紊动能等值线较密，且其值较大，最大值出现在坝头前一段距离，在坝头附近紊动能变化较大，其他区域变化较小；当挑角为 120°时，在坝头下游附近紊动能等值线较密，且其值较工况 2 小，最大值离坝头较正挑近，在坝头附近紊动能变化较大。对比两个工况，在丁坝上游靠坝头附近正挑紊动能较下挑大；在坝身背部，两者都出现较大值，且正挑紊动能值较下挑大，这是由于正挑丁坝壅水较高，下潜水流流速较大，紊动能较大；由于正挑丁坝阻水面积较下挑大，将对岸区压缩较小，强紊动区(D 区)分布范围大，主要靠近丁坝右岸，紊动能变化较大的密集区主要在坝头附近；而下挑丁坝阻水面积较小，将强紊动区(D 区)压缩，分布范围较正挑小，但紊动能变化较大的密集区较正挑大。因此，挑角对四个区域的分布影响较为明显。

5)不同坝型时水流紊动能变化

研究不同坝体结构形式的紊动能变化情况，选取工况 26(70 cm 正挑梯形断面圆弧直头)、工况 29(70 cm 正挑梯形断面圆弧勾头)、工况 35(70 cm 正挑梯形断面扇形勾头)和工况 50(70 cm 正挑圆弧断面直头)紊动能等值线图的分布情况进行分析，如图 4-31 所示。

总体来看，在坝头下游附近紊动能等值线较密，且其值较大，最大值出现在坝头前一段距离，在坝头附近紊动能变化较大，在坝身背水坡也有一较大值出现。坝头附近紊动能值最大为工况 26(70 cm 正挑梯形断面圆弧直头)，最小为工况 50(70 cm 正挑圆弧断面直头)，工况 29(70 cm 正挑梯形断面圆弧勾头)和工况 35(70 cm 正挑梯形断面扇形勾头)处于中间；从坝头结构形式看，勾头丁坝紊动能等值线密集区离坝头较近，直头丁坝紊动能等值线密集区离坝头较远，且扇形丁坝紊动能最大值较圆弧形大；直头丁坝强紊动区(D 区)分布范围较直头丁坝大，紊动能密集区主要靠近丁坝右岸，且扇形勾头丁坝强紊动区(D 区)分布范围较圆弧头大，紊动能变化较大的密集区主要在坝头附近；从坝体结构形式看，圆弧断面直头丁坝强紊动区(D 区)分布范围较梯形断面小，且紊动能等值线较梯形断面稀疏，但坝身背水坡紊动能等值线较梯形断面大，这是由于圆弧断面坝身较光滑，下潜流速较梯形断面大，紊动较强。

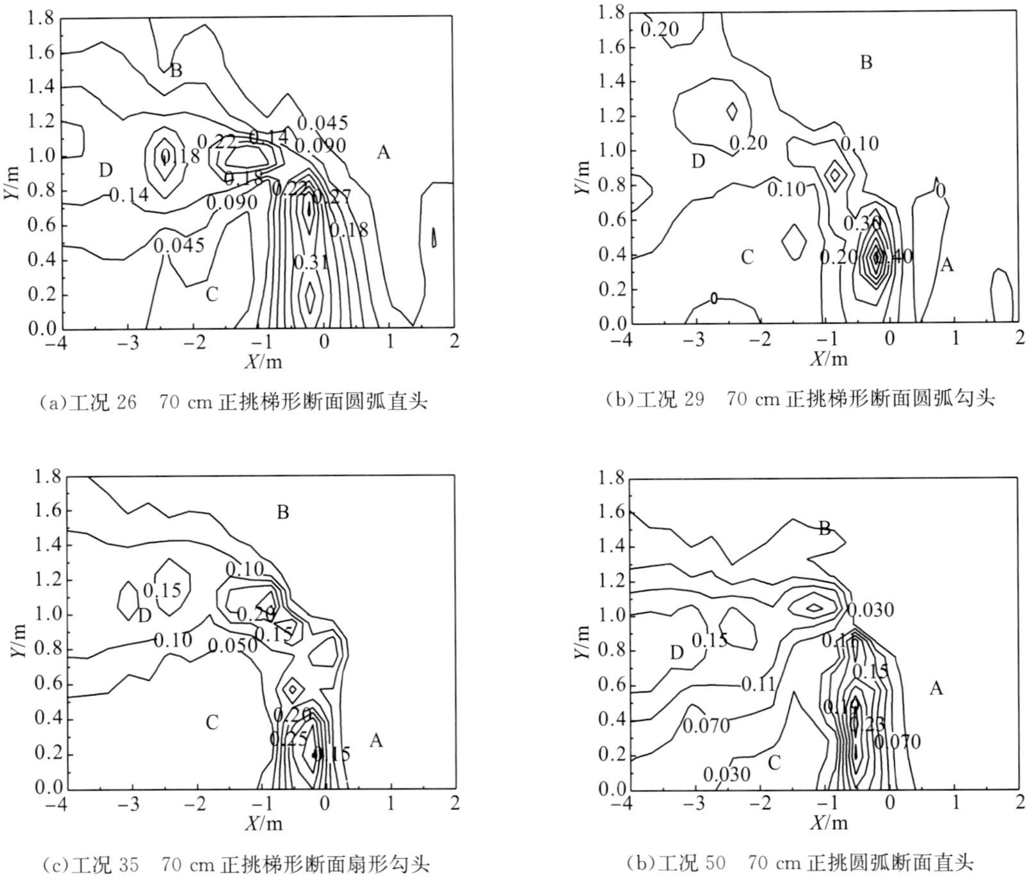

(a)工况 26　70 cm 正挑梯形断面圆弧直头

(b)工况 29　70 cm 正挑梯形断面圆弧勾头

(c)工况 35　70 cm 正挑梯形断面扇形勾头

(b)工况 50　70 cm 正挑圆弧断面直头

图 4-31　不同坝型时 0.8h 水深处紊动能等值线图

4.4.2　水流紊动强度分析

丁坝对水流有明显的扰动影响，局部水流产生漩涡和分离，坝头和坝顶区域的水流都将出现分离和旋转。因此，丁坝附近的局部流态非常复杂，呈现出强烈的三维紊流特性，其中包含了许多复杂的水流现象，如分离流、旋转流、曲线剪切层、高紊动强度以及自由表面变化等。所以，研究丁坝附近水流的紊动是非常重要的。结合试验，对紊动强度沿程变化趋势分沿水深、沿横向和沿纵向分别进行了分析，并且分析研究了不同挑角和不同坝体结构形式下丁坝附近水流的纵向紊动强度。

1)紊动强度在整个测区的分布

主要分析了不同挑角和不同坝体结构形式下丁坝附近水流的纵向紊动强度，对同一工况下，不同方向上的三维紊动强度值在整个测区的分布也进行了对比分析。

①三维紊动强度在整个测区的变化。

以工况 5(50 cm 正挑梯形断面圆弧勾头)为例对比分析三个方向上紊动强度变化规律，如图 4-32 所示。

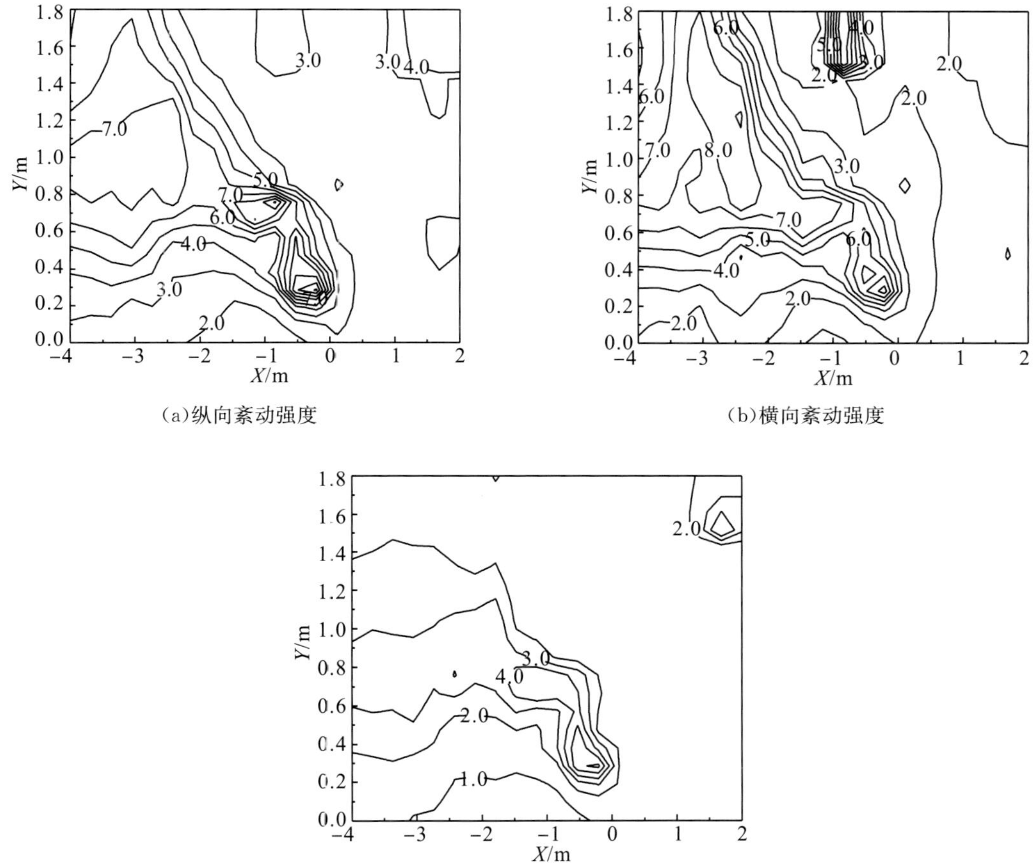

(a)纵向紊动强度

(b)横向紊动强度

(c)垂向紊动强度

图 4-32　工况 5 三维紊动强度在整个测区的分布(单位：cm/s)

由图可见，整体上，三个方向上的紊动强度在整个测区的分布有相同之处。首先是，紊动强度值较大和比较集中的区域都主要分布在坝身周围和坝头下游区域，其他区域存在强度较小和区域较小的分布情况。从纵向紊动强度等值线图和横向紊动等值线图可以看出，由于丁坝挡水，造成坝前壅水和坝前水流绕行，到坝顶断面开始产生跌水，水位下降，纵向流速和横向流速都增大，以及坝头挑流的作用，所以在整个测区的 −3～0 m 区域，坝头和右岸收缩段的纵向紊动强度和横向紊动强度都较大，而坝后左岸位于回流区，纵向和横向流速小，紊动强度也较小。而垂向的紊动强度在坝前分布较少，主要产生在坝轴线断面，也就是跌水产生的地方，且在坝后区域在左岸回流区分布较广，而在右岸收缩段分布较少。

②挑角不同时紊动强度变化。

以工况 5(50 cm 正挑梯形断面圆弧勾头)和工况 12(50 cm 下挑梯形断面圆弧勾头)为例分析挑角对紊动强度的影响，如图 4-33 所示。

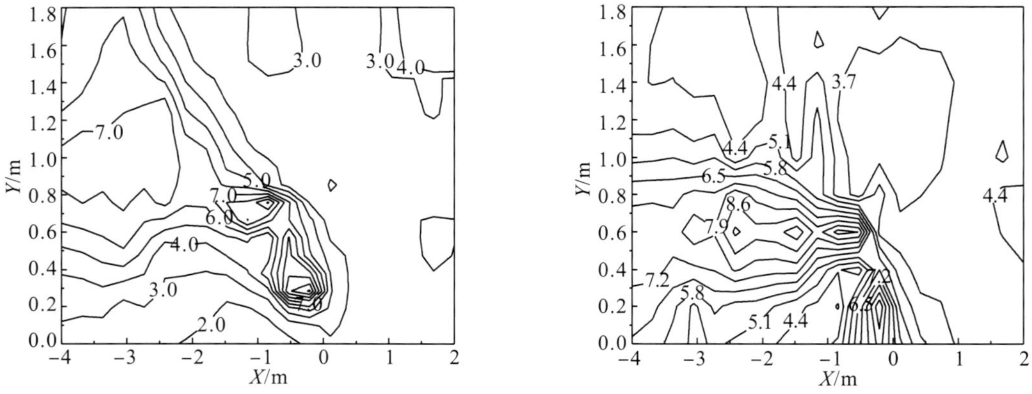

(a)工况 5　50 cm 正挑梯形断面圆弧勾头　　(b)工况 12　50 cm 下挑梯形断面圆弧勾头

图 4-33　挑角不同时紊动强度变化情况(单位：cm/s)

由图 4-33 可见，两种挑角坝型的纵向紊动强度在整个测区的分布情况。紊动强度较大和分布较广的区域仍然集中在坝身和坝头下游区域。由于正挑丁坝的挡水作用和跌水更明显，在坝身和坝头的强紊动区域，正挑丁坝的紊动较大，但是由于正挑丁坝的挑流作用更明显，所以正挑丁坝的强紊动区域更向右岸收缩段靠，下游右岸紊动强度较下挑丁坝大。而由于下挑丁坝坝头更靠近下游和左岸，所以下挑丁坝的坝头后强紊动区域更靠近下游和左岸。

③坝型不同时紊动强度变化。

选取流量为 95 L/s，控制水深为 14 cm 时 $L=70$ cm 的坝，分析工况 26(梯形断面圆弧直头)、工况 29(梯形断面圆弧勾头)、工况 32(梯形断面扇形直头)、工况 35(梯形断面扇形勾头)和工况 50(圆弧断面圆弧直头)，作 5 个工况 0.8h 水深处纵向紊动强度对比分析，如图 4-34 所示。

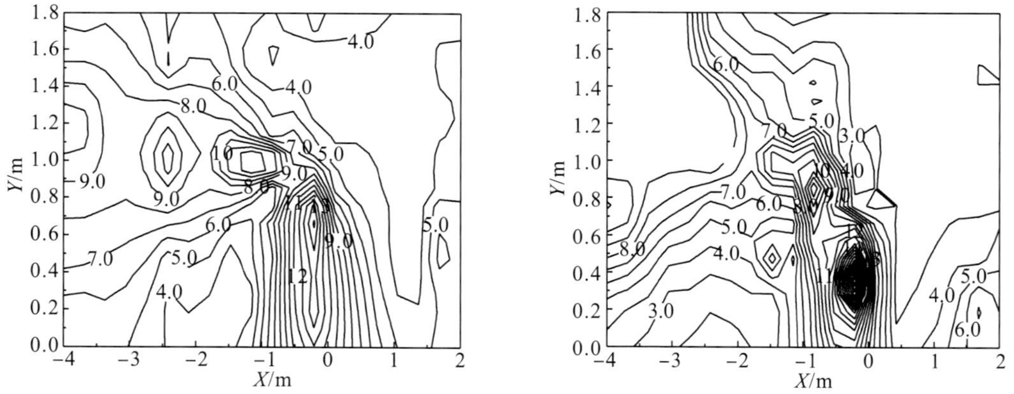

(a)工况 26　70 cm 正挑梯形断面圆弧直头　　(b)工况 29　70 cm 正挑梯形断面圆弧勾头

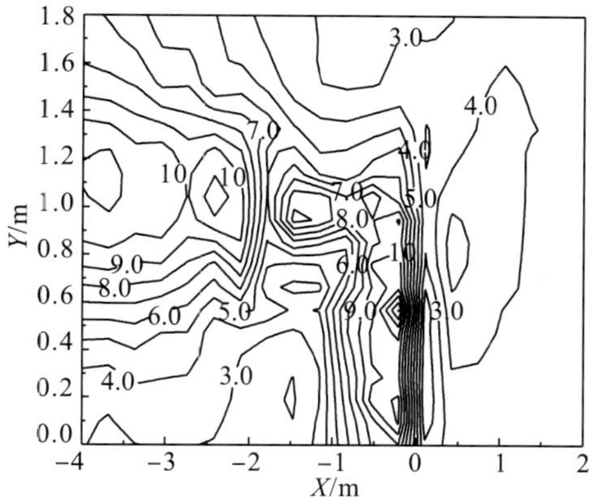

(c)工况 32　70 cm 正挑梯形断面扇形直头

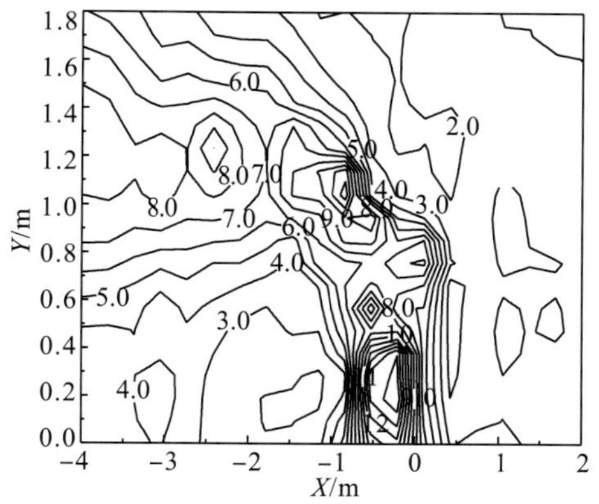

(d)工况 35　70 cm 正挑梯形断面扇形勾头

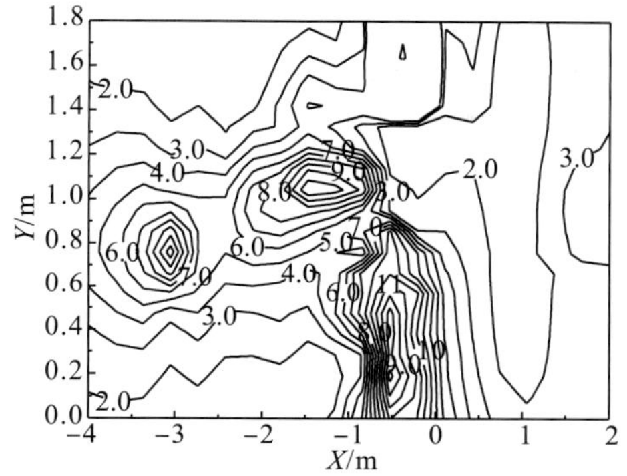

(e)工况 50　70 cm 正挑圆弧断面直头

图 4-34　坝型不同时紊动强度变化情况(单位：cm/s)

由图 4-34 可见，5 种不同坝体结构形式的工况，在流量、水深、坝长和挑角都相同的情况下的 0.8h 水深处纵向紊动强度在整个测区的分布情况。相同之处在于，5 种工况其各自的强紊动区域分布区域都位于坝身和坝体背水坡以及坝头下游区域。

从各个工况来看，工况 29(70 cm 正挑梯形断面圆弧勾头)的坝身和坝头附近紊动强度值较大，其他四个基本相同。而工况 50(70 cm 正挑圆弧断面直头)对坝前和坝后收缩段的影响较小，工况 50 这些区域紊动强度值较小，且区域范围较小。而工况 32(70 cm 正挑梯形断面扇形直头)和工况 35(70 cm 正挑梯形断面扇形勾头)由于其坝头挑流作用最明显，这两个工况对下游收缩段的影响较大。工况 26(70 cm 正挑梯形断面圆弧直头)和工况 29(70 cm 正挑梯形断面圆弧勾头)的影响介于这两者之间。而坝后回流区，由于 5 种工况都是 70 cm 长，其坝后回流区强紊动区域范围相差不多，但是直头坝的区域较大且紊动强度值稍大，勾头坝稍小，最小的为圆弧断面坝。

2)紊动强度沿程变化趋势

①三维紊动强度随水深的变化。

以工况 5(50 cm 正挑梯形断面圆弧勾头，Q=95 L/s，H=14 cm)为例，绘出丁坝 3＃、5＃和 7＃横断面上所有测点的三维紊动强度沿垂线方向的分布图(图 4-35)。

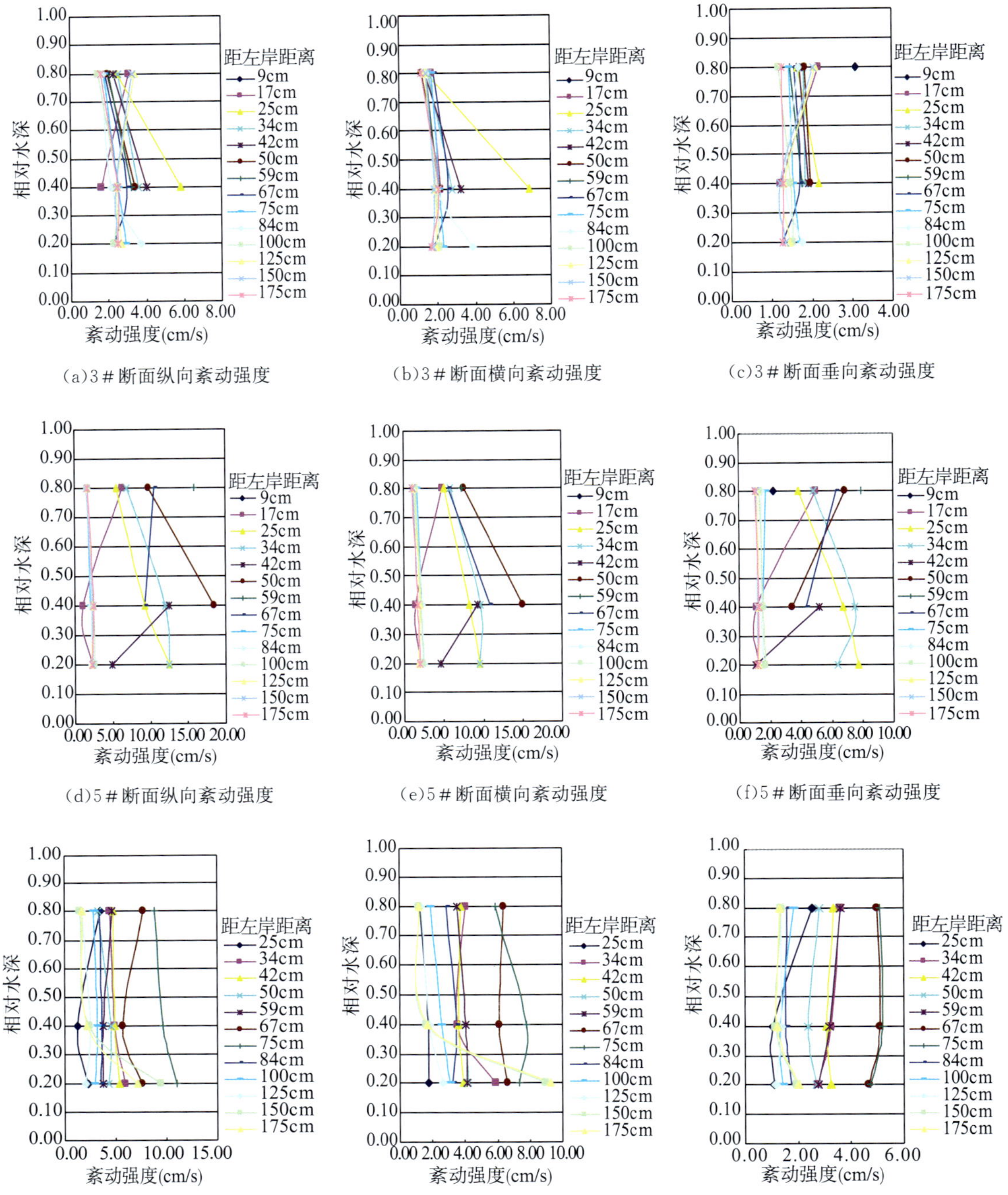

(a)3#断面纵向紊动强度　(b)3#断面横向紊动强度　(c)3#断面垂向紊动强度

(d)5#断面纵向紊动强度　(e)5#断面横向紊动强度　(f)5#断面垂向紊动强度

(g)7#断面纵向紊动强度　(h)7#断面横向紊动强度　(i)7#断面垂向紊动强度

图 4-35　三维紊动强度沿水深的分布

由图 4-35 可见，位于丁坝上游的 3#断面上的各测点，3 个方向上水流的紊动强度基本上越靠近水槽底部就越大，并且各个测点上增大的幅度不一样，靠近丁坝左岸各测点紊动强度较大，且增幅较大，3#断面刚好位于丁坝迎水坡前沿，在坝头附近几个点的紊动强度相对较小，但是随水深的增幅较大。丁坝左岸回流区各测点紊动强度较其他两个区域较小，且增幅也较小。位于丁坝迎水坡的 5#断面，其 3 个方向上水流的紊动强度在丁坝坝头和左岸较紊乱，规律不明显，有些随水深增大而增大，另一些随水深增大而减小，且趋势不一。这是因为 5＃断面左岸位于丁坝坝后跌水区和回流区交界的地方，整个流态很紊乱且不稳定，变化较大。再靠后一点位于下游回流区的 7＃断面，其 3 个方向上的水流紊动强度分布呈在左岸和坝头区域，随水深的增大，从面流到中间层的水流，其紊动强度减小，再到底流，紊动强度又增大的规律。右岸紊动强度较左岸和坝头区域小，但是随水深增大幅度较大。

②三维紊动强度沿横向的变化。

以工况 5(50 cm 正挑梯形断面圆弧勾头，$Q=95$ L/s，$H=14$ cm)为例，对比分析三维平均紊动强度沿横向的分布(图 4-36)。

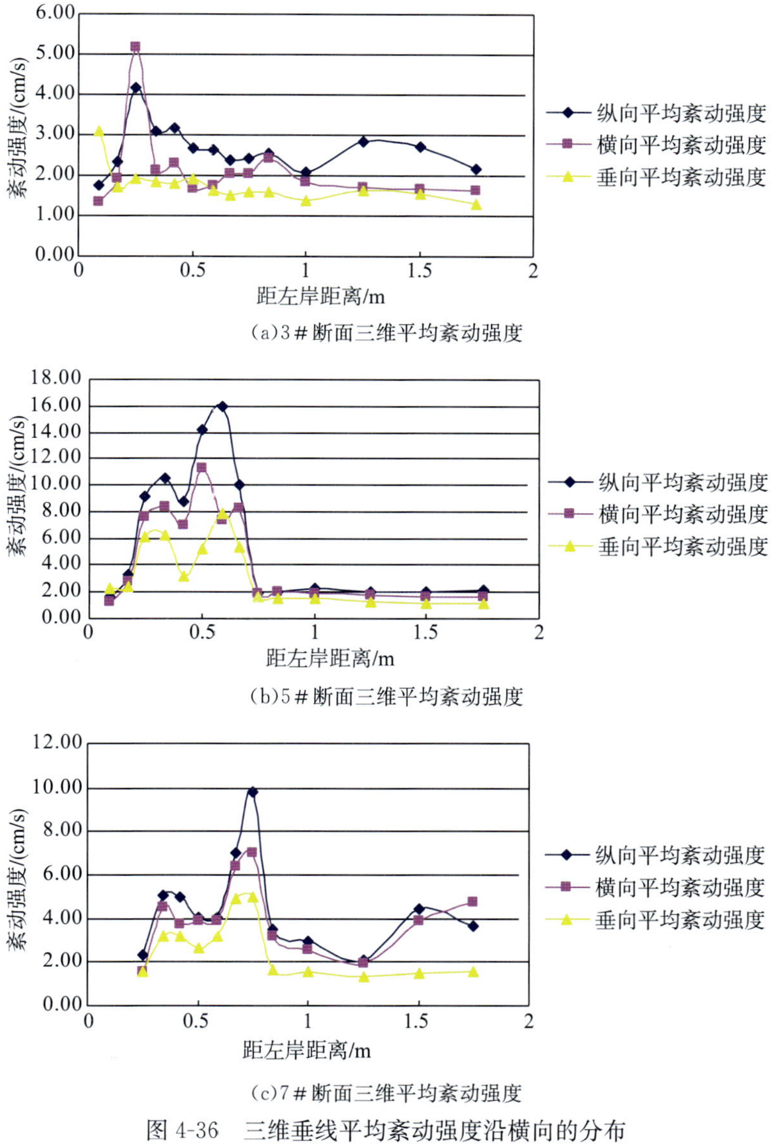

(a)3＃断面三维平均紊动强度

(b)5＃断面三维平均紊动强度

(c)7＃断面三维平均紊动强度

图 4-36　三维垂线平均紊动强度沿横向的分布

由图 4-36 可见，位于丁坝上游的 3＃断面，3 个方向上的紊动强度基本都呈在左岸较大，到坝头处较小，再到右岸又略有增大的规律，且在左岸最大，坝头位置处最小。

从位于坝后跌水区和回流区交界处的5#断面来看，三个方向上紊动强度分布规律基本一致，在左岸起始点都较小，随着向坝头靠近，紊动强度越来越大，到坝头处又急速减小，到再靠近右岸，分布区域均匀，变化不大。完全处于坝后回流区的7#断面，其三个方向上的紊动强度从起始点开始较小，随着距离向水槽中部靠拢，3个方向上的紊动强度都增大，在坝头位置处急速减小。而纵向和横向的紊动强度在从坝头小值向右岸靠拢的过程中，又略有增大，而垂向紊动强度从坝头到右岸基本分布均匀，变化很小。

③三维紊动强度沿纵向的变化。

以工况5(50 cm正挑梯形断面圆弧勾头，$Q=95$ L/s，$H=14$ cm)为例，分别绘出距左岸距离为0.25 m、0.5 m、0.75 m、1 m、1.25 m、1.5 m、1.75 m处测点三维平均紊动强度沿纵向的分布情况，见图4-37。

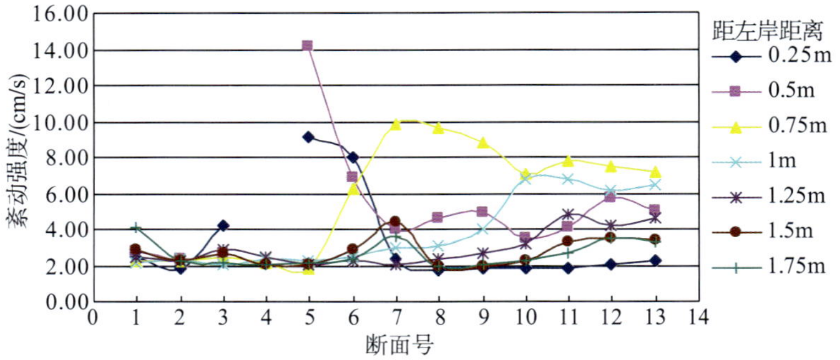

(a)纵向平均紊动强度

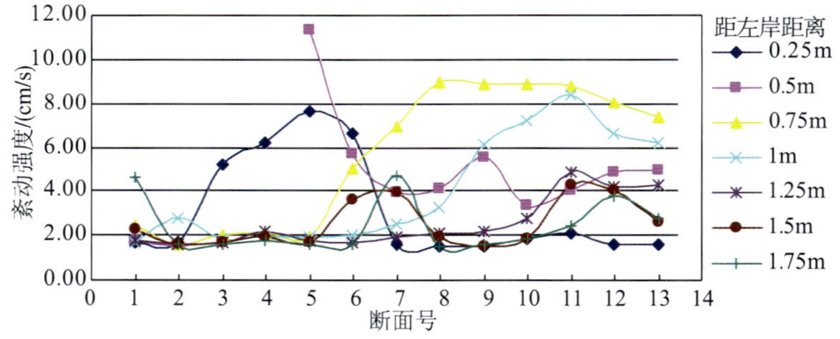

(b)横向平均紊动强度

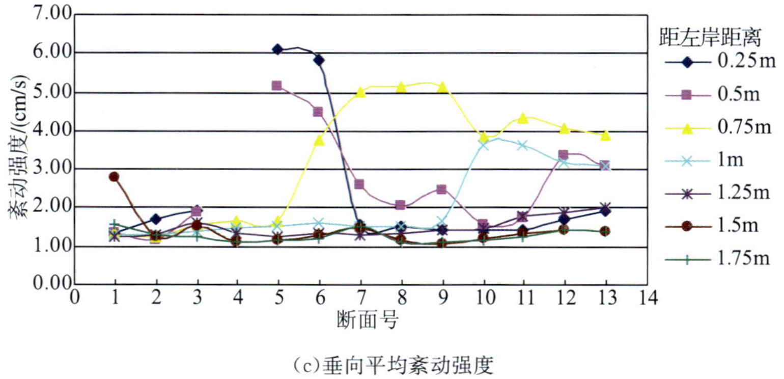

(c)垂向平均紊动强度

图4-37 紊动强度沿纵向的分布

由图 4-37 可见，3 个方向上的紊动强度在坝前断面都较小，在靠近坝身之前略有波动，但是变化不大。在靠近坝轴线断面之后，开始剧烈波动，增大幅度较大。到坝后回流区，三个方向上的紊动强度在 4～7＃断面增大到最大值，过了 7＃断面之后开始下降，再到下游 11＃断面处又略有回升。从坝后所有断面来看，3 个方向上的紊动强度平均值较大，但波动也较大，呈明显的陡涨陡落规律。而从横向断面上来看，由于左岸是回流区，流态紊乱，水流结构复杂，各个方向上的流速变化较大，所以 0.25 m、0.5 m、0.75 m 和 1 m 处的 3 个方向上的紊动强度值较大且波动幅度也较大。右岸流态相对稳定，所以紊动强度值较小且波动幅度也较小。

第 5 章　丁坝水毁机理

5.1　丁坝水毁过程分析

5.1.1　丁坝及床面变形分析

1)坝体破坏程度

选取不同工况下的坝体冲落块石数量及体积进行对比分析(表 5-1 和图 5-1)。

表 5-1　不同工况坝体冲落块石统计表

工况	坝型	流量/(L/s)	水深/cm	坝体粒径/mm	河床中值粒径/mm	冲落块石个数	冲落块石体积/mL
M_3	50 cm 正挑梯形断面圆弧勾头	95	14	6～12	1	125	108
M_4	50 cm 正挑梯形断面圆弧直头	95	14	6～12	1	130	111
M_5	50 cm 正挑圆弧断面圆弧直头	95	14	6～12	1	111	93
M_7	50 cm 正挑梯形断面圆弧勾头有护底	95	14	6～12	1	少量	少量
M_8	50 cm 正挑圆弧断面圆弧直头有护底	95	14	6～12	1	少量	少量
M_{10}	70 cm 正挑梯形断面圆弧勾头	95	14	6～12	1	251	181
M_{11}	50 cm 下挑梯形断面圆弧勾头	95	14	6～12	1	143	83
M_{12}	70 cm 下挑梯形断面圆弧勾头	95	14	6～12	1	203	135
M_{15}	50 cm 正挑梯形断面圆弧勾头浆砌条石压载	95	14	6～12	1	101	89
M_{16}	70 cm 正挑梯形断面圆弧直头	95	14	6～12	1	804	641
M_{17}	70 cm 下挑梯形断面圆弧直头	95	12	6～12	1	230	174

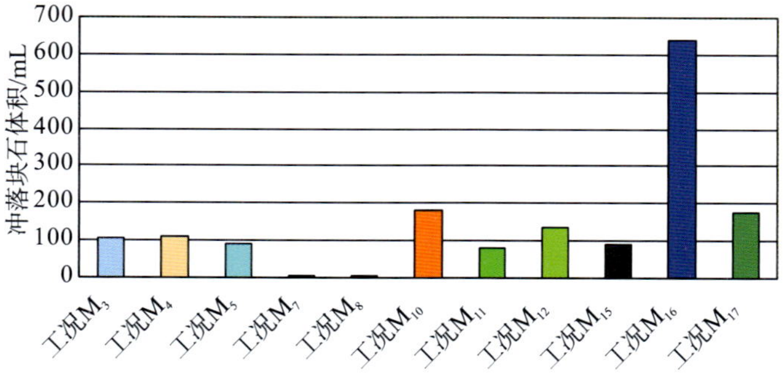

图 5-1　不同工况坝体冲落块石对比

由表 5-1 和图 5-1 可知，在相同的控制水深和流量下，对具有统一的坝体粒径和河床粒径的不同结构类型的丁坝进行对比。坝长较长时，对坝头的冲刷和破坏明显较大，冲刷量较多，这是由于坝长越长，坝头附近流速越大，紊动越强，冲刷越深，对坝头破坏越严重；坝头结构形式不同时，直头丁坝坝头的冲刷和破坏较勾头丁坝大，冲刷量较多；挑角不同时，正挑丁坝坝头的冲刷和破坏明显较大，冲刷量较多，这是由于正挑丁坝阻水面积大，坝前坝后比降较大，坝头附近流速较大，紊动较强，导致正挑丁坝床面冲刷较深，坝头破坏较严重；有护底时，坝头前沿区域冲刷和破坏明显较小；坝身断面形状不同时，圆弧断面坝身丁坝冲刷和破坏较小。

2)不同坝型水毁过程

控制条件为来水流量 $Q=95$ L/s，控制水深 $H=14$ cm，河床中值粒径 $D_{50}=1$ mm，坝长 50 cm，挑角为 90°的无护底丁坝。选取动床工况 M_4(梯形断面圆弧直头丁坝)、工况 M_5(圆弧断面圆弧直头丁坝)和工况 M_9(梯形断面圆弧勾头丁坝)对比和综合分析其水毁过程的特点，如图 5-2 所示。

(a)工况 M_4 冲刷前

(b)工况 M_4 冲刷后

(c)工况 M_5 冲刷前

(d)工况 M_5 冲刷后

(e)工况 M_9 冲刷前

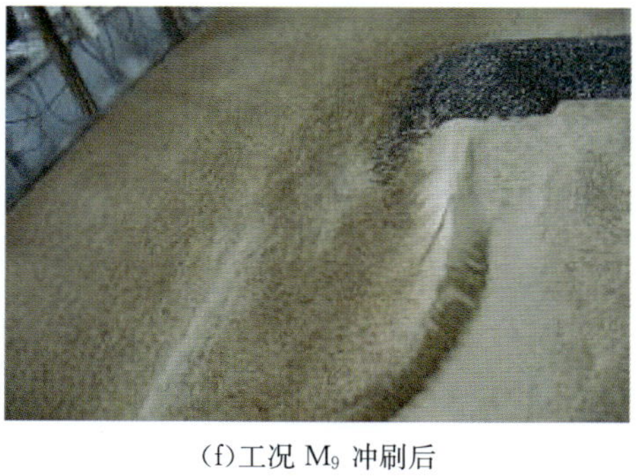

(f)工况 M_9 冲刷后

图 5-2　丁坝冲刷前后照片

由图 5-2 和图 5-4 可见，坝后的冲刷坑最大冲深随着时间推移不断增大，时间在 100 min 左右，最大冲深变化减缓，直至 150 min 时，冲刷坑基本达到稳定。从放水过程中观察到的现象可以知道，坝头位置处于跌水区域，底流和面流流速都很大。坝体后沿的坝底位置处于跌水水流的顶冲点，下探水流直接冲刷坝头和坝体后沿水槽底部的泥沙，而坝头位置跌水较为明显，所以地形最大冲深往往出现在坝头稍靠下游的位置，甚至有些水毁严重的坝，整个坝头位置已经成为冲刷坑的一部分，具体破坏情况如图 5-2 所示。

结合三种工况的放水冲刷过程、水流冲刷现象和丁坝附近水流结构分析，坝后冲刷坑的形成和发展与坝头水毁破坏密切相关，冲刷坑随时间在坝头下游发展，面积和最大冲深都随时间越来越大。开始放水后，在坝头形成跌水，开始形成冲刷坑，此时坝头位置部分小粒径碎石因为涡流和跌水被冲向下游，坝头初步出现微量的水毁。从冲刷坑形成开始，坝头跌水水流下跌越来越严重，越来越大的水流势能转化为动能，所以导致此处水流流速也缓慢增大，导致越来越多坝头碎石直接被水流冲走；另一方面，随着冲刷坑的发展，冲坑坡度越来越大，这一坡度在小于泥沙水下休止角之前，床沙和坝头碎石会不断地垮塌，向坑内滚动，这也是坝头水毁破坏的一个重要原因。随着冲刷坑的进一步发展，冲坑坡度小于泥沙水下休止角，泥沙和碎石滚落现象大幅减少。当冲刷坑发展到一定的范围和深度之后，整个坑内表层的泥沙粗化层越来越厚，其起动流速逐渐超过其附近水流流速，致使冲刷坑内泥沙起动越来越困难，冲刷坑发展逐渐放缓，直至最后基本平衡。

先分析工况 M_4 水毁破坏过程。水流稳定后，坝头出现跌水，流速最大，导致工况 M_4 坝头位置出现少量碎石被冲离坝体，碎石启动最早出现在坝头下沿圆弧段上游位置处，即坝身直线与坝头圆弧段相交的位置，此处也就是所谓的拐点位置，拐点位置是冲刷坑的起冲点，也是坝体最先受到水流冲击的部分，水流由于丁坝的阻碍，坝前水位升高，成壅水状态。此时一部分高于丁坝的水流，翻坝而过，形成翻坝水；另外一部分下层水流受到丁坝的阻碍，流速改变方向，转向右岸。这部分水流不仅方向改变，而且受到上层水流的压制，成为压缩流，流速增大，此时这部分底流贴近丁坝坝面流动，与丁坝坝面作用强烈，易造成丁坝坝面损毁。

冲刷坑起冲点从拐点开始，但破坏最严重的却是坝头后沿，坝头后沿泥沙启动较多，初步形成冲刷坑，此时坝头出现少量水毁。坝身上，除了坝顶跌水区域有少量碎石被冲走之外，坝前和坝后都基本稳定，几乎没有水毁现象。随着冲刷过程的进行，坝头冲刷坑在第一个小时内发展迅速，冲刷坑范围和最大冲深都在不断增大，随着最大冲深的增大，坝头跌水加强，坝头水毁程度加剧，更多的碎石被冲离坝体并顺着冲刷坑形成的沙坡滚落坑内，此时坝头部分水毁。在此过程中，坝顶持续有少量碎石被冲走，形成几个缺口，但是整体来讲，坝体基本稳定，只有少量水毁现象。第一个小时过后，由于粗化层的累积，冲刷坑范围和最大冲深发展减缓，这时在冲刷坑的外围已经形成了大范围的沙垄和淤积，且沙垄淤积在这个时间段迅速发展，逐渐抬高下游回流区水位，坝前坝后跌水和比降逐渐减小，此时坝头和坝体水毁基本达到最大程度。放水两个小时后，冲刷坑发展十分缓慢，坝头和坝身水毁程度增长缓慢，直至放水结束前基本保持平衡。

工况 M_5 和工况 M_9 坝体的水毁破坏过程和坝头冲刷坑的发展过程与工况 M_4 基本一致。区别在于，由于工况 M_5 坝体断面为圆弧断面，水流接触坝体表面后受坝体阻力较梯形断面小，反之，坝体对水流的作用力也较小；圆弧断面坝身阻力较小，致使过坝流量较梯形断面坝体大，绕过丁坝向下游行进的水流量较小，水流对坝头的破坏作用较轻，因此整个坝体的稳定性也较强。试验中也发现坝体基本没有水毁破坏，只有微量小粒径碎石被冲离坝体(图 5-2(d))。工况 M_9(梯形断面圆弧勾头丁坝)其损坏的部分是沿水流一侧，其他部分基本完好，这是由于工况 M_9 的勾头部分使绕过丁坝的水流较平顺，一定程度上对坝头起着保护作用，这样就可以在相同的水流条件下坝头抵抗水流冲击的能力更强，丁坝稳定性也较强。

3)不同坝长破坏过程分析

控制条件为 $Q=95$ L/s、$H=14$ cm、$D_{50}=1$ mm、挑角 90°、无护底梯形断面圆弧勾头丁坝。选取动床工况 M_9($L=50$ cm)和工况 M_{10}($L=70$ cm)对比和综合分析其水毁过程的特点，如图 5-3 所示。

(a)工况 M_9 最终冲刷照片　　(b)工况 M_{10}最终冲刷照片

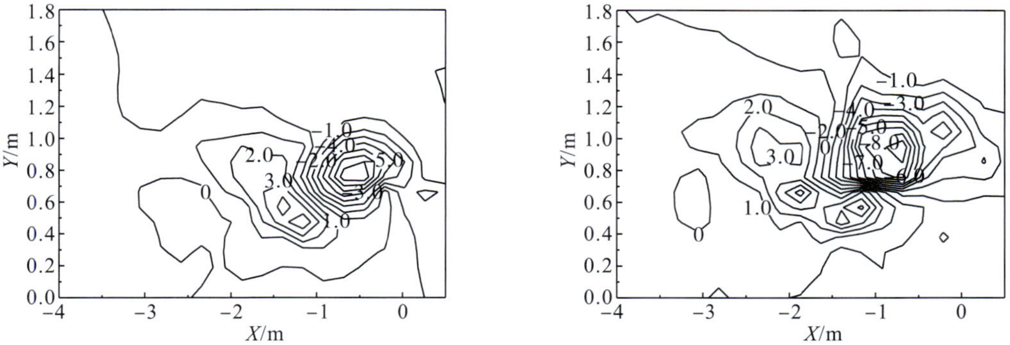

(c)工况 M_9 最终冲刷地形图(单位：cm)　　(d)工况 M_{10}最终冲刷地形图(单位：cm)

图 5-3　不同坝长最终冲刷地形

由前面分析的冲刷过程可知，丁坝的存在使丁坝附近的水流结构和压力场都随之变化。当来水遇到丁坝受阻后，一部分水流被迫沿坝头绕流而下，另外一部分水流翻坝后流向下游。坝前水位壅高，由于丁坝的束水作用，水流大部分集中到右岸，水流平均速度明显增大。分析工况 M_9、M_{10}最终冲刷地形图可以看出，在相同条件下 70 cm 丁坝的冲刷坑面积、坝后淤积面积、最大坑深明显大于 50 cm 长的丁坝。丁坝越长其束窄水流的能力越强，对丁坝附近的水流结构影响越大，平均流速和单宽流量增大幅度越大，坝头附近流速的增加导致更为激烈的大尺度紊动发生，底部流速的增大和床面漩涡扰动较剧烈是造成丁坝附近冲刷较大的主要原因，此外在试验中还可以看到，70 cm 丁坝坝头附近比 50 cm 丁坝的卡门涡要剧烈，这也是工况 M_{10} 比工况 M_9 冲刷严重的原因。

5.1.2 丁坝冲刷深度过程分析

1)不同坝型冲深过程分析

选取流量为 95 L/s，控制水深为 14 cm，坝长 50 cm 正挑坝，分析工况 M_4（梯形断面圆弧直头坝）、工况 M_5（圆弧断面圆弧直头坝）和工况 M_9（梯形断面圆弧勾头坝）最大冲深随时间的变化关系（图 5-4）。

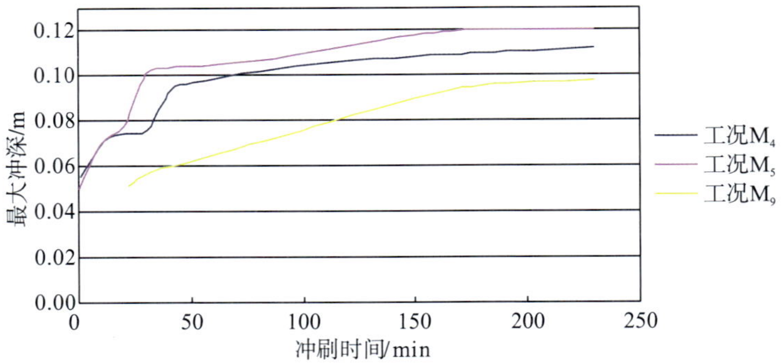

图 5-4 不同坝型最大冲深变化过程

由图 5-4 可见，工况 M_4（梯形断面圆弧直头坝）与工况 M_5（圆弧断面圆弧直头坝）最大冲深的发展过程大致相似，后者的冲深在各个时间段略大：在前 40 min 的冲刷过程中，冲深先迅速加大，接着短暂放缓，之后再迅速增大；40 min 之后冲深持续发展，但速度明显放缓。与前面两个工况相比，工况 M_9（梯形断面圆弧勾头坝）的坝头冲坑深度随时间基本呈线性增大趋势，冲深曲线无明显拐点，并且各个时间段的冲深也较小。出现这种冲深发展过程主要原因是：坝体前后水位有较大比降，跌水产生向下运动的水流，冲刷河床，冲深迅速增大，达到一定的冲深时，冲刷坑上游的沙被冲入坑中，延缓了冲刷坑的发展，在上游来沙减缓以后，冲深继续迅速发展。随着大量细沙被冲走，河床表面逐渐被沙化，冲深发展速度随之减缓。相同情况下，直头坝与勾头坝相比，直头坝的阻水、挑流作用影响较大，导致坝体前后水位比降加大，跌水更大，冲深更深。相同情况下，梯形断面坝与圆弧断面坝相比，圆弧断面坝糙率较小，便于水流下泄，导致流速增大，冲深较深。

2)不同坝长冲深过程分析

选取流量为 95 L/s，控制水深为 14 cm 时下挑梯形断面圆弧勾头坝，分析工况 M_{11}（L=50 cm）和工况 M_{12}（L=70 cm）最大冲深随时间的变化关系，如图 5-5 所示。

由图 5-5 可见，两种工况的最大冲深随时间的发展过程大致相同，工况 M_{12}（L=70 cm）的最大冲深在各个时间段较大，主要原因是坝长 L 越长，丁坝的阻水、挑流作用越明显，坝体前后水位比降越大，跌水越大，冲刷坑越深。

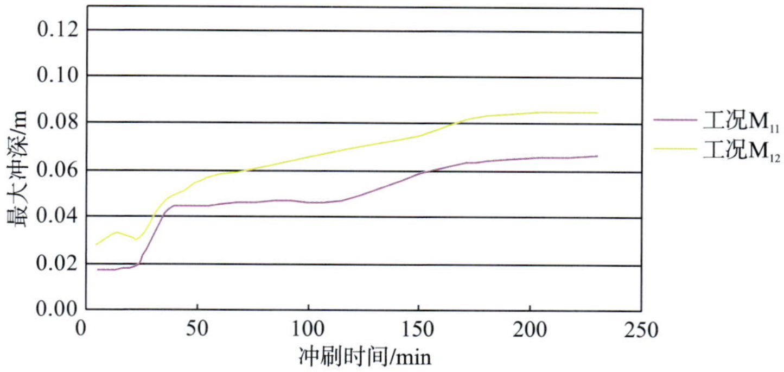

图 5-5　不同坝长最大冲深变化过程

3)不同挑角冲深过程分析

选取流量为 95 L/s，控制水深为 14 cm，坝长 70 cm 梯形断面圆弧勾头坝，分析工况 M_{10}($\beta=90°$)和工况 M_{12}($\beta=120°$)最大冲深随时间的变化关系，如图 5-6 所示。

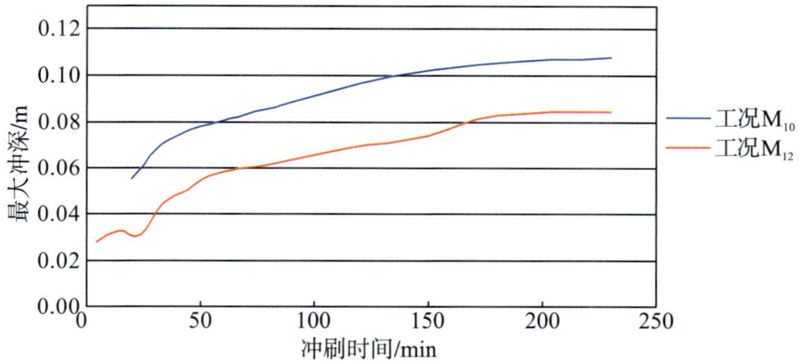

图 5-6　不同挑角最大冲深变化过程

由图 5-6 可见，两种工况的最大冲深随时间的发展过程大致相同，工况 M_{10}($\beta=90°$)的最大冲深在各个时间段较大，主要原因是正挑丁坝阻水、挑流作用较明显，坝体前后水位比降较大，跌水较大，冲刷坑较深。

5.1.3　丁坝坝面及背水坡水毁机理

在前期调研中，发现丁坝坝身(小米滩丁坝)某一段出现严重水毁，甚至出现整段被冲走或垮塌的情况(图 5-7)。

图 5-7　小米滩上丁坝水毁照片

分析其原因不难发现，造成这种现象的出现是由特定的水流条件所决定的。这一段航道弯曲，上段左岸杨公背、猫石盘及望滩石梁伸入江中与右岸毛线碛相对(图 5-8)，坝体为抛石结构，退水期坝前泥沙受到水流不断冲刷淘蚀，坝脚出现冲刷坑，导致局部坝脚块石处于悬空状态，从而出现坝体松动，加上次年洪水期，主流归顺，此时丁坝处于主流顶冲位置，受洪水顶冲，如此反复造成局部坝体及坝面块石被冲垮或被水流带向下游。

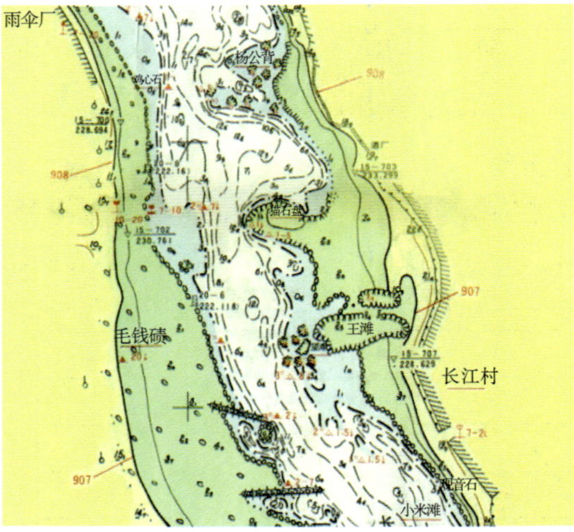

图 5-8　小米滩河段河势图

本试验是在顺直平底水槽中进行的，没有塑造河床地形，不会出现主流顶冲坝根或坝身的水流条件，所以很难模拟出坝身及坝后的冲刷水毁现象。因此，试验中采取将坝体局部放大的方式(取坝身长为 2 m，将整个水槽拦断)，造成主流顶冲坝体的水流条件出现，研究丁坝坝面及背水坡的水毁机理。

根据实际观察，当水流刚好漫坝至坝上水深约为 2 m 时，水流对坝体破坏作用最明显，控制漫坝水流平均流速约为 3 m/s，坝上水深与前述试验工况一致($H=14$ cm)，则控制流量为 38 L/s，依次边界条件作为初始边界，通过调节下游水位观察坝体的水毁破坏情况，并记录其对应的水流条件。

坝体采用粒径 6～12 mm 混合碎石，坝顶宽 7.5 cm，迎水坡坡度为 1∶1.5，背水坡坡度为 1∶2，床沙级配见图 3-4，迎水坡坡顶所在横断面设置隔水层，控制坝身透水率约为 3%。平面布置见图 5-9。

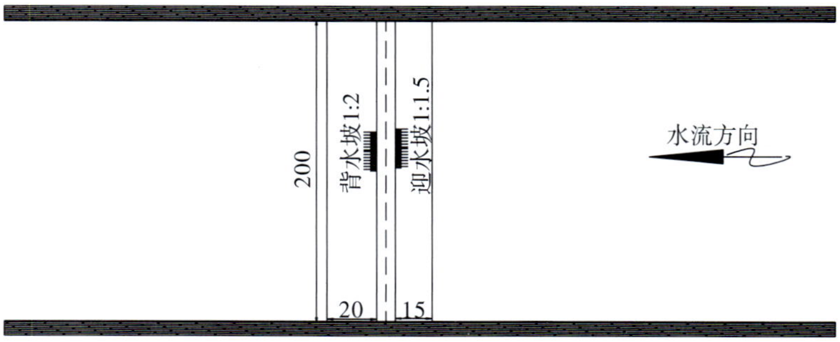

图 5-9　正挑坝体局部放大水槽模型布置图(单位：cm)

以前述初始边界条件于 10：40 时开始施放流量并调水，稳定之后开始进行第一次测量。具体试验过程如下。

10：40 时，坝前水深 14.4 cm，坝顶水深 3.2 cm，跌水 3.1 cm。坝顶少量碎石滚落，破坏不明显，破坏程度属于少量破坏。

10：50 时，坝前水深 14.3 cm，坝顶 3 cm 水深，坝顶部分碎石持续偶尔滚落，破坏程度属于一般破坏。

11：10 时，右岸 65 cm 处，背水坡坝底出现缺口，河床有冲刷，左岸 50 cm 处，背水坡坝底出现缺口，河床有冲刷。

11：20 时，坝前水位 14.25 cm，坝顶水深 3.2 cm，跌水 4.5 cm，坝体持续破坏一部分，破坏程度属于大量破坏。

11：40 时，坝前水深 13.75 cm，坝顶水深 2.7 cm，跌水 5 cm。这时坝面及背水坡完全破坏。

由放水过程中的记录情况可以看出，流量不变的情况下，随着下游水位的下降，上游水位变化不大，造成上下游落差逐渐增大，翻坝水流特别是坝顶背水坡处流速很大，对坝面及下游河床形成冲刷，当这一落差达到一定程度之后，坝面及下游河床承受不了水流的冲击力，最终造成坝面及背水坡的水毁。

从表 5-2 可以看出，刚开始跌水只有 3.1 cm 时，坝面流速只能是少量坝顶碎石启动并滚落，造成少量的水毁破坏。而随着水位下降，坝前坝后跌水逐渐增大，破坏程度也越来越大。每次调节水位之后，在流速刚刚变大时，坝顶会有明显的破坏，而当碎石滑落或者滚落形成新的坡度时，坝体又会稳定起来直到最后整个坝顶完全破坏。图 5-10 是坝体局部放大方案冲刷前后对比图，从图中可以看出，坝体的破坏主要从坝顶开始，集中在坝顶和坝的背水坡，且破坏方式主要是垮塌和碎石滚落，由于透水率低，在背水坡形成了少量淤积，现场调研中也发现有这种现象。

表 5-2　坝体破坏程度与跌水关系

时间	坝前水位/cm	跌水/cm	水毁程度
放水开始	14.40	3.1	少量破坏
放水 10 min	14.30	3.8	一般破坏
放水 40 min	14.25	4.5	大量破坏
放水 60 min	13.75	5.0	完全破坏

(a)冲刷前

(b)冲刷后

图 5-10　散抛石坝体局部放大冲刷前后对比图

5.1.4 丁坝坝根水毁现象及成因分析

1)坝根水毁现象

经调查发现，丁坝的水毁现象大部分出现在坝头、坝身以及整个坝面。而在某些地形比较复杂的河段中，坝根损毁现象时有发生。例如，位于长江上游泸渝段的小米滩，位于两反向河湾之间且整个滩段航槽呈“S”型(图 5-8)，上滩段左岸有突入江中的石梁将主流挑向右岸，下滩段右岸有大量卵石堆积形成的关刀碛卵石边滩，位于该处的两道丁坝损毁较严重，尤其是和岸坡相接的坝根处完全被冲毁，这是由于上游左岸的猫石盘、望滩石梁伸入江中束窄了河道且产生挑流作用，洪水期时主流归顺，此时丁坝坝身及坝根处于主流顶冲的位置，时间一久极易造成坝体块石冲垮乃至被冲走。

2)试验模型的建立

为探寻丁坝坝根的水毁成因，本试验通过在顺直玻璃水槽中塑造类似的河床地形(图 5-11)。丁坝横断面取梯形断面，迎水坡坡度为 1∶1.5，背水坡坡度为 1∶2，坝高为 5 cm，顶宽为 3.75 cm，挑角取 120°，坝长分别取 50 cm 和 70 cm，坝体材料采用天然块石(抛石粒径为 5 mm 左右)。控制来水流量分别为 30 L/s、40 L/s、50 L/s，控制水深分别为6 cm、8 cm、10 cm。

试验时，在水槽中部铺设长度为 5 m、平均厚度为 0.1 m 的试验沙，丁坝周围区域铺设 0.22 m 厚的试验沙，且在丁坝对岸上游处放置用水泥制成的梯形石梁，以模拟出类似小米滩的河床地形条件及水流条件。

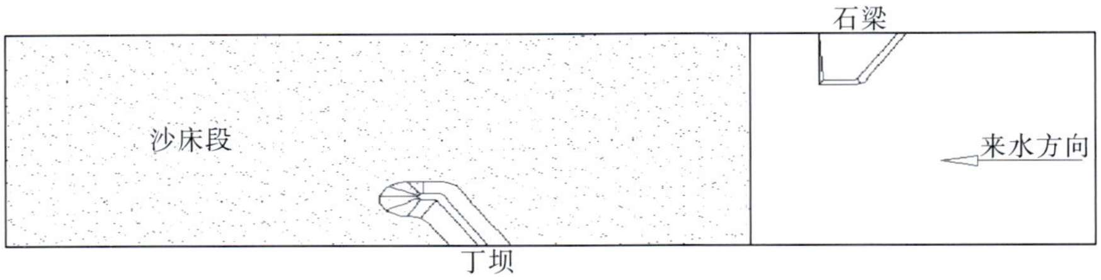

图 5-11 坝根水毁试验平面布置图

3)试验现象及坝根水毁成因分析

控制水深为 6 cm，坝长为 50 cm，取来水流量分别为 30 L/s、40 L/s、50 L/s 进行对比，得到各工况下的最终冲刷地形(图 5-12)及坝根处的最大冲刷深度变化(图 5-13)。

(a)Q 为 30 L/s　(b)Q 为 40 L/s　(c)Q 为 50 L/s

图 5-12 不同流量下最终冲刷地形

当来水流量为 30 L/s 时，此时在坝根处形成的跌水为 0.4 cm，坝根下游产生了较大的冲刷坑，整个沙床段破坏较为明显，而坝根处基本没有破坏(图 5-12)。当来水流量为 40 L/s 时，此时坝根处的跌水为 0.9 cm，且水毁现象十分明显，具体过程为：坝根后迅速产生冲刷坑，随时间的推移冲刷坑越来越大，坝根的基脚逐渐被淘刷处于不稳定的状态，基脚处的碎石由于失去了底部的支撑作用不断地滚入坑中；同时坝根顶端处一小部分碎石受水流的冲刷作用脱离坝体，不断地向后滑动。约 90 min 之后，冲刷达到新的平衡，此时坝根处的跌水已经不太明显，顶端的碎石滑动数量也急剧减少，坝根下游处出现了一条较长的深槽，经测量，其最深处达 3.5 cm，而坝根顶端的坍塌高度为 1.46 cm。当来水流量为 50 L/s 时，坝根处跌水瞬间高达 1.1 cm，整个坝体迅速被水流冲塌，且距坝根 10 cm 处的坝体直接被水流冲断形成深槽；坝前和坝后均产生了很大的冲刷坑，但在前 60 min，其最大冲深变化率小于其他两种工况，其原因为随着大量坝体块石后移滚落入冲刷坑，水流对坑内泥沙的淘刷相对减轻。约 150 min 后，最大冲深基本上达到稳定，其测量值为 4.2 cm，此时整个坝体被完全冲塌，沙床破坏十分严重。

从试验现象来看，在冲刷初期，由于沙床表面的细颗粒较易起动，因而初期的冲刷进程十分迅速。随着时间的推移，表面的细颗粒逐渐减少，不易起动的粗颗粒开始显现出来，冲刷速率逐渐降低，达到一定时间后，最大冲深基本保持不变。当来水流量不同时，流量较小的工况冲刷深度基本呈缓慢上升型，且在较短的时间便达到冲深平衡，坝根破坏不明显；而当流量增大到坝根破坏的临界条件时，此时坝根处形成的跌水较大，这是由坝根处的水流形态造成的。来流到达坝前时受丁坝的阻碍作用分为两部分，一部分低于丁坝坝体的水流将沿着坝体流向河中心，成为破坏丁坝坝头的原因之一；另一部分高于丁坝的翻坝水则越过坝顶，由于前后的高度差异使该部分水流在坝后形成跌水，且来水流量越大坝根处的流速便越大，在坝后所形成的跌水也越大，而此时坝根背面的坝底处于跌水的冲击点，因而较大的跌水将加速坝根后泥沙的淘刷。且来水流量越大，其流速也越大，因而更易使坝体的碎石起动，造成坝根处块石的缺失，最终导致其破坏。

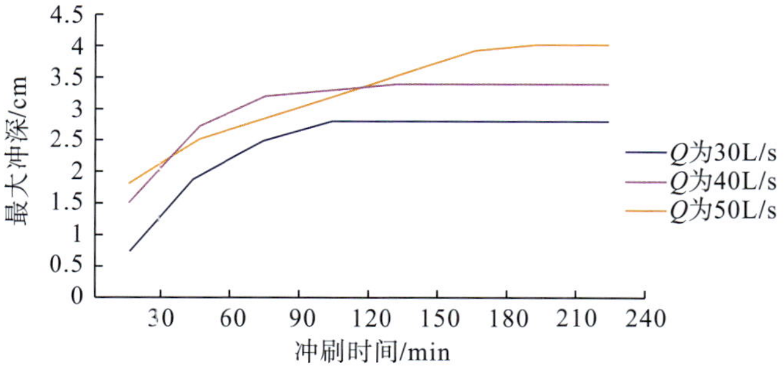

图 5-13　不同流量下最大冲刷深度变化

控制流量为 40 L/s，坝长为 50 cm，选取水深为 6 cm、8 cm 和 10 cm 进行对比，得到坝根处的最大冲刷深度变化(图 5-14)。当水深为 6 cm 时，水位处于刚淹没坝顶的状态，此时坝面流速较大，坝顶块石易产生松动向下游移动，且坝后迅速产生冲刷坑，直至 90 min，其最大冲深基本稳定，冲刷完毕后，丁坝坝根已经完全坍塌，坝后出现一较长的深槽；当水深为 8 cm 时，此时坝面有少量块石移动，坝后逐渐形成冲刷坑，至 110 min 时，坝根后的最大冲刷深度基本保持不变，坝后有少量泥沙淤积；当水深为

10 cm 时，坝体块石处于比较稳定的状态，坝后冲刷坑形成缓慢且尺寸较小，而由于坝顶底流的作用，导致坝后产生大面积的回沙，在坝后形成大量的泥沙淤积(图 5-15)，丁坝坝根的破坏不明显。

由图 5-14 可以看出，在相同条件下，水深为 6 cm 的工况与水深为 8 cm 的工况的冲深变化过程大致相似，在约 60 min 之后开始出现差别，后者的冲深开始逐渐大于前者的冲深，一直呈匀速上升型，在大约 90 min 后开始放缓；而前者在约 50 min 时其最大冲深已经开始减缓，究其原因，在开始冲刷时，由于坝体前后的水位比降较大，翻坝的这部分水流形成向下运动的跌水，对坝后的泥沙不断地进行淘刷，因而冲刷初期坝后的冲刷坑发展十分迅速；对于前者而言，由于其坝根处的流速较大，致使坝上碎石不断地向下游移动，落入坝后冲刷坑中，由于碎石覆盖于河床泥沙表面，因而对冲刷坑的发展起到一定的减缓作用。随着冲刷坑中碎石累积到一定高度，坝上的跌水将开始对碎石覆盖的冲刷坑下游进行淘刷，时间一久坝后下游便出现一较长的深槽。对于后者而言，由于其坝根流速不大于坝体碎石的起动流速，因而坝上产生的跌水将对坝后泥沙产生持续的淘刷，直至冲深达到新的平衡。当水深为 10 cm 时，此时的水位为坝上 5 cm，在该水位下丁坝的存在对水流结构的影响相对较小，坝上的水流相对比较平缓，跌水高度基本可忽略，因而坝后的冲刷坑形成缓慢且尺寸较小。对于后面两种工况而言，坝后都有不同程度的淤沙现象产生，这是由于当坝上水位达到一定高度时，受面流挤压等影响，一部分底流贴坝而上，绕过坝顶后形成一水平轴回流区，将下游回流区的泥沙带向上游，在坝背面淤积，且水位越高坝后淤积越严重。

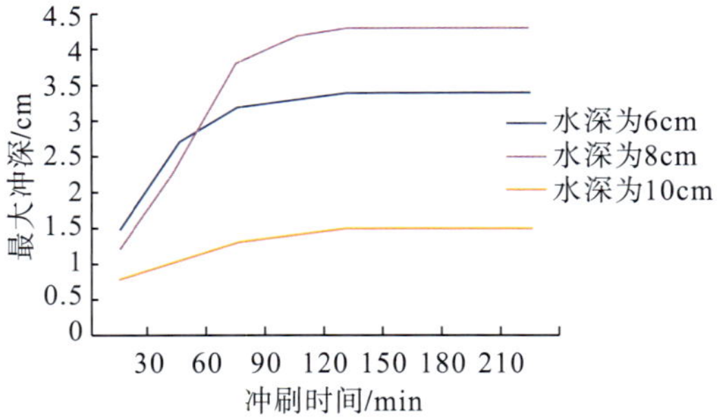

图 5-14 不同水深时最大冲刷深度变化

图 5-15 水深为 10 cm 时坝后回沙

控制流量为 40 L/s，水深为 6 cm，选取丁坝坝长为 50 cm 及 70 cm 进行对比得到两者最大冲刷深度变化(图 5-16)。如图 5-16 所示，坝长为 70 cm 的最大冲深始终大于坝长为 50 cm 的最大冲深，而在前 30 min，两者最大冲深变化率基本一致，至 180 min 时，两者最大冲深均达到稳定。从试验现象来看，坝长为 70 cm 的工况在冲刷初期跌水瞬间高达 1.2 cm 左右，坝根周围紊动比较剧烈，坝根乃至整个坝体迅速被冲塌；而坝长为 50 cm 的工况的水毁进程相对前者较慢，坝根在坝上碎石逐渐被水流带走及坝后产生冲刷坑导致基脚被淘空这两者共同作用下逐渐被破坏。

对比两种工况下坝根破坏的现象，不难看出坝长不同时坝根水毁差异的原因为：丁坝作为整治建筑物，它的存在将使水流动力轴线发生不同角度的偏转，以起到挑流及束水的作用。且丁坝越长其束水能力便越强，航道过水断面也越小，因而水流对丁坝的作用也越强；而在此种航道地形中，由于对岸石梁的作用，使主流整体偏左岸，水流在坝根及坝身周围聚集，流速较大。一部分水流沿着坝身流动，在坝头处绕流而下，另一部分水流则越过坝顶往下，形成跌水，坝长越长其坝前水位壅的便越高，其跌水也越高，且坝根周围的平均流速也会增加，因而更易造成丁坝坝根的破坏。

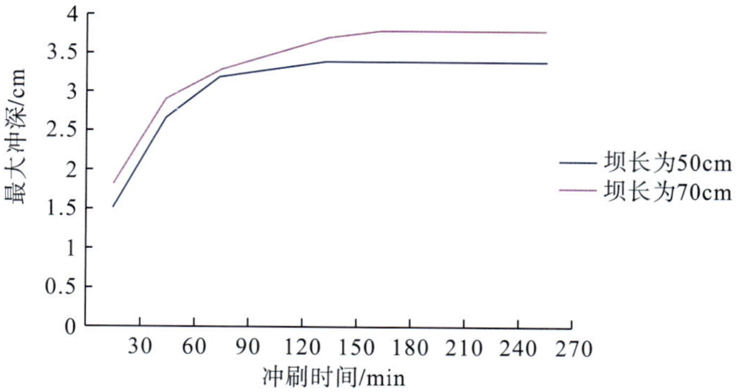

图 5-16　不同坝长最大冲刷深度变化

为更直观反映出各因素对坝根水毁的影响大小，将上述各工况下坝根处的冲落块石体积进行汇总对比(图 5-17)。如图 5-17 所示，流量不同时坝根的块石冲落体积对比很明显，流量越大，对坝根的冲刷和破坏程度也越大，这是由于在上游右岸石梁的作用下，该处过水断面明显减小，其下游的流速明显增大，因而上游进口流量越大其下游流速也越大；与此同时，试验过程中观察到当来水流量越大时，水槽内主流的方向越偏向左岸，此时坝根刚好处于冲刷区域，流速的增大易使坝根的块石松动甚至直接被冲离坝体；且流量越大时坝根处跌水越大，坝后紊动也越剧烈，因而更易导致坝根处水毁破坏。水深不同时，在淹没丁坝的状态下水位越浅其形成冲刷坑越迅速，且坝顶面流速较大，因此坝顶块石易在水流作用下往后移动落入冲刷坑中。当水深增加至坝上 3 cm 时，此时水流对坝顶块石的作用减小，坝根的破坏主要来源于水流对坝后泥沙的淘刷导致其基脚不稳；此时坝顶以上的面流流向基本保持不变，而贴近坝体的底流绕过坝顶，在丁坝背水坡一侧形成水平轴漩涡体系，将坝下游的底沙带向上游，在坝体后侧形成淤积，且水深越深淤积越严重。丁坝坝长不同时，坝长越长越不利于坝根的保护，这是由于丁坝本身的存在便会改变水流的流向及流态，丁坝越长其改变水流结构的能力也越强，导致单宽流量增加且水流集中于坝前造成坝前水位壅高产生水压力，且一部分水流越过坝顶后会产生较大的跌水，这也是造成坝根破坏的原因之一，因而在此种特殊的河道地形中更宜采用较短的丁坝。

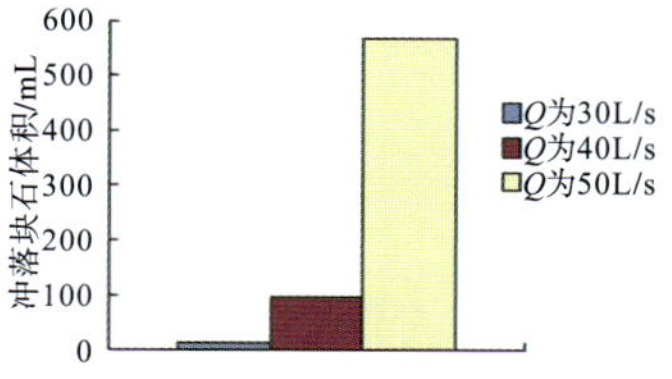

(a)流量不同时坝根处冲落块石体积对比

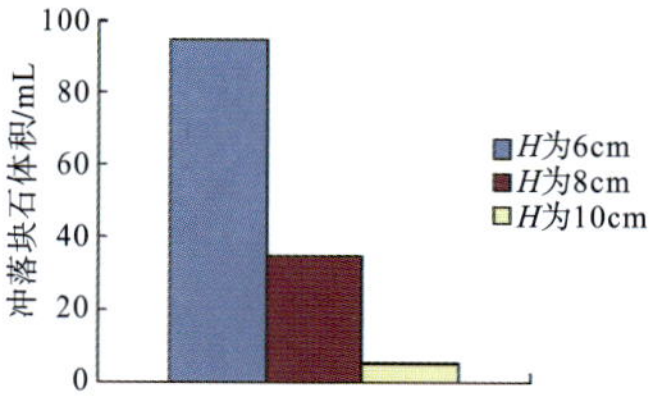

(b)水深不同时坝根处部落块石体积对比

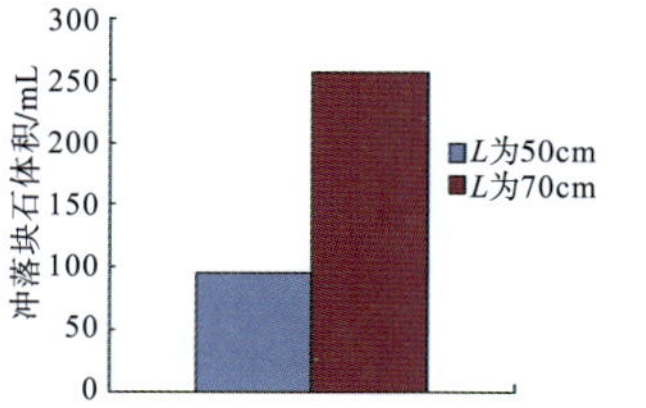

(c)坝长不同时坝根处冲落块石体积对比

图 5-17　坝根处冲落块石体积对比

通过单因素控制法对可能影响丁坝坝根水毁的几种因素进行试验分析，结果表明：上游来水流量是影响坝根水毁的重要因素，流量越大则坝根破坏程度越大，破坏方式为坝根顶部块石的缺失与坝后冲刷坑的形成导致坝体基脚不稳，因而在上游来水流量较大或者洪水期较为频繁的河段，应尽量避免采用此类整体性能较差的散抛石结构的丁坝类型，或者对坝根处进行加固处理。而丁坝自身的长度也是影响坝根水毁的主要因素，坝体越长则坝根水毁越明显，因而在此类河段中应尽量避免采用长丁坝。对于高于整治水位的水深，其变化对丁坝坝根的影响较以上两种因素相对较小，因此在影响坝根破坏因素较多的情况下可予以适当考虑。

5.2 丁坝冲刷坑的形成过程及计算公式

5.2.1 冲刷坑的形成过程

坝头上游水流行近丁坝时，在坝前分成两部分：一部分直接绕过坝头；另一部分在坝前受阻变为螺旋水流冲刷床面，并直接绕过坝脚向下游扩散。在试验中可以观察到，在试验初期，漩涡的尺度和规模较小，但对坝头床面的冲刷作用却很强，随着冲刷坑迅速扩大，漩涡的尺度也急剧扩张。这一阶段冲刷迅速，冲刷量大，床面泥沙直接被带走，形成一个范围很大的冲刷坑。这一过程的历时随着坝体结构形式、坝长和挑角的不同而不同，大约发生在冲刷开始 1 h 以内。在这之后，随着冲刷发展，冲刷坑内的泥沙大体上可以分为两个区域，即滑落区和推移区(图 5-18)，二者的交界面的最远点(距丁坝)即冲刷坑的最深点。在这一阶段推移区带走一定量的泥沙，周围的滑落区总按一定量补充，一般保持滑落区的边坡坡度不变。事实上，这个坡度主要取决于水流状况和床沙颗粒的内摩擦角。这一阶段，冲深增加逐渐变慢，且不同的冲刷坑形状类似。下一阶段，发生在冲刷开始后的 2～4 h，冲刷逐渐稳定，冲深达到动态平衡。在这之后，河床的冲刷主要是水流的脉动所致，冲刷发展比较缓慢。图 5-18 为推移区和滑落区示意图。

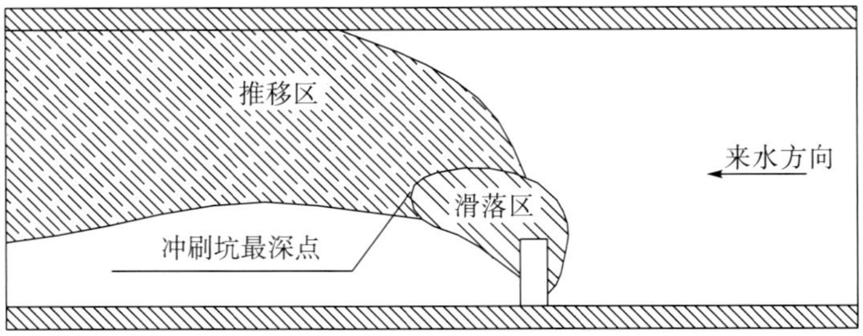

图 5-18 推移区和滑落区示意图

5.2.2 影响冲刷坑深度的主要因素

从丁坝坝头床面泥沙受力和起动、扬动条件分析得知，端部绕流驱使泥沙运动的力，即绕流漩涡负压 F_{cx}、绕流上举力 F_z 和绕流推移力 F_x 都与端部绕流最大流速 $V_{\theta 1\max}$的平方成正比，如图 5-19 所示，床面泥沙的起动和扬动主要取决于端部绕流最大流速 $V_{\theta 1\max}$，$V_{\theta 1\max}$和天然流速 V 成正比，且随丁坝的阻水程度增大而增大。可以认为丁坝坝头床面冲刷主要决定因素有五个方面：一是天然河槽的水力因素；二是丁坝的阻水程度因素；三是丁坝的结构形式因素；四是丁坝的平面布置形式；五是床面的泥沙因素。天然河槽的水力因素可以用弗汝德数 F_r（无量纲）表示（$F_r=V^2/(gh)$）；阻水程度因素用 L_D/h（无量纲）表示，并注意丁坝的阻水面积 A_z 为 L_Dh，h 是平均水深；丁坝的结构形式因素用 ε（无量纲）表示，直头坝 $\varepsilon=1$，勾头坝时对其进行修正；丁坝的平面布置形式因素用 C_α（无量纲）表示；床面泥沙因素用$(\rho_s-\rho)/\rho$（无量纲）来表示，ρ_s 为泥沙的平均密度。

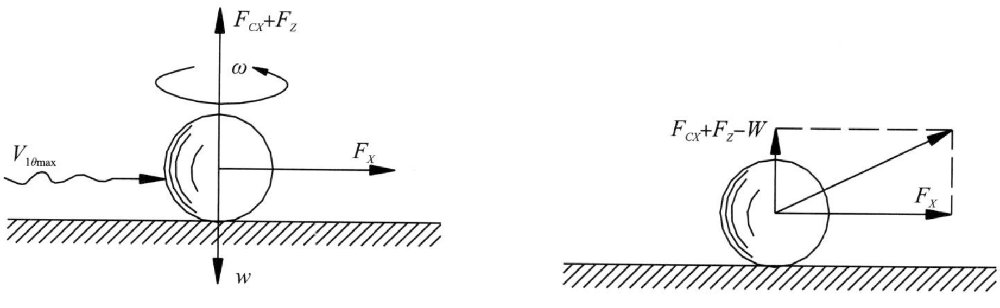

(a)　　　　(b)

图 5-19　丁坝头部床面泥沙的受力状态图

为验证以上认识，将西安公路学院高东光（XHU，1993）、关（Kwan，1988）、泰埃（Tey，1983）和吉尔（Gill，1972）等丁坝平衡冲刷试验资料，以 L_D/h 为横坐标，h_s/h 为纵坐标点绘出关系曲线（图 5-20），h_s 是丁坝的冲刷深度（由平均床面算起），h 是平均水深。图 5-20 表明各家试验具有共同的规律如下。

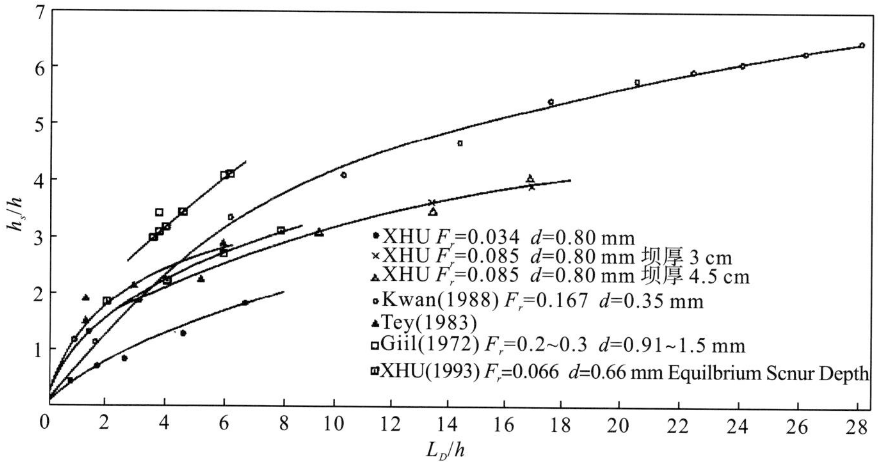

图 5-20　h_s/h 和 L_D/h 的关系曲线图

（1）当 F_r 相同时，h_s/h 随 L_D/h 呈现很规律的曲线关系，h_s/h 随 L_D/h 的增大而增大。

（2）当 L_D/h 和 d（粒径）相同时，F_r 越大，h_s/h 也越大。

5.2.3　冲刷坑的范围及确定方法

根据试验中的观察和对坝后冲刷坑数据的分析，冲刷坑的范围大致可以用椭圆来表示，以冲刷坑的最深点为椭圆中心，以平行于河岸方向为椭圆的长轴方向，以垂直于河岸方向为椭圆的短轴方向，使椭圆大致和冲刷深度为零的等高线重合，如图 5-21 所示。此图为某一工况的最终冲刷地形图，从图中观察可知，用椭圆基本上可以表示冲刷坑的范围。

冲刷坑的范围可以用椭圆面积来表示：

$$S_{坑} = \pi L_a L_b \tag{5-1}$$

冲刷坑的体积可以近似用椭圆锥的体积来表示：

$$V_{坑} = \frac{1}{3}\pi L_a L_b h_{深} \tag{5-2}$$

式中，L_a 为冲刷坑的长轴长度；L_b 为冲刷坑的短轴长度；$h_{深}$ 为冲刷坑的极限冲深(冲刷坑的竖轴)。

根据上述式(5-1)和式(5-2)，选几种冲刷坑较大的工况，计算冲刷坑的范围和体积。如表 5-3 所示。

冲刷坑范围的确定为丁坝护底范围的确定奠定了基础，冲刷坑体积的确定为估算建坝后泥沙的输移量提供了依据。

表 5-3　冲刷坑的范围和体积的计算表

工况	L_a/m	L_b/m	$h_{深}$/m	$S_{坑}$/m^2	$V_{坑}$/m^3
4	1.98	0.43	0.1057	2.6748	0.0942
5	2.72	0.55	0.1120	4.6998	0.1755
9	2.66	0.47	0.0798	3.9276	0.1045
10	3.3	0.59	0.0974	6.1167	0.1986
11	2.04	0.36	0.0472	2.3072	0.0363
12	2.62	0.44	0.0689	3.6216	0.0832

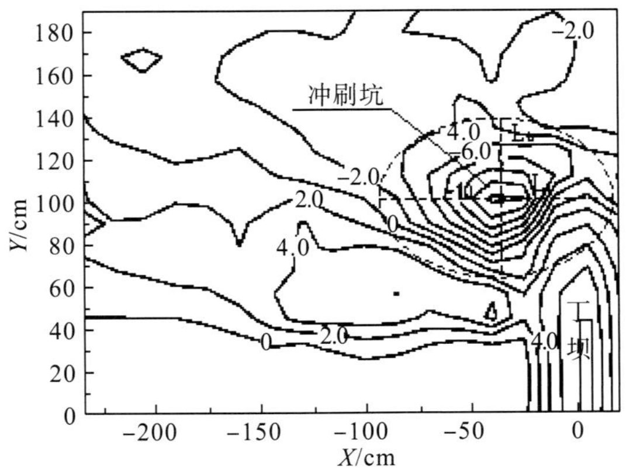

图 5-21　冲刷坑的范围的确定(单位：cm)

5.2.4　冲刷坑的计算公式

采用量纲分析方法来研究丁坝头部冲深、冲刷坑的长度及宽度的基本公式，根据前面对冲刷坑影响因素的分析，列出影响丁坝坝头冲刷坑的因素。

描述水流的变量：平均流速 U_0；平均水深 H_0；最大冲深 h_s；冲刷坑长轴 L_a；冲刷坑短轴 L_b。

描述流体的变量：重力加速度 g；水的容重 γ；水的动力黏度 μ。

描述丁坝及河床几何形态的变量：河宽 B；丁坝长度 b_0；丁坝挑角 α。

描述泥沙的变量：平均粒径 d；标准偏差 σ；水中容重差 $\Delta\gamma_s$。

从而丁坝坝头冲刷坑的三轴可以表示为

$$\begin{cases} h_s = f_1(B, b_0, \alpha, U_0, H_0, \gamma, g, \mu, d, \Delta\gamma_s, \sigma) \\ L_a = f_2(B, b_0, \alpha, U_0, H_0, \gamma, g, \mu, d, \Delta\gamma_s, \sigma) \\ L_b = f_3(B, b_0, \alpha, U_0, H_0, \gamma, g, \mu, d, \Delta\gamma_s, \sigma) \end{cases} \tag{5-3}$$

泥沙变量对冲刷坑的影响主要由泥沙起动流速 u_c 来反映，当坝头最大流速 u_{max} 小于坝头处泥沙起动流速 u_c 时，坝头泥沙处于静止状态；当 $u_{max}>u_c$ 且 $U_0<u_c$ 时，坝头冲刷坑开始形成；当流速进一步增大，$U_0>u_c$，且床面泥沙呈大量运动状态时，冲刷坑可能受输沙率或床面整体下降的影响。在此将行进流速用坝头断面垂线平均流速代替，并忽略描述流体动力黏性的变量，故式(5-3)可改写为

$$\begin{cases} h_s = f_1(B, b_0, H_0, u_c, u_{max}, g, \alpha) \\ L_a = f_2(B, b_0, H_0, u_c, u_{max}, g, \alpha) \\ L_b = f_3(B, b_0, H_0, u_c, u_{max}, g, \alpha) \end{cases} \tag{5-4}$$

将式(5-4)两边进行无量纲化，可得

$$\begin{cases} \dfrac{h_s}{H_0} = f_1\left(\dfrac{b_0}{B}, \dfrac{b_0}{H_0}, \dfrac{u_{max}}{\sqrt{gH_0}}, \dfrac{u_c}{\sqrt{gH_0}}, \alpha\right) \\ \dfrac{L_a}{B} = f_2\left(\dfrac{b_0}{B}, \dfrac{b_0}{H_0}, \dfrac{u_{max}}{\sqrt{gH_0}}, \dfrac{u_c}{\sqrt{gH_0}}, \alpha\right) \\ \dfrac{L_b}{B} = f_3\left(\dfrac{b_0}{B}, \dfrac{b_0}{H_0}, \dfrac{u_{max}}{\sqrt{gH_0}}, \dfrac{u_c}{\sqrt{gH_0}}, \alpha\right) \end{cases} \tag{5-5}$$

式中，b_0/B 表示丁坝压缩水流的影响；b_0/H_0 表示丁坝对水深的影响；$u_{max}/\sqrt{gH_0}$ 表示坝头水流弗汝德数的影响；$u_c/\sqrt{gH_0}$ 表示泥沙起动弗汝德数的影响；α 表示挑角的影响。u_{max} 与 u_c 是水流与泥沙相互间作用的一对流速，不妨将两者合并在一起表示为 $(u_{max}-u_c)/\sqrt{gH_0}$，同时认为 b_0/B 项对水流的影响已经在 u_{max} 中得到了反映，丁坝正交时挑角的影响系数可视为 1，非正交时对其进行修正。丁坝正交时，式(5-5)可表示为

$$\begin{cases} \dfrac{h_s}{H_0} = f_1\left(\dfrac{b_0}{H_0}, \dfrac{u_{max}-u_c}{\sqrt{gH_0}}\right) \\ \dfrac{L_a}{B} = f_2\left(\dfrac{b_0}{H_0}, \dfrac{u_{max}-u_c}{\sqrt{gH_0}}\right) \\ \dfrac{L_b}{B} = f_3\left(\dfrac{b_0}{H_0}, \dfrac{u_{max}-u_c}{\sqrt{gH_0}}\right) \end{cases} \tag{5-6}$$

将式(5-6)写成指数形式为

$$\begin{cases}\dfrac{h_s}{H_0}=A_1\left(\dfrac{u_{\max}-u_c}{\sqrt{gH_0}}\right)^{A_2}\cdot\left(\dfrac{b_0}{H_0}\right)^{A_3}\\ \dfrac{L_a}{B}=A_4\left(\dfrac{u_{\max}-u_c}{\sqrt{gH_0}}\right)^{A_5}\cdot\left(\dfrac{b_0}{H_0}\right)^{A_6}\\ \dfrac{L_b}{B}=A_7\left(\dfrac{u_{\max}-u_c}{\sqrt{gH_0}}\right)^{A_8}\cdot\left(\dfrac{b_0}{H_0}\right)^{A_9}\end{cases} \tag{5-7}$$

式中，A_1、A_4 和 A_7 为常数；A_2、A_3、A_5、A_6、A_8 和 A_9 为指数。

丁坝流速是影响冲刷坑深度和大小的主要因素，而坝头流速的大小又受制于丁坝的几何形态和行近水流条件。丁坝断面流速的分布有三种经验方法：流量面积法、三角形叠加法和椭圆形叠加法。采用三角形叠加法及流量面积法来计算流速在坝头偏大一些，而采用椭圆形叠加法则相反，在靠近岸边单元宽度内偏大。第 4 章中已经给出了挡水流量 Q_b 的求法，在丁坝断面宽度为 $B-b_0$ 的范围内按三角形进行分配，在坝头处流量最大，可表示为

$$q_i=\frac{2Q_b}{B-b_0} \tag{5-8}$$

即这一垂线上的单宽流量为

$$q_{\max}=q_0+q_i=q_0+\frac{2Q_b}{B-b_0} \tag{5-9}$$

进行无量纲化，式(5-9)可表示为

$$\frac{q_{\max}}{q_0}=1+\frac{2Q_b}{(B-b_0)q_0}=1+\frac{2Q_b}{Q-Q_b}=1+g_1\left(\frac{Q_b}{Q}\right) \tag{5-10}$$

式中，q_0 为未建坝时的单宽流量；Q 为总流量。

孔祥柏在宽 400 cm 的水槽中对动床和定床条件下丁坝断面的流速分布进行了测量，得出在坝外侧很小距离内流速即可达到最大值，相对的最大流速(或相对最大单宽流量)是丁坝挡水流量和总流量之比的函数，即

$$\frac{q_{\max}}{q_0}=g_2\left(\frac{Q_b}{Q}\right) \tag{5-11}$$

或

$$\frac{u_{\max}}{U_0}=g_2\left(\frac{Q_b}{Q}\right) \tag{5-12}$$

将式(5-12)展开，并采用线性化表示

$$\frac{u_{\max}}{U_0}=1+k\frac{Q_b}{Q} \tag{5-13}$$

当过水断面为矩形水槽，且流速分布比较均匀时，按三角形叠加法来计算丁坝断面流速分布，则式(5-13)可表示为

$$\frac{u_{\max}}{U_0}=1+\frac{2b_0}{B-b_0} \tag{5-14}$$

由于用三角形叠加法来计算丁坝断面的流速分布存在着误差，根据水槽资料对其进行修正，则式(5-14)可表示为

$$\frac{u_{\max}}{U_0}=1+4.8\frac{b_0}{B} \tag{5-15}$$

根据式(5-15)坝轴线上计算出的最大流速和实测最大流速进行对比如图 5-22 所示，可见按式(5-15)能较好地计算出最大流速。

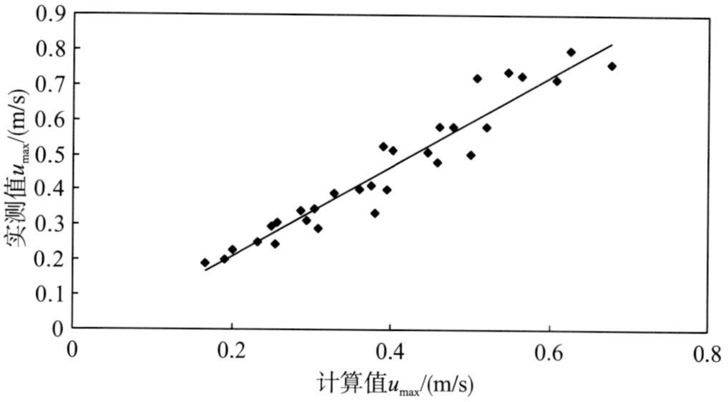

图 5-22　最大流速的计算值和实测值对比

下面通过实测资料分别对影响丁坝冲刷坑的结构(直头与勾头)和平面布置(挑角)形式等因素进行分析和计算。

1)坝头形式系数

坝头形式对坝头附近的流速和水位都有明显影响，进而影响冲刷坑的范围和深度。图 5-23～图 5-25 分别给出了不同坝头形式(直头与勾头)的丁坝冲刷深度、长度、宽度的相关关系图，从中可以明显地看出，直头坝的冲刷范围较勾头坝为大，且两者之间具有较好的线性关系，若直头坝冲坑深度、长度、宽度影响系数为 1，则勾头坝冲坑深度、长度、宽度影响系数分别为 0.679、0.942 和 0.980。

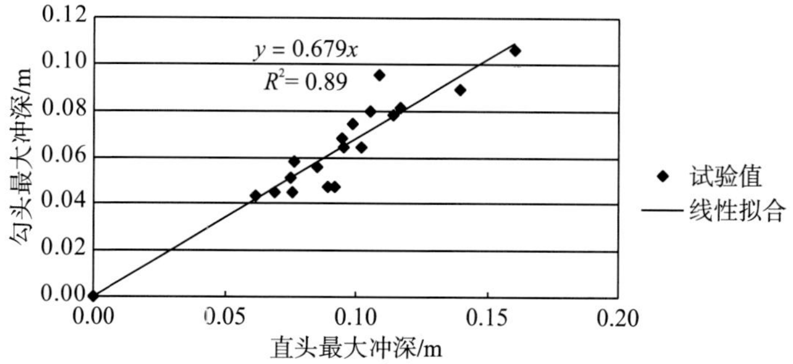

图 5-23　直勾头最大冲深关系

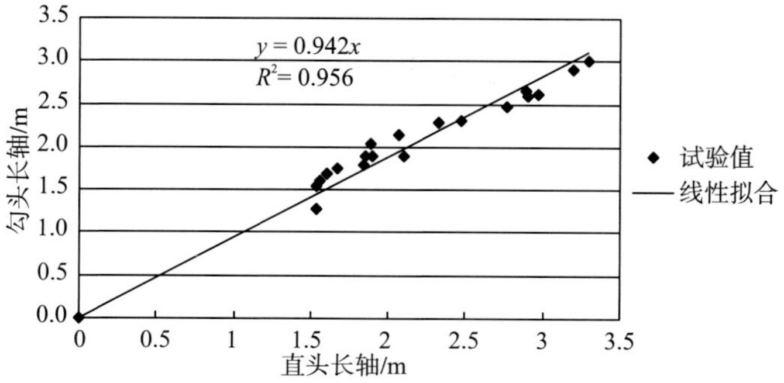

图 5-24　直勾头冲刷坑长轴关系

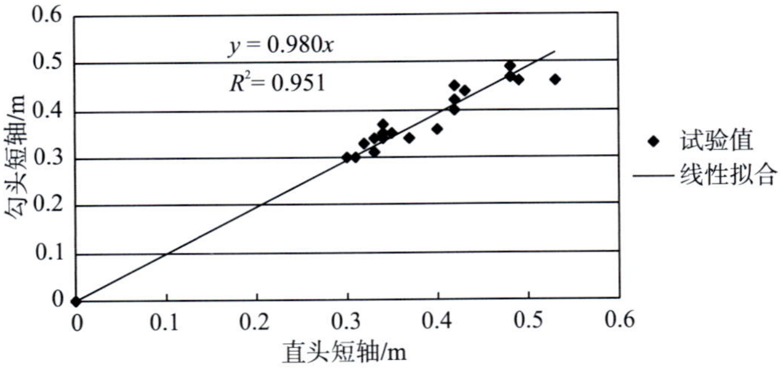

图 5-25　直勾头冲刷坑短轴关系

2)丁坝挑角系数

结合以前所做试验资料，将不同挑角的丁坝平衡冲刷试验资料点绘在图 5-26 中，经分析可得下列关系式：

$$C_\alpha = \left(\frac{180-\alpha}{90}\right)^{0.2} \tag{5-16}$$

式中，C_α 为丁坝冲深挑角系数；α 为丁坝的挑角。

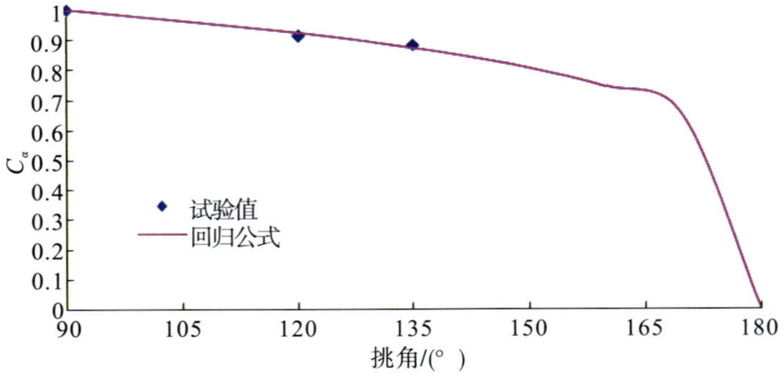

图 5-26　水流挑角系数和丁坝挑角关系图

泥沙起动公式分别采用沙莫夫公式、窦国仁公式、岗恰洛夫公式和列维公式，最后取四家公式计算结果的平均值作为上述丁坝三轴公式中的起动流速，采用散抛石坝时式(5-7)中的各项数据见表 5-4。

表 5-4　冲深公式各项数据表

工况	行进水深 H_0/m	坝长 b_0/m	最大 U_{max} 计算值/(m/s)	U_c 沙莫夫	窦国仁	岗恰洛夫	列维	四家公式平均值	实测冲深 H_s/m	L_a/m	L_b/m	H_s/H_0	$(U_{max}-U_c)/(gH_0)^{0.5}$	b_0/H_0
M_4	0.1274	0.50	1.1000	0.672	0.590	0.335	0.317	0.479	0.1057	1.98	0.43	0.8300	0.5562	3.9261
M_5	0.1237	0.50	1.1660	0.668	0.588	0.333	0.316	0.476	0.112	2.72	0.55	0.9052	0.6263	4.0410
M_9	0.1318	0.50	1.1660	0.676	0.593	0.337	0.318	0.481	0.0798	2.66	0.47	0.4150	0.6026	3.7950
M_{10}	0.1215	0.70	1.3936	0.665	0.587	0.332	0.316	0.475	0.0974	3.30	0.59	0.5491	0.8417	5.7595
M_{11}	0.1323	0.43	0.7749	0.677	0.594	0.337	0.319	0.482	0.0472	2.04	0.36	0.2253	0.2575	3.2717
M_{12}	0.1270	0.61	1.2766	0.671	0.590	0.335	0.317	0.478	0.0689	2.62	0.44	0.3429	0.7156	4.7751

续表

工况	行进水深 H_0/m	坝长 b_0/m	最大 U_{max} 计算值/(m/s)	U_c					实测冲深 H_s/m	L_a/m	L_b/m	H_s/H_0	$(U_{max}-U_c)/(gH_0)^{0.5}$	b_0/H_0
				沙莫夫	窦国仁	岗恰洛夫	列维	四家公式平均值						
M_{16}	0.1205	0.70	1.7420	0.664	0.586	0.332	0.315	0.474	0.1444	3.30	0.48	1.1980	1.1664	5.8076
M_{18}	0.1308	0.43	0.9788	0.675	0.593	0.337	0.318	0.481	0.0918	1.89	0.53	0.6470	0.4399	3.3097
M_{19}	0.1308	0.43	0.9788	0.819	0.501	0.435	0.424	0.545	0.0697	1.60	0.40	0.4912	0.3833	3.3097
M_{20}	0.1254	0.43	0.9685	0.811	0.498	0.431	0.422	0.540	0.0441	1.35	0.30	0.3243	0.3861	3.4537
M_{21}	0.1323	0.43	0.7749	0.822	0.502	0.436	0.424	0.546	0.0382	1.40	0.32	0.1824	0.2011	3.2717
M_{22}	0.0997	0.43	0.6322	0.766	0.480	0.412	0.411	0.517	0.0602	1.15	0.34	0.5567	0.1160	4.3424

根据表 5-4 中的数据，采用最小二乘法对式(5-7)的系数进行多元回归分析。当丁坝为散抛石正挑直头丁坝时，得出各参数值见表 5-5。

表 5-5　冲刷坑三轴各参数值表

拟合公式	参数值	散体正挑直头坝
冲刷坑竖轴 H_s	A_1	0.1805
	A_2	0.2968
	A_3	0.8854
冲刷坑长轴 L_a	A_4	0.8687
	A_5	0.4156
	A_6	0.3623
冲刷坑短轴 L_b	A_7	0.2083
	A_8	0.2200
	A_9	0.1431

因此，丁坝冲刷坑的计算公式为

$$\begin{cases} \dfrac{h_s}{H_0} = 0.1805\varepsilon C_\alpha\left(\dfrac{u_{max}-u_c}{\sqrt{gH_0}}\right)^{0.2968}\cdot\left(\dfrac{b_0}{H_0}\right)^{0.8854} \\ \dfrac{L_a}{B} = 0.8687\varepsilon C_\alpha\left(\dfrac{u_{max}-u_c}{\sqrt{gH_0}}\right)^{0.4156}\cdot\left(\dfrac{b_0}{H_0}\right)^{0.3623} \\ \dfrac{L_b}{B} = 0.2083\varepsilon C_\alpha\left(\dfrac{u_{max}-u_c}{\sqrt{gH_0}}\right)^{0.22}\cdot\left(\dfrac{b_0}{H_0}\right)^{0.1431} \end{cases} \tag{5-17}$$

式中，ε 为坝头形式系数，直头丁坝 $\varepsilon=1$，勾头丁坝 $\varepsilon=0.679$；C_α 为丁坝挑角系数，$C_\alpha=\left(\dfrac{180-\alpha}{90}\right)^{0.2}$。

根据上面拟合回归分析得出的系数，计算出对应试验中各工况下，丁坝下游最大冲刷深度及范围，并与试验中的试验值进行比较。从图 5-27～图 5-29 可见，各点均匀分布在两侧，试验值和计算值吻合较好。

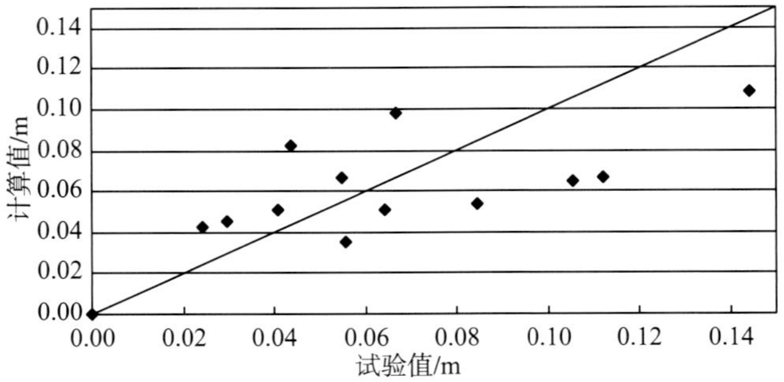

图 5-27 最大冲深计算值与试验值对比

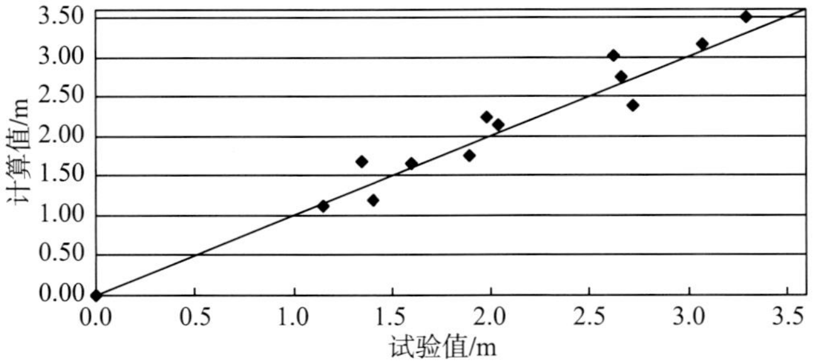

图 5-28 冲刷坑长轴计算值与试验值对比

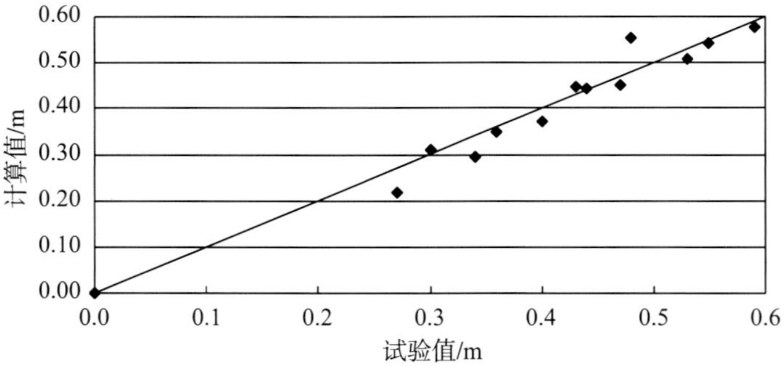

图 5-29 冲刷坑短轴计算值与试验值对比

5.2.5 丁坝冲刷坑计算实例

为了验证 5.2.4 节中冲刷坑计算公式，采用金钟碛航道整治丁坝周围实测地形资料对式(5-17)丁坝冲深公式进行检验。

由于式(5-17)是在恒定流条件下得到的，而天然河道水流总是非恒定的，因此，在验证式(5-17)时将 2007 年 4 月 1 日至 9 月 30 日的流量和水位取平均值作为计算冲刷坑的水流条件，则得到流量 Q=10366 m^3/s、平均水深 h_0=8.2 m。采用沙莫夫起动流速公式计算该水流条件下泥沙颗粒(D_{50}=81 mm)的起动流速；坝头附近最大流速采用该河段河工模型试验实测数据，选取与计算冲深对应水流条件相当的长江流量为 10200 m^3/s、沱江流量为 280 m^3/s 的流量组合下的实测数据，得到 u_{max}=2.97 m/s。由 2007 年 4 月至 9 月实测地形资料得到实测冲深约为 1.2 m。

由表 5-6 知，根据式(5-17)计算冲刷坑深度较实测冲刷坑深度要小，这是由于实测数据为天然河道非恒定流条件下得到的，洪水的陡涨陡落对丁坝周围的冲刷更加剧烈，加之计算对应长江与沱江流量只有一个组合，实际在 2007 年 4 月至 9 月有多个流量组合(汇流比)，不同的汇流比对丁坝的冲刷作用也不同，因此造成计算值比实测值偏小。

表 5-6　计算冲刷坑深度数据表

H_0/m	b_0/m	U_{max}/(m/s)	u_c/(m/s)	h_s/(m)
7.6	270	2.97	2.84	0.77

5.3　丁坝对推移质输沙率影响分析

在一定的水流泥沙及边界条件下，单位时间内通过过水断面的推移质数量称为推移质输沙率。推移质泥沙运动输移是山区河流河床演变的主要因素，也是长江上游主要泥沙输移方式。推移质输沙率在很大程度上能够代表水流的输沙能力。因此推移质输沙率计算是泥沙研究的一个最基本的问题之一。

5.3.1　推移质输沙率计算公式的选择

长江上游河流水沙运动复杂，目前推移质输沙率计算公式较多，但公认的精度较高的输沙率计算公式还未得到普遍运用，且我国对国际上比较通用的推移质输沙计算公式利用长江上游河流实测资料进行系统研究的成果很少。虽然对推移质输沙率公式的验证对比已做了很多工作，但通过分析发现，国外的实测分析资料一般都来自中小河流，像我国长江这样的大江大河的实测资料利用甚少，而且外国的对比分析资料都没有采用国内河流实测资料，国内对国际上公认推荐的推移质输沙率公式进行全面分析验证的成果极少，因此利用国内河流实测资料对国际公认精度相对较高的推移质输沙率公式进行验证对比，以优选出比较适合我国河流特别是长江上游河道的推移质输沙率公式，为工程实践提供可靠的依据，就显得尤为必要。

模型试验模拟的是长江中上游的泥沙运动情况，目前，关于长江中上游推移质输沙率的研究较少，取得成果不多。而在武汉大学金中武等发表的《长江上游推移质泥沙输沙率公式的检验》一文中，用长江上游的实测资料进行了一个检验过程，并且得出了一个较好的结果。文中认为天然河流河床边界极为复杂，推移质运动既取决于河段水力因素，又取决于床面补给条件。实测推移质输沙率很难如各类公式所表达的那样，与水力泥沙因子之间存在一一对应的确定关系，对长江上游推移质泥沙输沙率计算，Engelund-Hansen 公式精度相对最高。因此在众多计算推移质输沙率计算公式中，选择出 Engelund-Hansen 公式来计算推移质输沙率，公式形式为

$$g = 0.05\gamma_s u^2\left[\frac{d_{50}}{g\left(\frac{\gamma_s}{\gamma}-1\right)}\right]^{1/2}\left[\frac{\tau_0}{(\gamma_s-\gamma)d_{50}}\right]^{3/2} \tag{5-18}$$

式中，u 为断面平均流速；d_{50} 为中值粒径；τ_0 为床面平均水流切应力；γ_s 为泥沙重度；γ 为水体重度；g 为重力加速度。

5.3.2　推移质输沙率沿程变化分析

根据上述计算公式，对河道设置丁坝时各工况下的推移质输沙率按断面进行计算，其中为了对比分析，选取工况 M_4、工况 M_5 和工况 M_9 并绘出各工况下推移质泥沙输沙率沿程变化图，如图 5-30～图 5-35 所示。

推移质在床面层中以滚动、滑动及跳跃的形式运动。在局部冲刷初期，水流冲刷坝头附近床面，并往下游挟运泥沙形成淤积。随着坝头冲刷量逐渐增加，坝下游的淤积体也逐渐下延变宽，相应回流区也随之变小，如图 5-30 所示。坝头上游水流行近丁坝时，在坝前分成两部分：一部分直接绕过坝头；另外一部分在坝前受阻变为螺旋水流冲刷床面，并直接绕过坝脚向下游扩散。二者的综合作用引起坝头的冲刷。冲刷和淤积是水流与沙相互作用的结果，水流未达到饱和，在与河床作用时起冲刷作用，此时水流挟沙能力较强，当水流达到饱和程度时，水流所携带的泥沙就会回到河床上，呈现淤积状态。

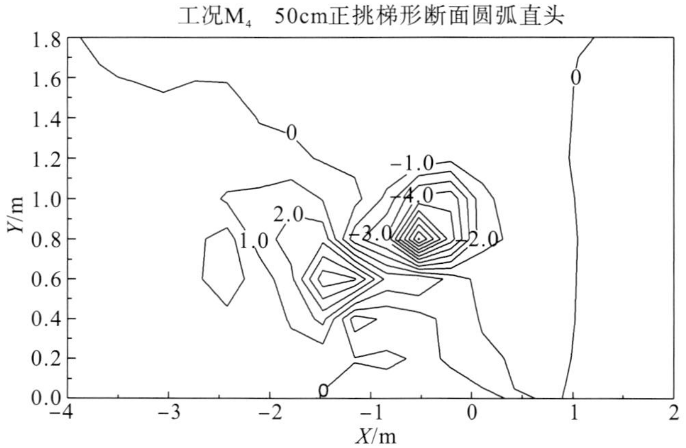

图 5-30　工况 M_4 最终冲刷地形图(单位：cm)

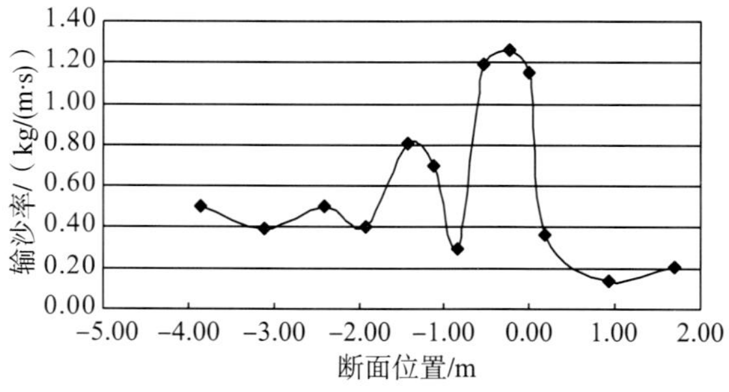

图 5-31　工况 M_4 推移质输沙率沿程分布图

从工况 M_4 输沙率沿程分布图可以看出，在坝前(横坐标为正)输沙率较小，即单位时间内通过过水断面的推移质数量较少，但此时水流携沙能力较大。坝头(横坐标为 0)位置是一个转折点，转折点之后输沙率陡增，此时单位时间内通过过水断面的推移质数量突然增大，结合工况 M_4 地形图分析可以看出，输沙率陡增位置也正是冲刷坑的起冲点。即此时河床的床沙开始启动，随水流开始向下游移动，这种状态的出现，与之前分析的坝后冲刷机理相吻合。

由图中还可以看出输沙率随水流向下游运动而减小，此时单位时间内通过过水断面的推移质数量开始减小，即有一部分沙开始脱离水流又回到河床，河床有淤积的趋势，对比地形图来看，在相应的位置确实有淤积，这说明推移质输沙率沿程分布情况与所测地形图基本吻合，而且也符合相应的冲刷机理。

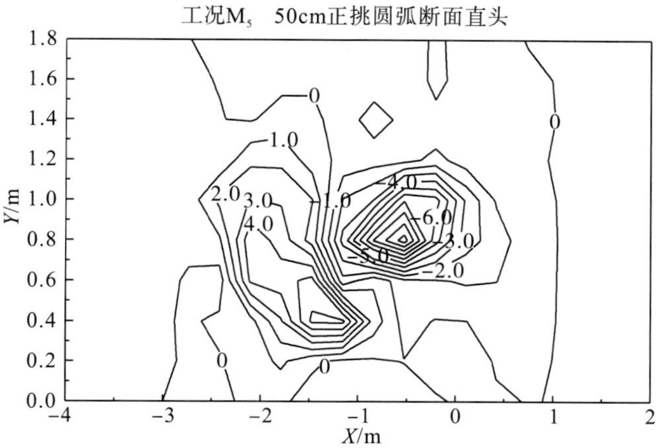

图 5-32　工况 M_5 最终冲刷地形图(单位：cm)

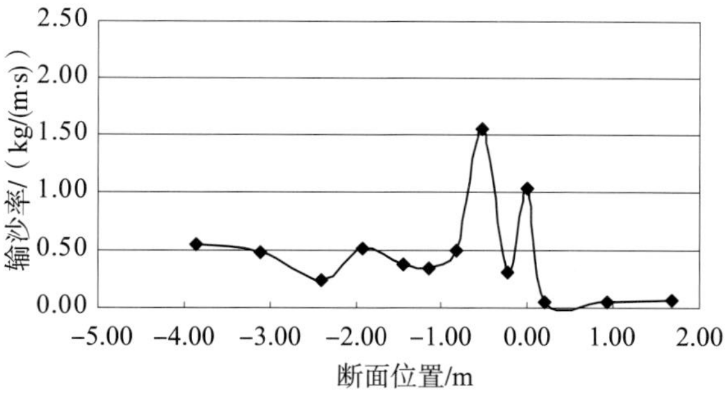

图 5-33　工况 M_5 推移质输沙率沿程分布图

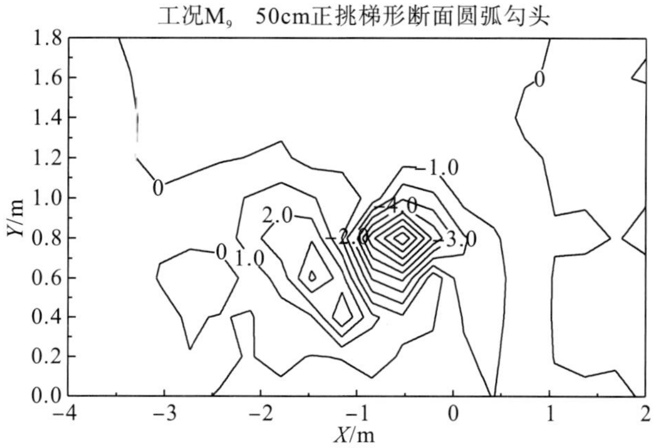

图 5-34　工况 M_9 最终冲刷地形图(单位：cm)

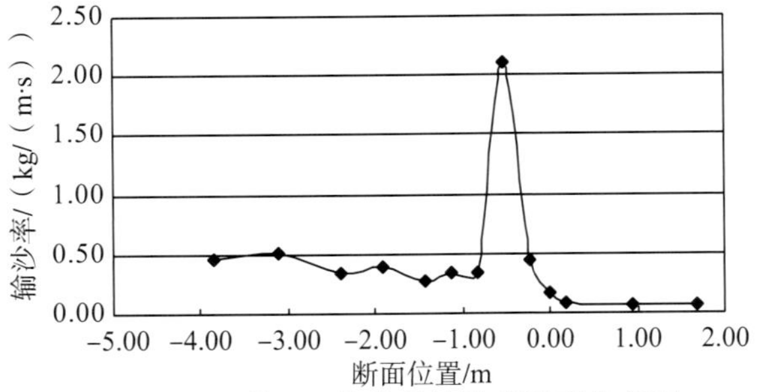

图 5-35 工况 M_9 推移质输沙率沿程分布图

从工况 M_5、工况 M_9 推移质输沙率沿程分布图可以看出，其大概走势与工况 M_4 大致相同，所不同的是在工况 M_5 推移质输沙率沿程分布图中出现了两次大的波动，一次在坝头位置，一次在坝后，这说明在水流过坝时，由于水流紊动，出现触底水流，使床沙起动进入水流的缘故，第二次则是由于水流过坝后出现卡门涡，紊动加强，此时输沙率的峰值高于上一个峰值。而工况 M_9 只出现了一个峰值，但持续时间较短，到达峰值后，很快就有减小的趋势。这说明在水流过坝时，触底水流对河床影响不大，主要影响因素是坝后的卡门涡所造成的紊动。

5.4 丁坝周围水流紊动与冲刷的关系

选取动床工况中的工况 M_4（50 cm 正挑梯形断面圆弧直头）、工况 M_5（50 cm 正挑圆弧断面圆弧直头）和工况 M_6（50 cm 正挑梯形断面圆弧勾头），做其与冲刷关系较为密切的 $0.8h$ 水深处水流紊动强度、紊动动能和最终冲刷地形等值线图，结合分析水流紊动强度和紊动动能与河床冲刷之间存在的关系，如图 5-36 所示（图中 X 轴 0 点为模型丁坝坝轴线）。

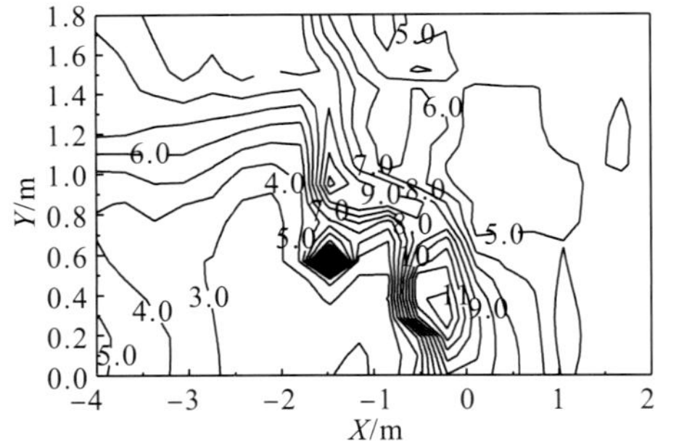

(a)工况 M_4 时 $0.8h$ 紊动强度等值线图(单位：cm/s)

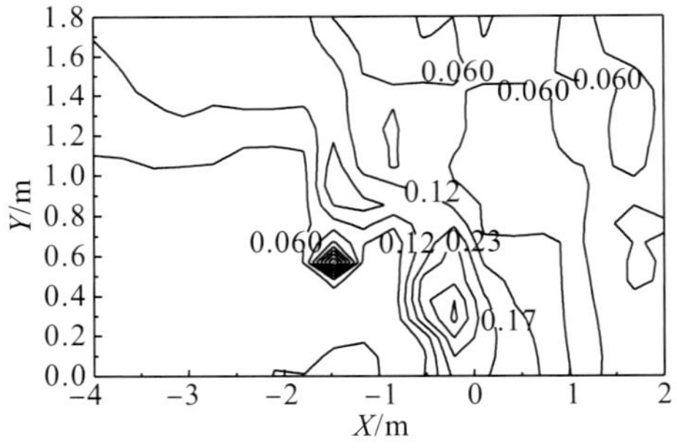

(b)工况 M_4 时 $0.8h$ 紊动动能等值线图

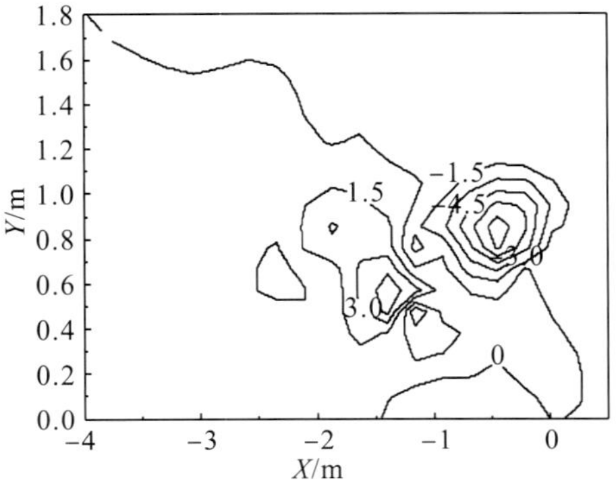

(c)工况 M_4 最终冲刷地形等值线图(单位：cm)

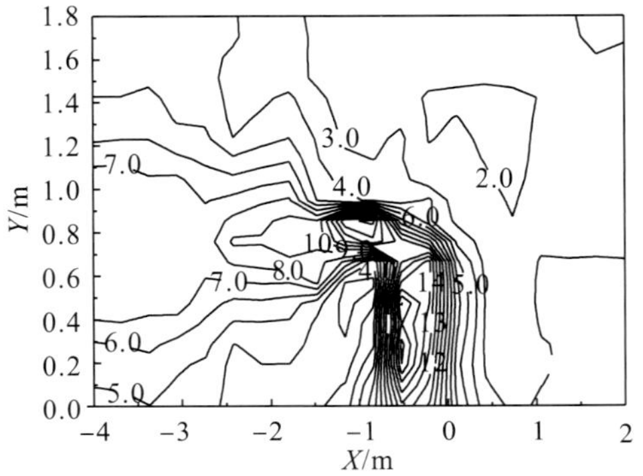

(d)工况 M_5 时 $0.8h$ 紊动强度等值线图(单位：cm/s)

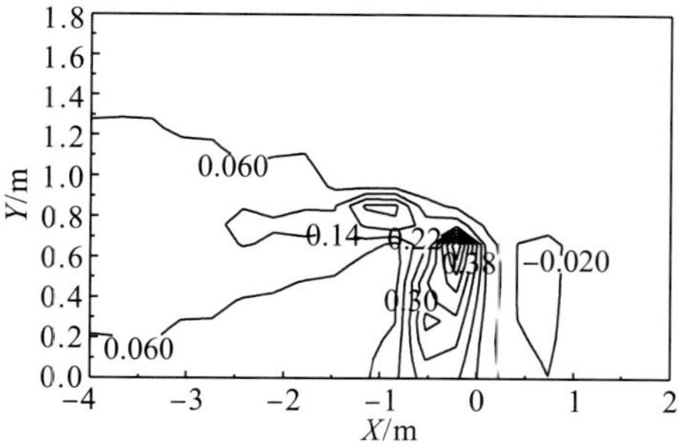

(e)工况 M_5 时 0.8h 紊动动能等值线图

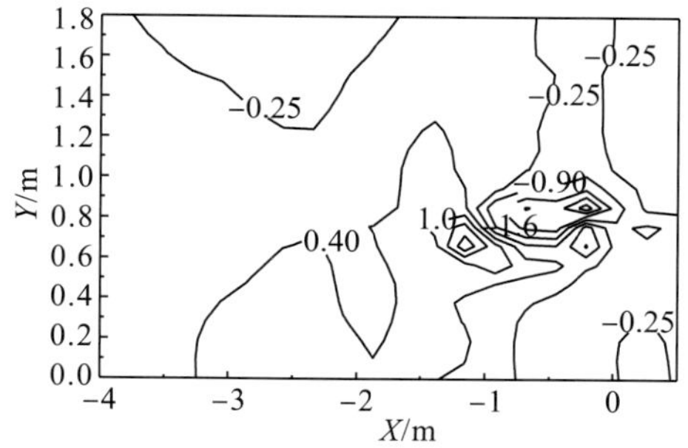

(f)工况 M_5 最终冲刷地形等值线图(单位：cm)

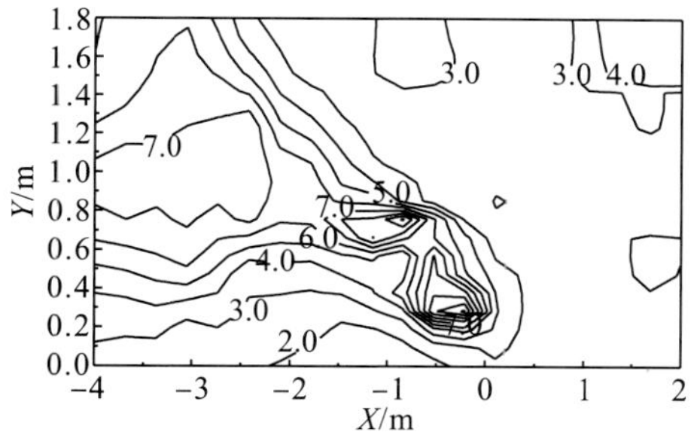

(g)工况 M_6 时 0.8h 紊动强度等值线图(单位：cm/s)

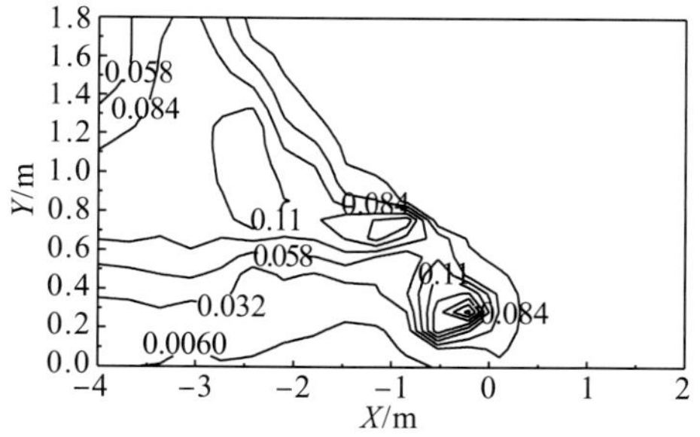

(h)工况 M_6 时 0.8h 紊动动能等值线图

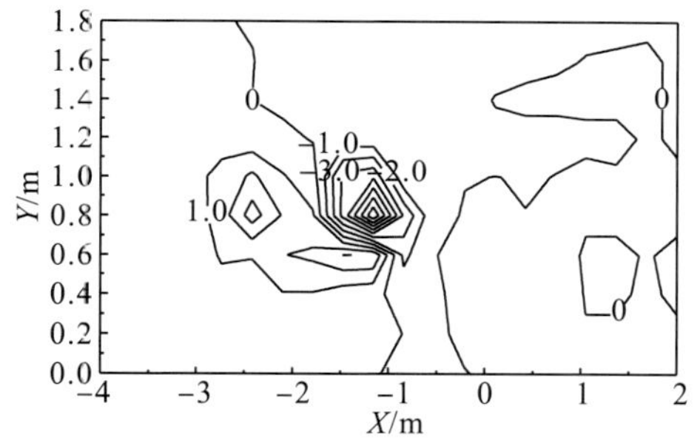

(i)工况 M_6 最终冲刷地形等值线图(单位：cm)

图 5-36　紊动强度、紊动能与冲刷地形对比

由图 5-36 可见，紊动强度和紊动能在整个测区的分布基本吻合，强度和动能较大的区域主要集中在坝头后方，也就是冲刷坑的位置。坝前水流流态较顺直，结构稳定，紊动强度和动能都较小，而相应地，冲刷地形图上的坝前区域，冲刷值基本为 0，表示床面高程变化很小，只有少量细颗粒泥沙被冲走，不影响地形变化。坝轴线附近区域，紊动强度和紊动能在坝体上都很强烈、很大，但是散抛石坝体碎石粒径很大，无法造成冲刷，也就说明该种强度和结构的水流的紊动强度和脉动动能基本对坝体结构没有破坏。另一个紊动强度和动能较大且较集中的区域为坝头位置向下游的区域，也就是冲刷坑的发展区域，该区域紊动强度和动能最大的区域基本跟冲刷坑最深的区域重合，可见紊动强度和动能强烈的区域，对河床冲刷起很大的作用，但是对坝体水毁作用不明显。从图上可以明显地看到，坝头后紊动强度和紊动动能大且集中的区域范围较大，纵向长度较长，而从地形图上来看，坝头后冲刷坑过了之后，出现沙垄，高程升高。这是由于动床冲刷，河床时时刻刻在变化，最明显的就是在冲刷坑四周和后部形成明显的沙垄，沙垄

多为粗颗粒泥沙，也就是形成粗化层，形成淤积，导致水流紊动情况与定床有所不同。

从不同工况的紊动强度和动能分布情况来看，工况 M_4（50 cm 正挑梯形断面圆弧直头）和工况 M_5（50 cm 正挑圆弧断面圆弧直头）由于坝体结构形式相近，在坝身和坝头区域的紊动强度和动能分布规律基本一致，但是工况 M_4 在坝体上和坝头后方的紊动强度和动能都要稍大于工况 M_5，说明圆弧断面的坝身对水流的影响较小，反过来水流对坝身的作用也较小，坝体也较稳定。而工况 M_6（50 cm 正挑梯形断面圆弧勾头）的坝后紊动强度和动能集中且较大的区域稍稍靠后出现，这是因为勾头丁坝坝头结构形式造成的跌水区域靠后。

5.5　坝体结构形式稳定性及防冲措施研究

5.5.1　坝体结构形式的稳定性

本节将从坝体结构型式出发研究整治建筑物的稳定性问题，首先对比研究散抛石坝的稳定性问题，主要从坝身横断面形式（梯形断面与圆弧断面）的角度来分析；其次对近年来坝面采用砼与浆砌条石结构（迎水坡采用混凝土，背水坡采用浆砌条石）及砼块铰链排护面结构（将整个抛石坝体的迎水坡、背水坡及坝面采用砼铰链排保护起来），下部仍为块石坝体的两种新型结构形式的稳定性进行研究。如 5.4 节所述，本次试验是在顺直平底水槽中进行的，没有塑造河床地形，不会出现主流顶冲坝根或坝身的水流条件，所以很难模拟出坝身及坝后的冲刷水毁现象，试验中采取将坝体局部放大的方式（取坝身长为 2 m，将整个水槽拦断），造成主流顶冲坝体的水流条件出现，解决了坝体水毁的模拟问题。

新型坝体结构形式的稳定性问题应在散抛坝体出现水毁问题对应的边界条件下研究才具有现实意义，因此，新型坝体结构形式的稳定性问题仍然是将坝体局部放大，分析与散抛坝体同样的水沙条件下两种新型坝体结构形式的稳定性。

1. 散抛石丁坝的稳定性

选取工况 M_4（50 cm 正挑梯形断面圆弧直头、Q=95 L/s、H=14 cm）和工况 M_5（50 cm 正挑圆弧断面圆弧直头、Q=95 L/s、H=14 cm）对比分析不同坝身断面形式散抛石坝的稳定性，如图 5-37 和图 5-38 所示。

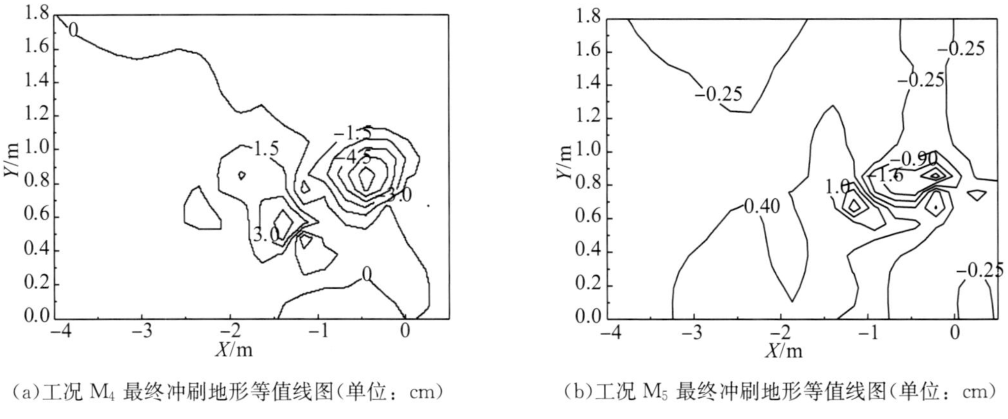

(a)工况 M_4 最终冲刷地形等值线图(单位：cm)　　(b)工况 M_5 最终冲刷地形等值线图(单位：cm)

(c)工况 M_4 冲刷后照片　(d)工况 M_5 冲刷后照片

图 5-37　不同坝型散抛石坝床面冲刷对比

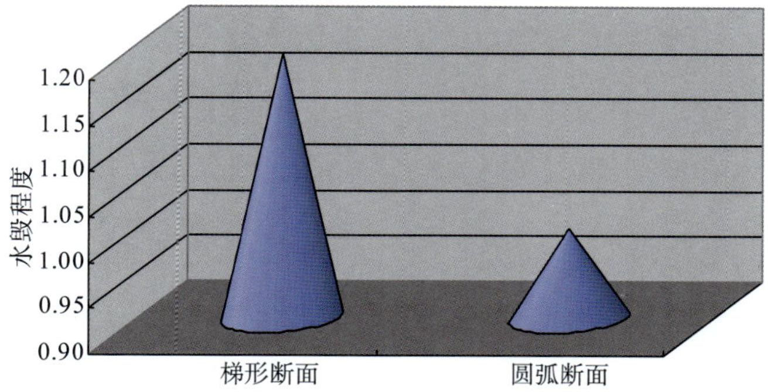

图 5-38　相同水流条件下不同坝型散抛石坝水毁程度对比

由图 5-37 可以看出，同样的水流条件下坝身横断面为圆弧形时河床的冲刷范围及深度较坝身横断面为梯形时小；由图 5-38 可以看出，同样的水流条件下坝身横断面为圆弧形时丁坝的水毁程度较轻(坝身横断面为梯形时水毁程度较圆弧形断面严重约 20%)，由此可见圆弧形断面的坝体结构形式的稳定性较好。这是由于当坝身横断面为圆弧形时坝体对水流的干扰程度较轻，坝头附近及其下游漩涡能量较小，导致对床面和坝体的破坏作用较小，而其与梯形断面的坝体的阻水程度相差不大(梯形与圆弧形的面积相等)，不会对整治效果产生大的影响，因此，坝身采用圆弧形横断面的结构形式具有较好的稳定性。

2. 砼与浆砌条石压载丁坝的稳定性

川江整治时，在坝体 1 m 左右面层和坝头用水泥浆砌，其下用块石抛筑(图 5-39)。模型散抛石坝体坝高 10 cm、坝顶宽 7.5 cm、迎水坡坡度 1∶1.5、背水坡坡度 1∶2。因此，为了对比分析两种结构的稳定性，局部放大后砼与浆砌条石压载坝体坝高 10 cm、坝顶宽 7.5 cm、迎水坡坡度 1∶1.5、背水坡坡度 1∶2，不同之处在于砼与浆砌条石压载坝体上部 2.5 cm 为水泥砂浆浆砌结构，下部 7.5 cm 高的坝体仍为散抛石(图 5-40)。床沙级配中值粒径为 1 mm。

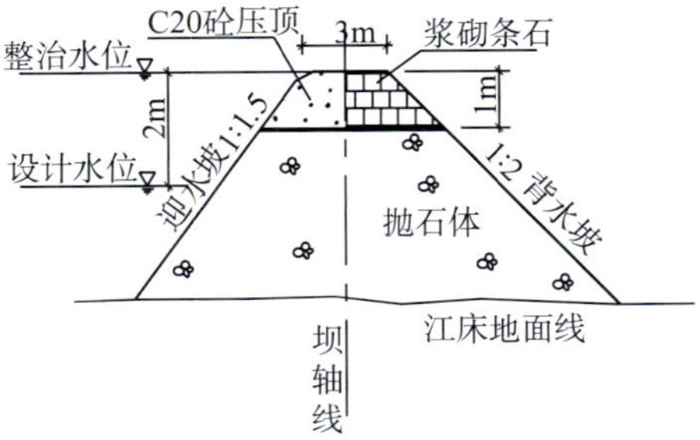

图 5-39　砼与浆砌条石压载示意图

图 5-40　砼与浆砌条石压载模型照片

放水冲刷记录过程如下。

9：40 时，水流调稳，坝体前后跌水 4.5 cm，坝后冲刷严重，由于比降较大，坝后河床有较大的冲深坑，背水坡破坏严重，冲刷到一定程度后逐渐趋于稳定，背水坡坡度稳定在 1∶1 左右(图 5-41(a))；通过观察示踪粒子的运动路径可以看到一部分示踪粒子有明显的探底现象，进一步说明了背水坡的破坏机理。

10：10 时，降低尾门，坝体前后跌水 5 cm，坝体背水坡继续被淘刷。

10：40 时，继续降低尾门，坝体前后跌水 5.5 cm，坝体背水坡被淘空的现象比较明显(图 5-41(b))。

11：10 时，继续降低尾门，坝体前后跌水 6.1 cm，坝体背水坡被淘空的现象更加明显(图 5-41(c))。

11：40 尾门全开，坝体前后跌水 7.1 cm，坝后破坏加剧，在坝后淤积石块和沙粒很快被冲开，背水坡破坏严重，15 min 后，坝体被完全破坏，压载浆砌条石被完全冲毁，背水坡坡角处冲刷深度约 9 cm。

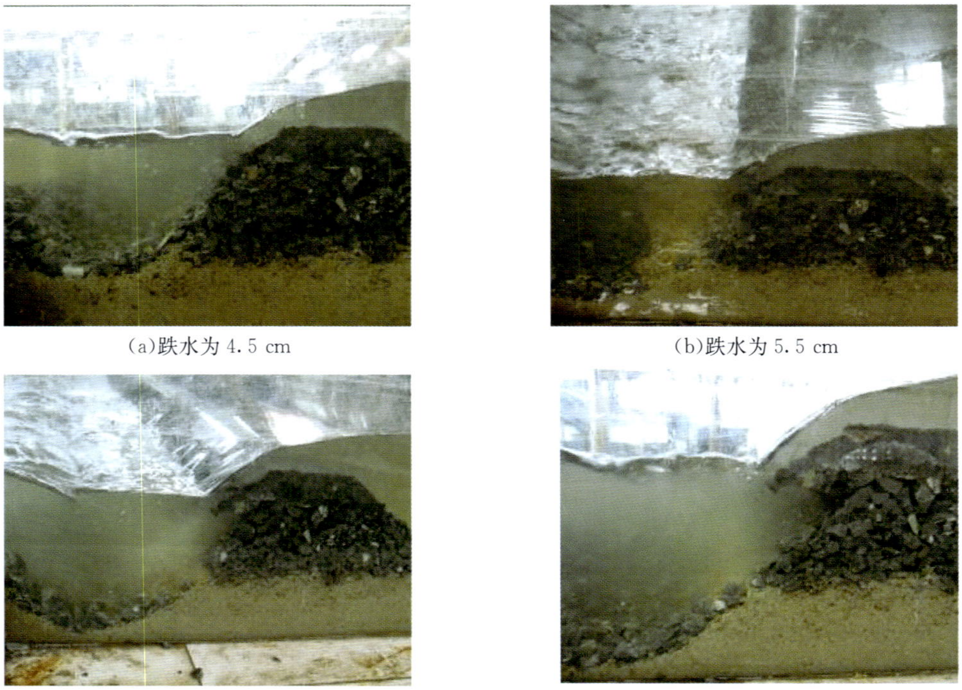

(a)跌水为 4.5 cm　　(b)跌水为 5.5 cm

(c)跌水为 6.1 cm　　(d)跌水为 7.1 cm

图 5-41　砼与浆砌条石压载坝体水毁过程照片

从放水冲刷过程记录可知，浆砌条石压载丁坝稳定性研究的初始时刻，坝体前后跌水即散抛石坝体大量破坏时对应跌水高度(4.5 cm)。由图 5-41(a)可以看出，坝面基本没有被毁坏，只是背水坡及其坡脚遭到一定程度的冲刷，丁坝的功能仍在，说明采用砼与浆砌条石压载后丁坝的稳定性得到明显提高。

随着下游水位的不断下降，跌水逐渐增大，坝后冲刷坑内涡流剧烈，不断淘蚀浆砌条石压载以下的背水坡部分(散抛石结构)的碎石和基础泥沙，随着时间的推移，使整个坝顶后半部分处于悬空状态(图 5-41(b)～(d))；当跌水达到 7.1 cm 时，翻坝水流流速很大且探底趋势更加明显，对背水坡及其坡脚的冲刷越来越严重，随着冲刷过程的不断发展，局部区域透水率较大，孔隙内的流速较大，冲刷发展到一定程度之后压载条石下的基础基本上被淘空，加上翻坝水流对坝顶及背水坡的垂向流速越来越大(水流对坝顶有一个向下的作用力)，致使坝体(或坝根)最先从某些透水率较大的地方发生破坏(图 5-42(a))，并最终导致整个坝体(或坝体的某一段)发生坍塌(图 5-42(b))，造成丁坝的整治功能失效。

(a)透水率较大部分首先破坏

(b)整个坝体破坏

图 5-42　砼与浆砌条石压载坝体坍塌照片

3. 砼块铰链排护面丁坝的稳定性

模型砼块铰链排护面丁坝坝体仍然为散抛碎石(粒径为 6～12 mm)，坝体尺寸同图 5-39，坝的表面用预先制作好的模型排体(图 5-43)覆盖压载，并在坝的迎水坡和背水坡坡角预埋 7～8 cm 的排体至床面以下，如图 5-44 所示。

图 5-43　模型砼块铰链排

图 5-44　模型砼块铰链排护面坝体

放水冲刷记录过程如下。

9：30 时，进行第一次测量。坝前水深 15.27 cm，坝体前后水位差 1.6 cm。背水坡有少量冲刷，背水坡排体有鼓包现象发生。

10：10 时，第一次降低尾门，至水位稳定后坝前水深 14.7 cm，坝后水深 13.4 cm，坝体前后跌水 2.4 cm。背水坡鼓包现象明显。

10：40 时，第二次降低尾门，坝前水深 14.4 cm，坝后水深 13.1 cm，坝体前后跌水 3.1 cm。背水坡排体鼓包范围更大，背水坡坡脚出现少量淤积泥沙(图 5-45)。

11：10 时，第三次降低尾门，坝前水深 14.4 cm，坝后水深 12.8 cm，坝体前后跌水 3.7 cm。坝体下游约 15 cm 处床面有较明显冲刷，背水坡坡脚淤积逐渐增多。

11：40 时，第四次降低尾门，坝前水深 14.4 cm，坝后水深 12.3 cm，坝体前后跌水 4.2 cm。坝体下游约 15 cm 处床面冲刷范围及深度增大，背水坡坡脚淤积量及淤积范围继续增大(图 5-46)。

12：10 时，第五次降低尾门，坝前水深 14.5 cm，坝后水深 12 cm，坝体前后跌水 5.0 cm。排体仍有鼓包现象，但由于背水坡坡脚淤积量的持续增大，背水坡部分排体被淤积泥沙压载，所以排体鼓包范围有所减小，坝体下游约 15 cm 处床面冲刷范围及深度继续增大。

图 5-45 背水坡泥沙沉积及排体鼓包

图 5-46 坝下游冲坑

图 5-47 坝体前后跌水 5 cm 状态下冲刷后照片

由放水记录过程可知，砼块铰链排体对坝身的防冲保护作用是很明显的。随着尾门的降低，坝体前后跌水越来越大，越过坝顶的水流流速也逐渐增大，但是对铰链排体覆盖保护下的坝身碎石的冲刷效果较小，铰链排体和坝体之间有一部分空间，水流进入这部分空间之后，受各种因素影响，能量损失较大，到接触坝体碎石时，已经不能对坝体造成明显的水毁破坏。放水过程中出现的丁坝背水坡铰链排体鼓包现象是由铰链排体内外压力差造成的水流扬压力所导致的。随着跌水越来越大，在坝身背水坡坡脚处逐渐增多的淤积泥沙对丁坝坝身的稳定性也起到了一定的积极作用。由图 5-47 可知，坝体前后跌水达到 5.0 cm 时，散抛坝体已经完全破坏，而砼块铰链排护面后坝体基本完好，说明这种结构形式具有较好的稳定性，可以在实际工程中加以推广和应用。

5.5.2　丁坝护底防冲试验及防冲措施研究

丁坝坝头的护底结构是防止坝头底部被水冲刷淘空，防止过大冲刷坑出现，造成坝头坍落的结构措施，起着保护坝体的作用。因此，丁坝设计必须进行护底设计，防止丁坝坝头附近因水动力场改变引起冲刷而危及整治建筑物自身稳定和造成河势不良变化。护底结构安全有效与否，往往是丁坝能否发挥预期效果的关键。目前长江中下游丁坝采用护底措施较多，上游丁坝则少见护底措施，因此本试验对山区河流丁坝的防冲护底措施开展了相关研究。

1. 丁坝护底防冲试验方案

丁坝护底防冲试验和无护底冲刷试验分别采用散抛石坝体有护底工况 M_6、M_7、M_8 和无护底工况 M_4、M_5、M_9 进行对比。

试验中发现在床沙粒径为图 3-2 的级配时，冲刷坑较小且在较短的时间内冲刷达到平衡状态，河床表面多为粗颗粒泥沙，表明河床在达到一定的粗化程度之后床面形态基本不发生变化。基于这一发现，根据试验中观察冲刷坑的发展过程及范围，在丁坝周围一定区域内采用 5～7 mm 的粗砂(河床粗化层)护底，护底范围和具体位置详见图 5-48。

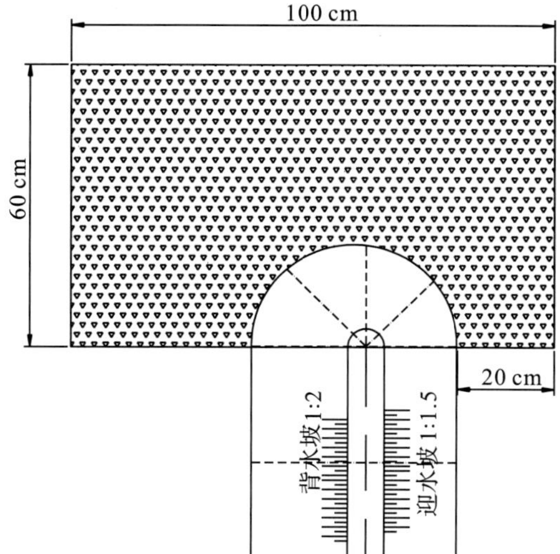

图 5-48　丁坝护底布置图

丁坝护底防冲试验观察内容如下。

(1)对各种工况下的试验过程进行跟踪观测，对冲刷坑深、河床冲刷程度、坝后淤积程度进行全程观测记录。

(2)观测各种工况下的地形的冲淤变化情况。

2. 丁坝护底防冲措施研究

图 5-49 为有护底工况 M_6、M_7、M_8 的照片。工况 M_4 与工况 M_6、工况 M_5 与工况 M_7、工况 M_9 与工况 M_8 是一一对应关系，分别是无护底和有护底，坝型相同，如图 5-50 所示。

(a)工况 M_6 护底照片

(b)工况 M_7 护底照片

(c)工况 M_8 护底照片

图 5-49　有护底工况照片

(a)工况 M_4 最后冲刷地形

(b)工况 M_6 最后冲刷地形

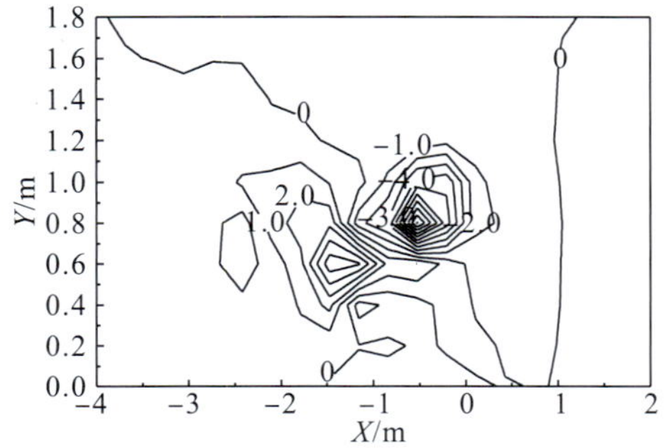

(c)工况 M_4 最后冲刷地形图(单位：cm)

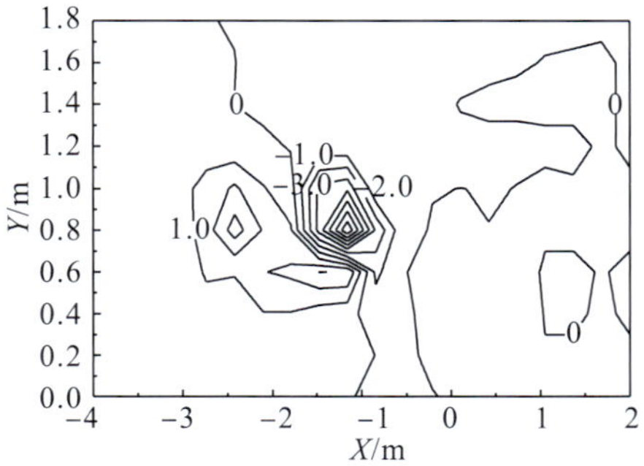

(d)工况 M_6 最后冲刷地形图(单位：cm)

(e)工况 M_5 最后冲刷地形

(f)工况 M_7 最后冲刷地形

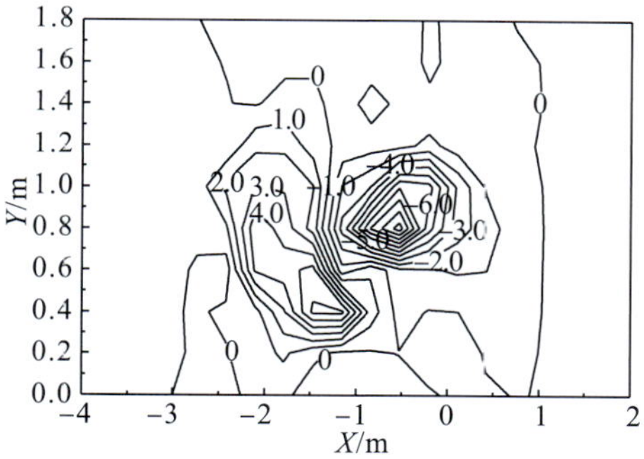

(g)工况 M_5 最后冲刷地形图(单位：cm)

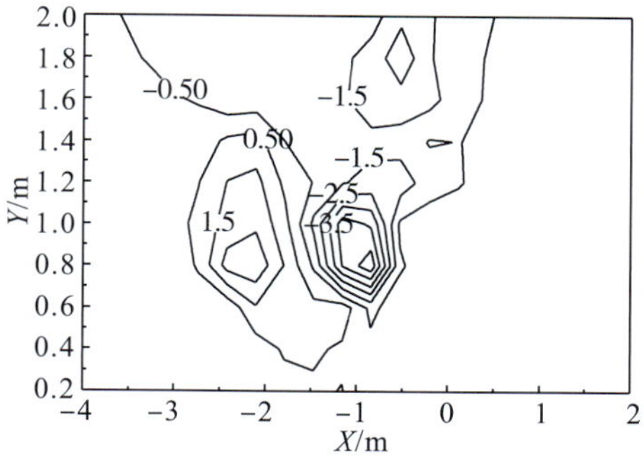

(h)工况 M_7 最后冲刷地形图(单位：cm)

(i)工况 M_8 最后冲刷地形

(j)工况 M_9 最后冲刷地形

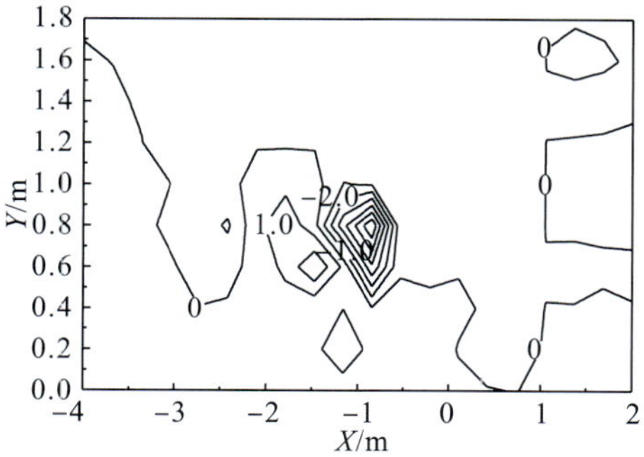

(k)工况 M_8 最后冲刷地形图(单位：cm)

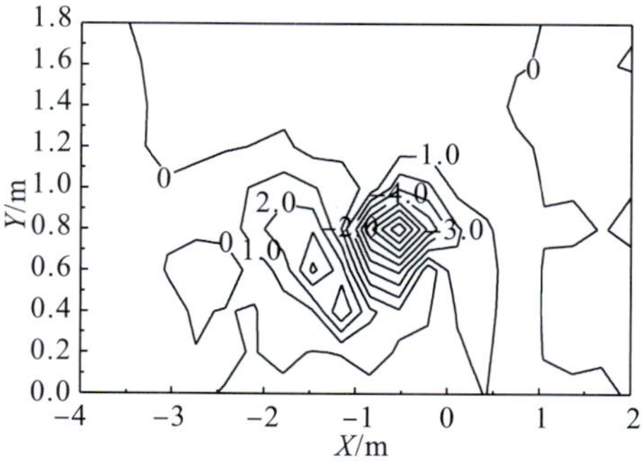

(l)工况 M_9 最后冲刷地形图(单位：cm)

图 5-50　有无护底冲刷情况对比

从工况 M_4 和工况 M_6 照片中可以明显看出，无护底工况坝头破坏严重，坝头块石冲刷较多，冲刷坑深度较大，冲刷坑范围较大，对比有护底工况来看，有护底工况在坝头位置及附近基本上无冲刷，坝头块石基本没动，只是在坝下游较远位置没有护底部分有轻微冲刷。放水之后测得的最后冲刷地形图，也可以客观体现冲刷所得到的现象。从工况 M_4 最后冲刷地形图可以看出，最大冲深可以达到10 cm，最大沙垄高度为5 cm，并且冲刷坑起冲点是从坝头(横坐标为0)位置开始，而有护底的工况 M_6 最大冲深只有 6 cm，最大沙垄高度为 3 cm，冲刷坑起冲点是从护底范围之外开始的，在护底范围内几乎没有冲刷。

进一步对比工况 M_5 和 M_7、工况 M_9 和 M_8 可以看出，大体情况与从工况 M_4 和 M_6 对比分析中得到的信息基本相同。对于无护底工况 M_4、M_5、M_9，出现此种冲刷现象的机理在前面已经介绍，在此不再赘述；对于有护底的几种工况，现象的出现是由于护底的存在，护底下部河床不能被冲刷，首先使护底范围外的河床被冲刷，形成冲刷坑，而靠近坝体部位的河床受到了护底的保护，限制了冲刷向坝基的发展，起到了把坝前冲刷坑外移到不影响或少影响坝体安全的外围区域，从而解决了丁坝因河床基础变形而导致坝体水毁的问题，使得坝体附近基本无冲刷，加强了丁坝的稳定性。在丁坝的下游，由于有护底的作用，在护底范围之外虽有冲刷，但冲刷范围较小，沙垄高度较低，由河床冲刷引起的水流紊动下移，并且在大范围内扩散，还可以发现，护底之后，丁坝的调流效果有了较大的提高。

由上面的对比分析可知，无护底时，冲刷坑在丁坝附近，不仅威胁丁坝稳定性，而且沙垄的高度会影响航道的通航；有护底时，冲刷坑下移且冲刷量明显较小，沙垄紧接着护底边缘形成且高度较小，不但丁坝稳定性能够得到保证，而且不会对通航造成影响。此外，护底材料采用河床粗化层，可以实现就地取材，这就省去了大量的材料费用和运输费用，而且在很大程度上可以减轻丁坝的水毁程度，能够达到护底预期目的，因此，采用河床粗化层对丁坝进行护底是一种既经济又合理的措施。

第 6 章　航道整治建筑物水毁的预防及监测修复措施

6.1　整治建筑物稳定性的预防措施

6.1.1　整治建筑物布置方案设计上预防

根据第 2 章的研究成果，影响整治建筑物稳定性的因素主要有水流泥沙动力、结构设计、工程施工、维护管理和人为破坏等。这些因素之间相互影响，相互作用，使整治建筑物受到不同程度的破坏。其中水流泥沙动力因素是导致整治建筑物水毁的重要原因，特别是在复杂水沙动力条件下，针对一些复杂的滩险，整治建筑物的布置方案设计需要结合滩段的河床特点、水流条件，采用多种组合坝体，发挥其综合效力，增强稳定性。下面以铜鼓滩和筲箕背两处复杂滩险为例说明。

1. 铜鼓滩整治建筑物布置方案

铜鼓滩曾为川江著名枯水浅险滩，该滩所在河段在平面上呈反“S”型，如附图 1 铜鼓滩河段示意图所示。碍航部位为两反向河段的过渡段，碍航特征为上口段浅，中间段弯，下口段险。该滩下游约 1.5 km 处有另一浅滩——油榨碛。经多年观测资料表明：铜鼓滩上口铜鼓子处水深不足，水深通常在设计水位下 1.8～2.4 m；中段弯曲半径最大仅约 560 m；曾盘石以下的滩段由于曾盘石石梁挑流的影响，水流流速较大，达 3.45 m/s，且有强烈的回流泡漩。该滩于 20 世纪 90 年代初进行过整治，由于当时未进行模型试验研究，整治方案为疏炸左侧碛翅，拓宽航槽，同时在右岸筑一丁顺坝，改善水流条件。整治后航行条件有一定改善，但未能从根本上解决该滩的浅、险碍航问题。

分析该滩的水流运动与河床演变规律：该滩枯水航槽狭窄弯曲，主流在滩段上游沿左岸弯道凹岸运动，至九龙滩时受其挑流影响偏向右岸，并沿右岸弯道凹岸运行。中、洪水期，水流淹没董碛坝，主流下泄较枯水期相对顺直，流经九龙滩后河面骤然开阔，加之下游河道弯曲及大中坝卵石碛的阻流作用，流速减缓，水流挟沙能力降低，致使大量砂卵石在迎宾阁碛顶淤积，汛后随着水位降落，迎宾阁碛顶淤积的砂卵石大部分被冲走，随着水位进一步降低，水流逐渐移向右侧深槽，对迎宾阁的江中碛翅产生冲刷，但由于枯期水流动能不足，且碛翅经多年演变其河床组成较为紧密，碛翅不能得到有效冲刷，从而形成具有浅、弯、险碍航特征的复合滩险。

铜鼓滩的整治方案通过模型试验开展了进一步论证和研究。在工可阶段主要有右槽方案(沿用旧槽)和左槽方案(开挖新槽)。为确定合理的治理方案，工可阶段该滩先后进行了数学模型研究和物理模型试验。在数学模型研究的基础上，物理模型在定床阶段进行了 6 个右槽方案和 9 个左槽方案的试验。最后通过技术经济比较初步总结出适合铜鼓滩实际情况的左槽修改 7 方案作为推荐方案和右槽修改 2 方案作为比选方案，并将上述方案作为后续动床试验的主要验证方案。通过多组方案的比较，左槽修改 7 方案航槽归顺，水流平稳，挖槽基本稳定，水流条件满足设计要求，航道条件根本改善，可作为铜鼓滩航道整治设计的推荐方案。右槽修改 2 方案整治效果不及左槽方案，但工程量较小，可作为比较方案。

在初步设计阶段，对上述方案作了进一步研究，认为右槽类方案不能根本解决铜鼓滩下段航道弯曲，航行条件危险的问题，基本否定了右槽方案，将左槽方案作为本阶段的研究方案。初步设计阶段模型试验重点是对左槽方案的挖槽断面形式、挖槽稳定性、水沙运动规律作进一步研究。具体体现在：通过物理模型进行不同挖槽宽度对比试验，在工可方案基础上，进一步论证优化了挖槽线性和挖槽断面；通过进行不同顺坝坝头长度对比试验、不同顺坝坝头偏角对比试验进一步论证优化了顺坝坝头的位置，同时结合模型观测情况研究了水流对顺坝坝头、丁坝坝头以及右槽进口等部位的冲刷范围和冲刷程度，进而针对性地采取了系列护底措施，维持整治建筑物及挖槽稳定；另外模型还进行了不同挖槽纵坡条件下，挖槽稳定及水流条件的研究。

初设阶段的模型试验成果认为："工可"阶段的左槽推荐方案挖槽设计合理，整治建筑物作用显著，工程实施后航槽归顺，水流平稳，流速比降满足要求，挖槽基本稳定，航道条件根本改善，但由于江心顺坝坝头段向左槽偏移约 10°，坝尖处的水流流速很大，对坝头的稳定性要求较高，同时对右槽进口处的河底冲刷力度较大，结构设计较为困难。为此，在通过模型试验对挖槽的平面线形、纵坡进行了优化调整，并在右槽进口偏下游处修建潜坝，既达到适当增大左槽分流比，又可以降低顺坝坝头处流速和水位落差，降低右槽进口段的河床冲刷力度，提高河床和坝体的稳定性。

整治方案："工可报告"提出的推荐方案为在潜碛坝和迎宾阁之间开辟顺直航槽。通过模型研究确定挖槽宽为 80 m、深为 3.5 m。沿潜碛坝脊筑一长顺坝，在顺坝上段左侧筑 3 条短丁坝，用以增加左槽水流、减少淤积。

初步设计阶段，通过模型试验对工可推荐方案进行了验证和进一步的试验研究，其整治效果较好，但由于江心顺坝坝头段向左槽偏移约 10°，坝尖处的水流流速很大，对坝头的稳定性要求较高，同时对右槽进口处的河底冲刷力度较大，结构设计较为困难。为此通过模型试验，在征求有关专家意见后，提出的推荐整治方案为：在潜碛坝和迎宾阁之间开辟顺直航槽，平面线形微弯，挖槽深 3.5 m，挖槽上段宽 80 m，下段逐渐放宽到 95 m，挖槽底坡为变坡，上段 1.6‰，下段 1.0‰。沿潜碛坝脊筑一长顺坝，在顺坝上段左侧筑 3 条短丁坝，但顺坝坝头长度将工可的 165 m 调整为 40 m，其轴线方向与顺坝一致，另外在右槽进口偏下游抛筑 1 道潜坝。

整治效果：铜鼓滩经过 2008 年和 2009 年的整治建设，于 2009 年上半年完工。经过 2010 年和 2011 年两个水文年的检验，所有整治建筑物稳定完好，整治效果达到设计要求，挖槽水深达到 4 m 以上，航道条件显著改善。

2. 筲箕背整治建筑物布置方案

筲箕背滩位于宜昌上游 1004.5 km，是长江上游著名的枯水浅、急、险的复杂滩险，在兰叙段二期工程中曾进行过整治。该滩长约 1.5 km，河势上，上段较为顺直，下段弯曲。上段左岸为 20 余米高的台地，右岸为高大的甑柄碛卵石碛坝，碛顶高程在当地零水位以上 10 m 左右。碛坝侵占河床导致枯水河宽仅 400 m，洪水河宽则达 1000 m 以上。下段枯水河面宽也仅 350 m 左右，左岸是宽坦的鹭鸶碛江心洲，其左侧有一小汊道，零水位上 1 m 左右断流。在上段的甑柄碛与下段的鹭鸶碛之间的过渡段有一连串乱石堆，形如一个个筲箕扣伏江中，称筲箕背。如附图 2 筲箕背河段河势图所示。

该滩上段水浅，中段流急，下段水流较乱，行船比较危险。1958 年曾对练家槽浅区疏浚，清炸黄板石，整治后发现，航槽内随挖随淤，仍然碍航。后于 1996 年再次疏浚练家槽，同时在左岸买米石与槐子滩两处，各建丁坝 1 条，维持疏浚区稳定。整治后滩段水深得到保证，航道条件有所改善。

随后，在筲箕背滩复杂的水沙条件下，该滩两道丁坝逐年损毁，至 2005 年，两道丁坝水毁相当严重，坝根被冲毁，背水侧河床中出现两个大的冲刷坑，上段滩势恶化、航槽窄浅，并常有卵石波运动，形成浅堆，枯期需用钢耙船进行扒疏，才能保证航道尺度；中段流速较大，下段航槽弯曲，横流较大，扫弯水严重，流急水险。

通过对筲箕背滩水沙条件的观察分析及对已建两条丁坝所进行的现场踏勘情况来看，其主要毁坏情况有如下几点。

(1)丁坝从顶部开始逐渐磨损、破坏。这是由于在滩段河流中，丁坝与卵石推移质彼此相互磨损，尤其是两处丁坝地处卵石推移质输移带上，坝顶磨损尤其严重。

(2)该滩两条丁坝为抛石结构，在水流和漂浮物的冲击下，块石常以滑动和滚动的形态脱离原位，被推移到下游河滩堆积，而坝体逐渐被减小，这是由于水流流速过大，块石相对较小。

(3)由于坝体所在位置的河床基础被淘空，丁坝在自身重力作用下失去支撑而局部或整个砌体在短时间内崩陷塌落，造成坝体较大范围的破坏。

(4)丁坝在水流或漂浮物的冲击作用下，砌体从顶部开始，逐层剥落，或在较弱部位形成缺口，进而毁坏的程度逐渐扩大。

综合来看，滩段水流流速较大，而抛填块石自重小，坝体的整体性较差，是导致本滩丁坝破坏的主要原因。

由于两座丁坝遭到严重损毁，致使航道条件恶化。对此确定整治原则为：抛筑整治建筑物调整水流流态，修补原建丁坝巩固整治效果，疏浚碛翅浅包增大航道弯曲半径。

整治方案如下。

(1)修复左岸买米石和槐子滩两处丁坝，恢复其束水挑流冲刷航槽的作用，以保持航槽尺度，防止筲箕背碛翅继续向江中淤积发展；对买米石和槐子滩两条丁坝坝根处的岸坡进行护坡处理，防止该处岸坡继续垮塌影响坝根的稳定。

根据丁坝的损毁机理和实际损毁情况布置坝轴线，尽量减少补坝工程量。买米石丁坝坝轴线布置为折线，夹角为 169°，坝长 152 m；槐子滩丁坝轴线布置为折线，夹角为 121°，坝长 299 m。同时对两条丁坝的坝根处岸坡进行护坡，护坡范围为：上丁坝自坝根处上游 20 m，下游 20 m，岸坡方向护坡至陡崖坡脚，河心方向 30 m；下丁坝自坝根处上、下游以及岸坡方向护坡至已建护坡陡崖的坡脚，河心方向 30 m。

(2)冲刷坑抛石护底：对买米石、槐子滩两条丁坝背水侧河床中的冲刷坑进行抛石护底，防止冲刷坑进一步扩大，影响丁坝坝体的稳定。考虑到滩段河床的组成，在分析丁坝下游的水流流态基础上，通过预测水流的冲刷范围及深度，最后确定抛石护底的范围和结构，以维持河床的稳定。

(3)疏浚筲箕背凸伸航槽的浅包，增大航槽宽度；疏浚下段鹭鸶碛碛头右侧卵石包，拓宽航槽，增大航槽弯曲半径，降低中段水流流速。

(4)新建三条潜坝：在下深槽进口筑潜坝三条，增大航槽内水流流量，防止挖槽淤积，同时壅高下深槽水位，调整流量分布，改善下段横流较大的状况。潜坝结合水流的流向流态，以及深槽的河床地形进行布设。布设的三条潜坝，1＃潜坝长 70 m，2＃潜坝长 60 m，3＃潜坝长 52 m。

整治效果：通过叙泸段工程对筲箕背滩的修复，上下丁坝在迎水坡和背水坡得到了放缓，坝面进行了加宽和加厚。同时，在坝头进行了加强，加宽和加长勾头部分。坝根部分也进行处理。整治完工后，经过 3 个水文年的观测，该滩整治效果良好，整治建筑物稳定，达到了设计目的。

通过对铜鼓滩、筲箕背两处复杂滩险的治理，对这一复杂的水沙条件要有充分的认识，对复杂滩险的综合治理方面整治建筑物的布置方案设计尤为关键，实践证明，这是确保整治建筑物的稳定和滩险综合治理效果正常发挥的关键，是一主动预防措施。

6.1.2 整治建筑物材料和结构形式上预防

1. 过去整治建筑物材料结构形式

在整治建筑物材料与结构形式的应用方面，国外在 20 世纪 50 年代以前较普遍以混凝土、石块、沥青作为整治建筑物材料，整治建筑物形式以混凝土丁坝、管桩坝、沉排、护坡以及沥青混凝土护坡、块石护岸等居多。50 年代后期以来，随着产品编织工艺的发展和生产种类的增多，尤其是非织造型土工织物的出现，给土工织物的应用注入了新的活力，工程上利用它所具有的隔离、反滤功效或缝制成软体排，进行河床守护，或缝制成袋，充填河沙，加工成沙枕，代替块石作为坝体充填材料。欧美和日本等发达国家应用土工织物从最初的河道护岸防冲发展到目前的水利和航道工程的排水、反滤、防渗、加筋、护底、护坡、护岸等多个方面，并且呈方兴未艾之势。

由于川江两岸多为较坚硬的基岩，开采方便，且费用较低。故川江整治建筑物大都采用抛石结构，干砌条石结构和浆砌条石坝面结构。

1)抛石坝面

这种坝面是用较大的块石抛筑而成的，坝面的单个块石重量一般大于 600 kg，采用专用筑坝船和吊车抛筑。这种结构主要在 20 世纪 70 年代以前采用，由于块石散乱地分布于坝面，坝面平整度较差，抗水流冲击能力较差，且坝面极不美观。

2)干砌条石坝面

为了增强整治建筑物的美观性，从 20 世纪 70 年代以后，川江航道整治建筑物的坝面结构方式主要为干砌块石，坝面厚度一般为 0.5 m。但由于漂木的撞击、水流的渗透、大块石下部填塞的中小石块不够紧密等，坝体损毁严重，分析其原因主要是坝面结构不牢固、块石级配组成不合理，造成坝面被破坏或背水面坝体被水流淘空从而导致坝体毁坏。自 80 年代中期以后，川江航道整治建筑物的坝面一般采用干砌三层条石，条石的尺寸一般为 100 cm×30 cm×30 cm(长×宽×高)。这种结构的坝面厚度达 1 m 左右，干砌条石采用了错缝错层施工，坝面整体性较抛石坝面有了较大的提高，且坝面平整美观。

3)浆砌条石坝面

虽然干砌条石坝面已较大地提高了坝面整体稳定性，但对于一些受水流顶冲或受中、洪水期砂卵石摩擦较厉害的整治建筑物水毁仍较严重。为了进一步加强坝面的整体性和稳定性，对于这类整治建筑物，其坝面采用了浆砌条石结构。这种结构的平整性和牢固性较干砌条石坝面又有了一定的提高。

2. 复杂水沙条件下整治建筑物材料结构形式上预防措施

目前川江航道整治建筑物主要为散抛石坝体，干砌条石和浆砌条石坝面结构。丁坝和顺坝的顶宽为 2～3 m，潜坝顶宽为 3～5 m，迎水边坡为(1∶1.5)～(1∶2.0)，背水边坡为(1∶1.5)～(1∶2.5)。由于川江具有河床地质较好的特点，这种结构在一般情况下是稳定的，但在水流流速较大(超过 3 m/s)的滩段，这种坝体结构的坝头和坝体顶冲部位仍将会出现毁坏。为了进一步增强川江航道整治建筑物(特别是丁坝)的稳定性和耐久性，减少工程建成后的维护工作量，维持整治效果，在长江上游泸渝段及叙泸段试验性地使用了一些新型材料结构，较好地保持了整治建筑物的稳定。

1)坝体结构 1：钢筋砼箱体坝面+砼块铰链排护背水坡+抛石坝体

根据水流垂线流速分布特点，当水位淹没坝顶 2～3 m 时，水流的最大垂线流速在坝体表面，对坝面的冲刷作用最强；当水位更高时，水流挟带的泥沙明显增多，此时悬移质或推移质对建筑物的冲击、磨损较厉害，其作用部位主要是坝面，因而加强坝体上部特别是坝面的强度和整体性就特别重要，为此，拟在坝体上部采用钢筋混凝土箱体结构以达到加强坝面强度的目的。另外，在水流的拖拽作用下，坝体背水坡的块石常以滑动和滚动的形态脱离原位，从而导致坝体破坏。针对这种情况，可考虑将抛石坝体的背水坡采用砼铰链排保护起来，以增加坝体的整体性。

坝体由下部抛石坝体、上部钢筋砼空心箱型坝体和砼块铰链排护面三部分组成(图 6-1)。坝体下部仍采用散抛块石，迎水坡坡度为 1∶1.5，背水坡坡度为 1∶2。待坝体抛筑至距坝面顶高 1 m 高时，铺砼块铰链排护坡，然后在其上用钢筋砼箱体压顶，箱体为中空、有底的钢筋砼空心结构，壁厚为 150 mm。箱体截面为梯形，其尺寸为上宽 3 m、下宽 5.43 m、高 1 m，延坝轴线方向长 1.5 m。箱体浇筑完毕后再回填砂卵石，然后在箱体顶部现浇 150 mm 厚 C30 砼封顶。铰链排护底上端压于钢筋砼箱体之下，下端护至坝体坡脚。该结构用于水流对坝体的作用力度较大，对坝体强度及稳定性要求较高的滩险，如水流直接顶冲的杨柳碛滩上丁坝。

2)坝体结构 2：块石砼坝面+砼块铰链排护背水坡+抛石坝体

泸渝段砼块铰链排是对坝体迎水坡、背水坡及坝顶均进行护面，但未进行压排，故易被掀开；另从泸渝段坝体实施的情况来看，坝体背水坡块石易被淘刷。针对上述现象，将铰链排护面结构优化为只对背水坡进行守护，即坝体下部采用块石结构，在距坝顶高程 0.6 m 处坝轴线的下游一侧和背水坡铺砼块铰链排，然后在之上浇块石砼坝面压住砼块铰链排。这样，坝体的顶面由块石砼保护，整体性较强，背水坡又用砼块铰链排进行衵护，合理地增加了建筑物整体的稳定性和耐久性。

这种结构(图 6-2)的坝面块石砼厚度可在 0.3～0.6 m 之间适当调节，用于水流对坝面的冲击力相对较小，以及不便于在坝面建钢筋砼箱体的坝体，如吊鱼嘴滩的丁坝加高、筲箕背滩的坝体修复、杨柳碛滩的下丁坝等。

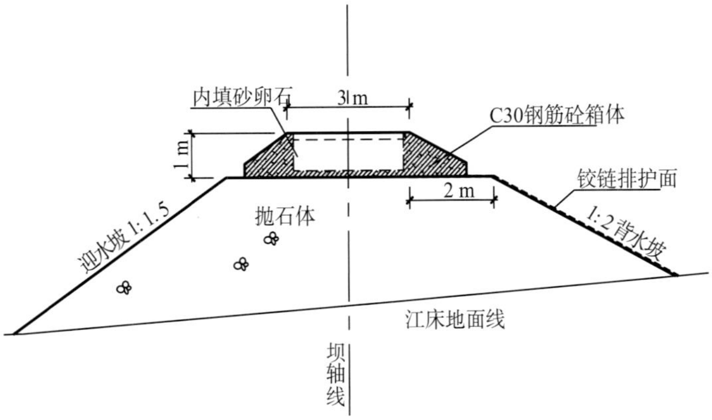

图 6-1　坝体结构 1 断面图

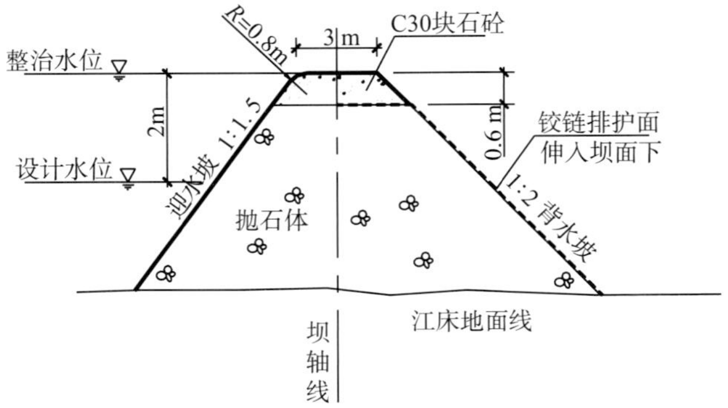

图 6-2　坝体结构 2 断面图

3)坝体结构 3：扭王字块护面+抛石坝体

在山区河流中，整治建筑物的坝头由于处在水流顶冲的关键部位，毁坏相当严重，特别是坝头水流流态较乱，采用铰链排等片状护面结构易被水流冲翻，失去保护功能。因此拟将海港工程中防波堤护面结构中常用的扭王字块首次用于长江上游整治建筑物的坝面结构，坝心仍采用块石，在迎、背水坡及坝顶约 1 m 厚的坝面抛一层扭王字块进行护面(图 6-3 和图 6-4)，扭王字块的高度为 1.094 m，单块重 0.8 t，砼的标号为 C30。扭王字块可从坝体坡脚至坝面随机抛放，其预制、堆放、安装施工均为成熟工艺。该结构主要用在丁坝坝头 20 m 长范围内的坝体护面。

扭王字块的安放采用定点随机安放，从坝体坡脚至坝顶方向进行，抛放网点排距和间距为 0.85 m，但排与排间应按 0.42 m 错位进行抛放。

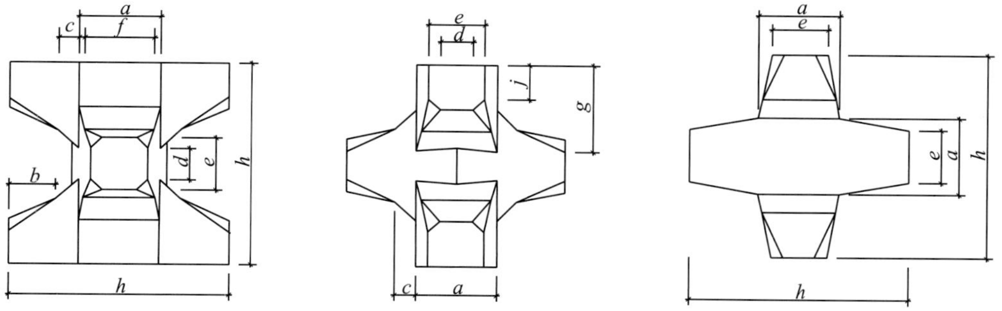

(a)　　(b)　　(c)

图 5-3　扭王字块正视、侧视、俯视图

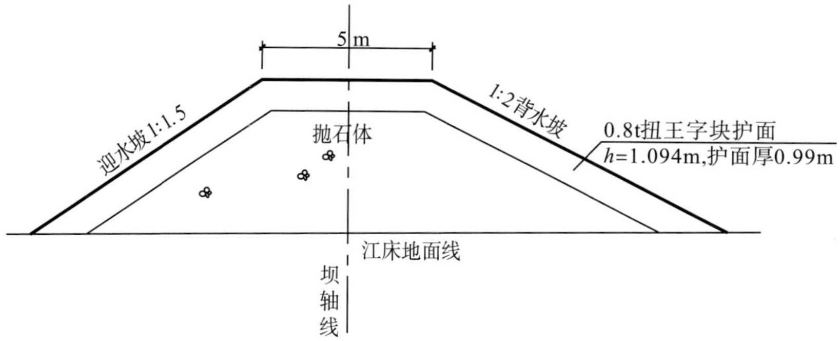

图 6-4　扭王字块护面坝体断面图

4)坝体结构 4：砼嵌卵石护面

在工程实践中，根据现场实施的实际情况看，金鱼碛和筲箕背丁坝段位于卵石输移带，对坝面及迎水坡有较大的磨损，由此，为提高坝面的耐磨能力，增加一种新的坝面结构进行试验，即 C30 砼坝面嵌入直径为 12～18 cm 的大卵石，卵石外露 2～3 cm，以进行坝面的耐磨结构试验(图 6-5 和图 6-6)。该结构主要用于卵石输移带的坝体表面，增强坝面的卵石耐磨性能。

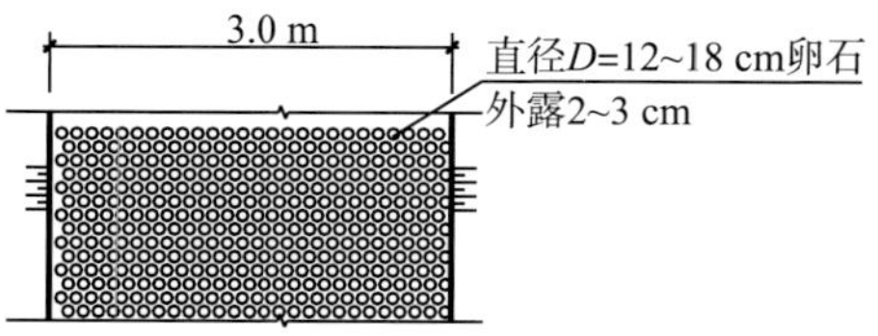

图 6-5　坝面嵌入卵石平面示意图

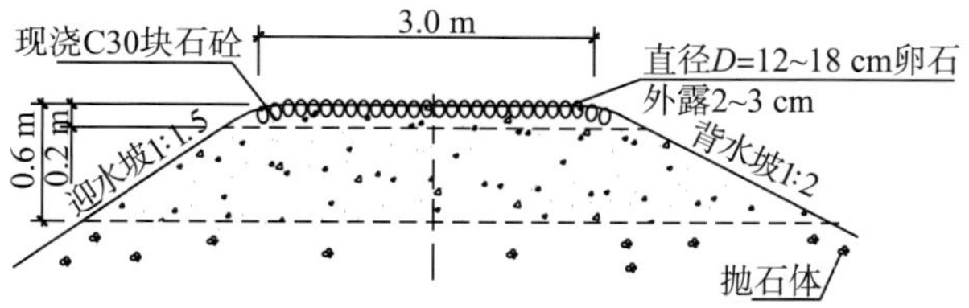

图 6-6　坝面嵌入卵石剖面示意图

3. 河床护底

复杂水沙动力条件下，由于水沙的作用造成整治建筑物的基础部分侵蚀严重，护坡被淘空，护岸被冲垮，护底被冲走，从而严重影响了整治建筑物稳定性。因此，在整治建筑物的基础部分的设计方面，要针对具体情况，选取合适材料，加强基础部分强度，对河床采取护底的方式，确保整治建筑物的稳定。

6.1.3 整治建筑物维护管理方面的预防

山区河流，坡陡流急，漂浮物多，破坏力大。因此，建筑物在汛期出现一些局部水毁是难免的，问题在于要及时发现，及时维修，这是管理工作的关键。

(1)各级航道机构应切实按照管理范围的划分，做好航道维护工作，加强专业维护队伍的建设，优化人才结构，提高维护人员的技术水平。

(2)要加强航道行政管理，向沿江广大群众宣传保护整治建筑物的意义，禁止一切有害于航道畅通、破坏整治建筑物的人为活动。

(3)航标揭示。近年来，随着长江水运的快速发展，运营船舶数量和吨位不断增大，整治建筑物时有被船舶因各种原因造成碰损的情况发生，长江上游泸渝段、叙泸段航道整治工程结束后，整治建筑物数量大幅提升，为确保航道畅通以及船舶与整治建筑物的安全，上游通航河段整治建筑物均配以航行标志予以揭示，所配航标以整治建筑物名称命名和编号，由各辖区航道管理处承担维护管理工作。

(4)加大维护及科研投入经费。2008 年以来，国家将长江黄金水道的建设和发展提到了历史高度，长江航道的建设和科研投入不断得到大幅提升，水毁防治与生产任务和科学研究得到有效结合，整治建筑物的水毁防御能力逐年提高。

(5)建立工程技术档案。针对长江上游航道整治建筑物的技术状况及其维修工程，建立完整的技术档案。整治建筑物的技术状况应包括：建筑物的现有尺寸与工程竣工时的尺寸有何差异；建筑物附近河床与水流状况有无特异变化；建筑物的作用和功能能否继续发挥，有无缺陷和隐患等。根据技术状况检查结果，按规范规定将整治物的技术状况进行合理分类，确定维修工程的轻重缓急，制定维修计划和修理方案。

6.2 整治建筑物水毁监测措施

6.2.1 已有水毁工程的监测

1. 监测的主要内容

(1)建筑物现有尺寸与工程竣工验收尺寸有何差异。

(2)建筑物附近河床与水流状况有无变化。

(3)建筑物的功能是否发挥正常。

(4)建筑物是否遭受到人为的破坏。

(5)建筑物有无缺陷和隐患。

2. 监测重点

(1)对丁坝、顺坝和锁坝，应检查坝根和坝面是否完好，背水坡有无淘刷；丁坝和顺坝坝头是否受损塌陷，坝头附近冲刷坑是否超过设计值。

(2)对各类潜坝，应观察潜坝周围的水流状态是否发生明显变化，测量所在滩段的流速、比降等来判断潜坝有无损坏。同时还应通过水下地形测量来检查坝根接岸处有无变化，坝身有无沉降和坝下游的冲刷情况。

(3)对导流坝，除应检查坝体完好状况外，还应检查导流的效果。

(4)对拦截梁水的顺坝，除应检查坝顶高程有无变化和坝体是否完好外，还应检查拦截梁水的效果。

(5)对护岸建筑物，除应检查建筑物陆上部分有无沉陷和损坏外，还应检测水下坡脚有无淘刷和变形、排水是否正常、护岸上下游岸坡有无变化。

(6)对护滩建筑物，除检查滩面、周边和端部是否完好，压载体有无松动或脱落外，还应观察护滩效果。

3. 监测方法

水毁工程的监测主要是对整治建筑物的技术状况进行检查，已有的检查方式和方法主要如下。

(1)对一般整治建筑物，可通过目测、照相、量测等手段，了解其水上部分是否完好，水下部分有无较大沉降、变形。

(2)对易变滩险、险要部位的重点建筑物，以及已发现有明显损坏的建筑物，应使用仪器准确测定其位置、长度、高程以及建筑物近旁的河床地形等。

(3)对于未达到设计效果的建筑物，或将失去作用的拦石、导石建筑物，除测定建筑物的基本尺度外，还应施测有关的河床地形图。

4. 监测时机安排

1)日常监测

长江上游航道整治建筑物的日常监测由辖区航道管理处负责实施，枯水期(1～4 月)每月监测 2 次，主要是通过量测坝体尺寸、观察坝体条石有无松动、观察坝体周围水流状态等，并做好监测记录。

2)定期监测

长江上游航道整治建筑物的定期监测由专业的航道测绘处负责实施，每年枯水期在水位较低时期(2～3 月)，辖区所有丁坝、顺坝、锁坝等全部出露水面，潜坝常年淹没于水下，此时安排测绘处对辖区所有整治建筑物进行一次全面的地形测量，测绘范围为建筑物范围外延 100 m，测图比例为 1∶500。对于航道整治建筑物损毁较明显的，其所在滩段也安排测绘，测图比例为 1∶2000。

3)现场踏勘

长江泸州航道局在每年枯水期利用水位较低的有利时机，组织长江航道系统以及一些科研、设计单位、大专院校的一些资深水工专家、教授、设计人员对辖区水毁较严重的整治建筑物进行现场踏勘，并组织召开山区河流航道整治建筑物维护技术研讨会。通过现场踏勘，各位专家学者对长江泸州航道局辖区整治建筑物的水毁状况有了较为直观的认识，同时对其辖区整治建筑物维护建言献策，为促进长江上游山区航道又好又快发展提供了很好的技术支撑。

5. 监测设备

1)一般监测设备

航道工作船舶、测举仪、皮尺、卷尺等。

2)专业测量设备

外业测量主要使用了全站仪、GPS、经纬仪、测深仪等测量仪器，内业成图主要使用南方 SCASS、天测 WALKFILED 和 AutoCAD 等成图软件，通过绘图仪绘制成图。

6. 建立监测记录

长江航道部门自 2008 年起，加强了对整治建筑物的监测，并建立了检查监测记录，详见表 6-1。

表 6-1 航道整治建筑物检查观测记录表

检查日期：　　年　　月　　日	
检查时间：　　时　　分至　　时　　分	
天气：	测时水位：
工作船舶：	
检查方式：	
整治建筑物名称：	
整治建筑物的观测情况(包括损坏变形情况、损毁原因、建议等)：	
检查人员：	记录人员：

7. 编制航道整治建筑物技术状况评价报告

在航道测绘处提供的测图基础上，通过现场踏勘，结合各基层航道管理处对整治建筑物的多次检查观测，一般在每年的 9 月组织专班，编制《长江航道整治建筑物技术状况分析评价报告》，并对整治建筑物技术状况进行分类，共分为四类：一类，技术状况良好，功能发挥正常者；二类，坝体有少量变化，但不影响坝体稳定和整治功能者；三类，坝体损坏较明显，整治功能尚在，但需及时修复者；四类，坝体损坏严重，或有明显缺陷，已经或即将失去应有整治功能者。

根据《长江航道整治建筑物技术状况分析评价报告》，提出初步的维修计划。

8. 监测依托工程事例

1)事例 1：螃蟹碛导流坝日常监测

螃蟹碛 1# 导流坝坝根约 50 m 长的范围损毁严重，其他部位情况较好。从测绘处近期测图来看(图 6-7)，螃蟹碛 1# 导流坝的高程变化在 0.5～1 m。螃蟹碛 1# 导流坝的局部损毁必然影响螃蟹碛滩的整治效果，根据检测结果，将螃蟹碛 1# 导流坝评定为三类。

图 6-7　螃蟹碛 1# 导流坝近期照片

2)事例 2：金钟碛上下丁坝监测

2010 年 4 月，长江泸州航道局组织长江航道系统的一些水工专家、科研、设计单位的专家学者以及泸州航道管理处相关人员对金钟碛两处丁坝进行了检查观测。如图 6-8～图 6-10 所示。

图 6-8　金钟碛上丁坝

图 6-9　金钟碛下丁坝

图 6-10　金钟碛下丁坝坝头背水坡水毁

检测结果表明，两处丁坝坝体均无明显的损毁，但大部分坝面混凝土被剥蚀，坝头背水坡段被淘刷，局部条石被冲走，呈悬空状态。

金钟碛两处丁坝为泸渝段航道建设工程新建的整治建筑物，坝面及坝头边坡存在一定程度的水毁，但坝体结构较为完整，整治建筑物外观良好。从金钟碛的整治效果看，该滩目前较为稳定，右槽浅区无明显的回淤现象，滩段流速较整治前有所增加，金钟碛丁坝功能发挥较好。因此，将其技术状况评定为一类。

3)事例 3：小米滩上下丁坝

2010 年 4 月，泸州航道局组织长江航道系统的一些水工专家、科研院校、设计单位的专家学者以及泸州航道管理处相关人员对小米滩上、下丁坝进行了检查观测。如图 6-11～图 6-13 所示。

从检测结果来看，小米滩上丁坝坝根部位全部坍塌，部分条石被冲乱，局部形成深坑，坝根段损毁严重。坝头、坝面以及迎水坡相对较好。

小米滩下丁坝坝根部位完全被冲毁，背水坡损毁严重，大部分条石被冲走，局部形成深坑，背水坡坡面已不存在；坝头、坝面以及迎水坡相对较好。

图 6-11　小米滩上丁坝坝根水毁严重

图 6-12　小米滩下丁坝坝根水毁严重

图 6-13　小米滩下丁坝背坡水毁

2006～2009 年，小米滩两座丁坝束水挑流作用明显，小米滩无明显的回淤现象，但在 2010 年 2 月，小米滩出现浅点，最小水深不足 2.7 m，小米滩上、下丁坝集中水流对浅区航槽的冲刷作用减弱，两丁坝功能不能发挥正常。因此，将其技术状况评定为三类。

6.2.2　复杂水沙条件下水毁工程的监测

目前，整治建筑物运行状况的技术监测的方式主要是通过目测、照相、量测等手段，了解其水上部分是否完好，水下部分有无较大沉降、变形。而对于易变滩段、险要部位的重点整治建筑物，以及已发现有明显损坏的整治建筑物或将失去作用的整治建筑物的监测，尚缺乏先进的仪器和技术及时准确地测定其损毁位置、长度、高程以及整治建筑物附近的河床地形变化。在近年维修工程设计过程中发现，有的建筑物由于河床变形引起坝体边坡部位坍塌严重，坝面下部出现悬空，而坝面部分保存较完整，如图 6-14 所示。采用传统的平面测量方式很难准确反映建筑物损毁的实际情况，给维修设计和工程量计算带来了较大困难。针对这种情况，可试验性地运用新型探测设备进行勘探，初步掌握坝体下部空洞的位置、形状和大小等，为维修设计提供更为准确的技术资料。

图 6-14　金刚关刀碛下丁坝悬空坝面

1. 检测设备

在复杂水沙条件下，整治建筑物的检测，可借助目前国内外的一些先进的水下检测设备，如水下检测船、水下成像系统、侧扫声呐、扫描声呐、多波束测深系统、水下定位系统等。

(1)水下成像系统，如图 6-15 所示。

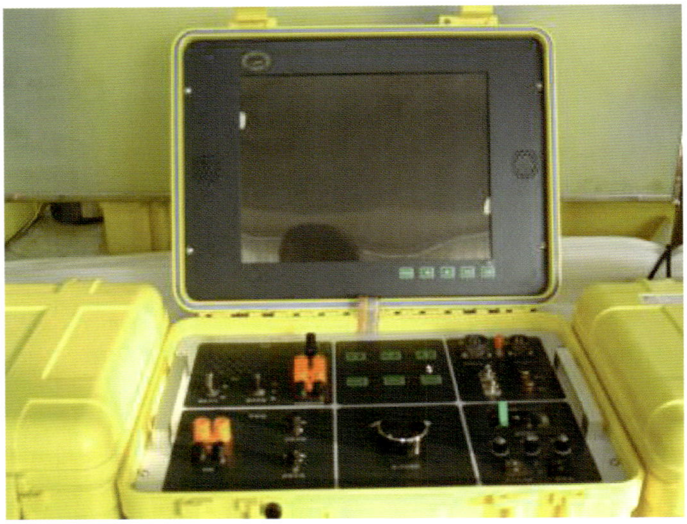

图 6-15　SXD-Ⅲ BFKR 型水下摄像系统

水下成像系统，用于施工检测、水下观察，可实现水下录像，已广泛用于航道整治工程水下护底检测。

(2)侧扫声呐，如图 6-16 所示。

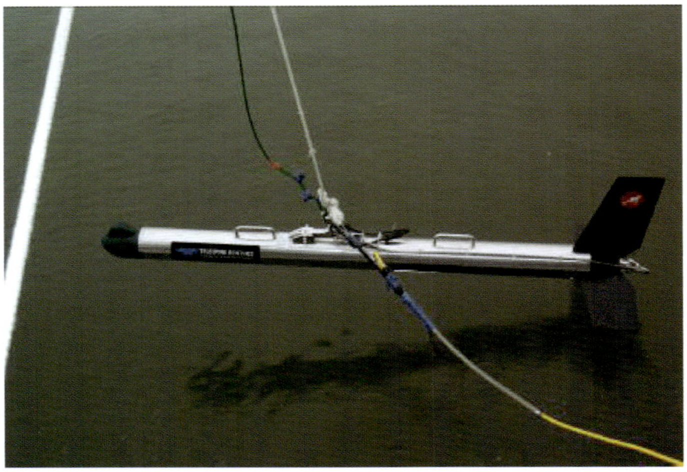

图 6-16　SXD-Ⅲ BFKR 型水下摄像系统

侧扫声呐，用于探测水下地貌和水下物体，如礁石、沉船、管道、电缆等，可用于对水下工程进行大范围的扫测。

(3)扫描声呐，如图 6-17 所示。

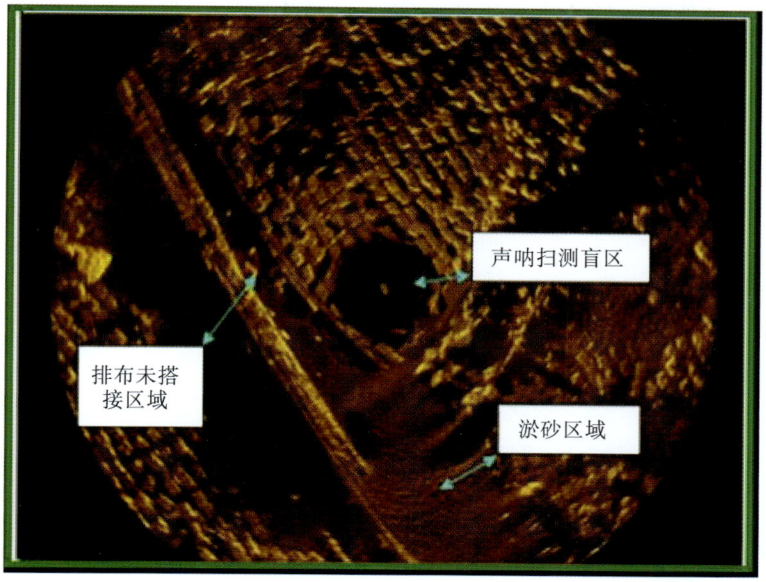

图 6-17　扫描声呐图

扫描声呐，具有高分辨率、水下工程检测 2D 成像的技术特点，适用于水下工程的小范围精细观测。

(4)多波束测深系统，如图 6-18 和图 6-19 所示。

浅水多波束测深仪性能稳定、数据质量高，能精确快速测出水下目标的大小、形状和高低变化，用于对水下地形地貌进行大范围全覆盖测量及实时声呐 3D 图像显示。

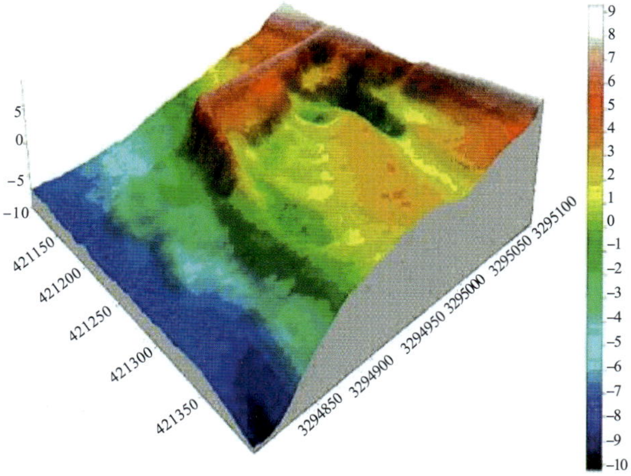

图 6-18　多波束测深图 1

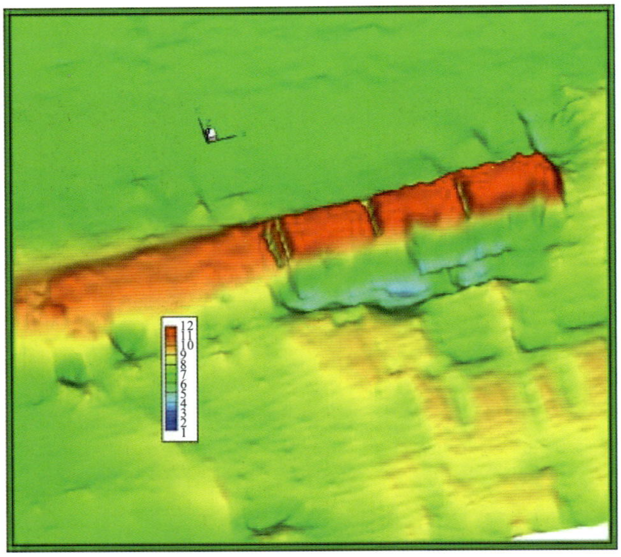

图 6-19　多波束测深图 2

(5)水下定位系统。

超短基线水下定位系统，具有水面跟踪和水下响应自动化定位的两大主要功能，常规水下定位精度可达到亚米级。可用于对水下目标、工程范围进行精确定位。

2. 检测范围

主要检测范围有：水下护底护脚检测、水下构筑物检测、水下轨道管线检测、水下障碍物检测等。

(1)水下护底检测。

如长江航道整治工程水下铺排检测，利用潜水探摸结合水下电视、扫描声呐进行检测作业，直观判断水下铺排搭接方式、搭接宽度是否满足设计要求。水下沉排扫描图如图 6-20 所示。

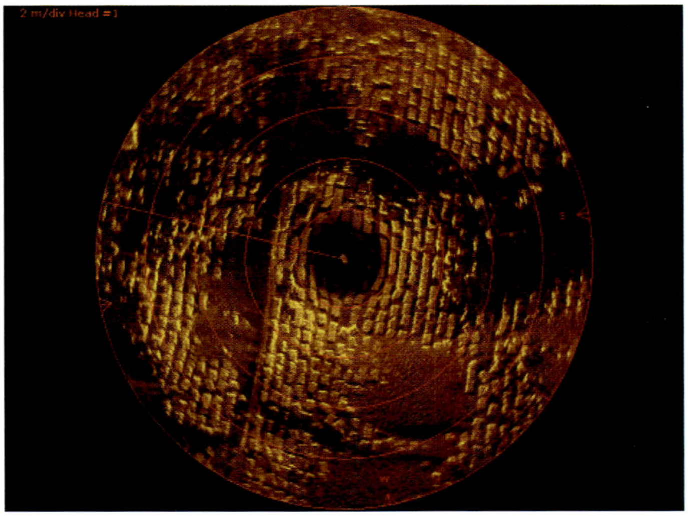

图 6-20　水下沉排扫描图

(2)水下坝体检测。

2011 年 1 月，长江航道救助打捞局对汉江崔家营航电枢纽海漫护底工程进行水下摄像、声呐检测，了解海漫护底工程损毁情况；2011 年 9 月对东流航道整治工程鱼刺坝进行水下摄像、声呐检测，了解坝体损毁情况。

(3)水下障碍物检测。

2011 年，长江航道救助打捞局使用侧扫声呐对岳阳落水集装箱进行扫测定位，确定水下集装箱的位置。

3. 检测效果

近几年，长江航道救助打捞局多次进行长江航道整治工程水下检测，完成了长江瓦口子水道、武穴水道、戴家洲水道等 20 多个航道整治工程水下护底检测任务。检测结论能真实反映工程质量状况，为工程质量评定提供了依据。为克服江水浑浊的困难，采用了清水罩技术，使水下成像更清晰。

以上检测设备已广泛用于长江中下游航道整治建筑物的水下检测，检测效果甚佳。这些设备目前长江航道部门也正尝试着用于长江上游航道整治建筑物的水下检测，特别是对水下潜坝及坝下空洞的检测，能较准确地掌握其水毁状况，有着广泛的用处。

6.3　整治建筑物修复措施

6.3.1　整治建筑物结构形式及使用效果

1. 整治建筑物结构形式

在长江上游，河床相对较为稳定，石料较为丰富，以往的整治建筑物大多采用抛石坝体+条石压顶的结构形式，取得了一定的整治效果，整治建筑物也较为稳定，特别是采用机械吊装施工的大块石坝体整体稳定性较好。

近年来，随着国民经济的快速发展，长江上游整治力度加大，整治建筑物规模逐年增加，常规抛石坝体受人为因素和自然因素的影响，损毁较为严重。鉴于目前石料开采难度大，环保要求高等条件的制约，相关部门和设计单位在长江上游近期实施的航道整治工程中，尝试性采用了一些新型结构，包括多种组合结构，例如，在小南海试验应用钢丝石笼坝体+块石坝体+块石砼坝面结构(组合结构Ⅰ，图 6-21)；在关刀碛试验应用钢丝石笼坝体+抛石坝体+钢筋砼空心箱体坝面结构(组合结构Ⅱ，图 6-22)；在金钟碛、小米滩等多处滩险试验应用抛石坝体+混凝土与浆砌条石组合的坝面结构(组合结构Ⅲ，图 6-23)；在杨柳碛滩试验应用抛石坝体+砼块铰链排护背水坡+钢筋砼箱体坝面(组合结构Ⅳ，图 6-24)；在铜鼓滩试验应用扭王字块护面+抛石坝体结构(组合结构Ⅴ，图 6-25)等，取得了一定的效果。

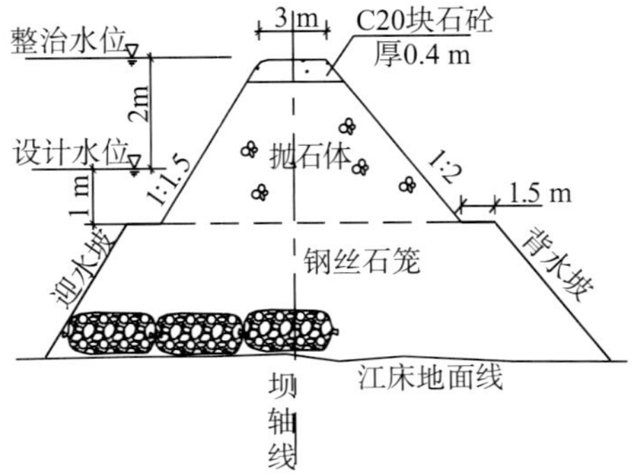

图 6-21 组合结构Ⅰ示意图

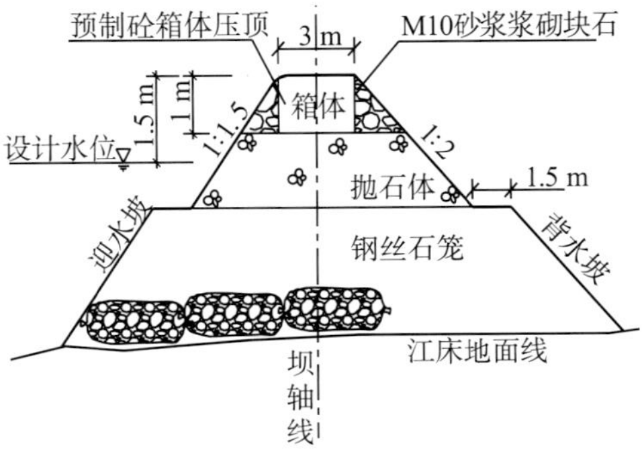

图 6-22 组合结构Ⅱ示意图

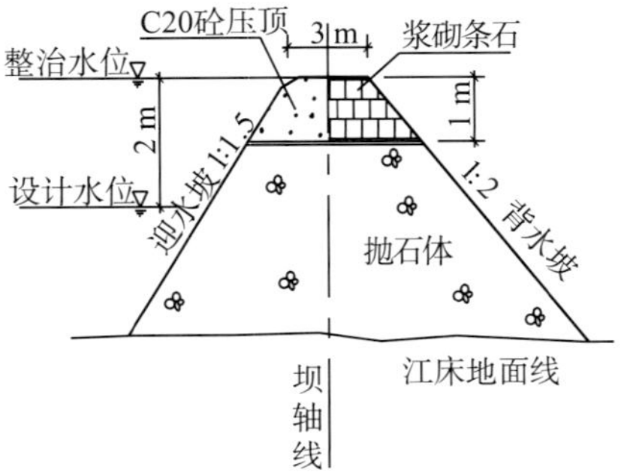

图 6-23 组合结构Ⅲ示意图

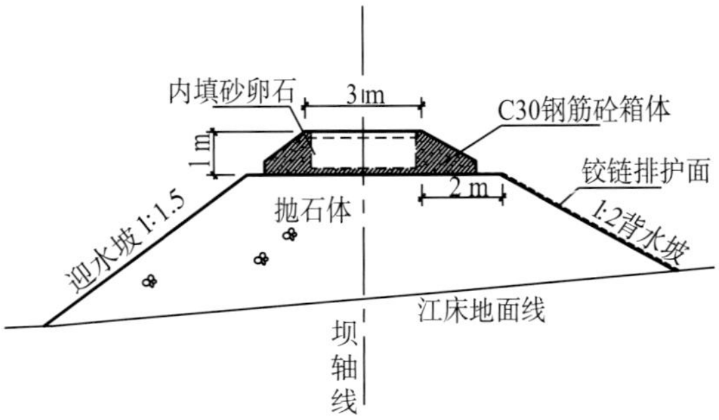

图 6-24 组合结构Ⅳ示意图

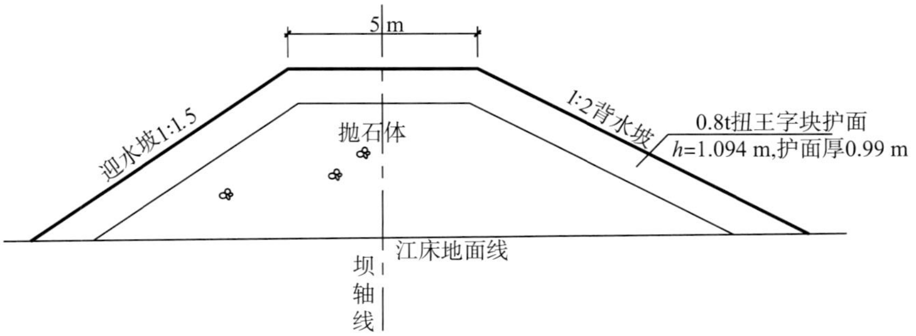

图 6-25 组合结构Ⅴ示意图

2. 使用效果

(1)钢筋砼空心箱体能较好保证坝面的稳定，其强度也能得到保证。但是矩形箱体后的浆砌块石及背水坡块石易被淘刷，今后的工程中可考虑将矩形断面结构优化为梯形断面结构，以保证与坝体下部平顺连接，使水流更趋平顺，增强坝体的稳定性。钢筋砼空心箱体坝如图 6-26 所示。

(2)砼块铰链排护面的施工总体来说比较方便，对坝体背水坡的保护是有效的，但连接钢筋容易锈蚀，导致排体坝面破坏。因此，对铰链排护面的优化应在部位上，可考虑只对背水坡进行护面，并将砼块铰链排压于坝面下。该结构可在山区河流丁坝的背水坡使用，如图 6-27 所示。

(a)

(b)

图 6-26　钢筋砼空心箱体坝

图 6-27　砼块铰链排护面结构

(3)钢丝石笼在水下的稳定性和耐久性较好，但面层钢丝石笼也容易锈蚀破坏。因此，在山区河流中可以在潜坝或丁坝的下部进行推广应用。由于试验研究阶段未大规模应用，主要采用人工装笼和抛筑，工效较低，今后可采用一些工程措施以提高工效，如钢筋自制筛网与挖泥船(或挖掘机)相配合进行卵石筛选，用简单的起重设备或采用开底泥驳进行抛筑，可大大提高施工效率，降低施工成本。钢丝石笼结构如图 6-28 所示。

图 6-28　钢丝石笼结构

(4)现浇砼与浆砌条石结构的施工较方便，应用较广，也是对以前川江各种坝面结构的总结与提高，其稳定性与耐久性也较以往的坝面结构有了较大程度的提高，但坝面的施工受水位的影响较大。随着沿江条石的开采逐渐受到限制，可考虑用块石砼坝面结构替代砼与浆砌条石组合坝面结构。块石砼坝面结构如图 6-29 所示。

图 6-29 块石砼坝面结构

(5)扭王字块护面结构对坝体及河床的变形适应性较好，同时块体单块质量大，能够抵抗水流的冲击，具有一定的消能作用，能够有效维护坝体的稳定，该结构采用预制安装方式，不受当地材料限制，同时受水位的影响相对较小，使用效果好，但造价相对较高，施工较为困难，需专用起吊设备。扭王字块护面+抛石坝体结构如图 6-30 所示。

图 6-30 扭王字块护面+抛石坝体结构

整治建筑物损毁严重的部位是其薄弱部位，综合分析以上整治建筑物结构形式的优缺点，结合整治建筑物维修的自身特点，混凝土坝面、钢丝石笼坝心和扭王字块护面等强度较高、不易损毁的新型整治建筑物结构形式可以在维修工作中优先考虑。

6.3.2　整治建筑物维修原则

(1)根据各类建筑物所处滩段的航道条件、水文、边界条件和整治功能等差异确定相应的原则及标准。

(2)根据整治建筑物各部位的破坏原因、受力情况和损毁程度等因素，采取不同的维修结构形式。

(3)重点对坝体损毁薄弱部位进行加固处理，确保整治建筑物整体稳定和功能的正常发挥。

6.3.3　整治建筑物维修结构选型

如前所述，山区河流整治建筑物类型主要包括丁坝、顺坝、潜坝、锁坝以及丁顺坝、顺坝－齿丁坝等组合型坝体。航道整治建筑物的损毁主要受河段的水流特性，自身结构、整治功能以及床沙运动强度等因素的影响而有所差异。对于水毁建筑物的修复措施，一般采用原样修复使其恢复原设计尺度，或采用加宽坝头、放缓边坡的方法进行加固，而不能根本改变水毁频繁出现的状况，因此整治建筑物的防护及水毁修复技术还有待进一步完善和创新。由于整治建筑物类型不同、部位不同，损毁原因和程度各异，因此，在进行整治建筑物维修结构设计时，应深入剖析整治建筑物不同部位的损毁原因、水流特性以及维修工程的自身特点，在近期航道整治工程和维修工程中取得的成功经验和失败教训的基础上，有针对性地进行结构选型和设计。

1. 坝面维修结构

坝面的破坏主要由水流顶冲作用，河床推移质磨损，漂浮物的撞击以及下部坝体失稳、沉陷引起的。根据水流垂线流速分布特点，当水位淹没坝顶 2～3 m 时，水流的最大垂线流速在坝体表面，对坝面的冲刷作用最强；当水位更高时，水流挟带的泥沙明显增多，此时悬移质或推移质对建筑物的冲击、磨损较厉害，其作用部位主要是坝面，因而加强坝体上部特别是坝面的强度和整体性就特别重要。为此，拟在坝体上部采用钢筋混凝土箱体结构以达到加强坝面强度的目的。另一方面，在水流的拖拽作用下，坝体背水坡的块石常以滑动和滚动的形态脱离原位，从而导致坝体破坏。针对这种情况，可考虑将抛石坝体的背水坡采用砼铰链排保护起来，以增加坝体的整体性。由于坝面在枯水期时露出水面成为周围生态环境的组成部分，因此维修时除根据其破坏的程度和原因进行结构形式的选择外，还应充分考虑与周边生态环境的协调性。

(1)对于主要受水流顶冲和漂浮物的撞击造成破坏的坝面可选择抗冲能力较强的钢筋混凝土现浇坝面，通过锚固钢筋与坝体连结成一个整体(图 6-31)。当整治建筑物处于城镇或者对整治建筑物外观要求较好的河段还可考虑用钢丝网箱坝面或预制混凝土箱体等坝面结构形式。

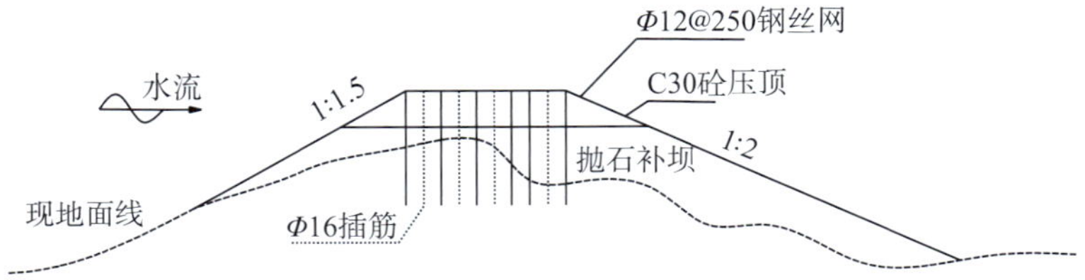

图 6-31　钢筋混凝土坝面结构图

(2)对于主要是由卵石推移质磨损造成的坝面破坏在维修时可考虑采用高强度砼外加纤维材料或在砼坝顶中嵌埋坚硬石材(如鹅卵石)等方式，增强坝面的耐磨性。坝体下部仍为抛块石，距离坝顶高程 0.6 m 时的坝面为块石砼，只是在面层 20 cm 厚范围内嵌入卵石，呈梅花状布置：即 C30 砼坝面嵌入直径为 12～18 cm 的大卵石，卵石外露 2～3 cm，该结构主要用于卵石输移带的坝体表面，增强坝面的卵石耐磨性能(图 6-32)。

图 6-32　金鱼碛砼嵌卵石护坝面

(3)对于主要受河床变形影响而引起的坝面破坏，维修时应首先加强对基础淘刷严重部位的护底和加固，选用适应变形能力更强的大块石压顶坝面和人工砼构件压载等，如扭王字块坝面(图 6-33)。

图 6-33　扭王字块坝面

长江上游近年的整治建筑物维修工程中，也有部分坝体维修工程由于对建筑物损毁机理认识不足，采用的结构形式强度偏弱或维修过程中施工质量控制不佳，造成维修工程实施后短时间内又出现了新的破坏，如石棚称杆碛上丁坝、大罐口锁坝、神背嘴称杆碛顺坝等。石棚称杆碛上丁坝在 2006 年泸渝段航道建设工程中对坝体中部缺口、坝面进行了维修，至 2010 年又再次出现严重损毁，坝面几乎全部被冲毁，仅剩散乱的条石存在，条石松动，坝体坍塌。究其原因，一是当时主要是进行恢复性维修，采用抛石结构，施工时采用的块石粒径较小，离散程度高，造成坝体块石容易因下部河床淘蚀而滚落脱离原位地；二是当时仅在坝面浇筑了一层 10 cm 厚的 C20 素混凝土进行压顶处理，坝面砼厚度较薄，部分抗拉强度不足，在下部坝体块石脱落移位后出现拉裂、坍塌；三是坝体结构较弱，不能抵抗该处剧烈的水流顶冲，从而导致第二次严重损毁。

针对以上情况，在 2010 年维修工程设计时，相关技术人员对该坝的破坏原因进行了认真分析，并对各损毁部位针对性地采取了不同结构形式进行加固处理。首先根据该坝受水流作用力较大的特点选用了整体性和抗冲性较好的钢丝石笼结构对坝体损毁部位进行维修；其次对坝头和背水坡淘刷严重的部位，在坡脚外侧加抛钢丝石笼棱体增强其稳定性；最后针对素砼坝面抗拉强度低，砼坝面厚度不均容易出现拉裂、坍塌的情况，在坝面 0.5 m 以下采用了提高砼标号、严格控制砼坝面厚度和加设抗拉钢筋网、锚固钢筋与坝体连结成一个整体等措施对其进行加固(图 6-34 和图 6-35)。通过观测，坝体维修效果至今良好。

因此，在维修工程设计时，必须对整治建筑物损毁机理进行认真分析，有针对性地对各损毁部位采取不同结构形式进行加固处理。

图 6-34　石棚称杆碛上丁坝(维修前)

图 6-35　石棚称杆碛上丁坝(维修后)

2. 坝体(坝芯)维修结构

造成坝体破坏的因素众多，主要有水流顶冲、河床沉降、翻坝水流淘蚀以及近坝流等次生不良流态等因素。因此，在进行坝体维修时应认真分析其破坏原因和整治建筑物附近水流特征，选取合理的结构形式。

(1)对于主要受水流顶冲破坏的坝体可选择整体性较强的钢丝石笼结构进行维修(图 6-36)。但对于卵石输移带上的整治建筑物，由于卵石对钢丝网的磨损较为严重，在维修时可考虑用大粒径的块石或砼预制构件进行护面(图 6-37)。

图 6-36 钢丝石笼结构坝体

图 6-37 扭王字块坡面

(2)对于水流作用特别强烈的坝体损毁段除采用整体性强的结构外，还应根据受力分析结果，采用加大断面尺寸、减缓边坡等方式进行处理。此外对于边坡破坏严重的整治建筑物，还应采用预制砼构件对边坡进行加糙、消能，减小下切水流对坡脚外侧河床的淘刷而引起上部坝体失稳破坏。

(3)对于河床淘刷严重，冲刷坑较大的整治建筑物，在对损毁部位进行修复时，还应在坡脚外加抛棱体以增强其稳定性或采用柔性材料或散抛块石进行护底处理。

(4)抛筑坝垛，增强坝体稳定性。对于一些碛头顺坝，由于顺坝近坝沿体流等次生流态发育造成其坡脚破坏，以及在不同水位期顺坝两侧主流流向不一致，容易造成坡脚形成反复淘刷，引起坡脚块石失稳、滑落，进而造成坝体失稳、塌落。为减弱沿体流等次生不良流态对顺坝坡脚的破坏，可在顺坝主流一侧增设抛石垛体，以增强整治建筑物的稳定性。如神背嘴秤杆碛碛头顺坝迎水坡侧坡脚淘蚀严重，坝体出现悬空，在 2011 年维修时，在顺坝上段迎水坡一侧间隔 50 m 布置一道抛石垛体，坝垛顶高低于顺坝 0.5 m，坝垛顶面为半径 2 m 的半圆，边坡 1∶2。通过修筑坝垛，较好地保持了顺坝的稳定。

3. 坝根维修结构

为了防止中、洪水位时卵石河段的坝根被水流冲刷，导致丁坝损毁或岸坡垮塌，进行坝根设计时要做好坝根的处理。坝根处理总体思路基本可分为以下三种情况。

(1)坝根处为抗冲性能较好的滩岸。

坝根处为密实稳定的卵石碛，可将坝根嵌入卵石碛内，嵌入长度一般为5~10 m，一般不需要护坡。

(2)坝根处为抗冲性能一般的滩岸。

坝根处为较松散的沙卵石滩岸时，不仅要将坝根嵌入岸坡，而且要进行护坡。护坡前要对岸坡进行处理，岸坡坡度不宜陡于1∶1.5，若陡于此值，应进行削坡。护坡高度应视地质及地形而定，护坡高出坝根顶部不宜少于1 m，上游护坡长度可取5~10 m，下游护坡长度可取10~20 m，护坡一般采用干砌块石结构，厚度不宜小于40 cm。

(3)坝根处为抗冲性能较差的滩岸。

当坝根布置在抗冲性较差的滩岸时，在嵌入河岸坝根的基槽底部应铺设一层无纺土工布，然后再抛筑块石。岸坡不宜陡于1∶2.5，若陡于此值，应进行削坡处理，在处理后的河岸应先铺设一层土工织物作反滤层，防止沙土流失，然后铺设2~3 cm厚的碎石垫层，护坡可采用干砌块石或干砌混凝土块，干砌块石厚度不宜小于40 cm。护坡高出坝根顶部不宜少于1.0 m，上游护坡长度可取10~20 m，下游护坡长度可取20~30 m。若岸坡地质条件较差，护坡长度可适当延长。

整治建筑物与岸相连的坝根部分常因回流、绕流等不良流态的影响造成坝根段破坏，或由于整治建筑物所处岸坡部分地质条件较差而引起岸坡失稳破坏。在整治建筑物坝根维修时，可以考虑从以下几个方面进行加固处理。

1)加大坝根纵坡

坝根损毁后对其维修时，在顺坝坝根与河岸岸坡连接处，纵坡可适度提高，让来水先越过顺坝坝身，坝身溢流先于坝根溢流，使坝下有足够的水垫，这样有利于坝根后坡水垫的形成，以确保坝根溢流后有水垫消能，以减小坝后冲刷，有利于坝根的稳定。

2)增加坝体埋入岸坡深度

坝根与河岸岸坡相连接，一般坝根应置入稳定的基岩，方可确保坝根的稳定。维修时除应考虑整治建筑物的损毁原因及程度外，还需重点考虑岸坡地质条件进行结构形式的选择。一是采用加长坝体埋入岸坡长度和深度；二是可采用干砌块石或浆砌块石(砼)格梁护岸等方式对其进行加固；三是可采用整体性和透水性较好的钢丝网护垫对岸坡的加强守护，并做好反滤层和排水设施等工作，必要时还可在坡脚处设置挡墙等支护结构增强其稳定性。

3)加强坝根守护

对于坝根破坏严重的整治建筑物除应加强对岸坡的守护外，还应重点对整治建筑物与岸线相连的三角形区域采用抛石、砼预制件等方式进行加强守护，防止坝根淘刷破坏(图6-38)。

图 6-38 小米滩上丁坝坝根扭王字块守护

4)新建坝根段

复杂情况下，对于坝根出现串沟、坝体冲断等严重损坏，不能或不宜按原样修复时，可在上游一侧修筑一个新的坝段，使其与原有建筑物衔接或搭接，并处理好坝根护坡问题。

4. 坝头维修结构

整治建筑物坝头破坏的情况较为普遍，特别是丁坝坝头和勾头段长期受水流剧烈顶冲，头部易形成泡漩、乱水，坝头外侧易形成较大的冲刷坑，引起坝体坍塌、失稳破坏。在进行坝头维修设计时，可考虑从以下几个方面进行坝头加固处理。

1)增强坝头结构

在对损毁坝头进行维修时，首先应从维修设计上考虑增强坝头结构，以提高坝头抵御水流剧烈顶冲的能力。可采用加宽坝头、放缓坝头边坡、采用圆弧倒角减小对水流的扰动等措施进行处理，对坝头结构进行加固。

2)扭王字块守护坝头

在山区河流中，整治建筑物的坝头由于处在水流顶冲的关键部位，毁坏相当严重，特别是坝头水流流态较乱，采用铰链排等片状护面结构易于被水流冲翻，失去保护功能。因此可借鉴海港工程中防波堤护面结构中常用的扭王字块对坝头进行守护，以减小水流对坡面的破坏。坝头段坝心仍采用块石，在迎、背水坡及坝顶约 1 m 厚的坝面抛一层扭王字块进行护面(图 6-39)。扭王字块的高度为 1.094 m，单块重 0.8 t，砼的标号为 C30。扭王字块的安放采用定点随机安放，从坝体坡脚至坝顶方向进行，抛放网点排距和间距为 0.85 m，但排与排间应按 0.42 m 错位进行抛放，扭王字块具有较强的咬合力，其预制、堆放、安装施工均为成熟工艺。该结构主要用在丁坝坝头 20 m 长范围内的坝体护面。

3)坝头河床护底

在复杂情况下，当坝头冲刷坑发育，靠近原有坝头一段的坝身坍塌较多，任其发展将影响设计功能时，必要时应根据水流的冲刷强度采用散抛石或强度更高的扭王字块对外侧河床进行护底或在坡脚加抛棱体增强其稳定性。

图 6-39　落锅滩坝头扭王字块护面

5. 潜坝维修结构

在山区河流中，当河底出现深坑形成跌坎使水流紊乱，并使上游浅滩出现恶化时，往往通过修筑潜坝，将深槽填到一定高程，使底坡纵断面呈平缓曲线，则可有效地改善水流状态。需要说明的是，由于潜坝是位于水下的一类整治建筑物，受力较大且损毁较为严重，维修施工难度也大，以上不同部位的维修结构形式不一定完全适用于潜坝的维修。在进行潜坝维修时，在分析其损毁原因的基础上，还需充分考虑其施工难度及特点，科学、合理地选定潜坝的维修结构形式。

瓦窑滩潜坝修建于 2006 年，位于瓦窑滩深槽内，其主要目的是减弱深槽吸流，消除不良流态，改善航行条件。通过 2011 年现场观测和最新测图反映，坝体整体损毁十分严重。其损毁原因主要有以下几个方面：一是本滩所处的深槽位于卵石输移带上，卵石波的运动是造成本坝顶部破坏较严重的主要原因；二是在一定水位下，坝体上、下游的水位差容易形成跌水、回流、泡漩等不良流态，坝体背水坡坡脚容易出现冲刷坑，坡脚块石失稳，出现松动、塌陷，进而引起坝体的破坏。针对这一类坝体，若采用传统的抛石结构进行修复，将不能抵御卵石推移质的磨损及水流的冲淘，应采用大型抗冲的坝体结构形式进行修复，大型块石不能满足维修需要时，可以考虑采用混凝土预制件，如混凝土四面体、扭王字块等。砼扭王字块具有较强的咬合力及较好耐磨性，且具有一定的消能作用，可以增强坝体抗御水流冲击的能力及卵石推移质的磨损，提高整治建筑物的稳定性。但是，施工难度较大，需配备起吊设备，并由专业施工队伍承担施工任务。

6. 锁坝维修结构

锁坝从一岸到另一岸横跨河槽或串沟，拦截水流，改善流态，集中水流冲刷通航汊道。因此，锁坝承受着强大的水流冲击力，受破坏现象相当严重。在进行锁坝维修时，应考虑较强的加固处理措施。

神背嘴小罐口锁坝，是泸渝段航道建设工程中新建的一座坝体，最初建于 2006 年上半年枯水期，当时采用的是条石结构，面层素混凝土封堵小罐口漏浩。而就在当年(2006 年)洪水期，整个坝体全部被洪水掀开。因为该处正位于弯道水流顶冲点，而且是封堵汊道，水流顶冲作用剧烈，致使整个坝体全部被毁。在 2007 年上半年(枯水期)不得不重新建设，在坝底基岩下面置入铆杆，通过铆杆将坝体与基岩相连，坝体仍采用抛石结构，坝面采用钢筋混凝土坝面，形成了一个整体结构。通过近几年的观测，坝体完好，维修效果甚佳。

神背嘴大罐口锁坝始建于 1958 年，处在河段凹岸顶冲部位，周边水流结构复杂，2008 年以前每年背水坡部位均有不同程度的损毁，枯水期均需对损毁部位进行及时修复才能保证其功能的正常发挥。在 2008 年维修工程设计时，通过深入剖析该坝损毁部位的破坏原因，借鉴其他工程的成功经验，采用了钢筋砼护坡和坡脚挡墙支护的结构形式对其进行加固处理。经过三个水文年后，该坝原损毁部位经修复后未出现破坏，取得了很好的效果(图 6-40 和图 6-41)。

图 6-40　大罐口锁坝损毁图

图 6-41　大罐口锁坝修复后图

6.3.4　整治建筑物维修材料

1)块石材料

长江上游整治建筑物，大都是抛石坝体。块石是筑坝的传统材料，就地取材方便，价格便宜，因此，以往筑坝及维修坝体均以块石材料为主。坝体维修工程所用的石料除必须满足一定的重量和级配要求外，还必须质地坚硬，无风化现象，浸水后不崩解，特别是采用质地坚硬的大块石进行镇脚或压顶，效果显著。

2)镀锌钢丝石笼

近年来，由于长江上游天然的大块石已基本用尽，加之国家环境保护方面的法律法规的逐步健全，河道采石爆破管理审批严格，用于修建整治建筑物的传统材料大的块石难以寻找，坝体整治建筑物维修工程常选用镀锌钢丝石笼作为维修材料。钢丝笼可以从厂家直接购买，然后运送至施工现场进行装石施工即可。填充石笼所选用的卵石的结构比例一定要按照网格对石材大小的要求进行合理分配。大部分滩险可利用现场的卵石，将选出的合格卵石运至施工船上进行装笼，装笼完成后即可用绞边钢丝将石笼进行封口。封完后直接运至筑坝位置进行抛筑。抛筑时可以采用吊车配合施工。抛筑时应根据流速与水深的具体情况，测算确定抛石的提前距离，并经常观测坝体位置以确定位置的正确合理。坝体抛筑时的抛石一般应考虑一定的提前距离，提前距离应考虑水深、水流和波浪等自然条件对钢丝石笼产生的漂移影响。

对于主要受水流顶冲破坏的坝体可选择整体性和抗冲性较强的钢丝石笼结构进行维修(图 6-28)。但对于处于卵石推移质带上的整治建筑物，由于卵石运动对钢丝网的磨损较为严重，在维修时不宜采用钢丝石笼。

3)扭王字块

在山区河流中，整治建筑物的坝头由于处在水流顶冲的关键部位，毁坏相当严重，特别是坝头水流流态较乱，采用铰链排等片状护面结构易于被水流冲翻，失去保护功能。因此在近年来的筑坝及坝体维修工程中将海港工程中防波堤护面结构中常用的扭王字块用于长江上游整治建筑物的坝面结构，坝心仍采用块石，在迎、背水坡及坝顶约 1 m 厚的坝面抛一层扭王字块进行护面(图 6-33)，扭王字块的高度为 1.094 m，单块重 0.8 t，砼的标号为 C30。扭王字块可从坝体坡脚至坝面随机抛放，其预制、堆放、安装施工均为成熟工艺。该结构主要用在丁坝坝头 20 m 长范围内的坝体护面。

扭王字块的安放采用定点随机安放，从坝体坡脚至坝顶方向进行，抛放网点排距和间距为 0.85 m，但排与排间应按 0.42 m 错位进行抛放。

6.3.5　整治建筑物维修工艺及设备

山区航道整治建筑物维修工程区域通常受已建坝体挑流等作用的影响，周边水流条件恶劣，工况条件较差。维修工程施工时间一般选择在枯水期进行，有效航道宽度一般不大，且施工区一般位于主航道或临近主航道，施工与通航的矛盾较为突出。在维修施工过程中应充分考虑不利条件对施工的影响，利用有利条件合理安排工期和施工顺序。因此有必要对维修工程的施工工艺和船机设备选型等方面进行研究和优化，以提高维修工程质量，减少安全隐患。

1. 坝体施工

坝体抛筑顺序一般为由坝根向坝头方向进行。具体施工方法为：丁、顺坝坝体抛筑一般采用抛石机驳船和定位船配合定位抛筑坝体，潜坝则一般用开底驳运石至筑坝区抛筑。实施时先采用全站仪进行施工放样，树立标杆；然后定位船垂直于坝轴线方向进行定位，机驳船运石到坝区靠在定位船上。

抛石船调整就位后进行人工抛石砌筑坝体。随时进行水下测量以控制坝体的纵坡和坝体高程以及边坡。为尽量减少因坝体局部抛筑过高，水下局部流速增大引起坝体块石在抛筑过程中的流失，坝体抛筑应分层进行，即在坝体顶部达到一定高程后调整定位船缆绳，丁坝和顺坝轴线移动定位船到下一段继续进行坝体抛筑。在抛完一遍后将定位船重新移动到坝根进行第二遍抛筑，如此反复直至坝体达到设计要求。待坝体施工完成后即可进行坝面施工。

抛石筑坝时一般应考虑一定提前距离，提前距离应考虑水深、水流和波浪等自然条件对块石产生的漂移影响。为了充分利用枯水期水位，坝体下部的抛石或抛钢丝石笼施工可考虑在水位相对较高时进行。石笼较块石的重量更大，抛出后的落定位置较抛石更容易控制，因此石笼抛筑的水位可以较抛石施工水位更高。针对不同的滩险的水流条件均应实测水流流速以即时调整抛出的位置。

采用抛石船抛石的水平落距，可按式(6-1)估算：

$$L_d = 0.74\frac{V_f H}{G^{\frac{1}{6}}} \tag{6-1}$$

式中，L_d 为抛石水平落距(m)；V_f 为表面流速(m/s)；H 为水深(m)；G 为块石或钢丝笼质量(kg)。

在近年维修工程中发现，有的建筑物由于河床变形引起坝体边坡部位坍塌严重，坝面下部出现悬空，而坝面部分保存较完整。此类建筑物维修时可选择在水位较低时，采用搓槽将水下速凝砼灌入坝体空洞部位进行修复或采用在坝面开孔，采用高压灌浆的方式将胶结材料从开孔处注入的方式进行维修，以增强坝体块石间凝聚力和建筑物稳定性，避免将原本较好的坝面拆除再抛石维修，有效控制工程投资。

(a)

(b)

图 6-42　坝体空洞及高压灌浆机械

2. 坝面施工

近年来整治建筑物维修工程的坝面常采用 C30 钢筋砼坝面，坝面的整体性及耐磨性均较好。其主要施工工艺如下。

待坝体基本成形后，进行坝面的施工。砼坝面施工前一定要先整平坝体，大的缝隙应用小块石或片石垫平，用 M10 砂浆填塞缝隙，在距坝面 0.5 m 采用 C30 混凝土压顶，间隔 5 m 布置伸缩缝，压顶混凝土与块石坝体间采用 Φ16 mm 插筋连接，砼坝面距顶部 10 cm 处加 Φ12 mm@250 mm×250 mm 钢丝网一层，以增大坝面强度，再采用块砼浇筑坝面压顶，砼振捣应密实，表面应平整。

在今后的维修工程中，设计单位应充分考虑滩险的综合整治效果，加强对整治建筑物滩段多年水位的分析工作，并结合上游水利枢纽下泄流量对水位的影响分析，合理确定砼坝面的厚度及施工时间。坝面砼的浇筑，应在枯水期坝顶出露水面时进行，施工过程中相关单位应抓紧时间做好准备工作和施工工艺的优化，施工单位应综合考虑坝体损毁程度、施工水位以及设计要求等因素，合理安排抛筑坝体和混凝土压顶的施工顺序，采用定型模具和机械振捣等措施加快施工进度，提高工程质量。

3. 坡面及镇脚施工

随着人们对坝体整治建筑物损毁原因认识的不断深化和工程技术水平的飞速发展，

整治建筑物的结构形式呈现出多样化和大型化发展的趋势。大型砼预制构件和钢丝石笼等材料广泛运用到工程中，极大地增加了坝体整治建筑物的稳定性和强度。特别是坝体坡面及镇脚，采用起吊设备安放大型砼预制件，很好地适应了长江上游流速大、流态乱等特点，取得了很好的维修效果。

由于航道整治建筑物维修点多线长，工程量较小，单位工程投资有限，专用起吊设备配备不足。近年维修工程中，钢丝石笼等大型构件通常采用人工抛筑的方法进行施工，基本能够达到设计要求，但耗费的人工工时多，施工效率低，安全隐患明显，特别是在低水位持续时间较短的年份，施工效率较低尤为明显。此外，在维修方案制定时也易受施工能力的限制，不能大胆采用维修效果较好的大型预制砼构件对水流顶冲破坏非常严重的部位进行加固修复，建议在今后的维修中可考虑采用小型浮吊或其他专业设备进行施工，以提高施工效率和工程质量。

第 7 章　航道整治建筑物三维水流数值模拟

7.1　模型原理及验证

7.1.1　基本控制方程

对于不可压缩流体，控制方程为三维 Navier-Stokes 方程(NSE)，对于紊流流动，NSE 转化为雷诺平均的 Navier-Stokes 方程(RANS)，在笛卡儿坐标系下可以表示为

$$\frac{\partial u}{\partial x}+\frac{\partial v}{\partial y}+\frac{\partial w}{\partial z}=0 \tag{7-1}$$

$$\frac{\partial u}{\partial t}+u\frac{\partial u}{\partial x}+v\frac{\partial u}{\partial y}+w\frac{\partial u}{\partial z}-fv=-\frac{\partial p}{\partial x}+\nu^h\left(\frac{\partial^2 u}{\partial x^2}+\frac{\partial^2 u}{\partial y^2}\right)+\frac{\partial}{\partial z}\left(\nu^v\frac{\partial u}{\partial z}\right) \tag{7-2}$$

$$\frac{\partial v}{\partial t}+u\frac{\partial v}{\partial x}+v\frac{\partial v}{\partial y}+w\frac{\partial v}{\partial z}+fu=-\frac{\partial p}{\partial y}+\nu^h\left(\frac{\partial^2 v}{\partial x^2}+\frac{\partial^2 v}{\partial y^2}\right)+\frac{\partial}{\partial z}\left(\nu^v\frac{\partial v}{\partial z}\right) \tag{7-3}$$

$$\frac{\partial w}{\partial t}+u\frac{\partial w}{\partial x}+v\frac{\partial w}{\partial y}+w\frac{\partial w}{\partial z}=-\frac{\partial p}{\partial z}+\nu^h\left(\frac{\partial^2 w}{\partial x^2}+\frac{\partial^2 w}{\partial y^2}\right)+\frac{\partial}{\partial z}\left(\nu^v\frac{\partial w}{\partial z}\right)-\rho g \tag{7-4}$$

式中，$u(x, y, z, t)$、$v(x, y, z, t)$、$w(x, y, z, t)$分别为速度矢量沿三个坐标轴 x，y，z 方向上的分量；$p(x, y, z, t)$为相对密度的压力；f 为柯氏力系数；g 为重力加速度；ν^h 和ν^v 分别为水平和垂向的涡黏性系数；ρ 为密度。

压力项 p 分解为静压项和非静压项，可得

$$p(x,y,z,t)=p_a(x,y,t)+g[\eta(x,y,t)-z]+g\int_z^\eta\frac{\rho-\rho_0}{\rho_0}\mathrm{d}\zeta+q(x,y,z,t) \tag{7-5}$$

式中，p_a 为大气压；η 为相应于某一平均水平面的水位；右端第二项和第三项分别为正压项和斜压项；q 为非静压项；ρ_0 为参考密度。

将控制方程在控制体内积分，可得

$$\frac{\partial\eta}{\partial t}+\frac{\partial}{\partial x}\int_{-h}^{\eta}u\,\mathrm{d}z+\frac{\partial}{\partial y}\int_{-h}^{\eta}v\,\mathrm{d}z=0 \tag{7-6}$$

$$\frac{\mathrm{D}u}{\mathrm{D}t}=-g\frac{\partial\eta}{\partial x}-g\frac{\partial}{\partial x}\left[\int_z^\eta\frac{\rho-\rho_0}{\rho_0}\mathrm{d}\zeta\right]-\frac{\partial q}{\partial x}+\nu^h\left(\frac{\partial^2 u}{\partial x^2}+\frac{\partial^2 u}{\partial y^2}\right)+\frac{\partial}{\partial z}\left(\nu^v\frac{\partial u}{\partial z}\right) \tag{7-7}$$

$$\frac{\mathrm{D}v}{\mathrm{D}t}=-g\frac{\partial\eta}{\partial y}-g\frac{\partial}{\partial y}\left[\int_z^\eta\frac{\rho-\rho_0}{\rho_0}\mathrm{d}\zeta\right]-\frac{\partial q}{\partial y}+\nu^h\left(\frac{\partial^2 v}{\partial x^2}+\frac{\partial^2 v}{\partial y^2}\right)+\frac{\partial}{\partial z}\left(\nu^v\frac{\partial v}{\partial z}\right) \tag{7-8}$$

$$\frac{\mathrm{D}w}{\mathrm{D}t}=-\frac{\partial q}{\partial z}+\nu^h\left(\frac{\partial^2 w}{\partial x^2}+\frac{\partial^2 w}{\partial y^2}\right)+\frac{\partial}{\partial z}\left(\nu^v\frac{\partial w}{\partial z}\right) \tag{7-9}$$

式中，$\frac{\mathrm{D}}{\mathrm{D}t}=\frac{\partial}{\partial t}+u\frac{\partial}{\partial x}+v\frac{\partial}{\partial y}+w\frac{\partial}{\partial z}$为流体质点的随体导数。

自由表面运动学边界条件为

$$w|_{z=\eta}=\frac{\partial\eta}{\partial t}+u\frac{\partial\eta}{\partial x}+v\frac{\partial\eta}{\partial y} \tag{7-10}$$

底面运动学边界条件为

$$w|_{z=-h}=-u\frac{\partial h}{\partial x}-v\frac{\partial h}{\partial y} \tag{7-11}$$

$$\frac{\partial\eta}{\partial t}+\frac{\partial}{\partial x}\int_{-h}^{\eta}u\mathrm{d}z+\frac{\partial}{\partial y}\int_{-h}^{\eta}v\mathrm{d}z=0 \tag{7-12}$$

涡黏性系数可按式(7-13)定义：

$$\nu_T=c_\mu\frac{k^2}{\varepsilon} \tag{7-13}$$

式中，k 为湍动能；ε 为湍动能耗散率。

标准 k-ε 紊流模型可以表达为

$$\frac{\mathrm{D}k}{\mathrm{D}t}-\nabla\left[\frac{\nu_t}{\sigma_k}\nabla k\right]=c_\mu\frac{k^2}{\varepsilon}G-\varepsilon \tag{7-14}$$

$$\frac{\mathrm{D}\varepsilon}{\mathrm{D}t}-\nabla\left[\frac{\nu_t}{\sigma_\varepsilon}\nabla\varepsilon\right]=c_1\frac{\varepsilon}{k}G-c_2\frac{\varepsilon^2}{k} \tag{7-15}$$

式中，$c_1=1.44$，$c_2=1.92$，$c_\mu=0.09$，$\sigma_k=1.0$，$\sigma_\varepsilon=1.3$，G 为湍动能的产生项，可以表达为

$$G=(\partial u_i/\partial x_j+\partial u_j/\partial x_i)(\partial u_i/\partial x_j) \tag{7-16}$$

7.1.2　边界条件

1)自由表面边界条件

在表面处，考虑风引起的剪应力，水平流速的边界条件可以表达为

$$\nu^v\frac{\partial u}{\partial z}=\gamma_T(u_a-u),\quad \nu^v\frac{\partial v}{\partial z}=\gamma_T(v_a-v) \tag{7-17}$$

式中，u_a 和 v_a 分别为 x，y 方向的风速；γ_T 为与风速相关的风应力系数。

对于湍流变量，可以按如下方式给出边界条件：

$$\frac{\partial k}{\partial z}=0 \tag{7-18}$$

$$\varepsilon=(\kappa\sqrt{c_\mu})^{1.5}/(0.07\kappa h) \tag{7-19}$$

2)底面边界条件

底摩擦边界条件可以表达为

$$\nu^v\frac{\partial u}{\partial z}=\gamma_B u,\quad \nu^v\frac{\partial v}{\partial z}=\gamma_B v \tag{7-20}$$

式中，γ_B 为摩擦阻力系数，可以由曼宁-谢才公式计算，封闭的紊流模型也可以按

式(7-21) 计算：

$$\gamma_B = \frac{1}{\left[\frac{\sqrt{g}}{\kappa}\ln\left(1+\frac{0.5\Delta z}{z_0}\right)\right]^2} \tag{7-21}$$

式中，κ 为 Von Karman 常数，可以取 0.41；Δz 为底层垂向网格厚度；z_0 为和底部粗糙度有关的常数。

对于湍流变量，边界条件可以按如下方式给出：

$$k = \frac{V_*^2}{\sqrt{c_\mu}} \tag{7-22}$$

$$\varepsilon = \frac{|V_*|^3}{\kappa D_n} \tag{7-23}$$

式中，D_n 为底层厚度，V_* 为摩阻流速，可以按式(7-24)计算：

$$V_* = \frac{V_\tau}{(1/\kappa)\log_e C} \tag{7-24}$$

式中，V_τ 为与底面平行的流速，C 可按式(7-25)计算：

$$C = \begin{cases} \dfrac{30.0}{k_s}D_n, & \text{粗糙底面} \\ \dfrac{9.05V_* D_n}{\nu}, & \text{光滑底面} \end{cases} \tag{7-25}$$

式中，k_s 为当量粗糙度。

3)入流边界条件

在入流处，需要给定入流流速和湍流变量 k 和 ε，一般可以按如下方式给出：

$$u = \text{constant}, \quad v = 0, \quad w = 0 \tag{7-26}$$

$$k = 0.03u^2, \quad \varepsilon = c_\mu \frac{k^{1.5}}{0.09h} \tag{7-27}$$

对于明渠流，入流边界条件也可以如下方式给出：

$$\frac{u}{V_*} = \begin{cases} \dfrac{1}{\kappa}\log_e\left(\dfrac{30.0(z-z_0)}{k_s}\right), & \text{粗糙底面} \\ \dfrac{1}{\kappa}\log_e\left(\dfrac{9.05V_*(z-z_0)}{\nu}\right), & \text{光滑底面} \end{cases} \tag{7-28}$$

$$v = 0, \quad w = 0 \tag{7-29}$$

$$k = \frac{V_*^2}{c_\mu^{0.5}}\left(1-\frac{z}{h}\right) \tag{7-30}$$

$$\varepsilon = \frac{|V_*|^3}{\kappa z}\left(1-\frac{z}{h}\right) \tag{7-31}$$

式中，u 为入流边界法向的流速，v 为入流边界切向的流速。

4)出流边界条件

在出流处，如给定水位值 η，则其他变量(包括流速，湍流变量，非静压项等)沿出流边界的外法向方向的梯度为零。

7.1.3　模型验证

针对第 3 章中丁坝水槽概化模型试验，采用本章开发的三维水流数学模型，进行丁坝周边水流流态及压强分布特性的精细模拟，对丁坝周边水动力场及不同水流条件下的变化特征进行计算分析，对数学模型的可靠性进行进一步检验。

1. 水流条件

针对下挑扩大头勾头丁坝、下挑圆弧头勾头丁坝、下挑圆弧头直头丁坝、正挑扩大头勾头丁坝、正挑圆弧头勾头丁坝、正挑圆弧头直头丁坝 6 种坝型，在不同工况条件下，进行了水位及三维流速验证。表 7-1 为水流计算条件。

表 7-1　水流计算条件

丁坝类型	工况	概化水槽	
		进口流量/(m^3/s)	出口水位/m
下挑扩大头勾头丁坝	工况 1	0.065	0.081
	工况 2	0.095	0.129
	工况 3	0.135	0.165
下挑圆弧头勾头丁坝	工况 1	0.065	0.083
	工况 2	0.095	0.129
	工况 3	0.135	0.163
下挑圆弧头直头丁坝	工况 1	0.065	0.075
	工况 2	0.095	0.125
	工况 3	0.135	0.164
正挑扩大头勾头丁坝	工况 1	0.065	0.072
	工况 2	0.095	0.124
	工况 3	0.135	0.165
正挑圆弧头勾头丁坝	工况 1	0.065	0.071
	工况 2	0.095	0.123
	工况 3	0.135	0.160
正挑圆弧头直头丁坝	工况 1	0.065	0.077
	工况 2	0.095	0.110
	工况 3	0.135	0.156

2. 水位验证

给出了下挑圆弧头直头丁坝和正挑扩大头勾头丁坝在三种工况下各测点水位验证情况，各测点位置如图 3-11 所示。

由表 7-2～表 7-7 可知，两种丁坝类型各三种工况条件下，各测点水位计算值与实测值差值都在±0.005 m 以内。说明所建立的三维水流模型能很好地模拟丁坝前后水位变化规律。

表 7-2　下挑圆弧头直头丁坝工况 1 水位验证表　（单位：m）

纵断面号	1#横断面			2#横断面			3#横断面			4#横断面		
	实测值	计算值	差值	实测值	计算值	差值	实测值	计算值	差值	实测值	计算值	差值
1#	0.1064	0.11	0.0036	0.1109	0.1123	0.0014	0.1066	0.1026	−0.0040	0.0758	0.0761	0.0003
2#	0.1067	0.1099	0.0032	0.1106	0.1115	0.0009	0.1059	0.1013	−0.0046	0.1076	0.1071	−0.0005
3#	0.1069	0.1098	0.0029	0.1100	0.1105	0.0005	0.1048	0.1097	0.0049	0.1075	0.1082	0.0007
4#	0.1069	0.1097	0.0028	0.1090	0.1094	0.0004	0.1027	0.1079	0.0052	0.1000	0.1024	0.0024
5#	0.1073	0.1095	0.0022	0.1086	0.1082	−0.0004	0.1013	0.1061	0.0048	0.0944	0.097	0.0026
6#	0.1070	0.1094	0.0024	0.1073	0.1072	−0.0001	0.0995	0.1045	0.0050	0.0956	0.0963	0.0007
7#	0.1067	0.1093	0.0026	0.1062	0.1059	−0.0003	0.0984	0.103	0.0046	0.0973	0.0968	−0.0005
8#	0.1060	0.1091	0.0031	0.1049	0.105	0.0001	0.0975	0.1022	0.0047	0.0974	0.0976	0.0002
9#	0.1049	0.1089	0.0040	0.1038	0.1045	0.0007	0.0963	0.1019	0.0056	0.0972	0.0979	0.0007
纵断面号	5#横断面			6#横断面			7#横断面			8#横断面		
	实测值	计算值	差值	实测值	计算值	差值	实测值	计算值	差值	实测值	计算值	差值
1#	0.0739	0.0744	0.0005	0.0734	0.075	0.0016	0.0709	0.0747	0.0038	0.0747	0.0718	−0.0029
2#	0.0741	0.0744	0.0003	0.0735	0.0748	0.0013	0.0712	0.0745	0.0033	0.0747	0.0717	−0.0030
3#	0.0747	0.0745	−0.0002	0.0744	0.0747	0.0003	0.0715	0.0745	0.0030	0.0747	0.0716	−0.0031
4#	0.0748	0.074	−0.0008	0.0741	0.0748	0.0007	0.0716	0.0748	0.0032	0.0751	0.0716	−0.0035
5#	0.0764	0.0789	0.0025	0.0741	0.0757	0.0016	0.0720	0.0754	0.0034	0.0748	0.0716	−0.0032
6#	0.0822	0.0859	0.0037	0.0752	0.0799	0.0047	0.0721	0.077	0.0049	0.0744	0.0715	−0.0029
7#	0.0869	0.0856	−0.0013	0.0793	0.0773	−0.0020	0.0742	0.0703	−0.0039	0.0733	0.0715	−0.0018
8#	0.0885	0.0897	0.0012	0.0810	0.081	0.0000	0.0764	0.0737	−0.0027	0.0735	0.0715	−0.0020
9#	0.0891	0.0914	0.0023	0.0821	0.0832	0.0011	0.0763	0.0757	−0.0006	0.0721	0.0715	−0.0006

表 7-3　下挑圆弧头直头丁坝工况 2 水位验证表　（单位：m）

纵断面号	1#横断面			2#横断面			3#横断面			4#横断面		
	实测值	计算值	差值	实测值	计算值	差值	实测值	计算值	差值	实测值	计算值	差值
1#	0.1357	0.1408	0.0051	0.1407	0.1432	0.0025	0.1353	0.133	−0.0023	0.1152	0.1182	0.0030
2#	0.1360	0.1407	0.0047	0.1404	0.1423	0.0019	0.1354	0.1323	−0.0031	0.1247	0.1303	0.0056
3#	0.1363	0.1407	0.0044	0.1401	0.1413	0.0012	0.1348	0.1309	−0.0039	0.1345	0.1371	0.0026
4#	0.1363	0.1405	0.0042	0.1391	0.1403	0.0012	0.1328	0.1292	−0.0036	0.1308	0.1338	0.0030
5#	0.1360	0.1403	0.0043	0.1380	0.1393	0.0013	0.1311	0.1276	−0.0035	0.1273	0.1311	0.0038
6#	0.1364	0.1402	0.0038	0.1375	0.1385	0.0010	0.1302	0.1264	−0.0038	0.1293	0.1312	0.0019
7#	0.1359	0.1401	0.0042	0.1364	0.1374	0.0010	0.1292	0.1254	−0.0038	0.1305	0.1318	0.0013
8#	0.1354	0.14	0.0046	0.1356	0.1368	0.0012	0.1288	0.1249	−0.0039	0.1307	0.1323	0.0016
9#	0.1339	0.1368	0.0029	0.1341	0.1364	0.0023	0.1273	0.1248	−0.0025	0.1298	0.1325	0.0027

续表

纵断面号	5#横断面			6#横断面			7#横断面			8#横断面		
	实测值	计算值	差值	实测值	计算值	差值	实测值	计算值	差值	实测值	计算值	差值
1#	0.1131	0.117	0.0039	0.1158	0.1201	0.0043	0.1134	0.1117	−0.0017	0.1216	0.1241	0.0025
2#	0.1144	0.118	0.0036	0.1157	0.1195	0.0038	0.1139	0.1115	−0.0024	0.1217	0.1241	0.0024
3#	0.1166	0.1189	0.0023	0.1164	0.1194	0.0030	0.1144	0.1114	−0.0030	0.1219	0.1242	0.0023
4#	0.1150	0.1192	0.0042	0.1161	0.1194	0.0033	0.1141	0.1114	−0.0027	0.1214	0.1243	0.0029
5#	0.1161	0.1132	−0.0029	0.1163	0.1206	0.0043	0.1144	0.1118	−0.0026	0.1213	0.1243	0.0030
6#	0.1213	0.1253	0.0040	0.1165	0.1227	0.0062	0.1148	0.1125	−0.0023	0.1218	0.1243	0.0025
7#	0.1232	0.1275	0.0043	0.1197	0.1249	0.0052	0.1170	0.1138	−0.0032	0.1222	0.1244	0.0022
8#	0.1242	0.1289	0.0047	0.1206	0.1262	0.0056	0.1175	0.1147	−0.0028	0.1221	0.1245	0.0024
9#	0.1236	0.1295	0.0059	0.1202	0.127	0.0068	0.1167	0.1152	−0.0015	0.1217	0.1245	0.0028

表 7-4　下挑圆弧头直头丁坝工况 3 水位验证表　(单位：m)

纵断面号	1#横断面			2#横断面			3#横断面			4#横断面		
	实测值	计算值	差值	实测值	计算值	差值	实测值	计算值	差值	实测值	计算值	差值
1#	0.1664	0.1634	−0.0030	0.1708	0.1755	0.0047	0.1637	0.1639	0.0002	0.1504	0.1441	−0.0063
2#	0.1665	0.1633	−0.0032	0.1706	0.1747	0.0041	0.1654	0.1643	−0.0011	0.1503	0.1476	−0.0027
3#	0.1666	0.1633	−0.0033	0.1700	0.1738	0.0038	0.1649	0.1634	−0.0015	0.1624	0.1664	0.0040
4#	0.1673	0.1631	−0.0042	0.1701	0.1729	0.0028	0.1644	0.162	−0.0024	0.1621	0.1661	0.0040
5#	0.1673	0.163	−0.0043	0.1692	0.172	0.0028	0.1629	0.1607	−0.0022	0.1607	0.1656	0.0049
6#	0.1670	0.1629	−0.0041	0.1686	0.1714	0.0028	0.1620	0.1598	−0.0022	0.1622	0.166	0.0038
7#	0.1672	0.1628	−0.0044	0.1681	0.1706	0.0025	0.1616	0.1591	−0.0025	0.1637	0.1668	0.0031
8#	0.1659	0.1627	−0.0032	0.1667	0.1702	0.0035	0.1604	0.1589	−0.0015	0.1634	0.1673	0.0039
9#	0.1649	0.1625	−0.0024	0.1659	0.17	0.0041	0.1598	0.1588	−0.0010	0.1630	0.1675	0.0045

纵断面号	5#横断面			6#横断面			7#横断面			8#横断面		
	实测值	计算值	差值	实测值	计算值	差值	实测值	计算值	差值	实测值	计算值	差值
1#	0.1492	0.1484	−0.0008	0.1551	0.1513	−0.0038	0.1531	0.1528	−0.0003	0.1605	0.1643	0.0038
2#	0.1499	0.1489	−0.0010	0.1543	0.1511	−0.0032	0.1534	0.1527	−0.0007	0.1606	0.1643	0.0037
3#	0.1510	0.1492	−0.0018	0.1541	0.1508	−0.0033	0.1533	0.1527	−0.0006	0.1602	0.1643	0.0041
4#	0.1516	0.1493	−0.0023	0.1548	0.1515	−0.0033	0.1543	0.1529	−0.0014	0.1610	0.1643	0.0033
5#	0.1553	0.153	−0.0023	0.1552	0.1524	−0.0028	0.1547	0.1532	−0.0015	0.1612	0.1643	0.0031
6#	0.1570	0.153	−0.0040	0.1557	0.1532	−0.0025	0.1547	0.1534	−0.0013	0.1611	0.1643	0.0032
7#	0.1582	0.1547	−0.0035	0.1568	0.1541	−0.0027	0.1551	0.1539	−0.0012	0.1611	0.1643	0.0032
8#	0.1581	0.1556	−0.0025	0.1563	0.1547	−0.0016	0.1543	0.1543	0.0000	0.1604	0.1643	0.0039
9#	0.1580	0.156	−0.0020	0.1565	0.1551	−0.0014	0.1540	0.1545	0.0005	0.1597	0.1643	0.0046

表 7-5　正挑扩大头勾头丁坝工况 1 水位验证表　（单位：m）

纵断面号	1#横断面			2#横断面			3#横断面			4#横断面		
	实测值	计算值	差值	实测值	计算值	差值	实测值	计算值	差值	实测值	计算值	差值
1#	0.1065	0.1024	−0.0041	0.1098	0.1104	0.0006	0.1019	0.1009	−0.0010	0.0671	0.0672	0.0001
2#	0.1063	0.1022	−0.0041	0.1100	0.1116	0.0016	0.1031	0.1004	−0.0027	0.0683	0.068	−0.0003
3#	0.1067	0.102	−0.0047	0.1100	0.1131	0.0031	0.1019	0.1004	−0.0015	0.0698	0.0709	0.0011
4#	0.1069	0.1108	0.0039	0.1076	0.1098	0.0022	0.0996	0.0964	−0.0032	0.0729	0.0686	−0.0043
5#	0.1067	0.1106	0.0039	0.1031	0.1054	0.0023	0.0708	0.0745	0.0037	0.0708	0.0681	−0.0027
6#	0.1065	0.1105	0.0040	0.1007	0.103	0.0023	0.0814	0.0859	0.0045	0.0741	0.0779	0.0038
7#	0.1058	0.1102	0.0044	0.0995	0.102	0.0025	0.0878	0.083	−0.0048	0.0827	0.0813	−0.0014
8#	0.1050	0.1009	−0.0041	0.0990	0.1018	0.0028	0.0899	0.0857	−0.0042	0.0864	0.087	0.0006
9#	0.1038	0.1005	−0.0033	0.0982	0.1018	0.0036	0.0897	0.0867	−0.0030	0.0876	0.0898	0.0022

纵断面号	5#横断面			6#横断面			7#横断面			8#横断面		
	实测值	计算值	差值	实测值	计算值	差值	实测值	计算值	差值	实测值	计算值	差值
1#	0.0665	0.0634	−0.0031	0.0710	0.074	0.0030	0.0679	0.0639	−0.0040	0.0721	0.0701	−0.0020
2#	0.0661	0.0635	−0.0026	0.0721	0.0739	0.0018	0.0680	0.0638	−0.0042	0.0715	0.07	−0.0015
3#	0.0661	0.0625	−0.0036	0.0712	0.0739	0.0027	0.0685	0.0638	−0.0047	0.0720	0.07	−0.0020
4#	0.0680	0.0627	−0.0053	0.0715	0.0739	0.0024	0.0689	0.0639	−0.0050	0.0716	0.07	−0.0016
5#	0.0684	0.0628	−0.0056	0.0712	0.0742	0.0030	0.0687	0.0641	−0.0046	0.0716	0.07	−0.0016
6#	0.0685	0.0677	−0.0008	0.0700	0.0747	0.0047	0.0681	0.064	−0.0041	0.0711	0.0699	−0.0012
7#	0.0740	0.0705	−0.0035	0.0708	0.0779	0.0071	0.0670	0.0641	−0.0029	0.0716	0.0698	−0.0018
8#	0.0768	0.0763	−0.0005	0.0778	0.0791	0.0013	0.0647	0.0653	0.0006	0.0692	0.0698	0.0006
9#	0.0777	0.0796	0.0019	0.0754	0.0713	−0.0041	0.0656	0.0654	−0.0002	0.0647	0.0698	0.0051

表 7-6　正挑扩大头勾头丁坝工况 2 水位验证表　（单位：m）

纵断面号	1#横断面			2#横断面			3#横断面			4#横断面		
	实测值	计算值	差值	实测值	计算值	差值	实测值	计算值	差值	实测值	计算值	差值
1#	0.1359	0.1318	−0.0041	0.1406	0.1456	0.0050	0.1235	0.1238	0.0003	0.1098	0.1069	−0.0029
2#	0.1362	0.1316	−0.0046	0.1410	0.1449	0.0039	0.1237	0.1232	−0.0005	0.1099	0.1064	−0.0035
3#	0.1362	0.1315	−0.0047	0.1400	0.1435	0.0035	0.1228	0.1217	−0.0011	0.1133	0.1154	0.0021
4#	0.1362	0.1313	−0.0049	0.1375	0.1405	0.0030	0.1158	0.111	−0.0048	0.1128	0.114	0.0012
5#	0.1363	0.1361	−0.0002	0.1343	0.1368	0.0025	0.1113	0.1111	−0.0002	0.1161	0.1161	0.0000
6#	0.1360	0.1351	−0.0009	0.1325	0.1347	0.0022	0.1179	0.1142	−0.0037	0.1215	0.1202	−0.0013
7#	0.1353	0.1347	−0.0006	0.1315	0.1339	0.0024	0.1224	0.1255	0.0031	0.1226	0.1242	0.0016
8#	0.1345	0.1335	−0.0010	0.1309	0.1337	0.0028	0.1233	0.12	−0.0033	0.1240	0.1264	0.0024
9#	0.1332	0.1321	−0.0011	0.1298	0.1337	0.0039	0.1229	0.1207	−0.0022	0.1239	0.1275	0.0036

续表

纵断面号	5#横断面			6#横断面			7#横断面			8#横断面		
	实测值	计算值	差值	实测值	计算值	差值	实测值	计算值	差值	实测值	计算值	差值
1#	0.1119	0.1168	0.0049	0.1163	0.1184	0.0021	0.1137	0.11	−0.0037	0.1209	0.1226	0.0017
2#	0.1125	0.1165	0.0040	0.1172	0.1186	0.0014	0.1142	0.1101	−0.0041	0.1210	0.1226	0.0016
3#	0.1114	0.1162	0.0048	0.1165	0.1189	0.0024	0.1143	0.1102	−0.0041	0.1210	0.1226	0.0016
4#	0.1114	0.1157	0.0043	0.1166	0.1194	0.0028	0.1146	0.1104	−0.0042	0.1210	0.1227	0.0017
5#	0.1116	0.1133	0.0017	0.1167	0.1198	0.0031	0.1145	0.1107	−0.0038	0.1210	0.1228	0.0018
6#	0.1122	0.1103	−0.0019	0.1171	0.1205	0.0034	0.1146	0.111	−0.0036	0.1211	0.1228	0.0017
7#	0.1166	0.1153	−0.0013	0.1191	0.1215	0.0024	0.1183	0.1154	−0.0029	0.1214	0.1228	0.0014
8#	0.1175	0.1177	0.0002	0.1176	0.1223	0.0047	0.1153	0.1168	0.0015	0.1209	0.1229	0.0020
9#	0.1176	0.1195	0.0019	0.1180	0.1228	0.0048	0.1150	0.117	0.0020	0.1204	0.1229	0.0025

表 7-7　正挑扩大头勾头丁坝工况 3 水位验证表　（单位：m）

纵断面号	1#横断面			2#横断面			3#横断面			4#横断面		
	实测值	计算值	差值	实测值	计算值	差值	实测值	计算值	差值	实测值	计算值	差值
1#	0.1666	0.1657	−0.0009	0.1711	0.1691	−0.0020	0.1497	0.152	0.0023	0.1482	0.1481	−0.0001
2#	0.1663	0.1655	−0.0008	0.1709	0.1686	−0.0023	0.1489	0.1516	0.0027	0.1472	0.1474	0.0002
3#	0.1663	0.1654	−0.0009	0.1700	0.1675	−0.0025	0.1471	0.1508	0.0037	0.1496	0.1469	−0.0027
4#	0.1662	0.1652	−0.0010	0.1681	0.1651	−0.0030	0.1443	0.1454	0.0011	0.1518	0.148	−0.0038
5#	0.1659	0.1651	−0.0008	0.1652	0.1623	−0.0029	0.1456	0.1502	0.0046	0.1588	0.1584	−0.0004
6#	0.1664	0.165	−0.0014	0.1641	0.1607	−0.0034	0.1520	0.1541	0.0021	0.1564	0.1519	−0.0045
7#	0.1659	0.1647	−0.0012	0.1631	0.16	−0.0031	0.1555	0.1568	0.0013	0.1578	0.1545	−0.0033
8#	0.1648	0.1645	−0.0003	0.1624	0.1598	−0.0026	0.1562	0.1577	0.0015	0.1583	0.1558	−0.0025
9#	0.1636	0.1642	0.0006	0.1617	0.1598	−0.0019	0.1558	0.1581	0.0023	0.1583	0.1564	−0.0019

纵断面号	5#横断面			6#横断面			7#横断面			8#横断面		
	实测值	计算值	差值	实测值	计算值	差值	实测值	计算值	差值	实测值	计算值	差值
1#	0.1495	0.1487	−0.0008	0.1561	0.1603	0.0042	0.1539	0.1516	−0.0023	0.1615	0.1644	0.0029
2#	0.1498	0.1485	−0.0013	0.1560	0.1605	0.0045	0.1536	0.1519	−0.0017	0.1611	0.1644	0.0033
3#	0.1499	0.1486	−0.0013	0.1558	0.1511	−0.0047	0.1537	0.1522	−0.0015	0.1609	0.1644	0.0035
4#	0.1506	0.1499	−0.0007	0.1559	0.1519	−0.0040	0.1538	0.1526	−0.0012	0.1610	0.1645	0.0035
5#	0.1502	0.1519	0.0017	0.1564	0.1525	−0.0039	0.1540	0.1529	−0.0011	0.1608	0.1646	0.0038
6#	0.1575	0.1529	−0.0046	0.1547	0.1529	−0.0018	0.1541	0.1531	−0.0010	0.1616	0.1645	0.0029
7#	0.1539	0.1539	0.0000	0.1568	0.1535	−0.0033	0.1566	0.1535	−0.0031	0.1612	0.1644	0.0032
8#	0.1537	0.1546	0.0009	0.1556	0.154	−0.0016	0.1538	0.1538	0.0000	0.1606	0.1644	0.0038
9#	0.1535	0.1551	0.0016	0.1550	0.1543	−0.0007	0.1532	0.1539	0.0007	0.1598	0.1644	0.0046

3. 流速验证

针对三维数值水槽试验结果计算，需通过对相应坝型和工况计算出各测点的三个流速分量进行验证。为直观起见，对三维流速的验证分水平截面和垂直截面以图形方式进行，分别完成对 x 向和 y 向流速分量、x 向和 z 向流速分量的验证。

1)平面流速分量验证

对平面流速分量 u、v 的验证选择下挑圆弧头直头丁坝和正挑扩大头勾头丁坝两种坝型各自 3 种工况下水面下 $0.2H$、$0.6H$、$0.8H$（H 代表测点处水深值）三种水平截面的流场数据进行，验证结果如图 7-1～图 7-6 所示。

从图中可以看出，下挑圆弧头直头丁坝各工况、各层验证结果基本一致，包括截面流速大小及方向，坝后极少数点流向有差别，这是由坝后环流摆动所致；正挑扩大头勾头丁坝工况 3 中的 $0.6H$ 截面个别点有较大偏差，分析认为可能是测量误差所致，对总体验证结果影响不大。通过水平截面流速验证，说明对 x 轴分量 u、y 轴流速分量 v 验证成功。

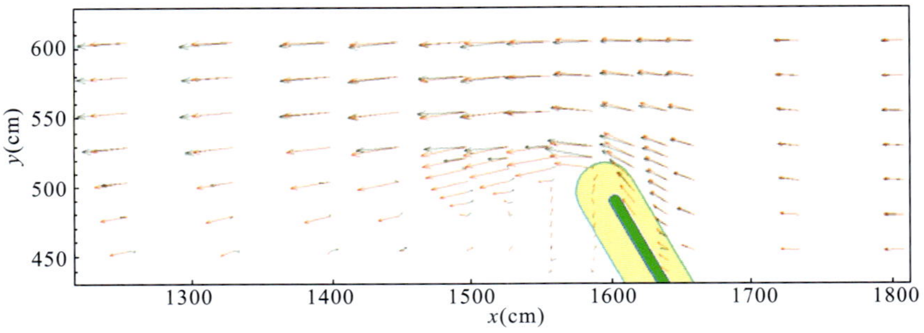

(a)水面下 $0.2H$ 水深处

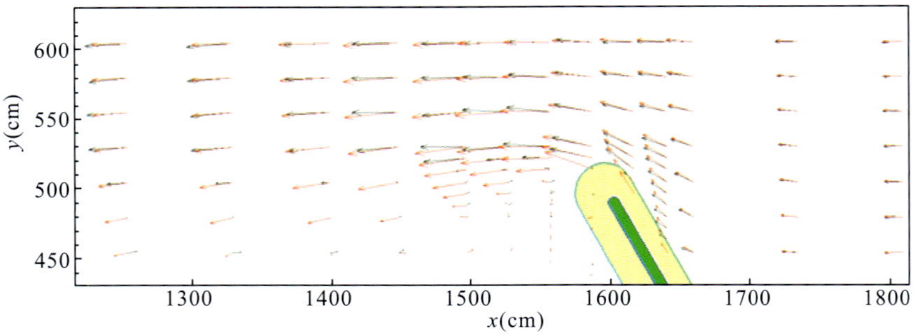

(b)水面下 $0.6H$ 水深处

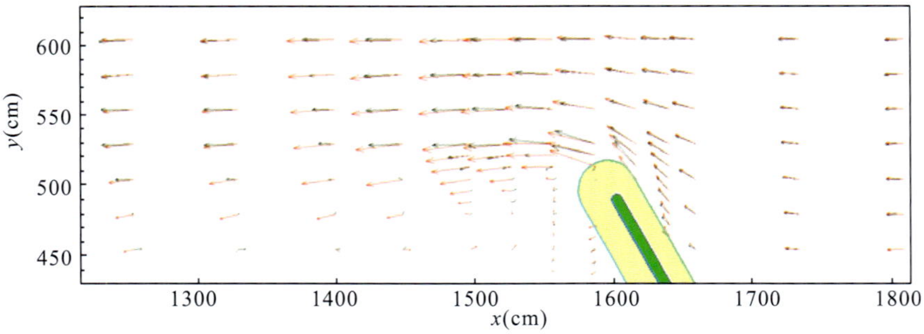

(c)水面下 $0.8H$ 水深处

图 7-1　下挑圆弧头直头丁坝 u、v 流速验证—工况 1

（图中黑色箭头代表实测值，红色箭头代表模拟计算值，余同）

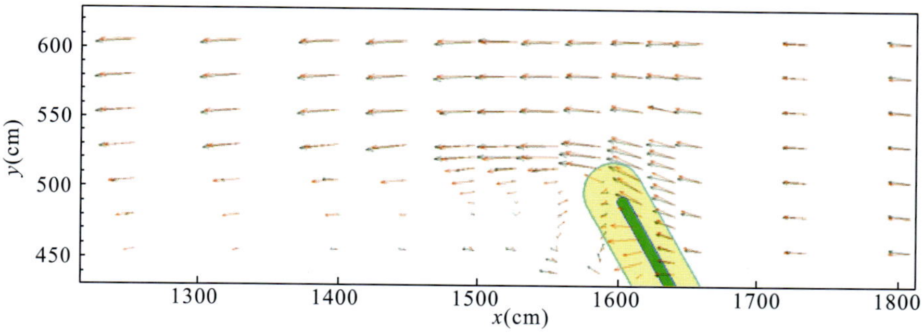

(a)水面下 0.2H 水深处

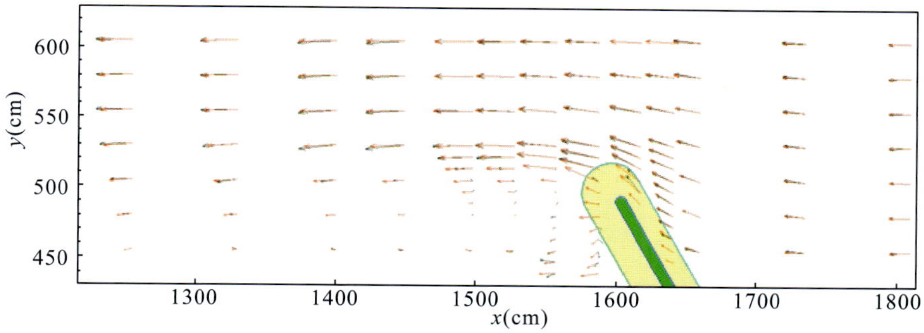

(b)水面下 0.6H 水深处

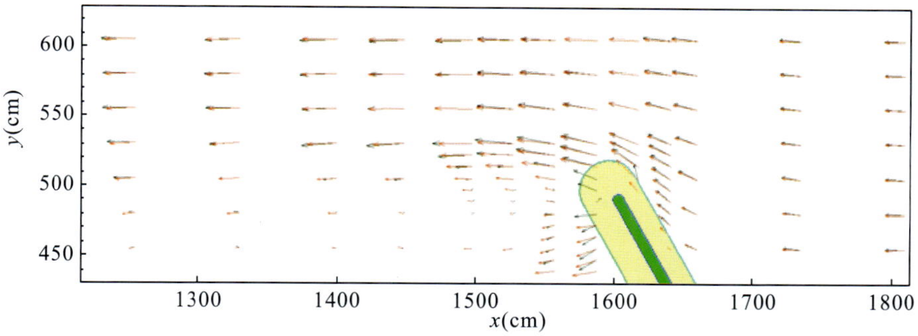

(c)水面下 0.8H 水深处

图 7-2　下挑圆弧头直头丁坝 u、v 流速验证—工况 2

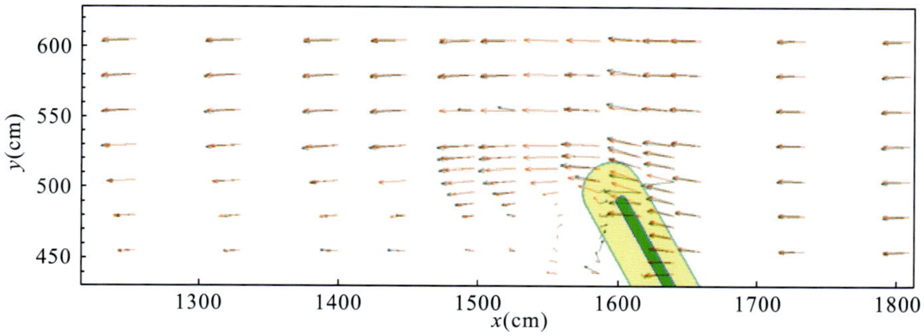

(a)水面下 0.2H 水深处

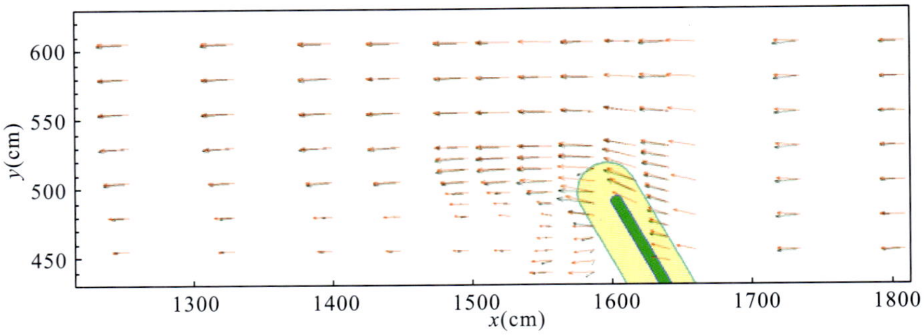

(b)水面下 0.6H 水深处

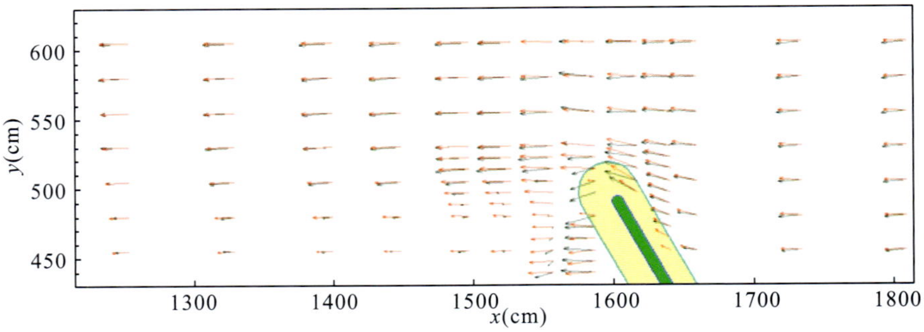

(c)水面下 0.8H 水深处

图 7-3　下挑圆弧头直头丁坝 u、v 流速验证—工况 3

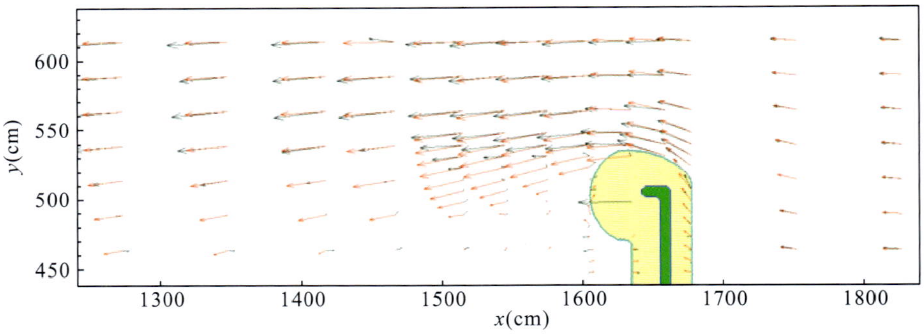

(a)水面下 0.2H 水深处

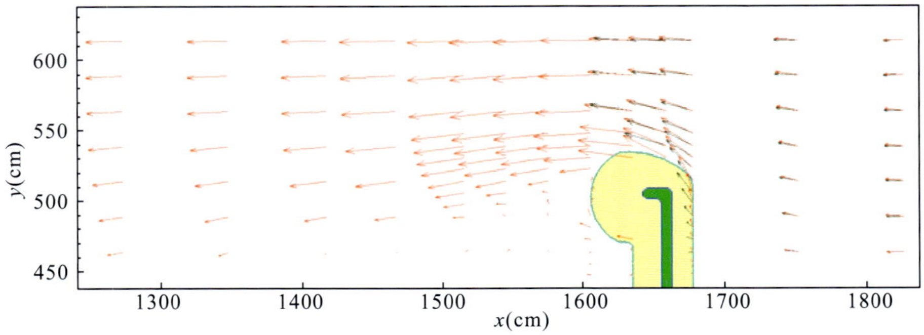

(b)水面下 0.6H 水深处

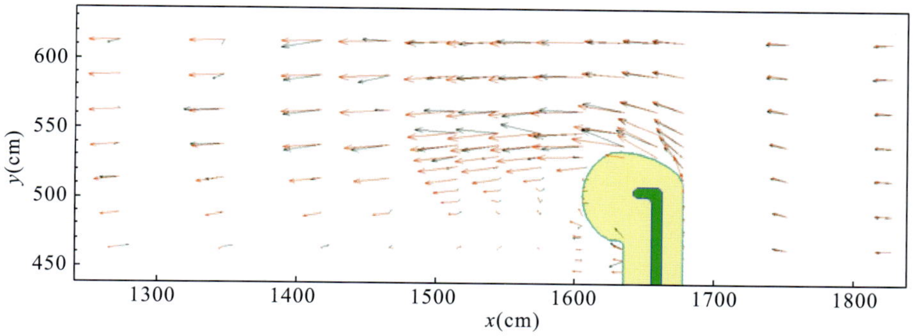

(c)水面下 0.8*H* 水深处

图 7-4 正挑扩大头勾头丁坝 *u*、*v* 流速验证—工况 1

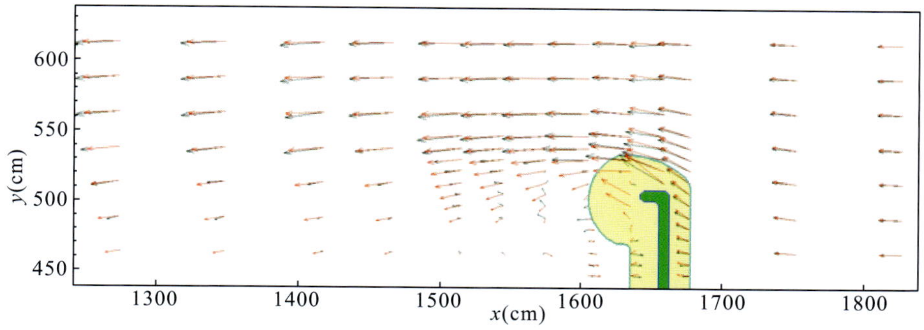

(a)水面下 0.2*H* 水深处

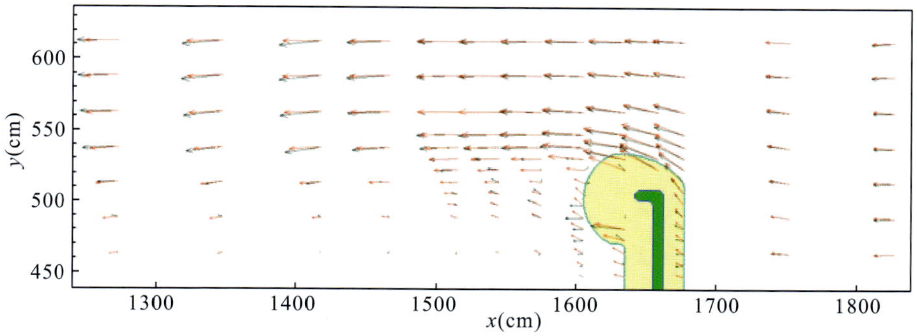

(b)水面下 0.6*H* 水深处

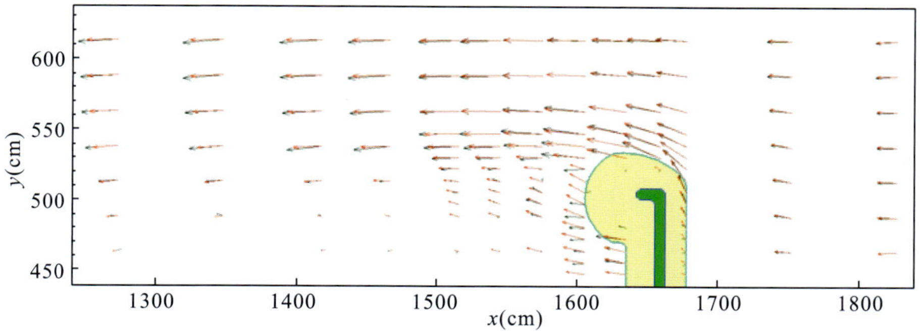

(c)水面下 0.8*H* 水深处

图 7-5 正挑扩大头勾头丁坝 *u*、*v* 流速验证—工况 2

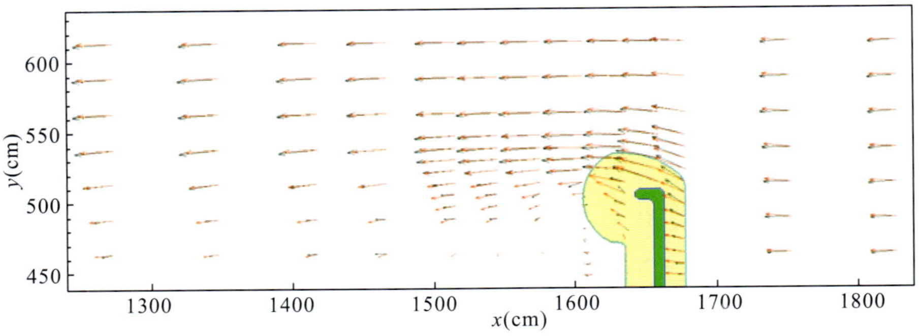

(a)水面下 0.2H 水深处

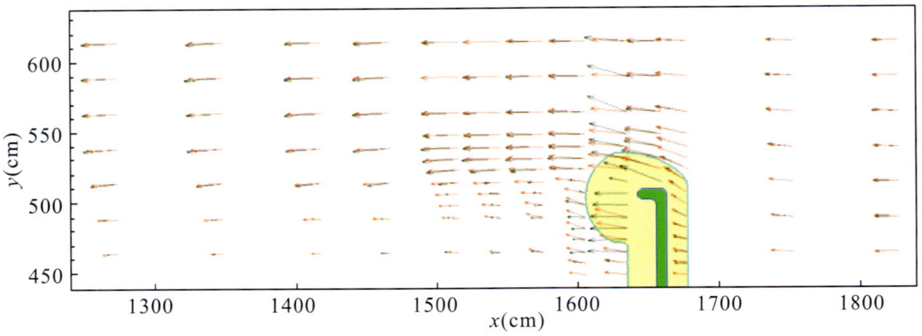

(b)水面下 0.6H 水深处

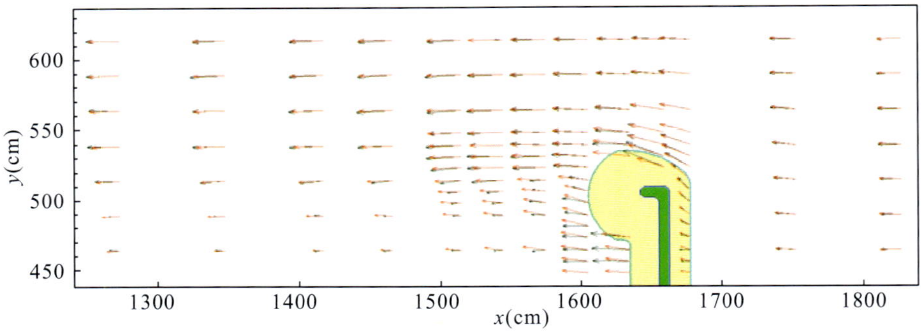

(c)水面下 0.8H 水深处

图 7-6 正挑扩大头勾头丁坝 u、v 流速验证—工况 3

2)垂向流速分量的验证

为完成对垂向流速分量 w 的验证，采取与前面验证点相同的位置对 w、v 流速分量进行验证。总体上，v、w 流速分量相对 u 流速分量为小，且两者大小较为接近，因此对每个点选择 w 作为 x 向分量，v 仍作为 y 向分量绘制流速矢量图进行图形化验证比较。

图 7-7～图 7-12 为绘制的两个坝型各自 3 个工况的验证结果，图中坐标单位为 cm，黑色箭头代表实测值，红色箭头代表数值水槽计算值。

需要特别指出的是，图中绘出的流速矢量 x 方向的大小实际上代表了 w 分量的大小，指向 x 正方向的流速其 w 值为正，反之为负。由于 w、v 绝对值较小，一般不是主流方向，因此十分精确地验证十分困难。从图中可以看出，模型计算对丁坝附近具有较大 w、v 流速分量值的点验证还是较为准确的，个别出入较大的点，是因为丁坝周围流态复杂，流速空间变化剧烈，测量位置和模型计算取点位置存在的微小偏差可能导致两者较大偏差，因此个别稍大的误差并不影响整体验证结果的成功。

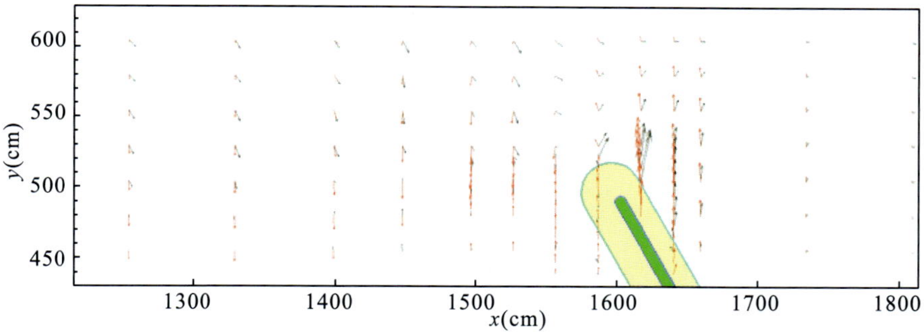

(a)水面下 0.2H 水深处

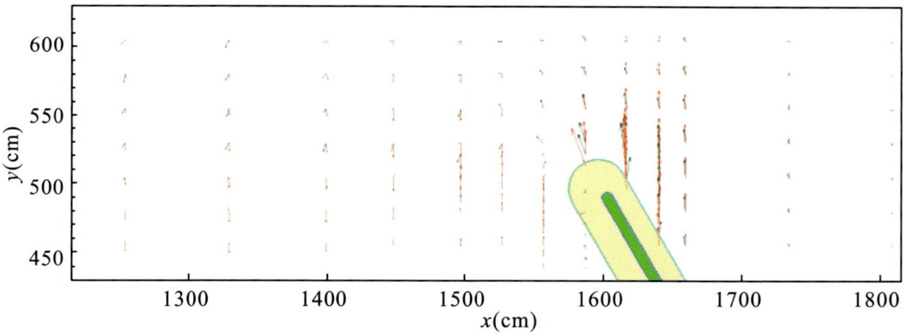

(b)水面下 0.6H 水深处

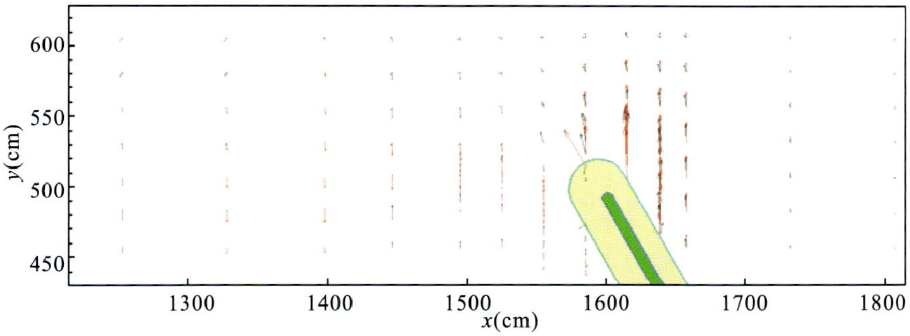

(c)水面下 0.8H 水深处

图 7-7　下挑圆弧头直头丁坝 w、v 流速验证—工况 1

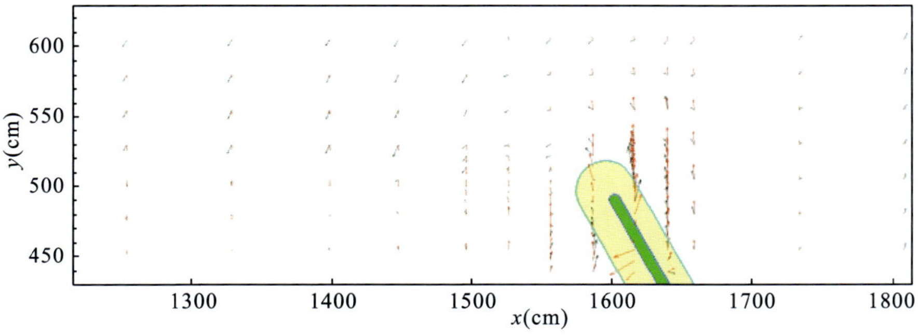

(a)水面下 0.2H 水深处

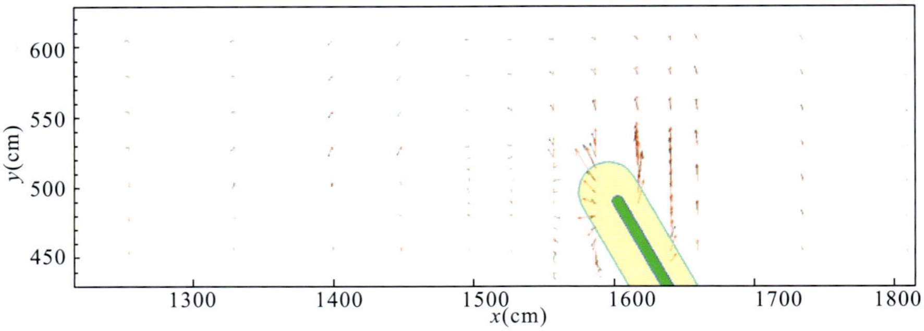

(b)水面下 0.6H 水深处

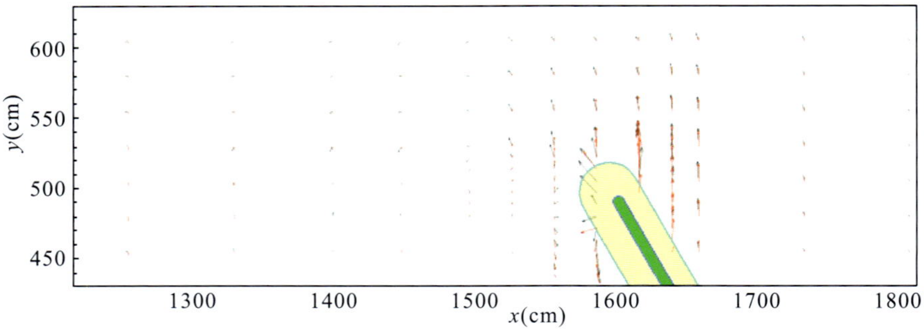

(c)水面下 0.8H 水深处

图 7-8　下挑圆弧头直头丁坝 w、v 流速验证—工况 2

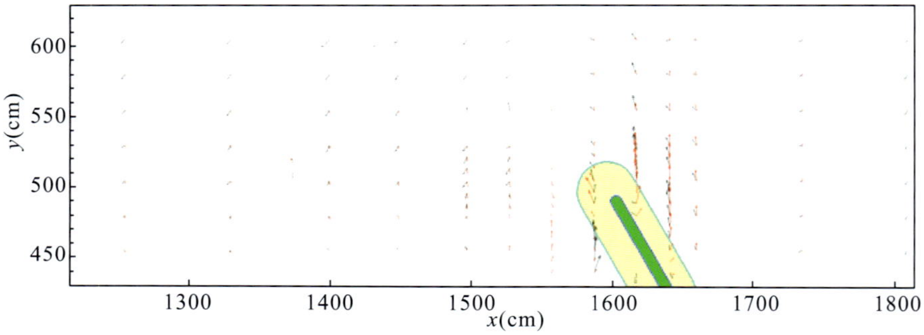

(a)水面下 0.2H 水深处

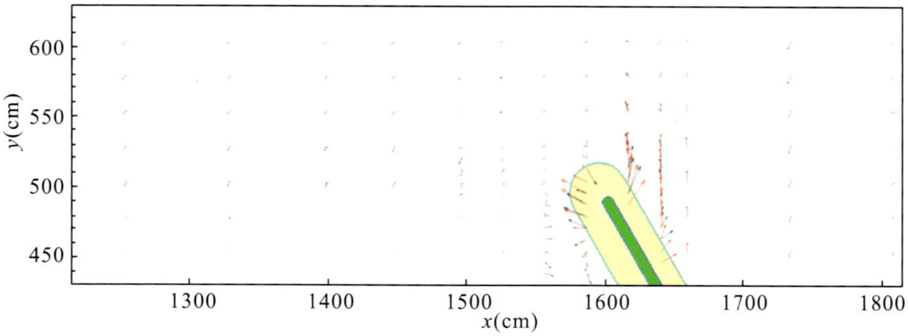

(b)水面下 0.6H 水深处

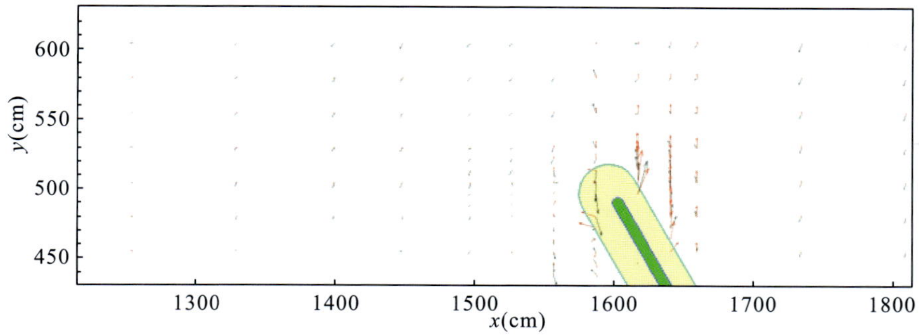

(c)水面下 0.8H 水深处

图 7-9　下挑圆弧头直头丁坝 w、v 流速验证—工况 3

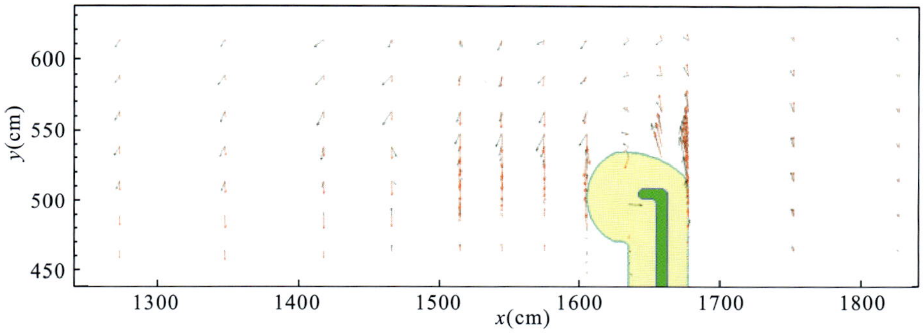

(a)水面下 0.2H 水深处

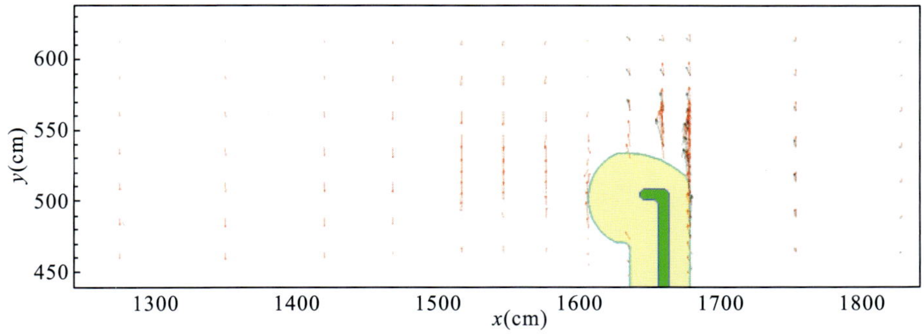

(b)水面下 0.6H 水深处

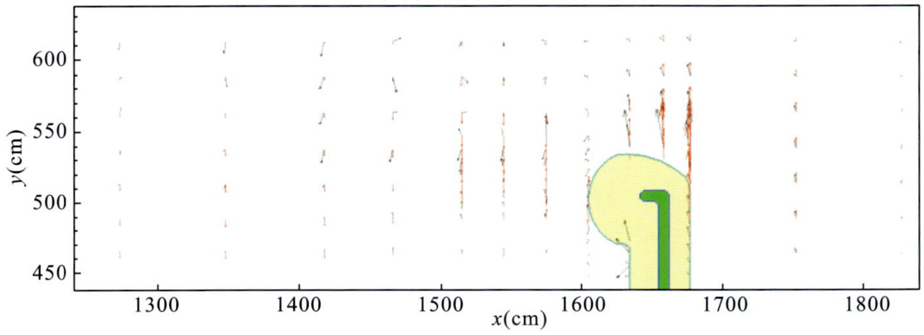

(c)水面下 0.8H 水深处

图 7-10　正挑扩大头勾头丁坝 w、v 流速验证—工况 1

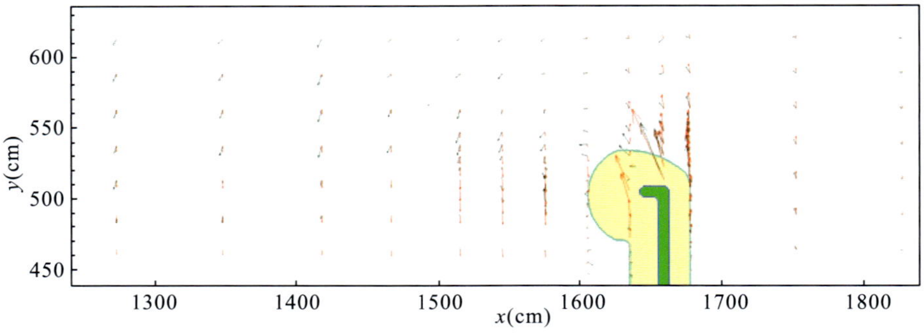

(a)水面下 0.2H 水深处

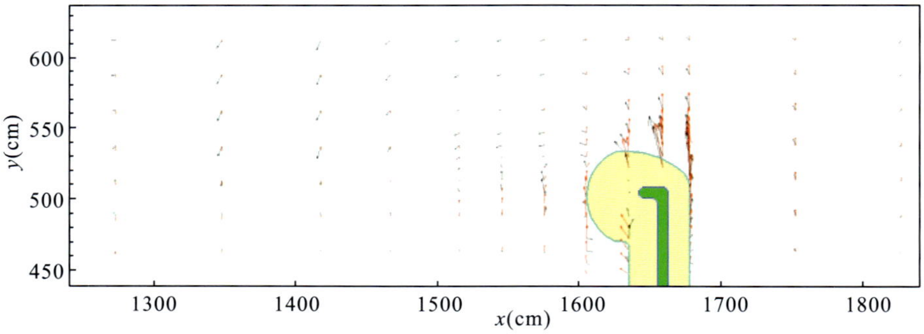

(b)水面下 0.6H 水深处

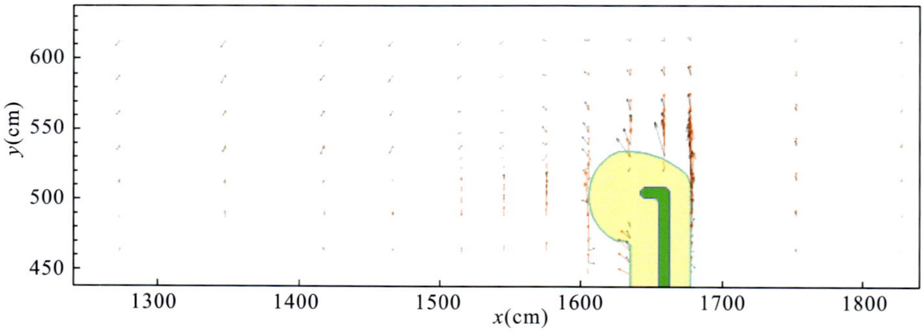

(c)水面下 0.8H 水深处

图 7-11　正挑扩大头勾头丁坝 w、v 流速验证—工况 2

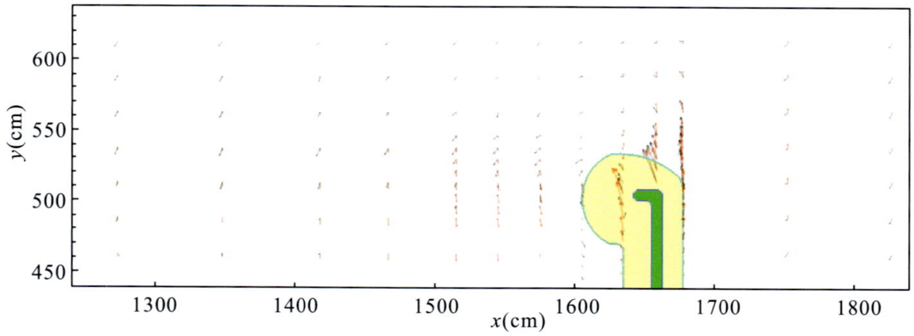

(a)水面下 0.2H 水深处

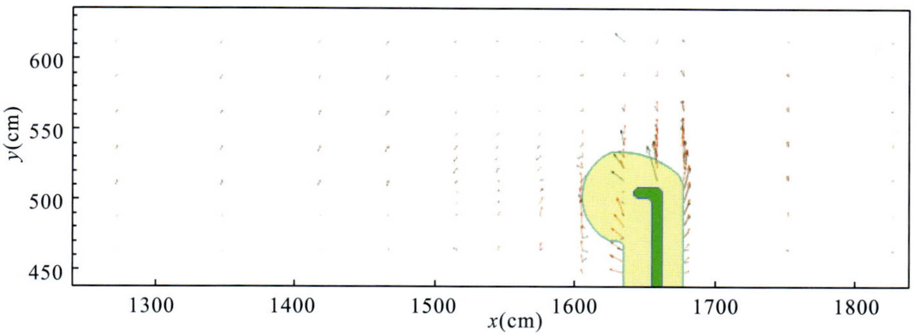

(b)水面下 0.6H 水深处

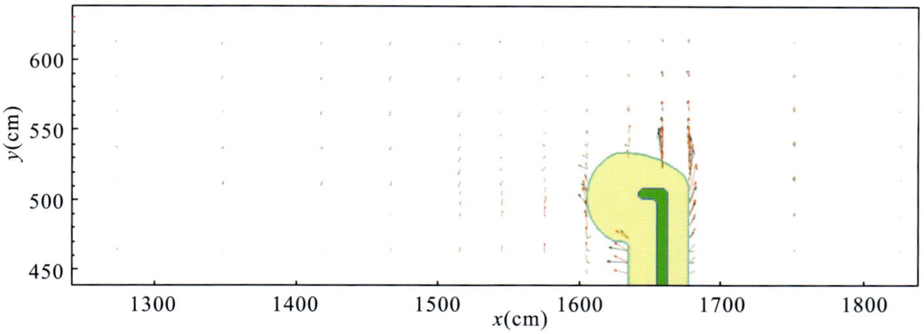

(c)水面下 0.8H 水深处

图 7-12　正挑扩大头勾头丁坝 w、v 流速验证—工况 3

7.2　原型水槽与概化数值水槽计算结果比较

在三维数值水槽成功验证基础上，以三维数值水槽计算结果为依据，对原型模拟结果进行检验，验证原型模拟结果与概化水槽试验结果的一致性，为分析原型丁坝水毁提供基础。

7.2.1　比尺换算及水流条件

试验用水槽是概化的原型河道按 40∶1 的几何比尺缩小而制作的正态物理模型，根据相似原理，流速比尺为 $40^{\frac{1}{2}}:1$，流量比尺为 $40\times40\times40^{\frac{1}{2}}:1$。

根据概化模型几何比尺及相似原理，得到原型水槽尺寸及各种坝型在各工况下水流计算条件，见 7.1.3 节。

7.2.2　水位计算结果比较

限于篇幅，在此仅给出下挑圆弧头直头丁坝在 3 种工况下的验证图示结果。

对数值水槽计算水位和原型水槽计算水位的验证，验证点选择下挑圆弧头直头丁坝模型水槽试验实测点所在的平面位置点。首先提取所有模型水槽实测平面位置点处的数值水槽计算水位值，并将水位值换算为原型水位值(乘以 40)，其次将所有模型水槽实测平面位置点处的坐标转换为原型平面坐标，并提取原型模型计算结果中的相对应位置处的水位值，最后按取点顺序绘制所有点水位值构成的点序列曲线，如图 7-13 所示。图中横坐标表示取值点的序列号，纵坐标表示取值点对应的水面高程值，3 种工况的数值水槽计算水位与原型水槽数值模拟计算水位基本在相同的曲线上，验证十分吻合，几乎不存在误差。实际上点 1～7、8～14、15～21、22～36、37～51、52～66、67～81、82～92、93～103、104～110、111～117、118～124、125～131 分别代表实测 1～13＃断面，3～7＃断面位于丁坝附近，在丁坝附近有剧烈水位变化的情况下，两种模拟结果吻合得也很好。由此得出结论，原型计算与数值水槽计算得到的水位一致。

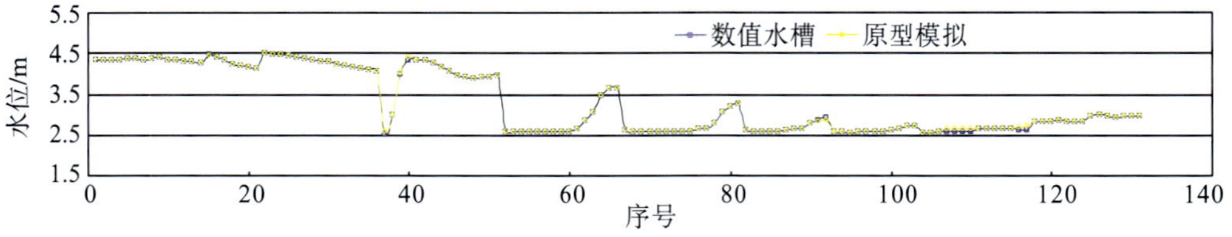

(a)工况 1

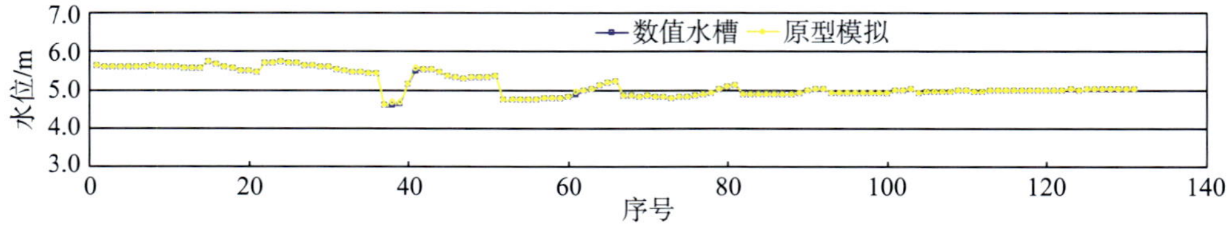

(b)工况 2

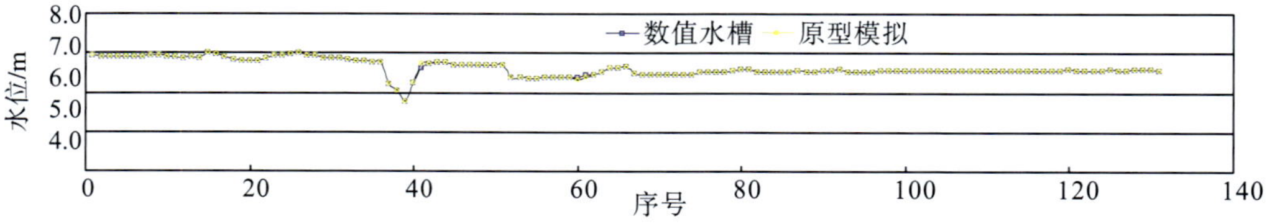

(c)工况 3

图 7-13 下挑圆弧头直头丁坝两种水槽模拟计算水面高程比较

7.2.3 流速计算结果比较

根据几何相似比尺，将数值水槽测点的空间位置坐标(x_0，y_0，z_0)转换为原型中的空间位置坐标(x，y，z)，这里 $x=40x_0$、$y=40y_0$、$z=40z_0$，从原型数值模拟结果中提取(x，y，z)点的各流速分量值作为原型计算值。将数值水槽计算得到的流速结果，按流速比尺换算为原型流速值(设数值水槽得到的流速大小为 u，换算为原型流速应为 $U=40^{\frac{1}{2}}u$)，然后再同原型数值模拟结果进行比较。

1. 平面流速分量计算结果比较

图 7-14～图 7-16 为下挑圆弧头直头丁坝 3 种工况下数值水槽计算结果与原型水槽计

算结果比较图，图中黑色箭头为数值水槽计算结果经比尺换算后绘制的流速矢量，红色为对应点原型计算结果。两者计算结果吻合很好，验证了两者 u、v 流速分量的一致性。

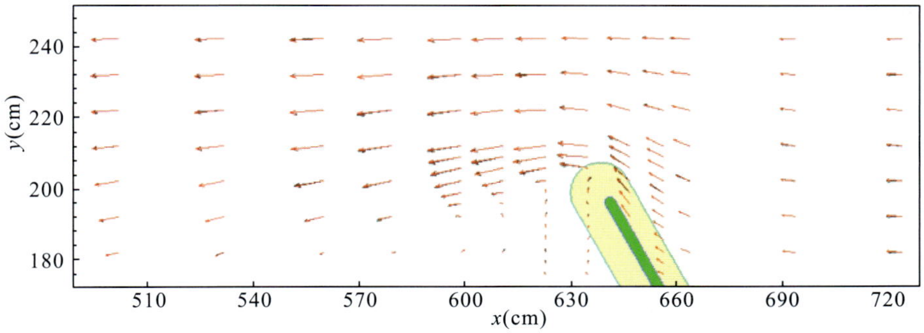

(a)水面下 0.2H 水深处

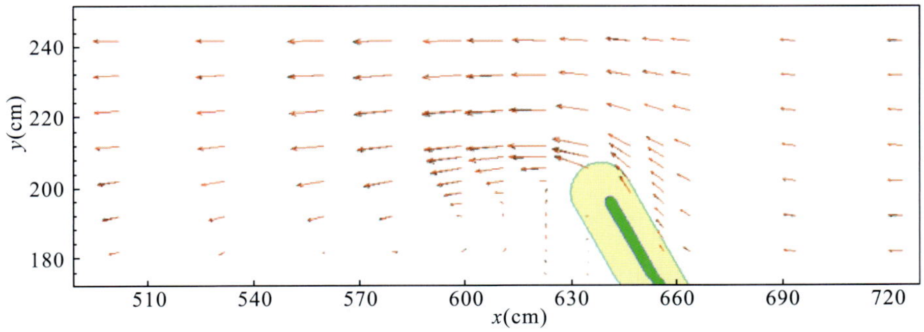

(b)水面下 0.6H 水深处

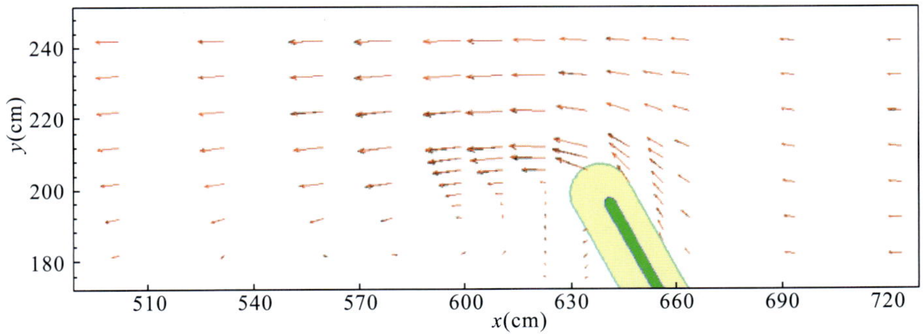

(c)水面下 0.8H 水深处

图 7-14　下挑圆弧头直头丁坝-工况 1 水平流速分量比较

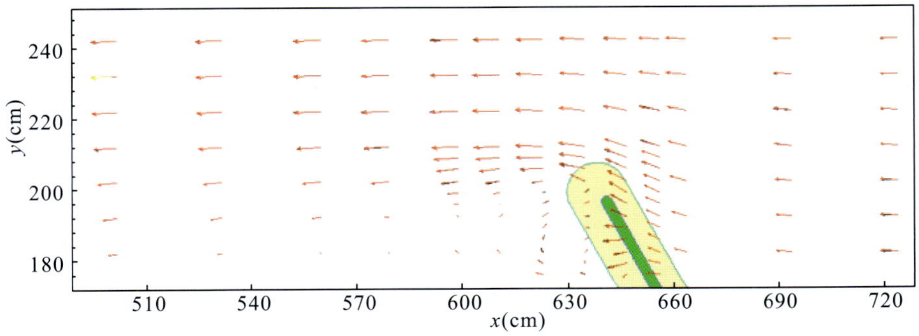

(a)水面下 0.2H 水深处

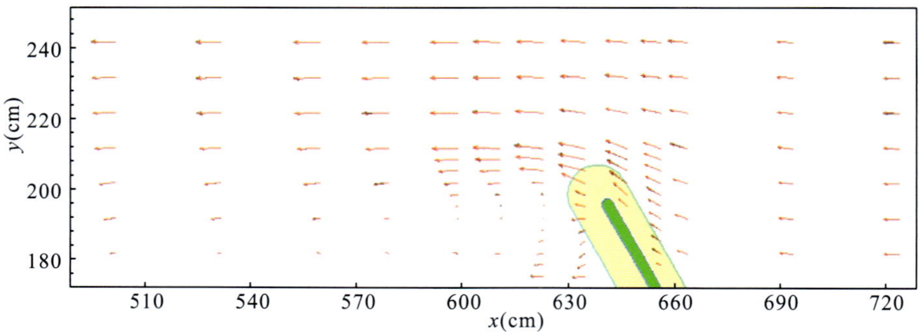

(b)水面下 0.6H 水深处

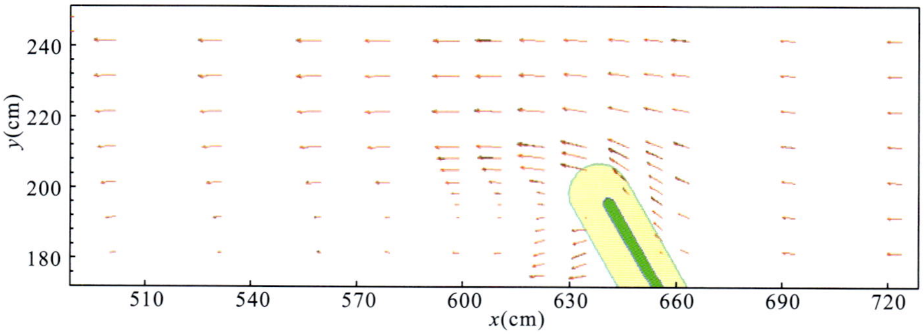

(c)水面下 0.8H 水深处

图 7-15　下挑圆弧头直头丁坝—工况 2 水平流速分量比较

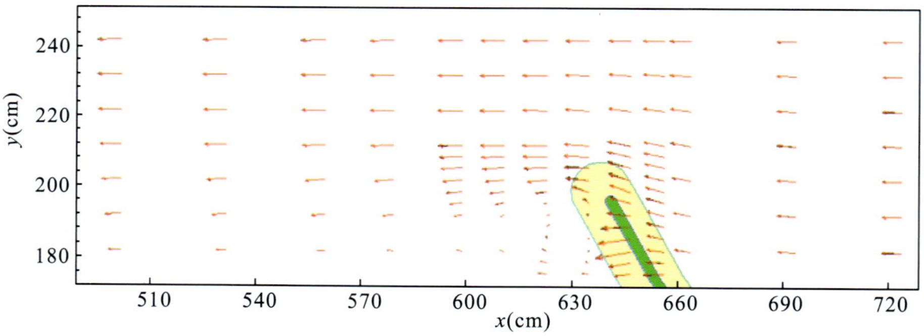

(a)水面下 0.2H 水深处

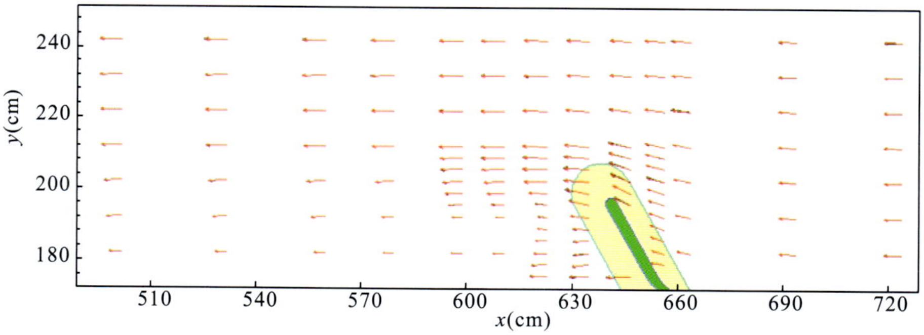

(b)水面下 0.6H 水深处

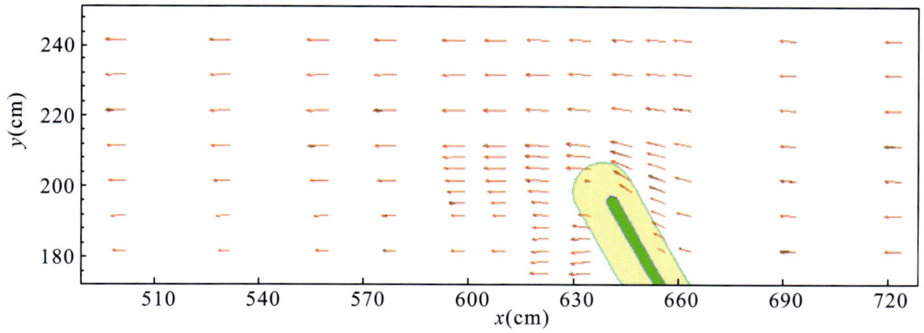

(c)水面下 0.8H 水深处

图 7-16　下挑圆弧头直头丁坝—工况 3 水平流速分量比较

2. 垂向流速分量计算结果比较

采用类似的方法对垂向 w 流速分量和 v 分量进行比较，比较前同样需要对数值水槽流速进行比尺换算，统一到原型比尺。图 7-17～图 7-19 以图示方式比较了两种数值模拟得到的 w、v 流速分量合成的流速矢量，可见两者十分吻合，从而完成对垂向分量的对比计算。

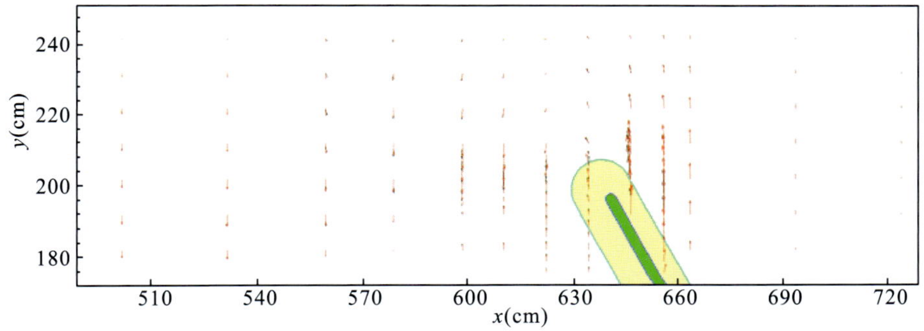

(a)水面下 0.2H 水深处

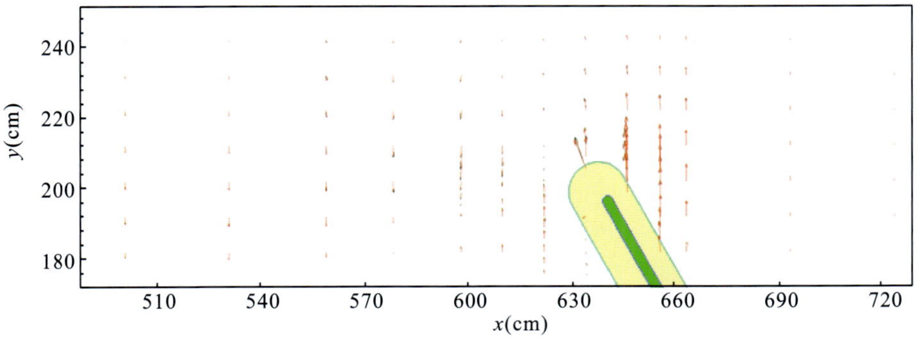

(b)水面下 0.6H 水深处

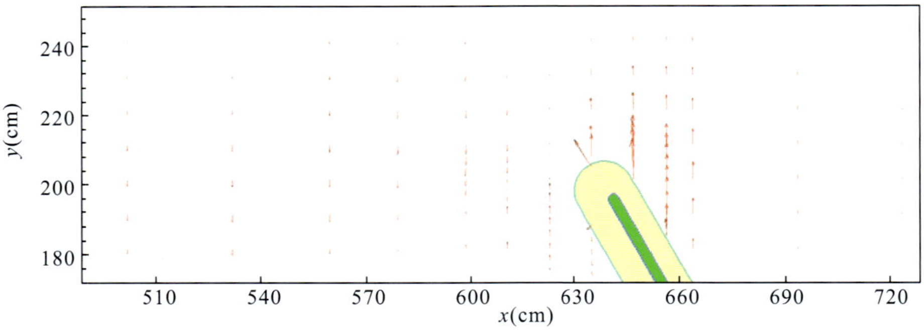

(c)水面下 0.8H 水深处

图 7-17 下挑圆弧头直头丁坝—工况 1 垂向流速分量比较

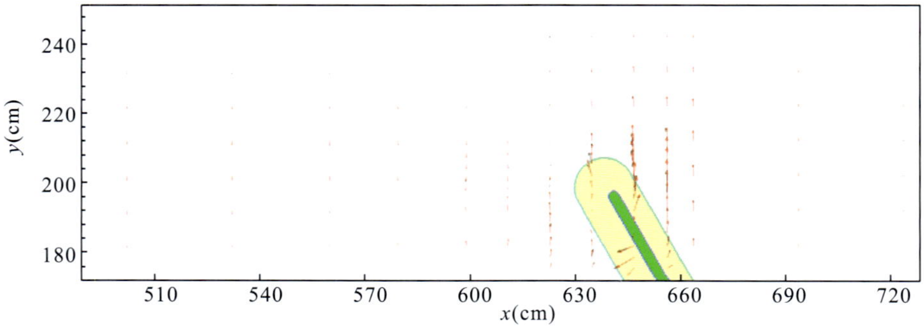

(a)水面下 0.2H 水深处

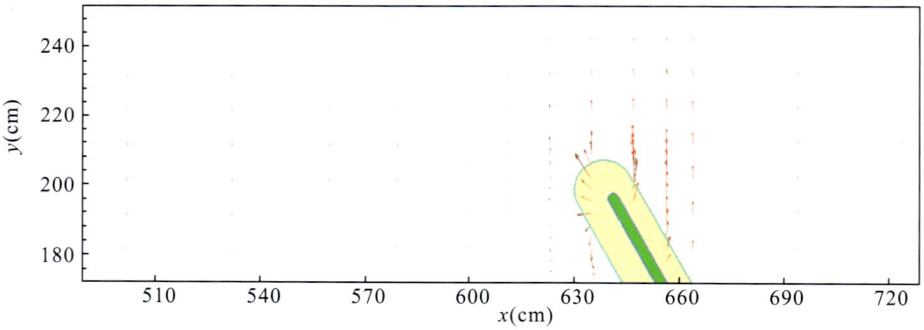

(b)水面下 0.6H 水深处

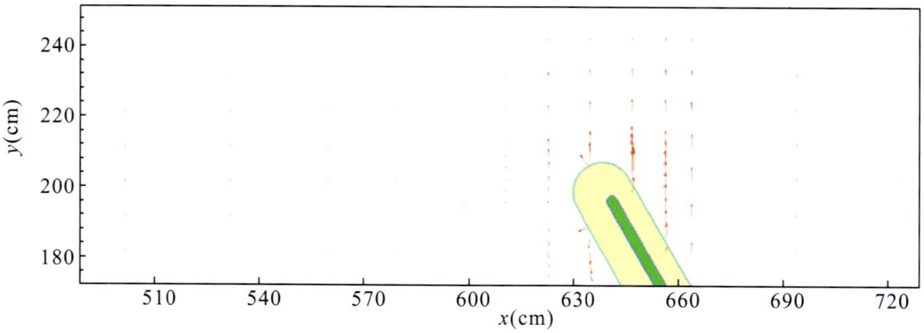

(c)水面下 0.8H 水深处

图 7-18 下挑圆弧头直头丁坝—工况 2 垂向流速分量比较

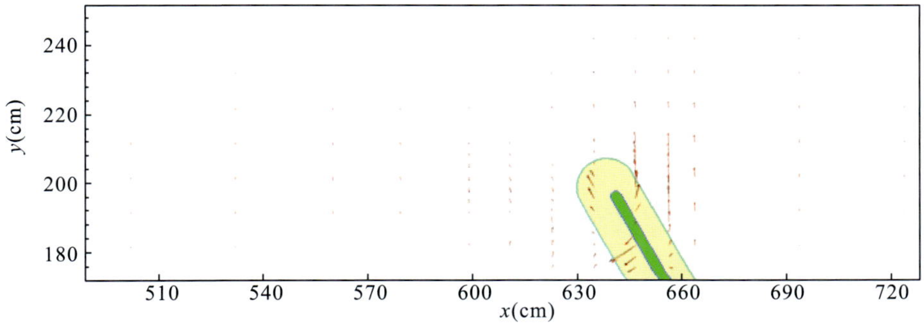

(a)水面下 0.2H 水深处

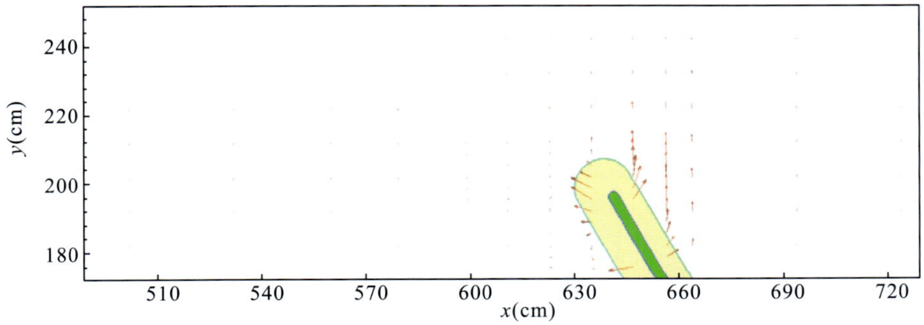

(b)水面下 0.6H 水深处

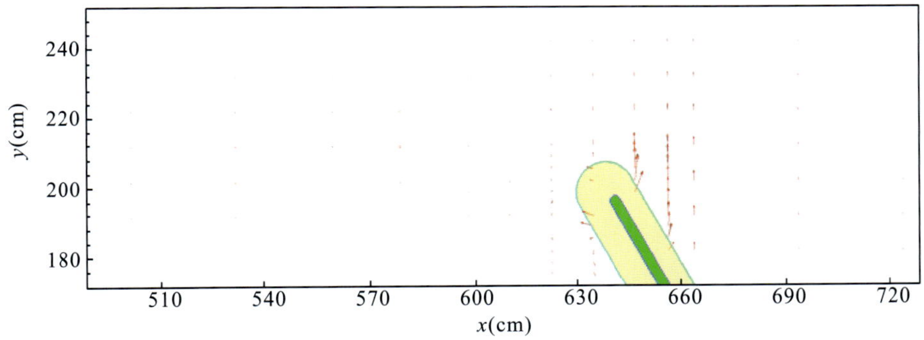

(c)水面下 0.8H 水深处

图 7-19　下挑圆弧头直头丁坝—工况 3 垂向流速分量比较

7.3　丁坝三维数值模拟结果分析

丁坝水毁的机理复杂，通过长期观测及众多科研工作者的研究成果表明，由于丁坝的坝头、坝根等部位的基础和泥沙常年受到水流的冲刷和侵蚀作用，使其基础淘空，丁坝在其自身重力作用下失去支撑，局部或整体崩陷塌落，这是丁坝水毁最为普遍的形式。丁坝本身水毁较重或严重的部位主要发生在丁坝的坝头、坝根与河岸坡连接处，特别是坝头，几乎所有水毁的丁坝其坝头都已遭到破坏。

为研究丁坝水毁机理，对三维数值模拟结果中丁坝周边底部流速分布、压强分布进行分析，从流速分布、压强变化两个方面对丁坝水毁机理进行阐述。

7.3.1 丁坝周边流速变化分析

1. 丁坝周边流场结构

丁坝伸向河流中心，阻挡河道水流，强行改变水流状态，使得其周边流场变化复杂，流场三维特性十分明显。不同丁坝形式、不同丁坝挑向、不同流量级别使得丁坝周边流场均有不同。为认识丁坝流场结构，本书从丁坝周边水面变化、表面水流、水平截面流场、垂直截面等方面进行分析。

1)水面变化及表面流分析

首先将 6 种丁坝形式，各自 3 种工况下的三维表面流场及水面变化仿真图进行绘制，如图 7-20～图 7-37 所示，工况 1 代表下游水位低于坝顶高程的情况，工况 2 和工况 3 代表下游水位超过坝顶高程的情况。可以看出，各种坝型和工况下，丁坝上游具有不同程度明显增水，相对而言，工况 1 坝前增水幅度大于工况 2 和工况 3，原因是丁坝几乎阻挡了所有坝前水流，致使坝前水位明显抬升，而工况 2 和工况 3 下，整体水位漫过丁坝，使得丁坝上面可以大量过水，只是由于丁坝存在缩窄了过水断面面积，使得坝上过水流速急剧增大，甚至出现激流，表现为坝上水面急剧降低后在坝后又迅速抬升；工况 1、工况 2 坝头水面均出现急剧降落的现象，主要是由于坝前和坝后存在较大水位差，而工况 3 具有较大流量，丁坝上下游水位差相对较小，从而坝头没有剧烈的水位变化。

丁坝后的环流有两种形式，第一种形式为紧贴坝后的小范围环流，称为临坝环流，它存在各种丁坝形式及工况下，其大小与环流方向、丁坝形式、流量大小等有关；第二种形式为环流中心位于距离丁坝 2～2.5 倍丁坝长度处的范围较大的环流，称为离坝环流，它只存在于小流量级的丁坝后方。

临坝环流是由于坝前壅高的水流急速跌入坝后，因水黏滞性而产生的剪切力带动坝后水体流向底部，使下游水体向坝后补充，形成范围相对离坝环流较小的环流。下挑丁坝临坝环流方向为顺时针方向，而正挑丁坝为逆时针方向，究其原因，下挑丁坝坝头在一定程度上顺应河道主流方向，加上坝后掩护空间相对正挑丁坝较小，使得坝头水流不能有效带动丁坝下游回流区水流而形成逆时针环流，反观坝尾越堤流要强于正挑丁坝，而该股水流方向沿河岸向下，促使顺时针环流的形成，正挑丁坝坝头、坝尾水动力状况与上述下调丁坝状况基本相反，形成逆时针方向环流成为必然。直挑丁坝所形成的临坝环流范围普遍大于下调丁坝所产生的临坝环流范围，这和两种丁坝造成的下游回流区大小不等有关。值得一提的是，正挑扩大头勾头丁坝和正挑圆弧头勾头丁坝在工况 1 下的临坝环流更为复杂，除了上述逆时针方向的临坝环流外，在勾头头部还存在一个范围更小的顺时针环流，这是由于勾头拐弯处下泻水流冲击强度大于勾头部位下泻水流冲击强度。

离坝环流是由丁坝挑流造成的下游回流区水体受到靠近河道中心区的主流剪切力作用而形成的，环流为逆时针方向且范围较大。离坝环流一般出现在流量较小时的非淹没丁坝或淹没程度不大的丁坝下游回流区，像本书研究的工况 1 流量下，所有丁坝类型下游回流区均出现离坝环流，只是不同丁坝形式下离坝环流中心位置和强度有所不同，正挑丁坝类型离坝环流中心位置距丁坝较近且环流强度较弱。

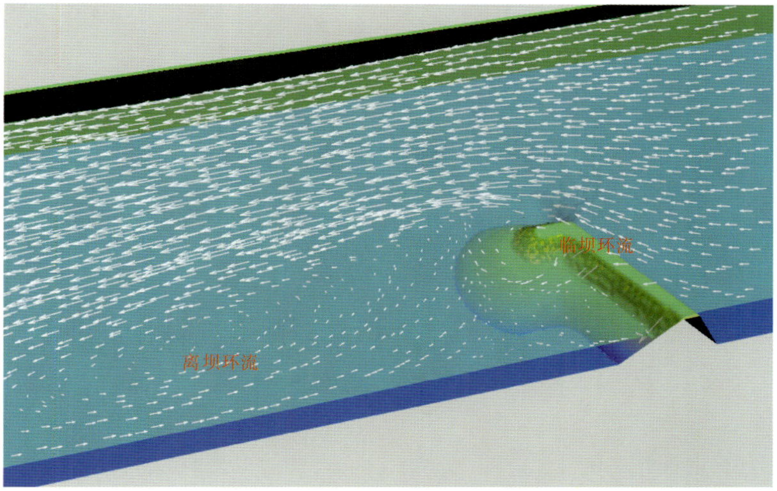

图 7-20　下挑扩大头勾头丁坝周边水面及表面流场分布(工况 1)

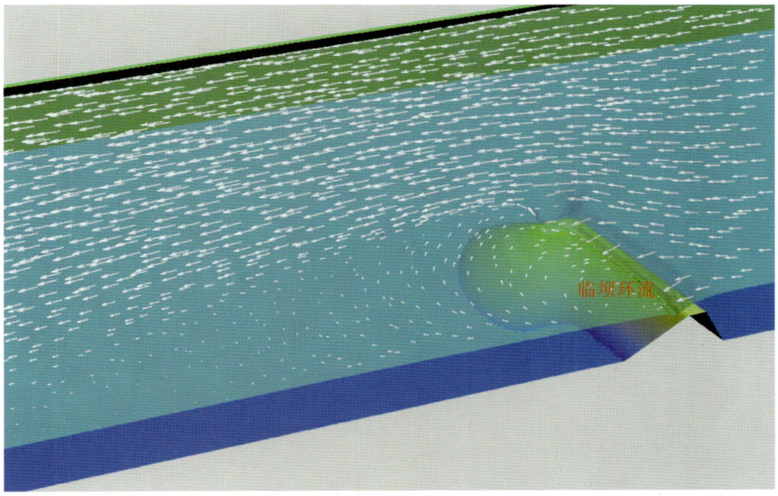

图 7-21　下挑扩大头勾头丁坝周边水面及表面流场分布(工况 2)

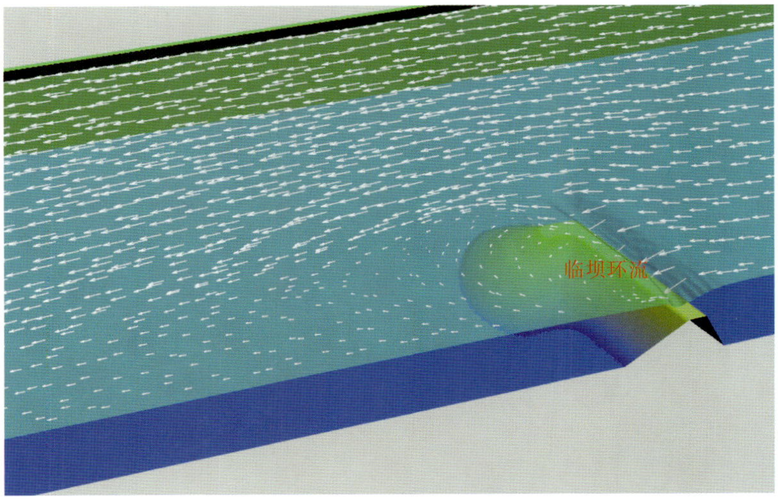

图 7-22　下挑扩大头勾头丁坝周边水面及表面流场分布(工况 3)

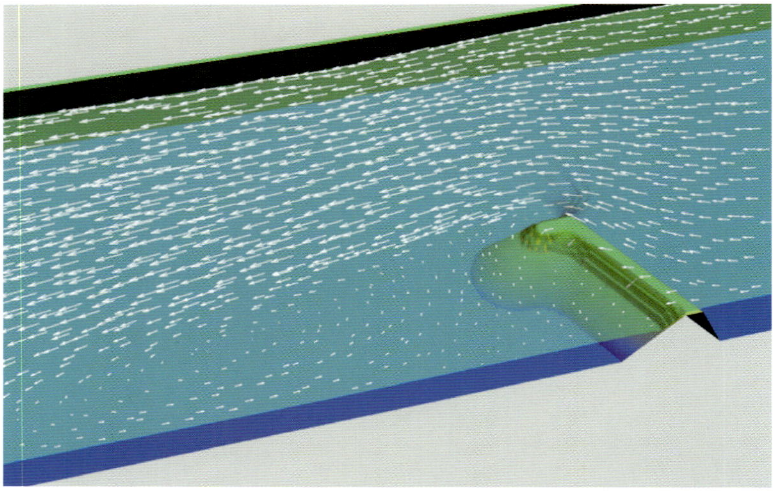

图 7-23 下挑圆弧头勾头丁坝周边水面及表面流场分布(工况 1)

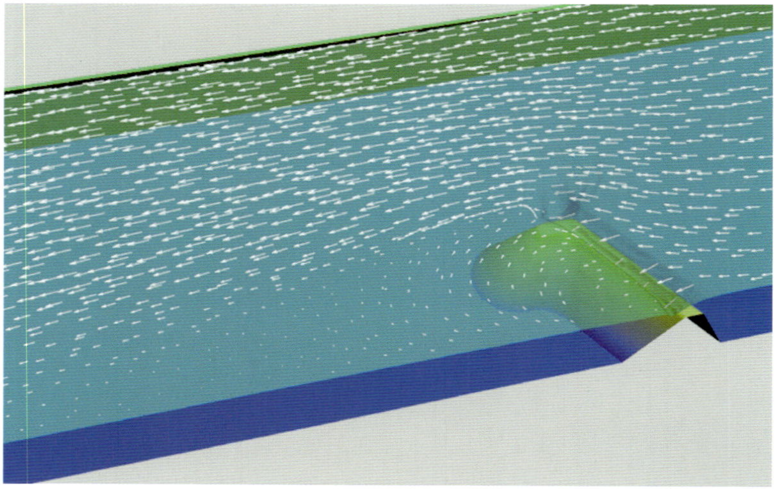

图 7-24 下挑圆弧头勾头丁坝周边水面及表面流场分布(工况 2)

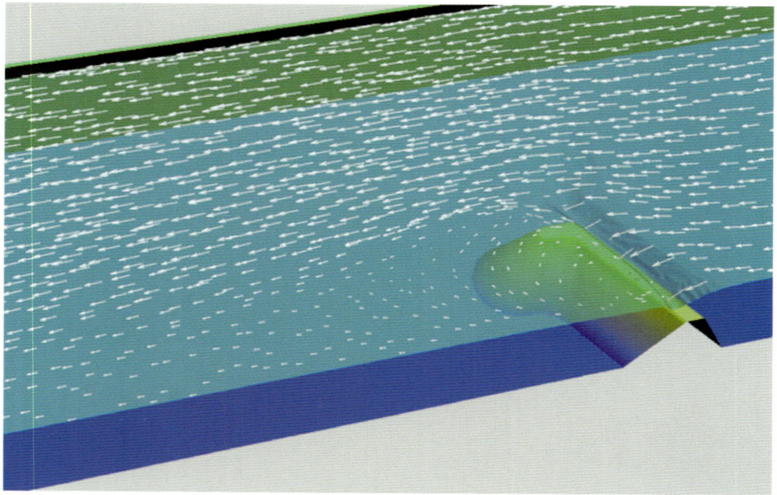

图 7-25 下挑圆弧头勾头丁坝周边水面及表面流场分布(工况 3)

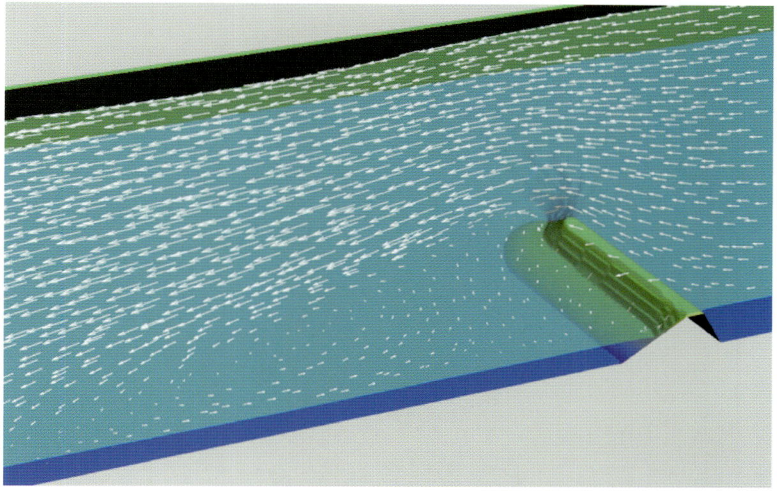

图 7-26 下挑圆弧头直头丁坝周边水面及表面流场分布(工况 1)

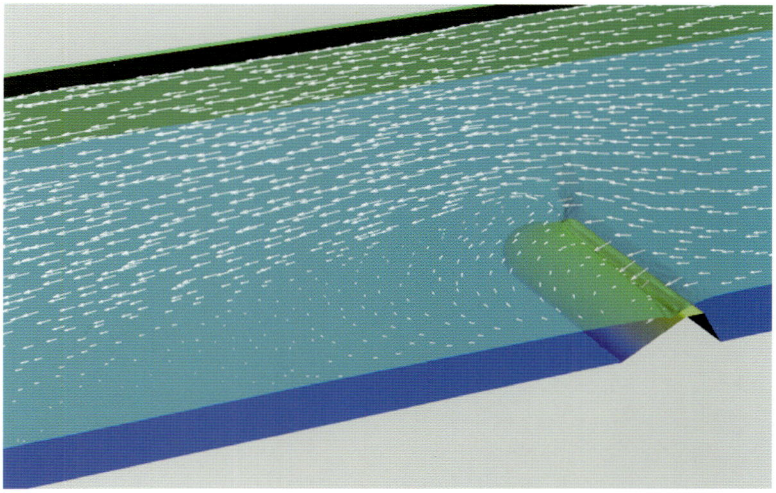

图 7-27 下挑圆弧头直头丁坝周边水面及表面流场分布(工况 2)

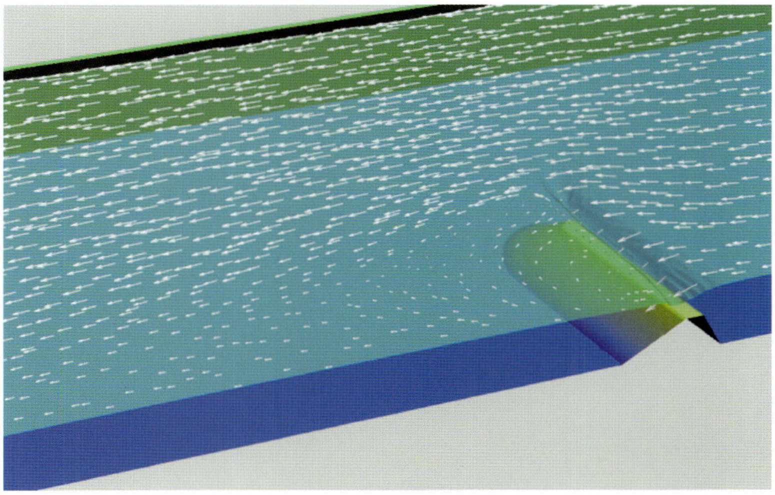

图 7-28 下挑圆弧头直头丁坝周边水面及表面流场分布(工况 3)

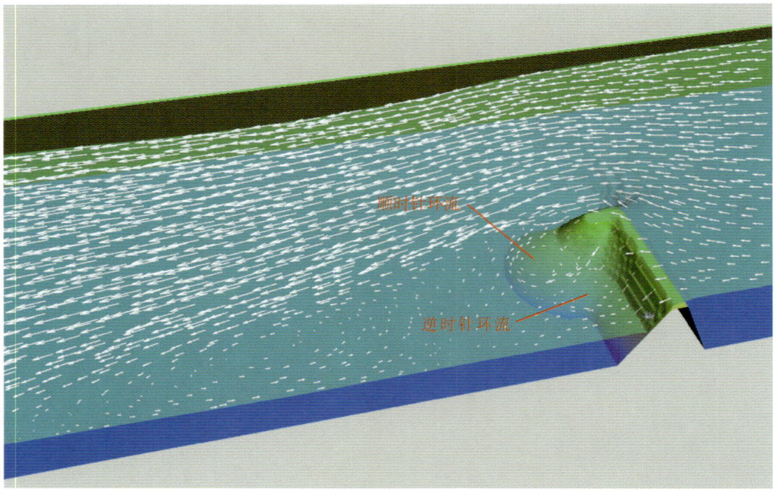

图 7-29　正挑扩大头勾头丁坝周边水面及表面流场分布(工况 1)

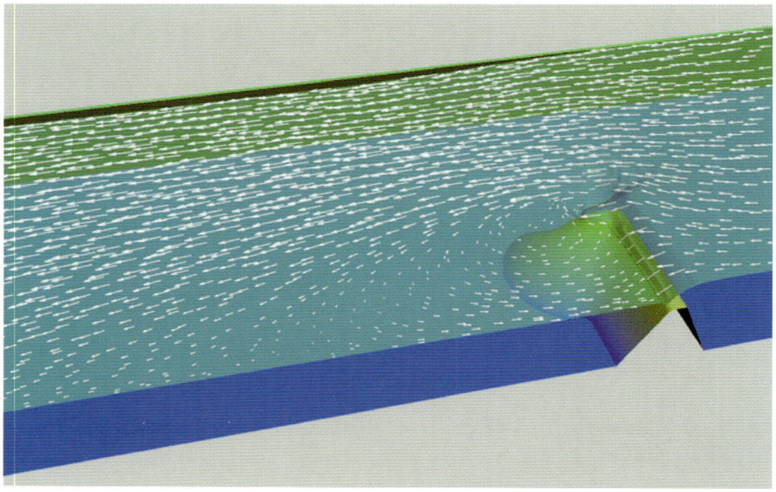

图 7-30　正挑扩大头勾头丁坝周边水面及表面流场分布(工况 2)

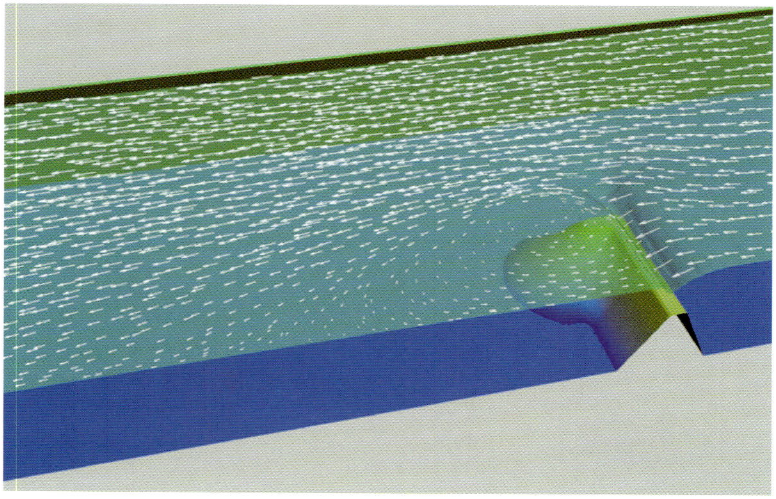

图 7-31　正挑扩大头勾头丁坝周边水面及表面流场分布(工况 3)

图 7-32　正挑圆弧头勾头丁坝周边水面及表面流场分布(工况 1)

图 7-33　正挑圆弧头勾头丁坝周边水面及表面流场分布(工况 2)

图 7-34　正挑圆弧头勾头丁坝周边水面及表面流场分布(工况 3)

图 7-35 正挑圆弧头直头丁坝周边水面及表面流场分布(工况 1)

图 7-36 正挑圆弧头直头丁坝周边水面及表面流场分布(工况 2)

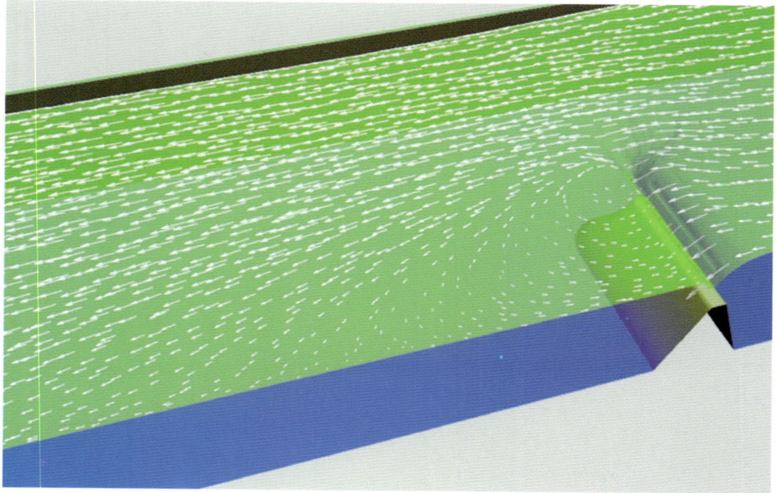

图 7-37 正挑圆弧头直头丁坝周边水面及表面流场分布(工况 3)

2)丁坝周边截面流场分析

为认识丁坝附近流场的三维特性，通过水平、垂直截面流场分析方式进行，限于篇幅，本书仅对下挑扩大头勾头丁坝和正挑扩大头勾头丁坝截面流场进行分析。为便于分析比较，水平截面流场取距底 0.2 m 和 0.3 m 两个高程的水平截面流场进行对比，各层流速矢量箭头用红色、绿色代表，将两层流速截面同时绘制在一幅图中进行比较，如图 7-38～图 7-43 所示。

通过水平截面流场分析，工况 1 具有明显的平面环流，工况 3 环流现象最不明显，表明越堤流对抑制丁坝下游回流区的环流发生有重要作用；同一幅图上下层水平截面流场比较得出，底部环流弱于表面环流；同一工况下，对比不同丁坝形式水平截面流场表明，下挑丁坝坝后具有比正挑丁坝范围大的水平环流。

垂直截面流场分纵向、横向两种形式，纵向沿入流方向、横向沿垂直于入流方向。图 7-44～图 7-49 为纵向垂直截面流场，每幅图中自坝根向坝头排列三个垂直截面，称为坝根截面、坝中截面、坝头截面，流速矢量以白、绿、红三种不同颜色区分，可以看出，各种坝型和工况下，坝根截面显示丁坝背水面具有较大的底部流速，这是坝根易于水毁的原因之一；对于正挑丁坝，各种工况下坝后回流区都有明显垂向环流存在，流量越大，坝根垂向环流范围和强度也越大，但坝头和坝中垂向环流变弱甚至消失，显示出流量增大时，垂向环流被压制在靠近坝根的河岸一侧且强度增大。

图 7-50～图 7-55 为横向垂直截面流场，每幅图中自丁坝上游向下游排列三个垂直截面，称为上游截面、中间截面、下游截面，各种坝型及工况下，中间截面显示丁坝坝头处具有较大垂向流速，这是造成坝头冲刷的因素，是坝头水毁的重要原因之一。下游截面显示，正挑丁坝坝型下，坝后回流区有逆时针方向(面向下游方向)的垂向环流，下挑丁坝坝型下，坝后回流区有顺时针方向(面向下游方向)的垂向环流，结合上述纵向垂直截面流场及水平截面流场分析，在丁坝下游回流区存在较为复杂的螺旋流。

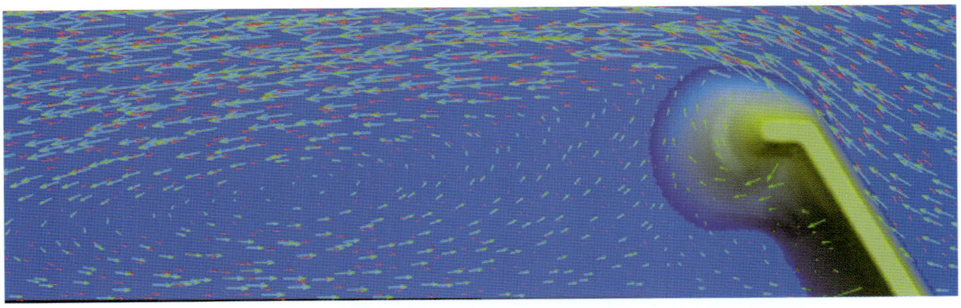

图 7-38　下挑扩大头勾头丁坝周边水平截面流场(工况 1)

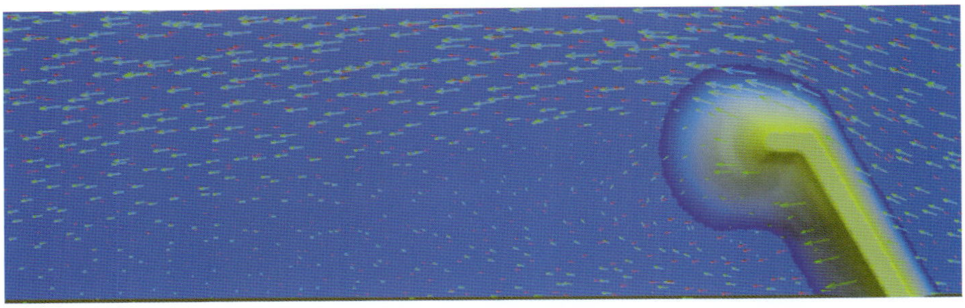

图 7-39　下挑扩大头勾头丁坝周边水平截面流场(工况 2)

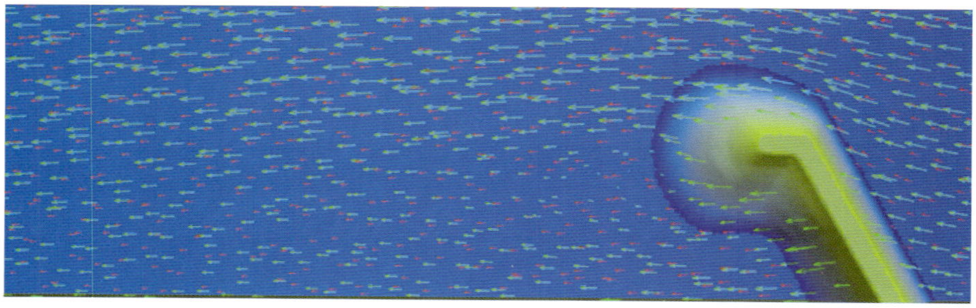

图 7-40 下挑扩大头勾头丁坝周边水平截面流场(工况 3)

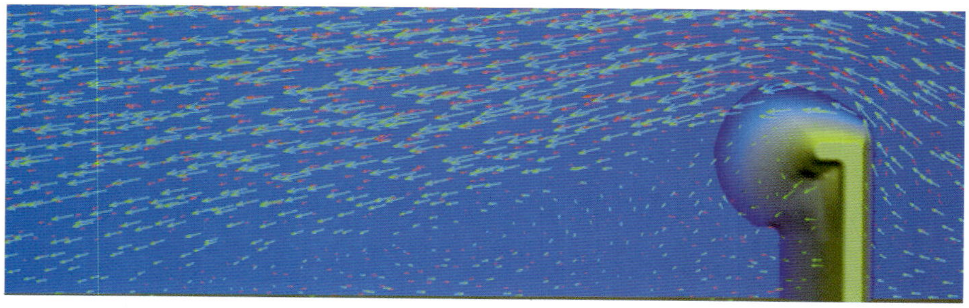

图 7-41 正挑扩大头勾头丁坝周边水平截面流场(工况 1)

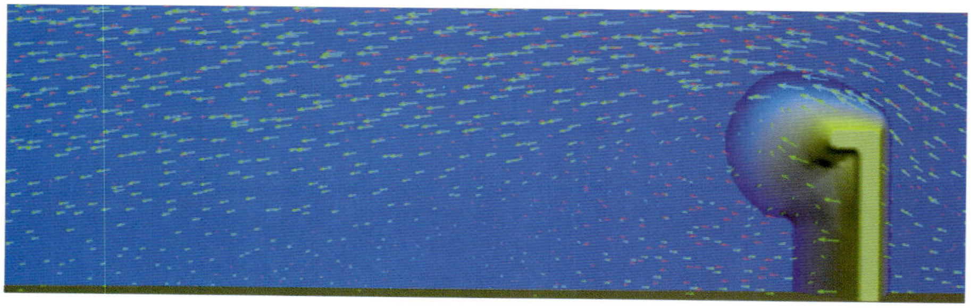

图 7-42 正挑扩大头勾头丁坝周边水平截面流场(工况 2)

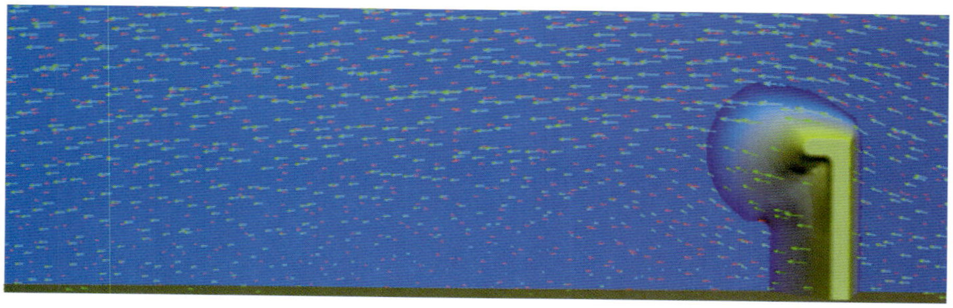

图 7-43 正挑扩大头勾头丁坝周边水平截面流场(工况 3)

图 7-44　下挑扩大头勾头丁坝周边纵向垂直截面流场(工况 1)

图 7-45　下挑扩大头勾头丁坝周边纵向垂直截面流场(工况 2)

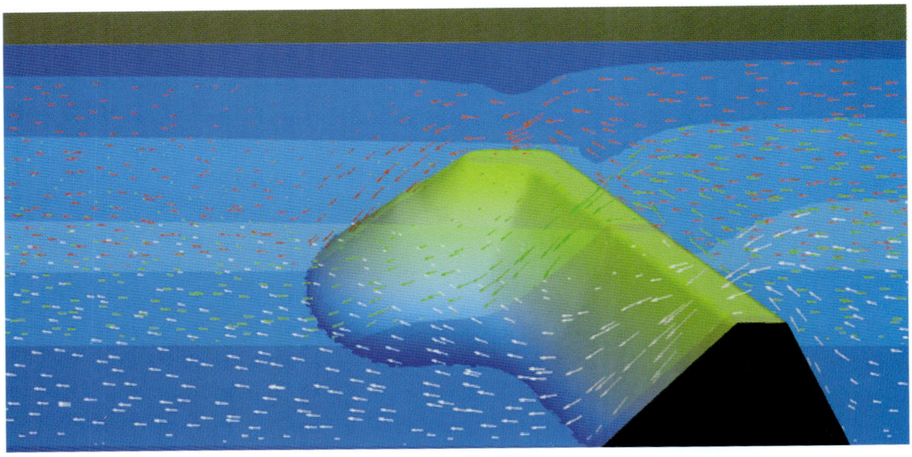

图 7-46　下挑扩大头勾头丁坝周边纵向垂直截面流场(工况 3)

图 7-47 正挑扩大头勾头丁坝周边纵向垂直截面流场(工况 1)

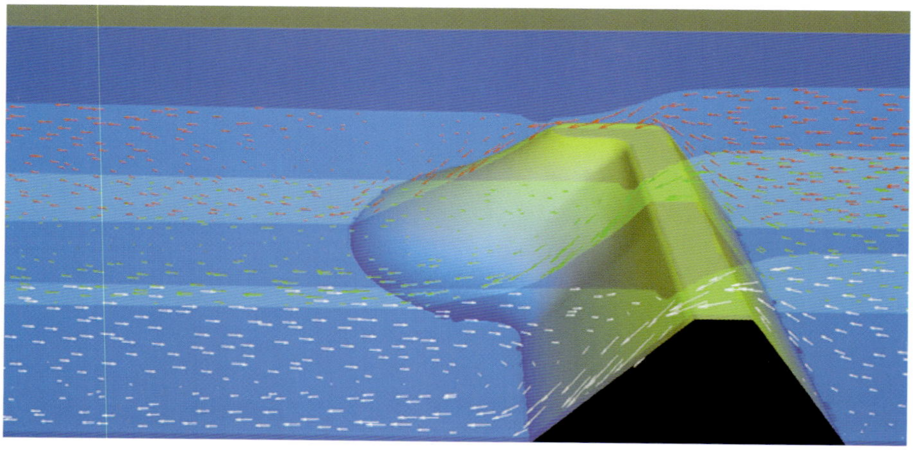

图 7-48 正挑扩大头勾头丁坝周边纵向垂直截面流场(工况 2)

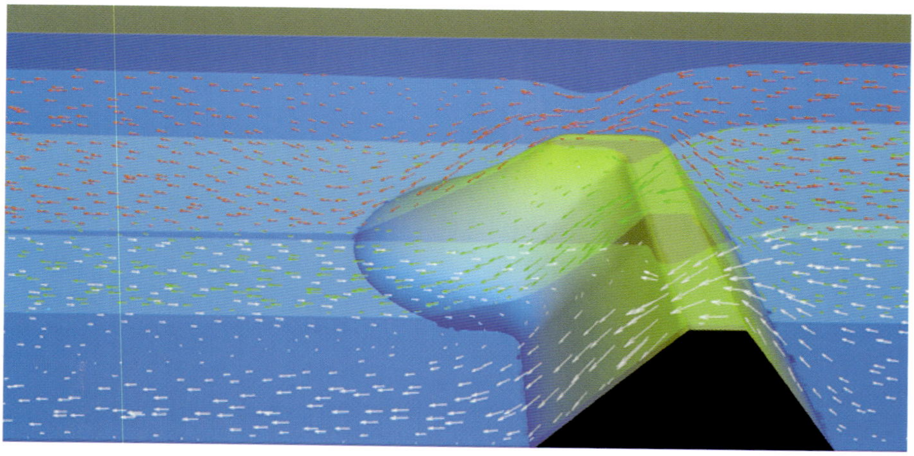

图 7-49 正挑扩大头勾头丁坝周边纵向垂直截面流场(工况 3)

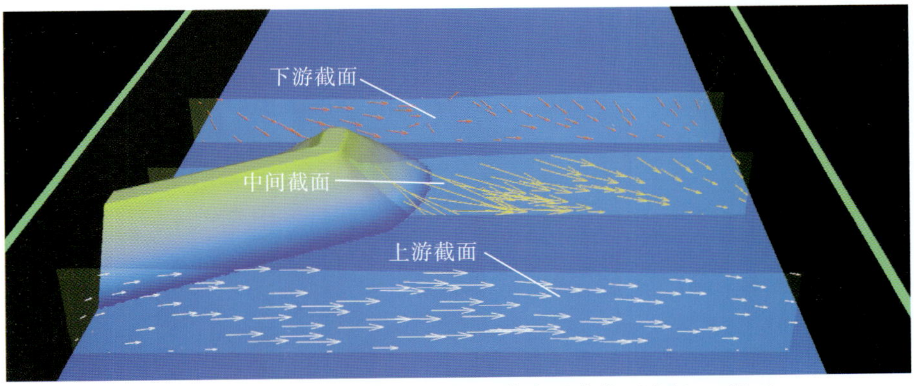

图 7-50　下挑扩大头勾头丁坝周边横向垂直截面流场(工况 1)

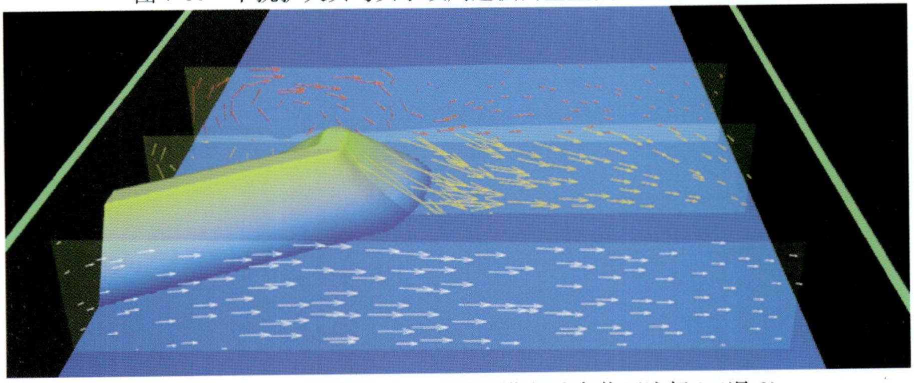
图 7-51　下挑扩大头勾头丁坝周边横向垂直截面流场(工况 2)

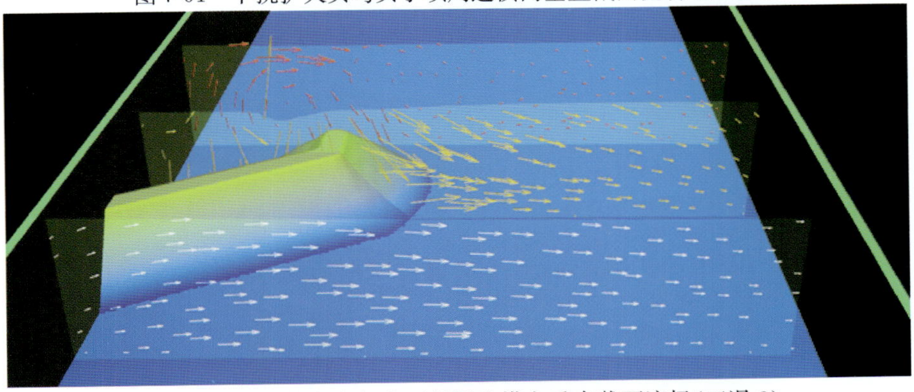
图 7-52　下挑扩大头勾头丁坝周边横向垂直截面流场(工况 3)

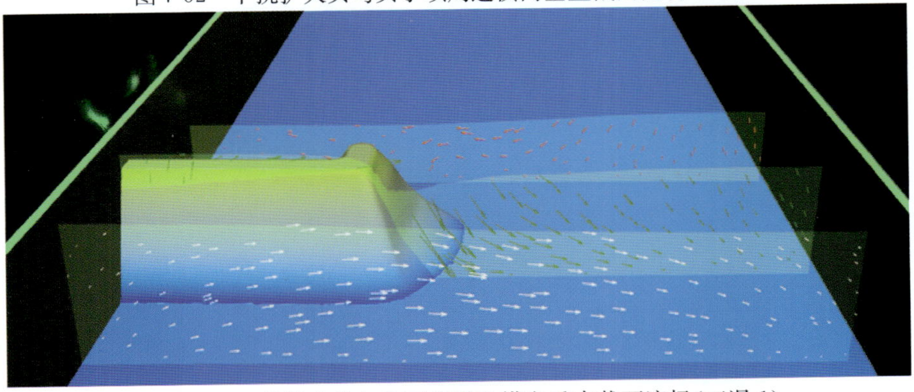
图 7-53　正挑扩大头勾头丁坝周边横向垂直截面流场(工况 1)

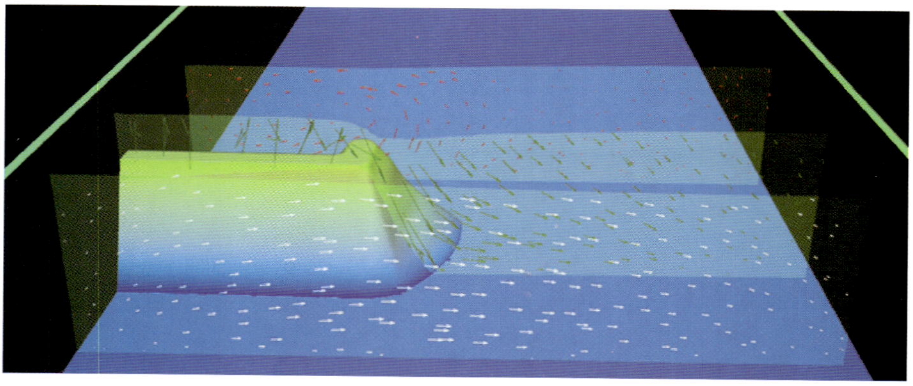

图 7-54 正挑扩大头勾头丁坝周边横向垂直截面流场(工况 2)

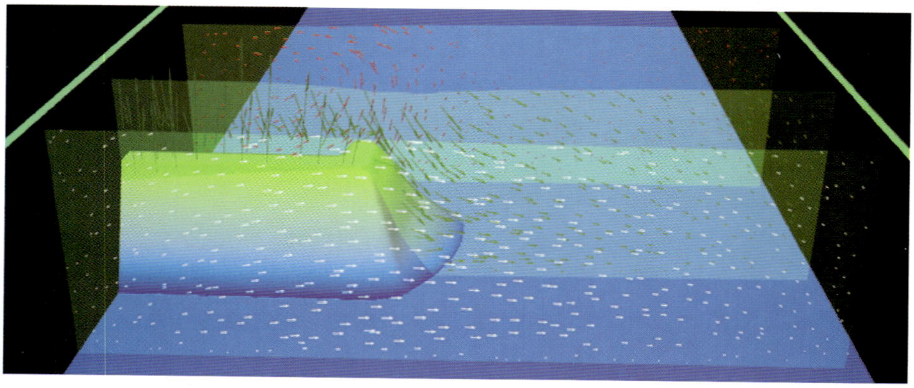

图 7-55 正挑扩大头勾头丁坝周边横向垂直截面流场(工况 3)

2. 底部三维合成流速分布

从流速所起作用的角度分析，决定丁坝水毁程度的是河床及丁坝坝面三维合成流速的大小，因此本节针对底层流速的大小进行专项分析。图 7-56～图 7-61 为 6 种丁坝类型在 3 种不同工况下的底部总流速大小分布情况，图中黑色实线代表丁坝坝面边缘线，虚线代表丁坝底部与河床交线。

对底部流速变化分析，从河道流量、丁坝坝型、挑流方向三个不同方面进行。

对于同一丁坝类型及挑流方向，工况 1 为流量最小且上游水流刚好越过丁坝，坝前坝后水位差最大，此处跌水程度最大，使得丁坝背水面流速最大，从坝根到坝头，坝面流速均较大，甚至超过了 5 m/s，如此大的流速冲刷坝面，可引起丁坝背水面堆石和坝头的破坏，造成丁坝水毁。工况 1 情况下，丁坝坝头坝根处及河道主流区底部流速大于 4 m/s，尤其在坝头坝根处底部流速更大，这会直接造成坝头根部泥沙冲刷，进而淘空基础，造成坝头水毁，坝头底部高流速区出现在丁坝束窄水流的位置处，即直头丁坝坝头处、勾头丁坝坝头拐弯处。工况 2、工况 3 丁坝背水面流速达到 4 m/s，比工况 1 流速小，水毁可能性也更小。

对于同样挑流方向及工况，在下挑水流方式下三种坝型没有太大差别，见图 7-56～图 7-58，但在正挑水流方式下，正挑扩大头勾头丁坝最不易造成底部冲刷，正挑圆弧头直头丁坝最容易造成底部冲刷，见图 7-59～图 7-61。

对于同样坝型及工况，下挑水流方式不易造成丁坝底部冲刷，而直挑水流方式易造成丁坝底部冲刷。

(a)工况 1

(b)工况 2

(c)工况 3

图 7-56　下挑扩大头勾头丁坝周边底部流速分布图(单位：m/s)

(a)工况 1

(b)工况 2

(c)工况 3

图 7-57 下挑圆弧头勾头丁坝周边底部流速分布图(单位：m/s)

(a)工况 1

(b)工况 2

(c)工况 3

图 7-58　下挑圆弧头直头丁坝周边底部流速分布图(单位：m/s)

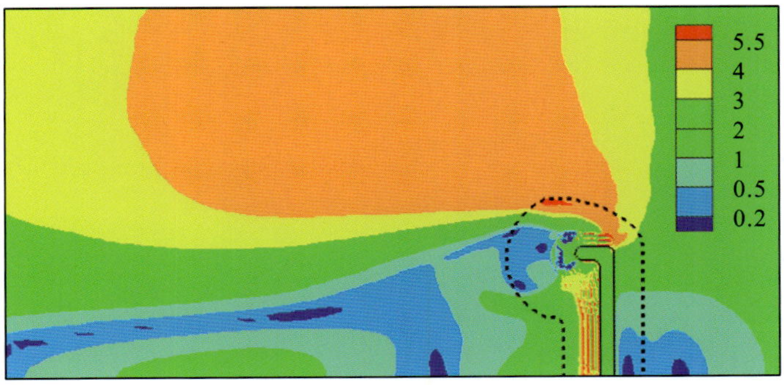

(a)工况 1

(b)工况 2

(c)工况 3

图 7-59　正挑扩大头勾头丁坝周边底部流速分布图(单位：m/s)

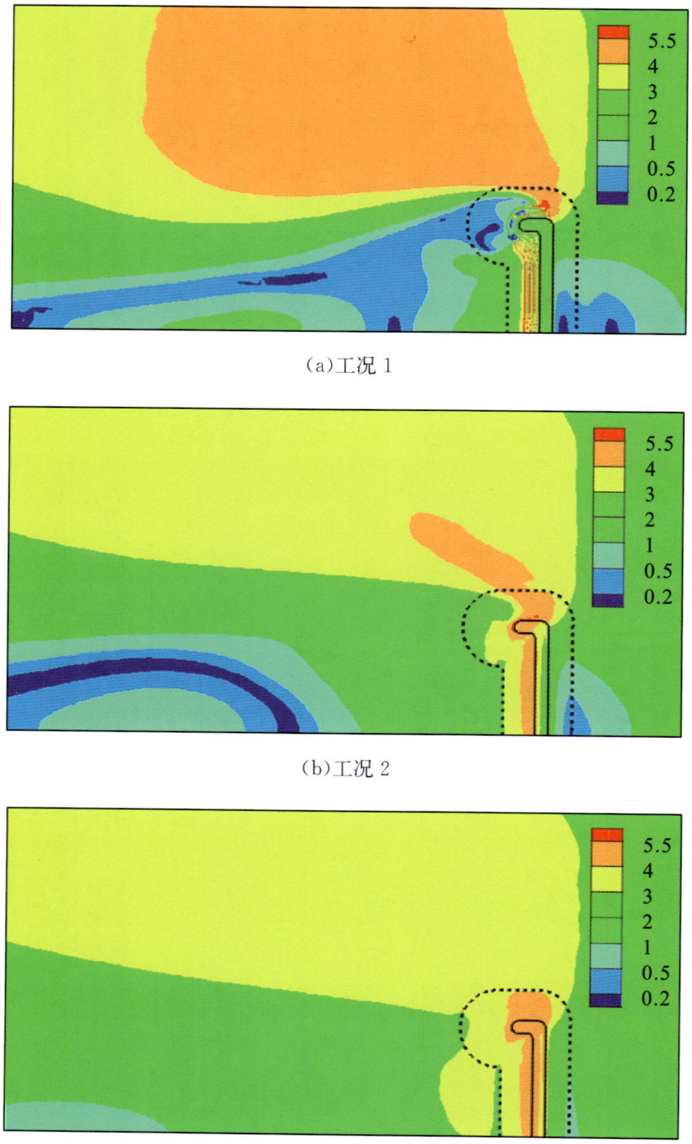

(a)工况 1

(b)工况 2

(c)工况 3

图 7-60 正挑圆弧头勾头丁坝周边底部流速分布图(单位：m/s)

(a)工况 1

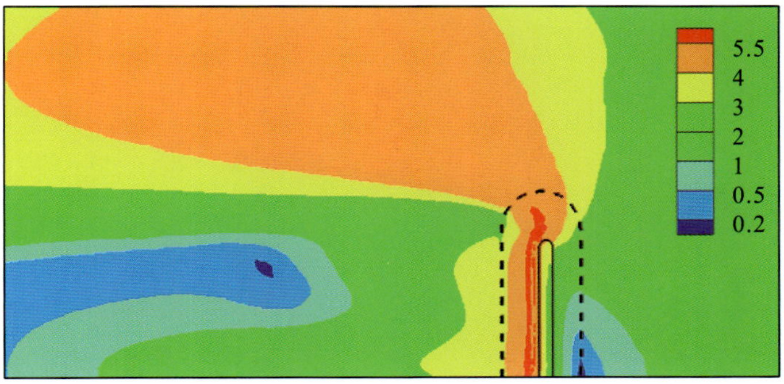

(b)工况 2

(c)工况 3

图 7-61　正挑圆弧头直头丁坝周边底部流速分布图(单位：m/s)

3. 底部垂向流速分量分布

底部垂向流速分量的大小对泥沙特别是悬沙运移有重要参考意义，较大的底部垂向流速尤其是垂直向下的流速分量可以形成对床面的冲刷，对丁坝坝体造成直接损害，对坝体所在河床造成冲刷，进而间接危及丁坝安全。

图 7-62～图 7-67 为 6 个坝型及 3 种工况下丁坝附近 z 向流速分量分布图，图中正值代表流速方向向上，负值代表流速方向向下。从图中可以看出，较大的 z 向流速分量出现在整个丁坝周围，包括丁坝坝面及丁坝与河床交界处。丁坝前后有较大的向上、向下流速分量，这是壅水、跌水造成的。正挑丁坝产生的较大垂向流速区域比下挑丁坝产生得大，同时在正挑丁坝下游伴有显著的具有向上流速分量的区域，说明正挑丁坝坝后回流区紊动现象明显。

(a)工况 1

(b)工况 2

(c)工况 3

图 7-62　下挑扩大头勾头丁坝周边底部 z 向流速分布图(单位：m/s)

(a)工况 1

(b)工况 2

(c)工况 3

图 7-63　下挑圆弧头勾头丁坝周边底部 z 向流速分布图(单位：m/s)

(a)工况 1

(b)工况 2

(c)工况 3

图 7-64　下挑圆弧头直头丁坝周边底部 z 向流速分布图(单位：m/s)

(a)工况 1

(b)工况 2

(c)工况 3

图 7-65 正挑扩大头勾头丁坝周边底部 z 向流速分布图(单位：m/s)

(a)工况 1

(b)工况 2

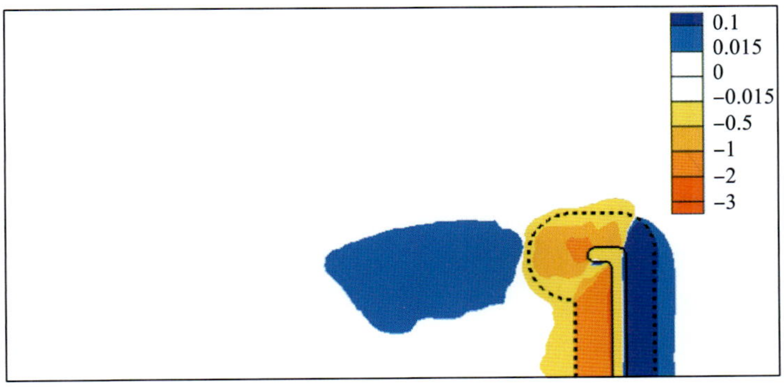

(c)工况 3

图 7-66　正挑圆弧头勾头丁坝周边底部 z 向流速分布图(单位：m/s)

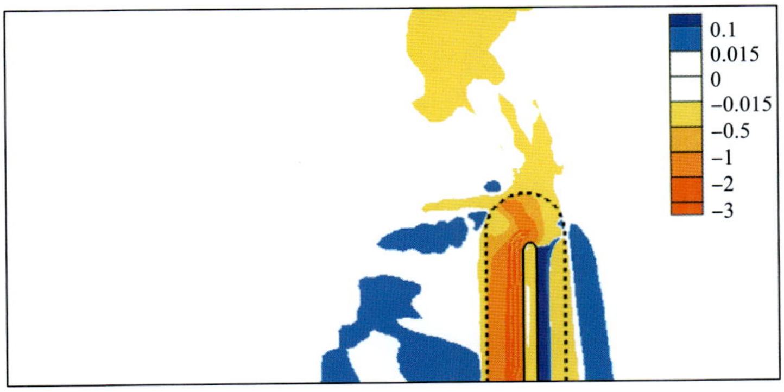

(a)工况 1

(b)工况 2

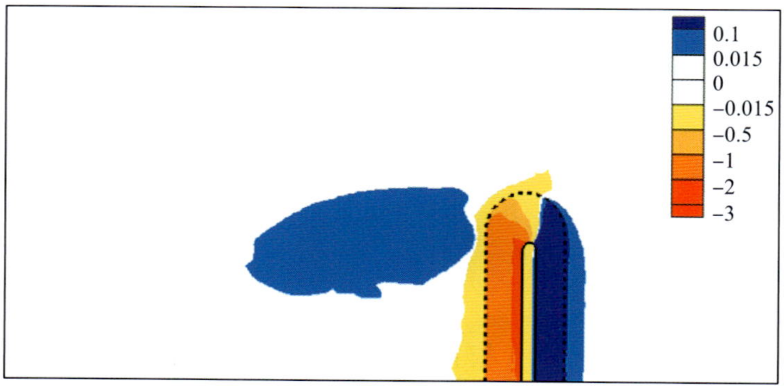

(c)工况 3

图 7-67　正挑圆弧头直头丁坝周边底部 z 向流速分布图(单位：m/s)

7.3.2　丁坝周边压强变化分析

丁坝在河道中阻挡水流，改变水流流路，水流绕过坝头一定角度后边界层即发生分离，分离点以下，出现具有垂直螺旋转角速度较大的漩涡，漩涡区及其内部水流属于复杂的三维流态，其流速、流向和压力发生周期性脉动，试验数据也证明了这一现象。

丁坝周围的脉动压力主要受漩涡和水面的波动影响，脉动压力能增强瞬时水压而导致坝体破坏。大流速水流遇到边界及其他障碍时，动能转变为水压作用于坝体，使水流产生脉动压力。当流速随时间作紊乱的变化时，水流的脉动压力以及频率也随时间而变化。脉动水流可以沿泥沙和坝体之间的缝隙传播，使坝头区的泥沙更易起动。所以，水流的脉动压力是形成坝头冲刷坑和坝体破坏的一个重要原因。因此，研究坝体压力空间分布，对于优化丁坝的设计，防止丁坝水毁十分重要。

本书采用的数学模型是基于时均化雷诺方程和紊流模型建立的，并不是直接求解 N-S 方程，因此计算得到的各物理量值是时均值，并非脉动流速、脉动压强值。然而，基于非静压假设得到的三维时均流速和压强值通过时间平均描述脉动流场，能够代表真实的流场状况。

自由表面下的无压流体流动，由于水体是不可压缩的，其局部压强变化会立刻反映到水面变化上，即压强和水位变化是相适应的。因此对底部压强变化分析从两方面进行，一是将求解得到的底部总压强减去该点到水面的水深 h 所能产生的静水压强 ρgh，称为动水压强；二是考虑各工况下游出口水位高程值 Z_t 作为统一静压水面计算线，将底部求解得到的总压强减去 Z_t 得到该底部点所应该产生的静水压强值，称为附加压强。

1. 动水压强分析

动水压强反映了某点排除静水压强之后的压强值，代表了水流在该点处的紊动强度，正值代表该点水流冲击底部床面的压力较大，有较大的水流动能需要转化，水流直接冲击床面，易产生坝体破坏和河床底部冲刷；负值出现在坝顶附近，代表水流快速通过但不直接冲击坝顶，是负压产生区。

图 7-68～图 7-73 绘制了各坝型及各工况下动水压强分布图，从图中可以看出，坝头

及丁坝背水侧与河床交界处具有较大正动水压强，预示着这些部位是水毁的主要区域，而工况 2、工况 3 下丁坝背水侧靠近坝面位置处也存在较大的正动水压强，该位置也是丁坝水毁的主要部位。

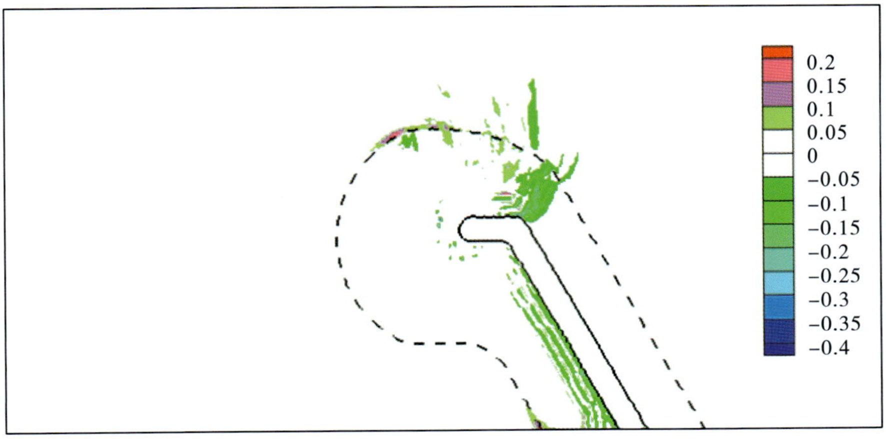

(a)工况 1

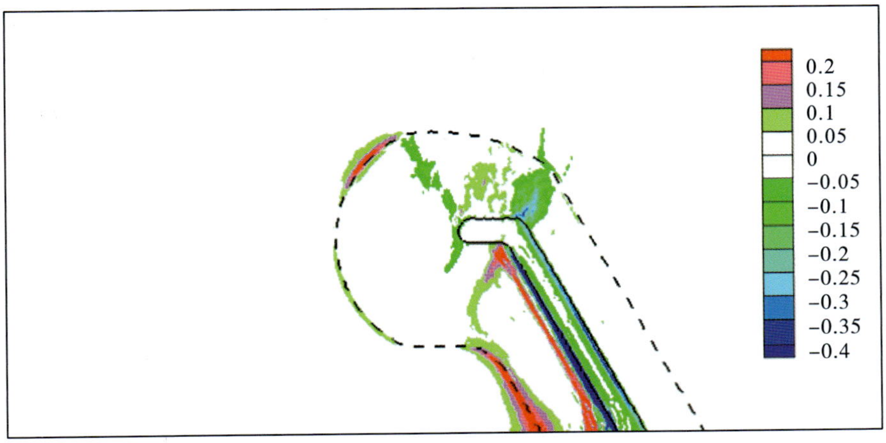

(b)工况 2

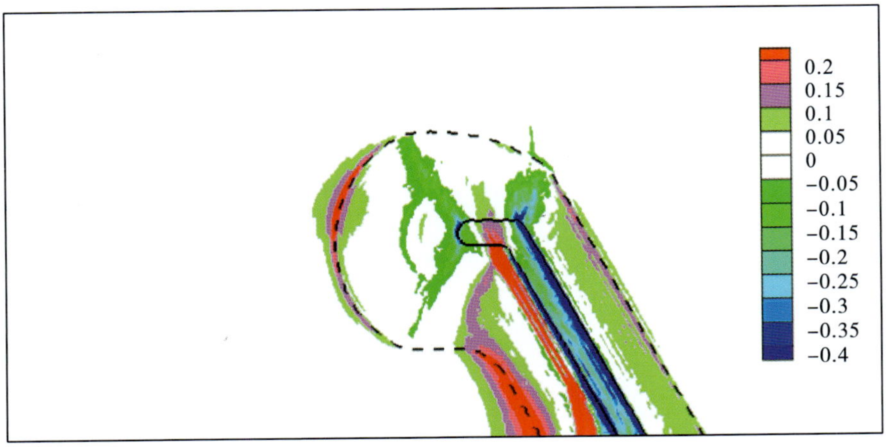

(c)工况 3

图 7-68　下挑扩大头勾头丁坝周边脉动压强分布(单位：Pa)

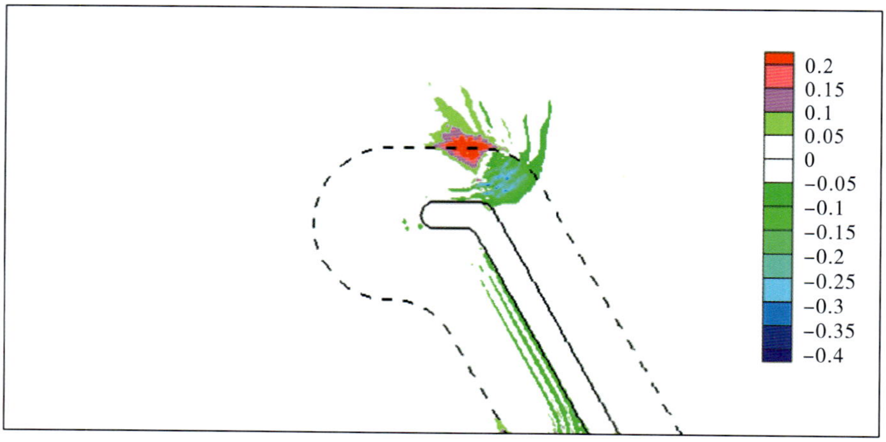

(a)工况 1

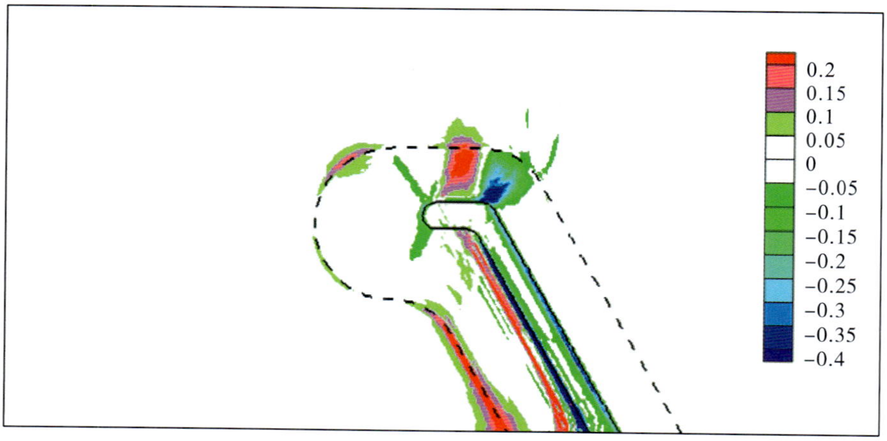

(b)工况 2

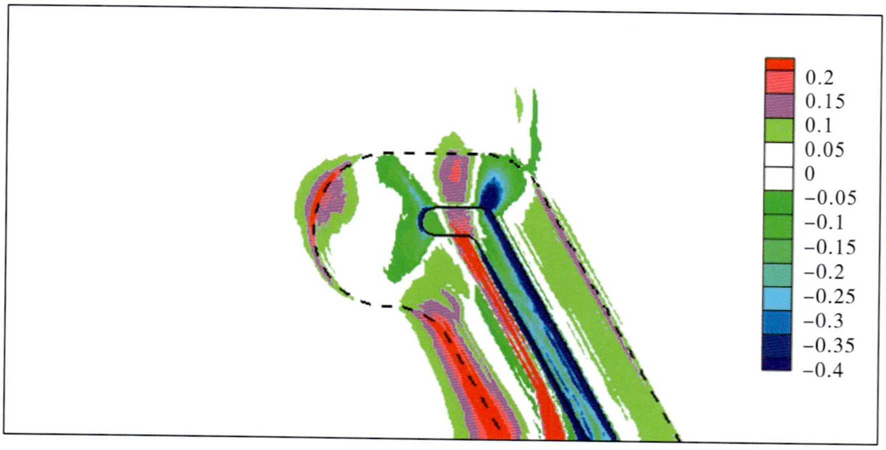

(c)工况 3

图 7-69　下挑圆弧头勾头丁坝周边脉动压强分布(单位：Pa)

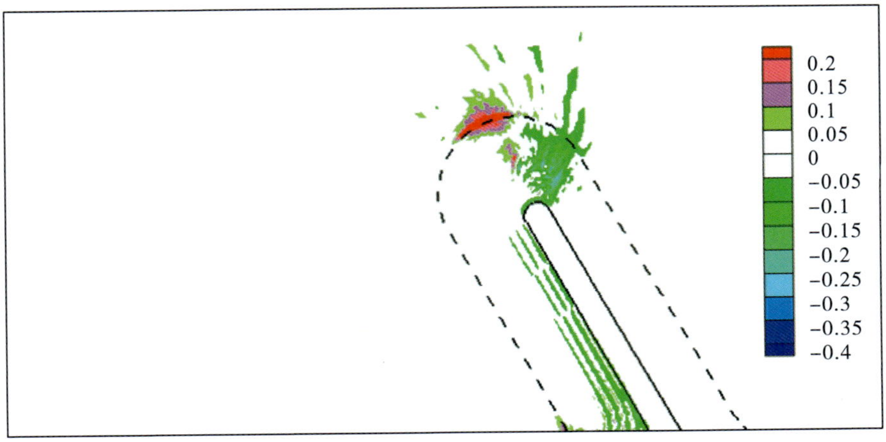

(a)工况 1

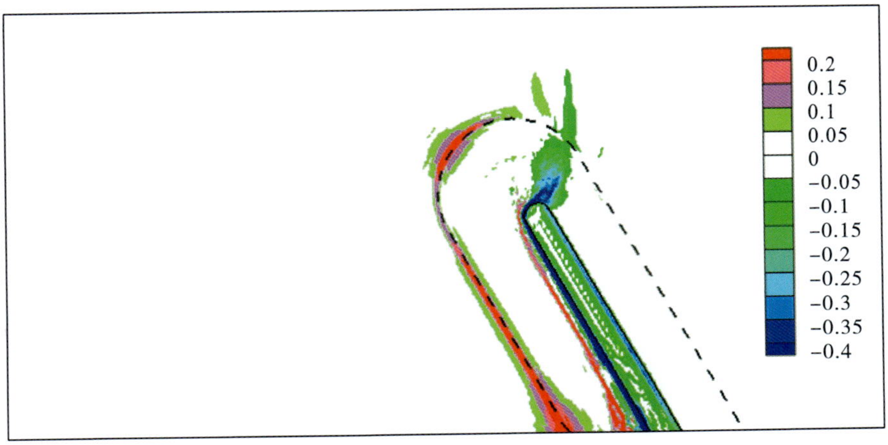

(b)工况 2

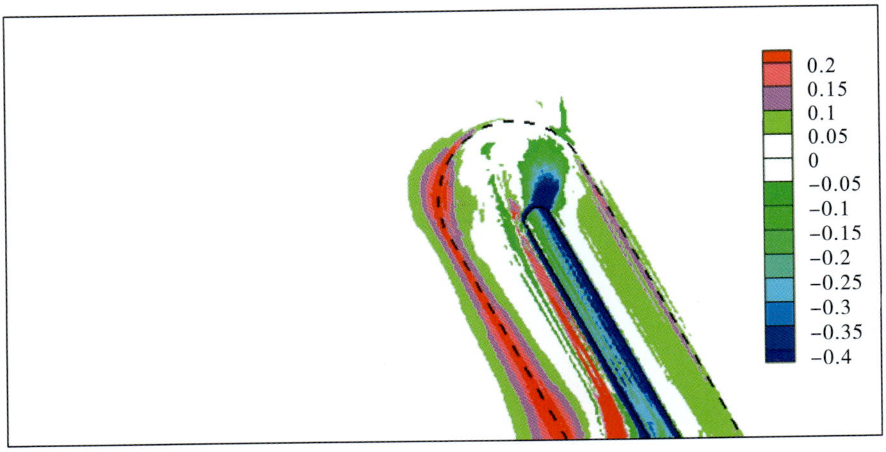

(c)工况 3

图 7-70　下挑圆弧头直头丁坝周边脉动压强分布(单位：Pa)

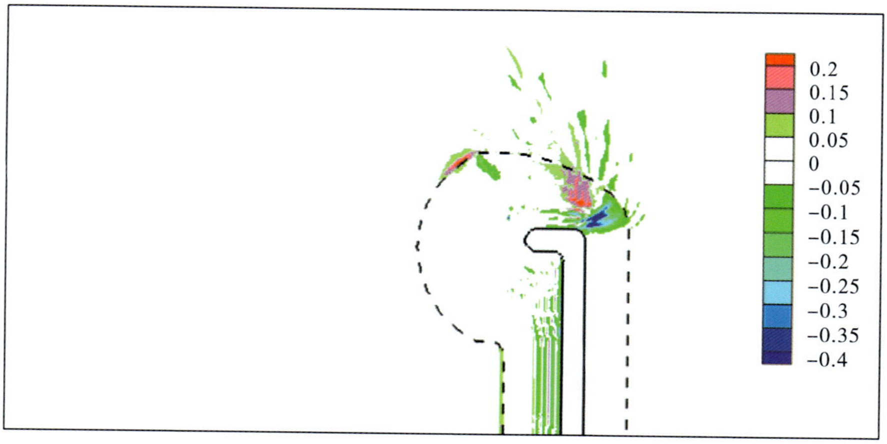

(a)工况 1

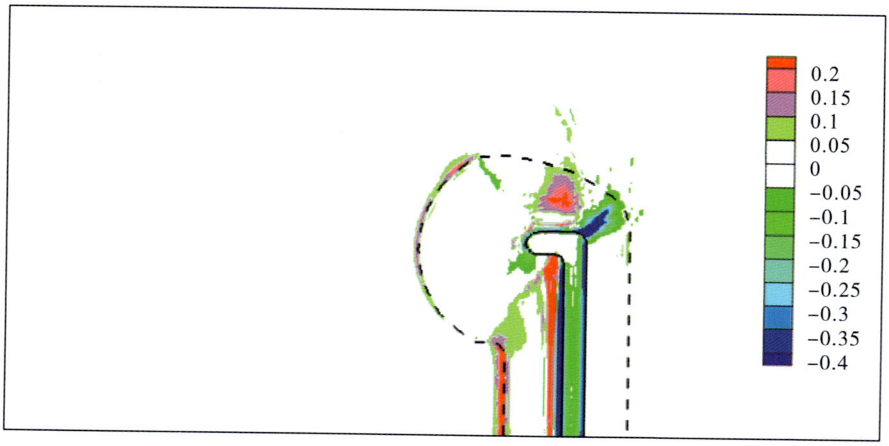

(b)工况 2

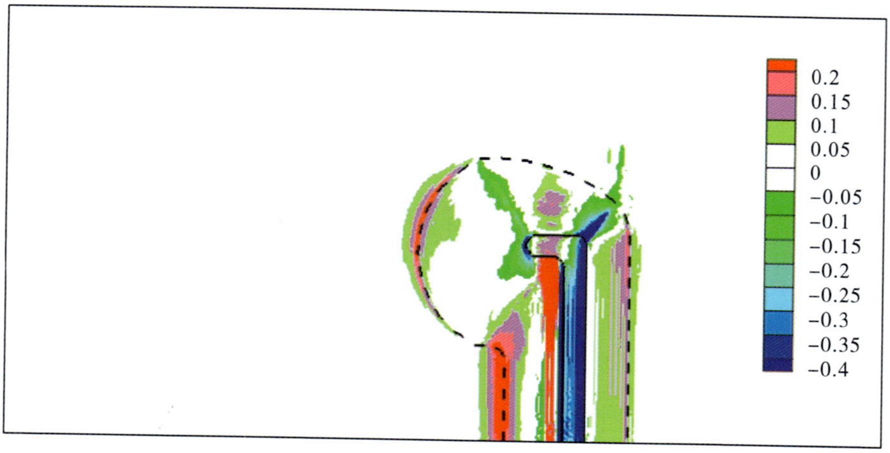

(c)工况 3

图 7-71　正挑扩大头勾头丁坝周边脉动压强分布(单位：Pa)

(a)工况 1

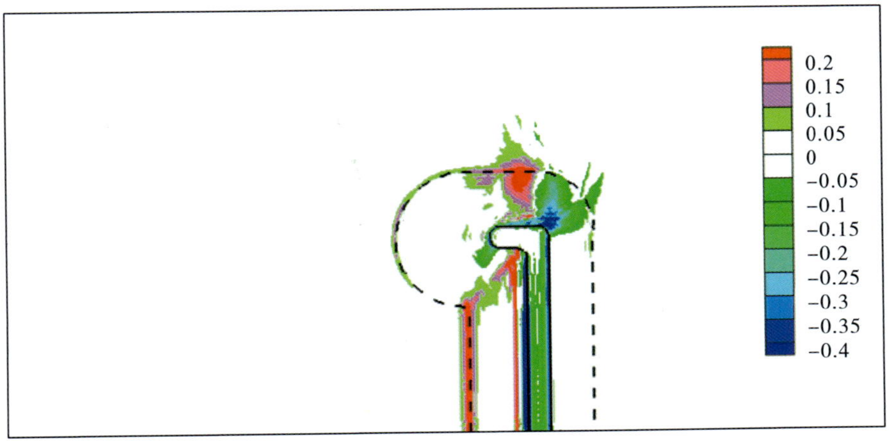

(b)工况 2

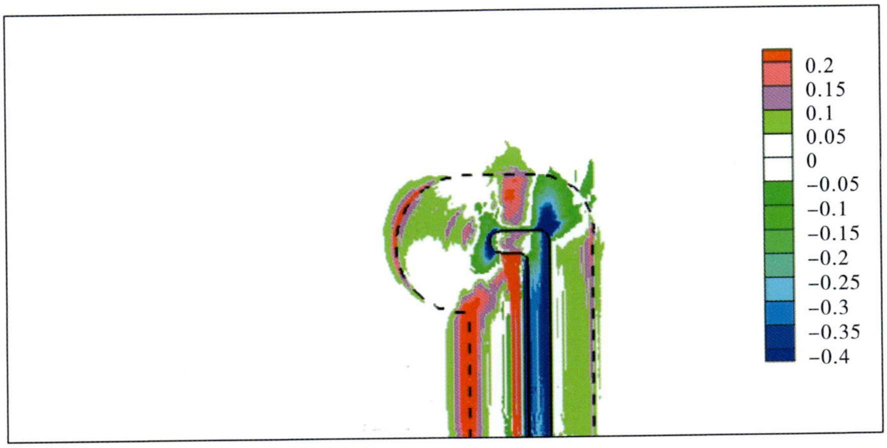

(c)工况 3

图 7-72　正挑圆弧头勾头丁坝周边脉动压强分布(单位：Pa)

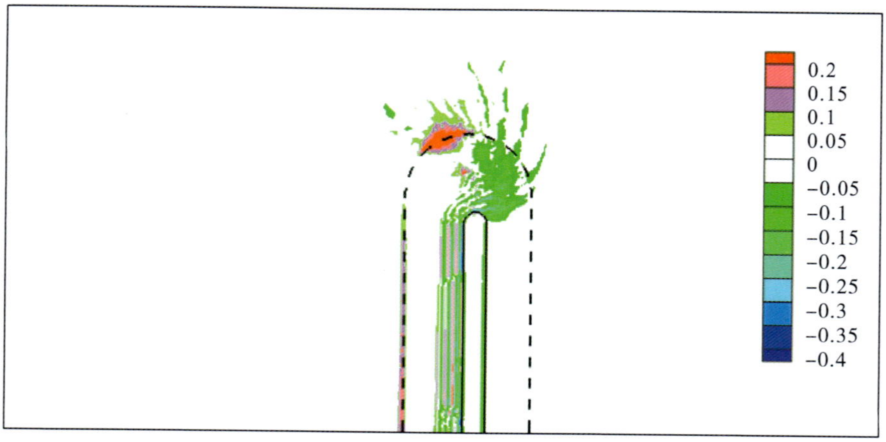

(a)工况 1

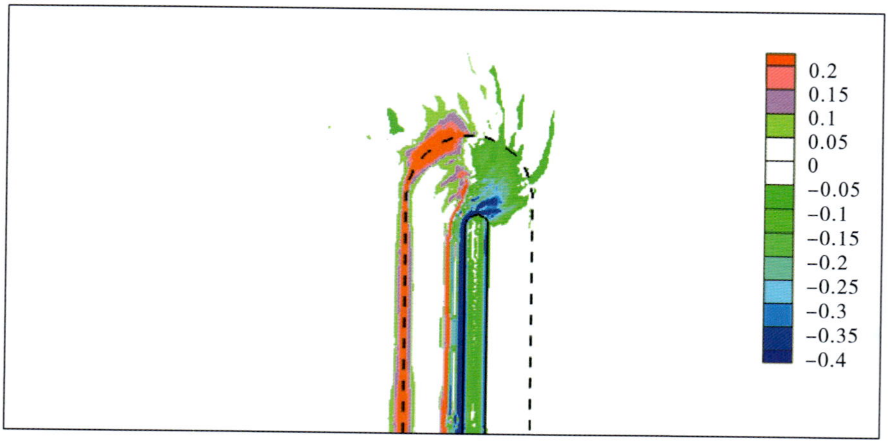

(b)工况 2

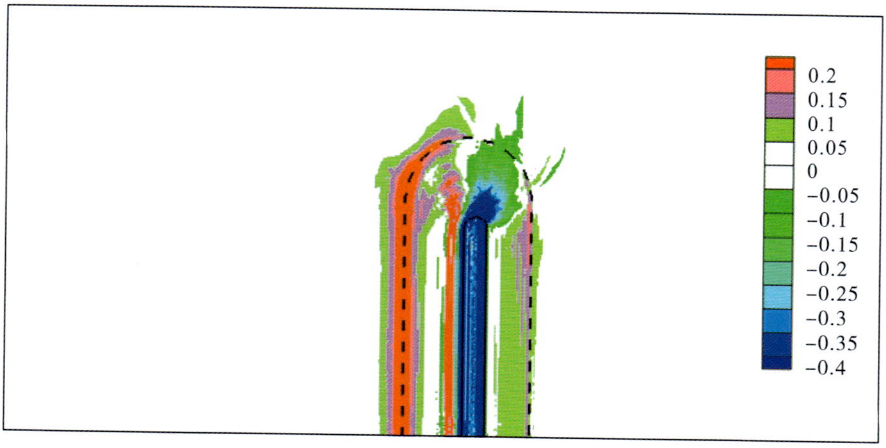

(c)工况 3

图 7-73 正挑圆弧头直头丁坝周边脉动压强分布(单位：Pa)

2. 附加压强分析

附加压强反映底部某点实际压强值与应有静水压强值的差值，代表由于水位变化产生的附件压力值。由于局部水位变化来自于内部压强的变化(如坝前壅水)，局部压强变化与水位变化是相适应的。

图 7-74～图 7-79 是 6 种坝型在三种流量工况下的附加压强变化图，各图由于减去的静水压强值有所不同，所以显示的附加压强值只具有相对意义，各图附加压强大小分布代表了局部区域的增压、减压，增压区为正压、减压区为负压。可以看出，丁坝是分割正压负压区的分界区，丁坝前后压强变化十分剧烈。坝根处坝前增压最大、坝后减压也最大，这使得丁坝根部坝前坝后受到的压力差最大，因此坝根受到破坏成为必然。坝头区也是增压和减压幅度较大的过渡区，坝头所受压力也较大，因此坝头也是易毁坏部位。大流量下的丁坝前后中间部位是较大增减压区域的过渡位置，减压最大的负压区位于临近坝顶的丁坝下游侧面，因此坝后靠近坝顶的部位成为大流量下易于发生水毁的位置。

(a)工况 1

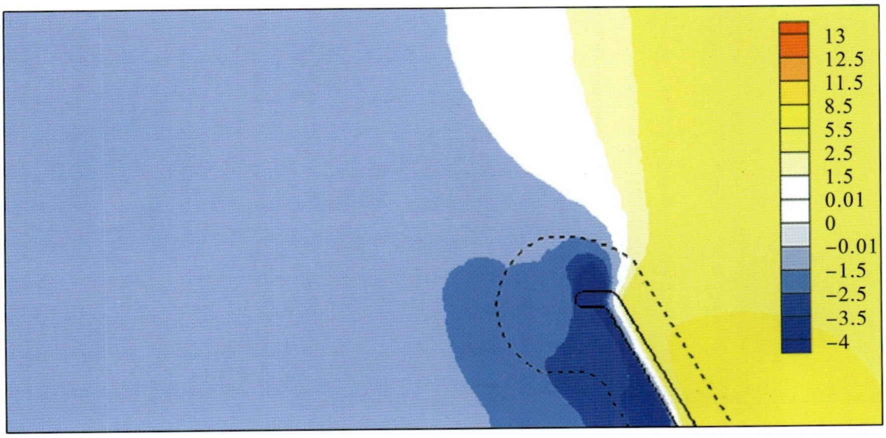

(b)工况 2

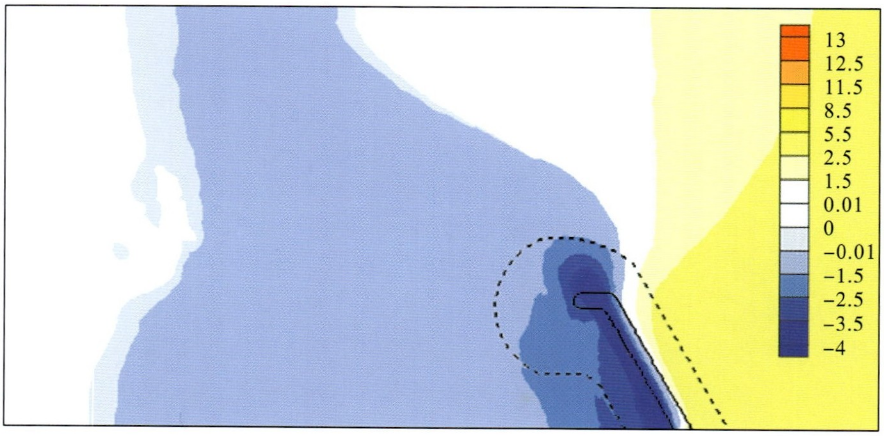

(c)工况 3

图 7-74 下挑扩大头勾头丁坝周边增减压变化分布图(单位：Pa)

(a)工况 1

(b)工况 2

(c)工况 3

图 7-75　下挑圆弧头勾头丁坝周边增减压变化分布图(单位：Pa)

(a)工况 1

(b)工况 2

(c)工况 3

图 7-76 下挑圆弧头直头丁坝周边增减压变化分布图(单位：Pa)

(a)工况 1

(b)工况 2

(c)工况 3

图 7-77 正挑扩大头勾头丁坝周边增减压变化分布图(单位：Pa)

(a)工况 1

(b)工况 2

(c)工况 3

图 7-78 正挑圆弧头勾头丁坝周边增减压变化分布图(单位：Pa)

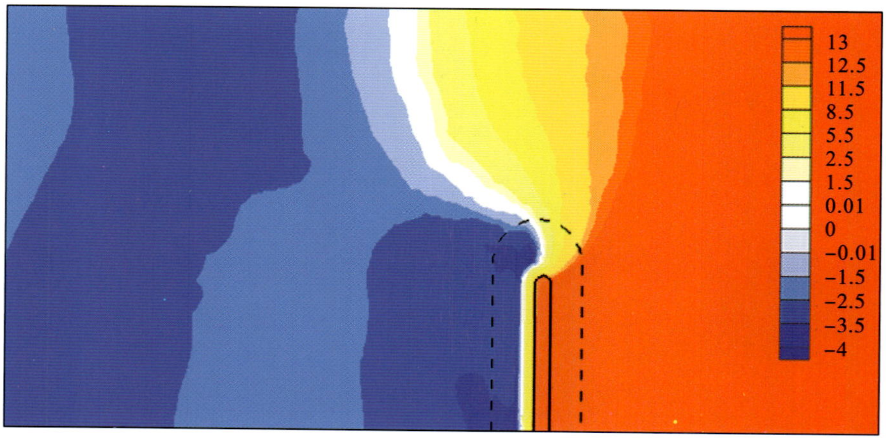

(a)工况 1

(b)工况 2

(c)工况 3

图 7-79　正挑圆弧头直头丁坝周边增减压变化分布图(单位：Pa)

7.4　长江上游金钟碛滩丁坝三维水流计算分析

7.4.1　金钟碛滩整治工程介绍

金钟碛滩位于宜昌上游 912.5 km，系长江与沱江干支汇流形成的过渡段枯水浅滩，滩段长 500 m，枯水河宽约 600 m，落差为 0.20 m，枯水平均坡降为 0.40‰，最大局部坡降为 0.68‰，枯水最大表面流速约 2.0 m/s；洪水河宽约 800 m，平均坡降为 0.32‰，最大局部比降为 0.54‰。河床主要由砂卵石组成。

本滩所在河段为一弯道河段，沱江在弯道上口左岸与长江交汇后顺河弯而下。滩段左岸岸线较为规则，建有滨江路，其水域部分为泸州港的码头布置密集区，江中有金钟碛暗碛潜伏，将河道分为左右两槽，右槽较浅，左槽较深，为枯水航槽。该滩的枯水主

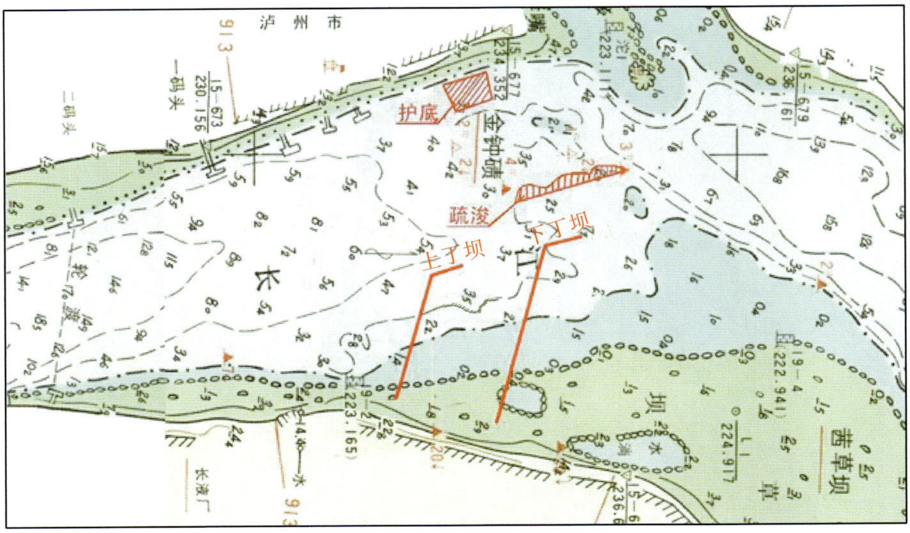

图 7-80　金钟碛滩河势图

流偏向右岸，受右岸二郎滩石梁(距金钟碛上游1.5 km处)的阻碍，主流折向江中，再沿左岸港区经沱江口而下；中、洪水期主流趋向右槽。整个航线曲折，船舶转向频繁，滩段碍航状况较为严重，船舶过滩比较困难。为此，2003年正式启动了该滩整治的前期工作，2005年初该工程按Ⅲ级航道标准正式开工建设，于2007年基本完工。对金钟碛滩的整治措施主要包括疏浚南槽江中浅区，北槽左岸护底，南槽右岸修建2座下挑形式的丁坝(图7-80)。目前修建的两座丁坝已开始出现局部水毁的特征(图7-81)。

图7-81 金钟碛滩丁坝水毁情况

7.4.2 模型验证

模型计算范围如图7-82所示。模型平面采用三角形网格，垂向采用分层网格，为保证丁坝周围计算精度，在该区域进行网格加密，网格最小尺度为1.5 m，保证了附近丁坝能够被正确反映，其他区域通过逐渐过渡方式加大网格尺度，最大网格尺度50 m，如图7-83所示。整个平面范围内网格节点11600，单元22666个，垂向分为5层。计算区域内，河道糙率分枯、中、洪三个流量级分别取值，保证模型水位、流速的验证。

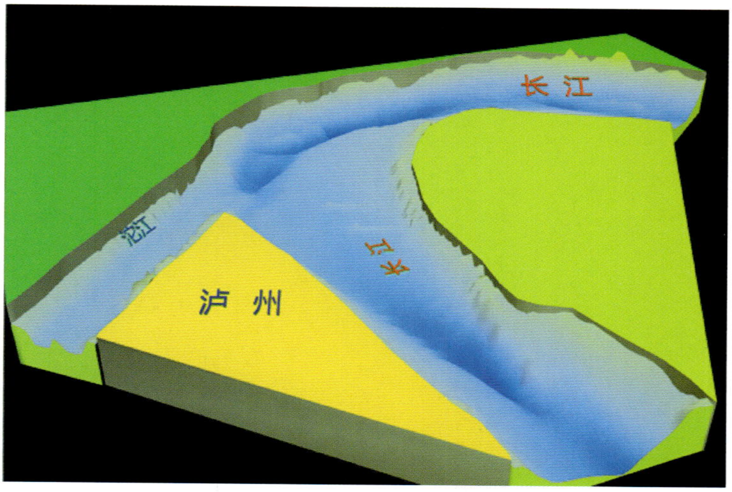

图7-82 模型计算范围

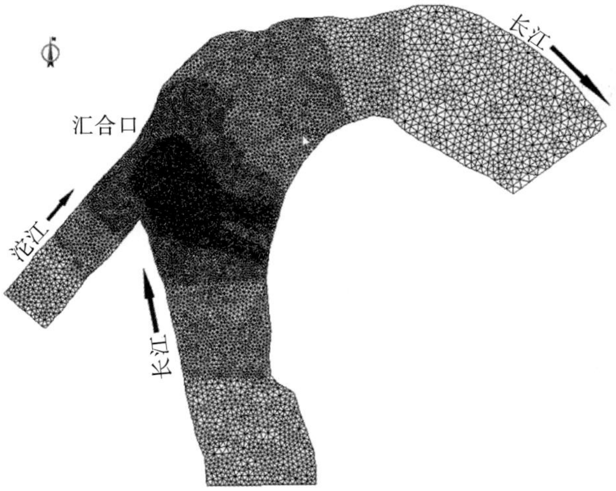

图 7-83　网格划分图

(1)水位及断面流速验证。

利用该区域枯、中、洪三个流量级下的实测水位和流速资料，对模型进行验证。

表 7-8～表 7-10 给出了落在模型域内的枯、中、洪三个流量级下的实测水位验证结果。

由水位验证结果可知，所有验证点的水位偏差值小于 10 cm，满足规范要求。

表 7-8　枯水期水位验证表

(长江流量 3310.7 m^3/s，沱江流量 75 m^3/s)

水尺	网格断面	距离/km	实测水位/m	计算水位/m	计算－实测/m
7#L	123	3.1	224.243	224.170	−0.073
9#L	144	3.7	224.199	224.180	−0.019
10#R	130	3	224.114	224.110	−0.078
11#L	161	4.3	224.188	224.170	0.030
12#R	159	3.6	224.134	224.100	−0.014
13#L	173	4.8	224.14	224.110	−0.024
14#R	174	4	224.126	224.120	−0.006
沱江 1#	113	6.7	224.287	224.270	−0.017

表 7-9　中水期水位验证表

(长江流量 9840 m^3/s，沱江流量 250 m^3/s)

水尺	网格断面	距离/km	实测水位/m	计算水位/m	计算－实测/m
5#L	115	2.7	228.134	228.141	0.007
6#R	103	2.0	228.212	228.270	0.058
7#L	123	3.1	228.082	228.110	0.028
8#R	112	2.5	228.154	228.160	0.006
9#L	144	3.7	228.038	228.120	0.082

续表

水尺	网格断面	距离/km	实测水位/m	计算水位/m	计算−实测/m
10#R	130	3.0	227.888	227.950	0.062
11#L	161	4.3	228.023	228.100	0.077
12#R	159	3.6	227.878	227.885	0.007
13#L	173	4.8	227.881	227.860	−0.021
14#R	174	4.0	227.794	227.862	0.068
沱江1#	113	6.7	228.121	228.110	−0.011

表 7-10 洪水期水位验证表

（长江流量 17546 m^3/s，沱江流量 400 m^3/s）

水尺	网格断面	距离/km	实测水位/m	计算水位/m	计算−实测/m
22#左2	89	1.20	231.820	231.735	−0.085
30#左2	100	1.77	231.710	231.718	0.008
35#左2	106	2.10	231.670	231.630	−0.040
40#左3	111	2.34	231.640	231.625	−0.015
49#左2	128	2.82	231.580	231.600	0.020
51#左1	131	2.92	231.570	231.577	0.007
59#左3	148	3.37	231.470	231.537	0.067
66#左3	165	3.73	231.460	231.454	−0.006
71#右1	172	3.97	231.350	231.434	0.084
81#右1	187	4.69	231.200	231.125	−0.075
沱江1#	113	6.87	231.667	231.680	0.013

图 7-84～图 7-92 给出了落在模型域内的枯、中、洪三个流量级下的实测流速验证结果。

3 个施测断面的流速计算值与实测值总体趋势一致，各个断面计算的断面流速分布与实测流速分布均吻合较好。

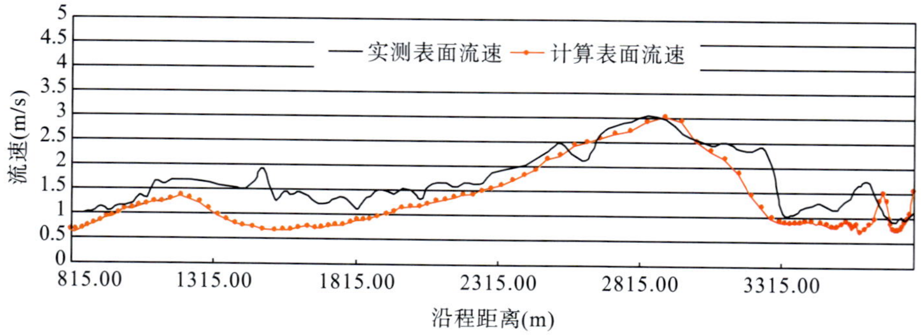

图 7-84 枯水期 1#水文断面流速验证

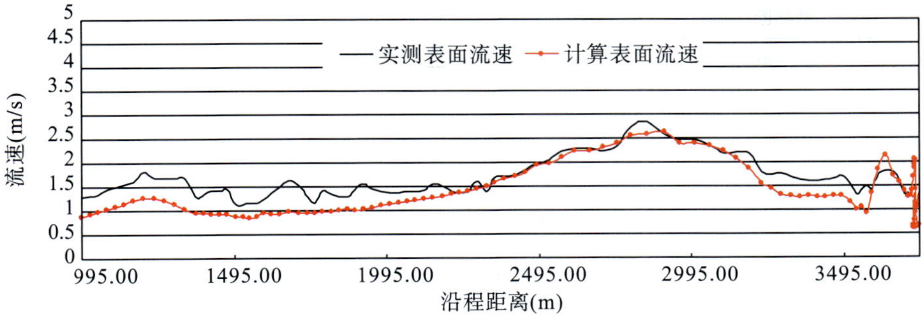

图 7-85　枯水期 2# 水文断面流速验证

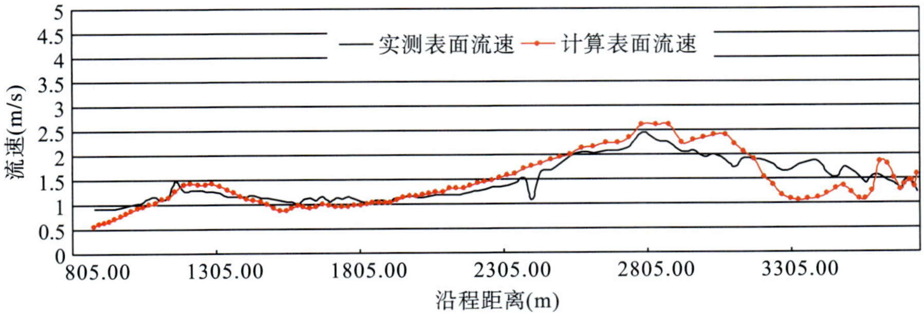

图 7-86　枯水期 3# 水文断面流速验证

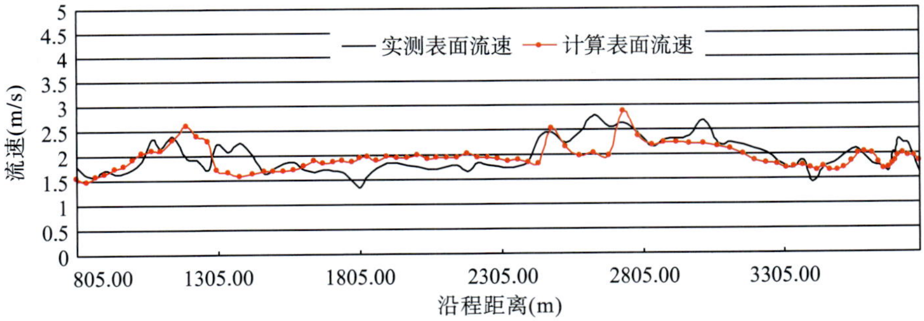

图 7-87　中水期 1# 水文断面流速验证

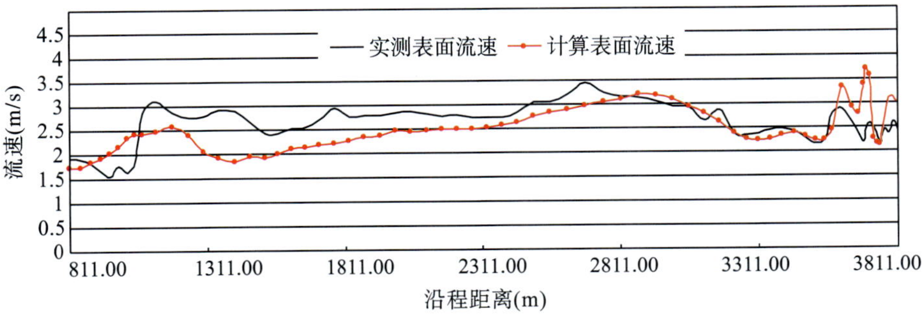

图 7-88　中水期 2# 水文断面流速验证

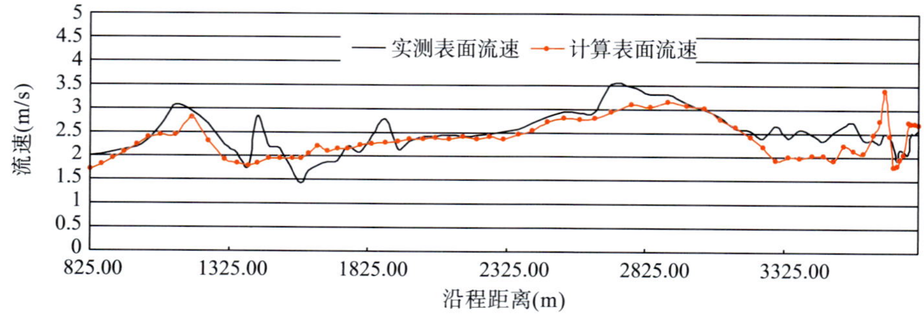

图 7-89　中水期 3# 水文断面流速验证

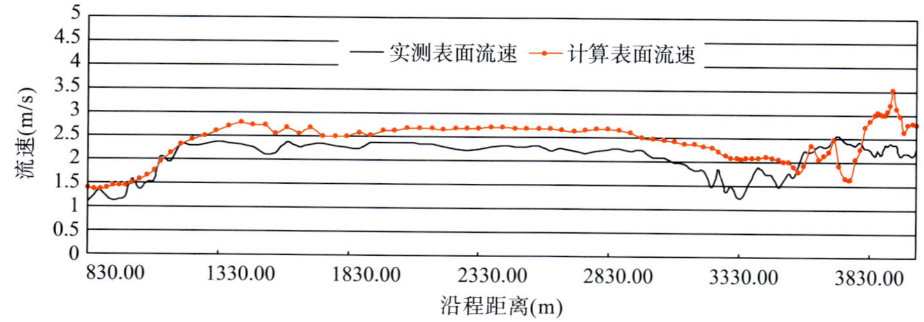

图 7-90　洪水期 1# 水文断面流速验证

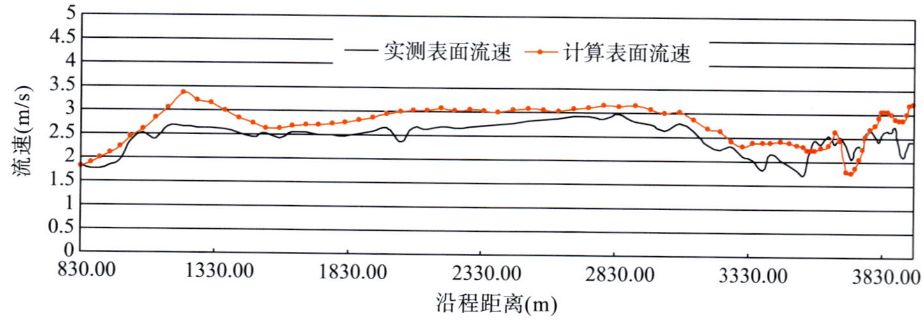

图 7-91　洪水期 2# 水文断面流速验证

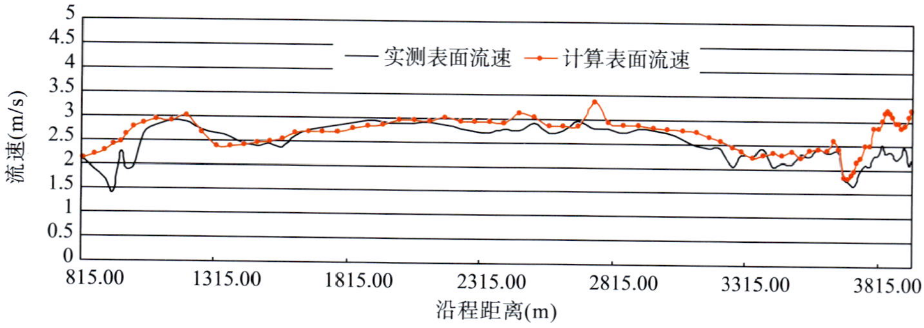

图 7-92　洪水期 3# 水文断面流速验证

(2)糙率。

根据实测资料的验证计算，该河段的糙率系数为 0.02~0.047。

7.4.3　计算条件

针对丁坝水毁机理，结合本河段相关研究成果，模型仅对大流量级下丁坝周围三维水流特性进行计算分析。计算条件见表 7-11。

表 7-11　水流计算条件

计算条件	$Q_{长江}/(m^3/s)$	$Q_{沱江}/(m^3/s)$	$Q_{河口下}/(m^3/s)$	汇流比	说明
大流量组合	19570	5880	25450	0.300	1984 年 7 月 7 日相应的流量

7.4.4　丁坝周围三维流场分析

图 7-93～图 7-99 分别为丁坝周围各平面流场及垂向流场分布图。由图可得出以下结论。

从各个水平截面平面流场可知，两道丁坝坝头前沿有明显的上升流，坝后水流明显下降，且流速较大，容易造成坝头背水面淘空，导致坝头直接破坏，由于两道丁坝相互掩护，使得两坝间及第二道丁坝后流速较小，利于泥沙落淤，有利于抑制冲刷坑的形成。

为考察坝头可能的冲刷情况并在垂向上对丁坝周围流速有所认识，进行了多垂直截面的流场分析，三组截面分别代表沿丁坝走向、沿主流方向、穿过丁坝且垂直丁坝走向方向的垂直截面流场，该条件下，两坝间流速很小，坝头处有明显的垂向流速，在中洪水条件下水流越过丁坝，水流直接冲刷背水坡，致使背水坡坍塌损毁。

图 7-98 和图 7-99 为丁坝附近三维流场图，从图中可以看到有明显的水流越过丁坝的现象，坝前水流有较大的垂直向上的流速分量，坝后水流有垂直向下的流速分量，这也验证了坝后水毁现象的存在，两坝间表面流速较大而底部流速很小，从而使得泥沙有利于沉积在两坝之间。

图 7-93　丁坝附近表面流流场

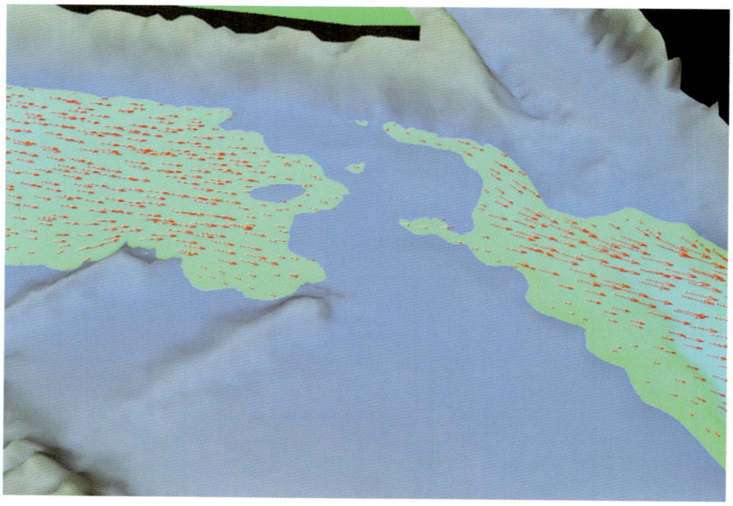

图 7-94 高程 219 m 的水平截面流场

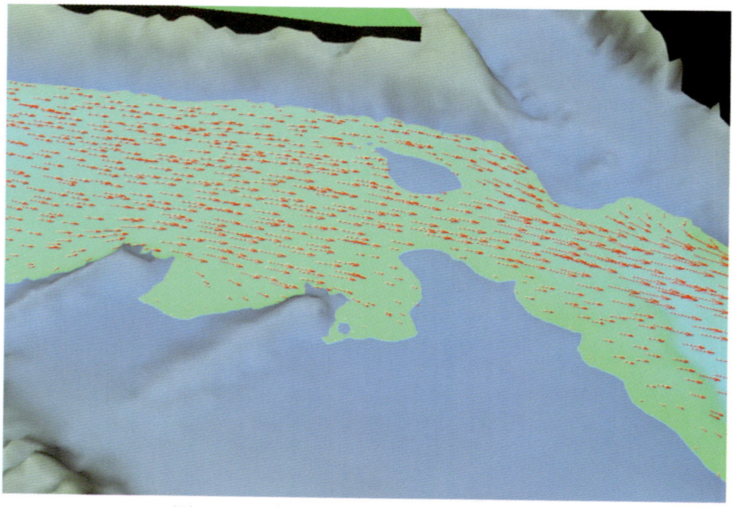

图 7-95 高程 220 m 的水平截面流场

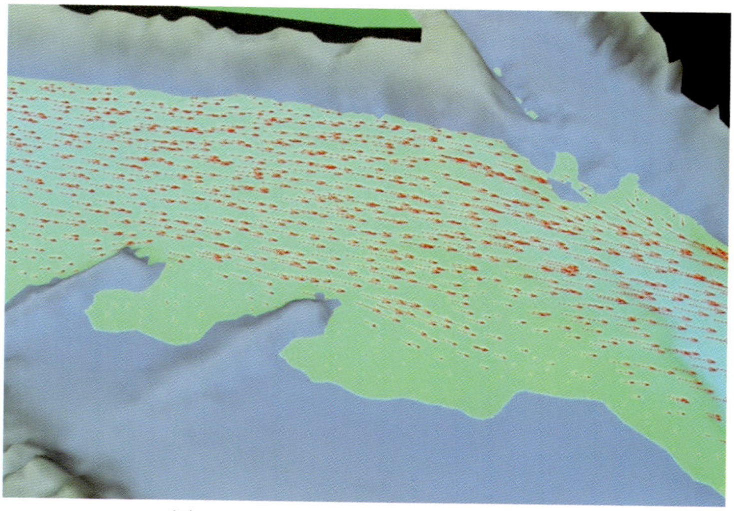

图 7-96 高程 221 m 的水平截面流场

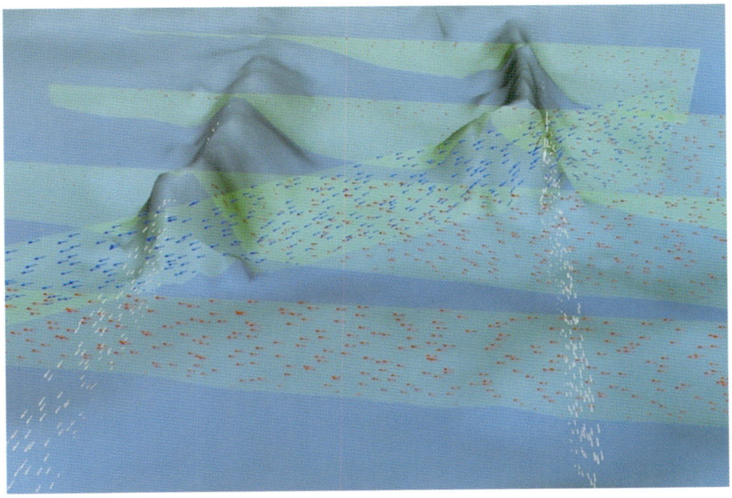

图 7-97　垂直截面流场

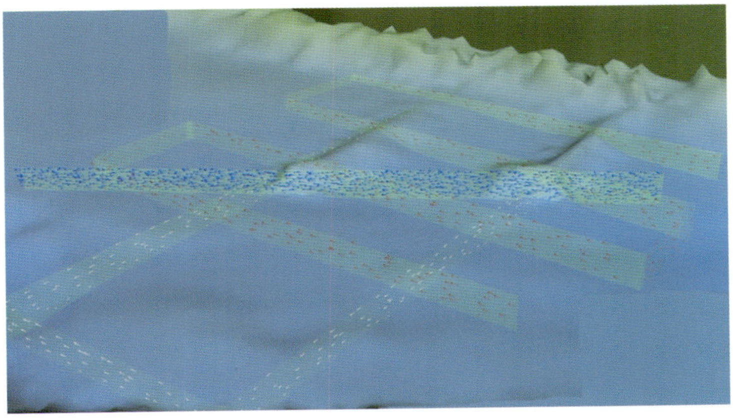

图 7-98　丁坝附近多垂直截面平面走向位置示意图

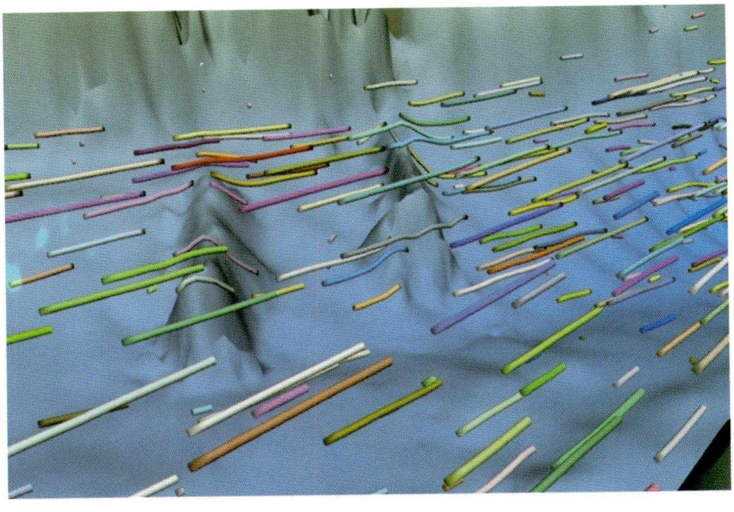

图 7-99　丁坝附近多垂直截面平面走向位置示意图

参 考 文 献

常福田. 1995. 航道整治. 北京：人民交通出版社.

长江重庆航运工程勘察设计院. 2006. 长江干线宜宾合江门至泸州纳溪航道建设二期工程工程可行性研究报告. 重庆.

长江航运管理局、长江航道局. 2002. 长江干线航道发展规划.

长江航道规划设计研究院. 2006. 长江中游航道整治护滩带稳定性关键技术研究报告. 武汉.

长江航道规划设计研究院. 2010. 护心滩建筑物平面布置及结构型式研究报告. 武汉.

长江航道局. 2004. 航道工程手册. 北京：人民交通出版社.

陈洪凯，白子培，李亚新. 1993. 岷江航道水毁与新构应力场的关系探讨. 重庆交通大学学报，12(2)：58－63.

程昌华，刘晓平，唐寿鑫. 2001. 航道工程学. 北京：人民交通出版社.

崔占峰，张小峰. 2006. 三维紊流模型在丁坝中的应用. 武汉大学学报(工学版)，(1)：15－20.

重庆交通大学. 2003. 神背嘴滩险航道整治定床模型试验报告. 重庆.

重庆交通大学. 2006. 长江中游航道整治丁坝稳定性关键技术研究报告. 重庆.

重庆西南水运工程科学研究所. 2003. 金钟碛滩险航道整治定床模型试验报告. 重庆.

方达宪，王军. 1989. 漫水丁坝上游面边坡陡度对冲深影响的试验研究. 华东公路，(5)：56－59.

方达宪，王军. 1989. 丁坝涡流冲刷机理与冲深研究. 华东公路，(4)：40－42.

方达宪，王军. 1991. 漫水丁坝边坡系数对坝头局部冲深的探讨. 华东公路，(6)：64－67.

方达宪，王军. 1992. 丁坝坝头床沙起冲流速及最大冲深计算模式的探讨. 泥沙研究，(4)：77－84.

高冬光. 2002. 公路与桥梁水毁防治. 北京：人民交通出版社.

高桂景，王平义，杨成渝，等. 2007. 丁坝附近水流动能分布研究. 水运工程，(11)：75－79.

何凤华. 1995. 丁坝导流堤基础冲刷防护措施研究. 公路交通科技，12(4)：9－19.

黄召彪. 2003. 非淹没丁坝局部冲刷深度计算的探讨. 水运工程，(12)：46－49.

蒋昌波，吕昕，杨宜章. 1999. 丁坝绕流的二维大涡数值模拟. 长沙交通学院学报，15(3)：68－72.

蒋焕章. 1985. 丁坝局部冲深计算. 交通部公路科研所.

金忠青. 1989. N-S方程的数值解和紊流模型. 南京：河海大学出版社.

康苏海. 2011. 三维水动力数值模拟及可视化研究. 大连：大连理工大学博士学位论文.

李洪. 2003. 丁坝水力学特性研究. 成都：四川大学博士论文.

李中伟，余明辉，段文忠，等. 2000. 丁坝附近局部流场的数值模拟. 武汉水利电力大学学报，33(3)：18－22.

林炳尧，黄世昌，蒋勇. 1996. 丁坝坝头冲刷坑的终极深度过程. 河口海岸工程，(1)：32－38.

卢无疆，贾建军，朱勇，等. 2001. 长江口深水航道整治一期工程南导堤群坝头局部冲刷试验研究. 海洋工程，19(2)：29－33.

陆永军. 1998. 航槽三维流动的数学模型. 应用基础与工程科学学报，6(1)：61－69.

茅锡华，何凤华. 1992. 应用漫水丁坝防治公路路基水毁的研究. 公路交通科技，9(1)：25－33.

南京水利科学研究院. 2006. 长江中游航道整治建筑物稳定性二、三维数学模型研究报告. 南京.

潘庆燊，余文畴. 1979. 国外丁坝研究综述. 人民长江，(3)：22－25.

彭静，玉井信行，河原能久. 2002. 丁坝坝头冲淤的三维数值模. 泥沙研究，(1)：25－29.

沙玉清. 1965. 泥沙运动学引论. 北京：中国工业出版社.

沈波. 1997. 丁坝局部冲刷的平面二维数学模型. 西安公路交通大学学报，17(3)：31－36.

沈焕荣，陈其慧，张云，等. 2001. 丁坝局部冲刷深度计算问题探讨. 四川大学学报，33(2)：3－8.

荣学文，王平义，程昌华，等. 2003. 丁坝的水毁机理及其平面二维水流数值模拟. 重庆：重庆交通大学硕士论文.

苏伟. 2013. 长江上游丁坝冲刷机理及维护措施研究. 重庆：重庆交通大学硕士学位论文.

谭维炎. 1997. 计算浅水动力学——有限体积法的应用. 北京：清华大学出版社.

唐银安，吴安江. 1997. 山区冲积性河流整治建筑物水毁原因及防治初探. 水运工程，(4)：37－40.

王福军. 2004. 计算流体动力学分析——CFD软件原理与应用. 北京：清华大学出版社.

王建军. 2007. 一种有限体积法三维水流悬沙数学模型研究. 天津：天津大学硕士学位论文.

王军. 1998. 丁坝冲深极限值的探讨. 合肥工业大学学报(自然科学版)，21(4)：96－99.

王军. 1998. 漫水丁坝坝头床沙起动流速研究. 合肥工业大学学报(自然科学版)，21(6)：88－92.

王军. 1999. 丁坝局部冲刷计算的理论探讨. 合肥工业大学学报(自然科学版)，22(14)：81－84.

王平义，程昌华，荣学文，等. 2004. 航道整治建筑物水毁理论及模拟技术. 北京：人民交通出版社.

王平义，高桂景. 2006. 长江中游航道整治丁坝稳定性关键技术研究报告. 重庆：重庆交通大学.

王平义，高桂景，刘怀汉. 2012. 丁坝周围床面受力的试验研究. 水运工程，(3)：1－6.

王平义，李晶，刘怀汉. 2009. 长江上游泸渝段航道整治建筑物水毁统计分析. 重庆.

王平义，荣学文，程昌华，等. 2001. 山区河流航道整治建筑物遭受异相耦合破坏作用的特征及仿真探讨. 重庆交通大学学报，20(B11)：109－111，115.

王平义，荣学文，程昌华，等. 2003. 山区冲积性河流整治建筑物水毁机理及防御系统研究报告. 重庆交通大学.

王平义，喻涛. 2011. 长江上游航道整治建筑物水毁机理研究报告. 重庆：重庆交通大学.

王平义，张继生，程昌华. 2003. 航道整治建筑物安全稳定性的模糊综合评定. 水动力学研究与进展，(19)：383－388.

吴持恭. 1979. 水力学. 北京：高等教育出版社.

吴望一. 1992. 流体力学. 北京：北京大学出版社.

夏云峰. 1990. 丁坝水流二维数值计算. 南京：南京水利科学研究院.

肖盛燮，王平义，吕恩琳. 1996. 模糊数学在水科学与工程中的应用. 成都：成都科技大学出版社.

应强，焦志斌. 2004. 丁坝水力学. 北京：海洋出版社.

应强，孔祥柏. 1995. 淹没丁坝群壅水试验研究. 水利水运科学研究，(1)：13－21.

喻涛，王平义，陈里. 2014. 非恒定流作用下丁坝坝体块石运动特点分析. 水利与建筑工程学报，12(3)：40－44.

喻涛，王平义，陈里，等. 2013. 不同结构型式丁坝稳定性实验研究. 人民长江，44(24)：54－57.

喻涛，王平义，陈里，等. 2014. 非恒定流作用下丁坝局部冲刷研究. 四川大学学报(工程科学版)，46(3)：31－36.

张宝琳，袁国兴. 1994. 偏微分方程并行有限差分方法. 北京：科学出版社.

张华庆. 1998. 河道及河口海岸水流泥沙数学模型研究与应用. 南京：河海大学博士学位论文.

张家善，王军. 1998. 群坝局部冲刷有关问题试验研究. 合肥工业大学学报(自然科学版)，21(3)：99－105.

张俊华，许雨新，张洪武，等. 1998. 河道整治及堤防管理. 郑州：黄河水利出版社.

张可，王平义，喻涛. 2012. 不同坝型丁坝坝体周围水流紊动特性试验研究. 水运工程，(07)：1－7.

张秀芳. 2012. 非恒定流作用下丁坝水毁试验研究. 重庆：重庆交通大学博士学位论文.

赵世强. 1989. 丁坝的冲刷机理和局部冲刷计算. 重庆交通大学学报，28(1)：13－21.

周冠伦. 2004. 航道工程手册. 北京：人民交通出版社.

周宜林. 2001. 淹没丁抽附近三维水流运动大涡数值模拟. 长江科学院院报，(5)：28－31.

周宜林，道上正规，桧谷治. 2004. 非淹没丁坝附近三维水流运动特性的研究. 水利学报，(8)：46－57.

GB 50286－2013. 2013. 堤防工程设计规范. 北京：中国计划出版社.

JTJ 312－2003，2004. 航道整治工程技术规程. 北京：人民交通出版社.

JTJ/T 232－98. 1999. 内河航道与港口水流泥沙模拟技术规程. 北京：人民交通出版社.

Jennifer Duan，Li H，Wang G Q，et al. 2011. Turbulent burst around experimental spur dike. International Journal of Sediment Research，26(4)：471－486，523.

Leendertse J J. 1967. Aspects of A Computational Model For Long-Period Water-Wave Propagation. California：Rand Corporation.

Lim S Y. 1993. Clear water scour in long contraction. Ice Proceedings Water Maritime and Energy，101(2)：93－98.

Lim S Y，Chiew Y M. 1994. 泥沙级配对丁坝附近冲刷的影响. 人民长江，25(1)：59－62.

Marchuk G I, Shaudurou V V. 1992. Difference Methods and its Extrapation. Berlin: Springer-Verlag.

Masjedi A, Dehkordi V, Alinejadi M, et al. 2010. Experimental study on scour depth in around a T-shape spur dike in a 180 degree bend. Journal of American Science, 6(10): 886—892.

Radspinner R R, Diplas P, Lightbody A F. et al. 2010. River training and ecological enhancement potential using in-stream structures. Journal of Hydraulic Engineering, 136(12): 967—980.

Rajaratnam N, Nwachukwu B. 1983. Flow near groin-like structures. Journal of Hydraulic Engineering, 109(3): 463—480.

Rodrigue-Gervais K, Biron Pascale M, Lapointe M F. 2011. Temporal development of scour holes around submerged stream deflectors. Journal of Hydraulic Engineering, 137(7): 781—785.

Sousa V, Bombardelli F A, Chanson H. 2009. Numerical simulation of rectangular dropshafts using a volume-of-fluid (VoF) technique//33rd IAHR Biennial Congress.

Suzuki K, Michue M, Hinokidani O. 1987. Local bed form around spur-dikes in alluvial channels. Proceedings of 22th IAHR. Lausanne.

Tingsanchali T, Maheswaran S. 1990. 2-D Depth-Averaged flow computation near groyne. journal of Hydraulic Engineering, 161(1): 71—86.

Vreugdenhil C B, Wijbenga H A. 1982. Computation of flow patterns in rivers. Journal of the Hydraulics Division, 108(11): 1296—1310.

Wang S Y, Langendoen J, Shields F D. 1997. Management of landscapes disturbed by channel incision. Mississippi: University of Mississippi.

W. James Shuttleworth. 2012. Terrestrial Hydrometeorology. New Jersey: Wiley-Blackwell.

Yan Ding, Mustsuto. 1997. Simulation of unsteady river flow modified depth-averaged turbulence model in orthogonal coordinates. Mississippi: The University of Mississippi.

Yanenko N N. 1971. The Method of Franctional Steps. Berlin: Springer-Verlag.

Yossef M F M, Vriend H J D. 2014. Sediment exchange between a river and its groyne fields: mobile-bed experiment. Journal of Hydraulic Engineering, 136(9): 610—625.

Yu T, Wang P Y, Chen L. 2013. Experimental study of the stability of spur dyke for different types. Journal of Applied Sciences, 13(19): 4040—4045.

Yu T, Wang P Y, Yang C Y, et al. 2011. Experimental study of water force acting on spur dike. Advanced Materials Research, (255—260): 3558—3562.

Yu T, Wang P Y, Gao G J. 2010. Turbulence kinetic and local scour around spur dike//2010 Conference on Modern Hydraulic Engineering, (11): 46—50.

附图

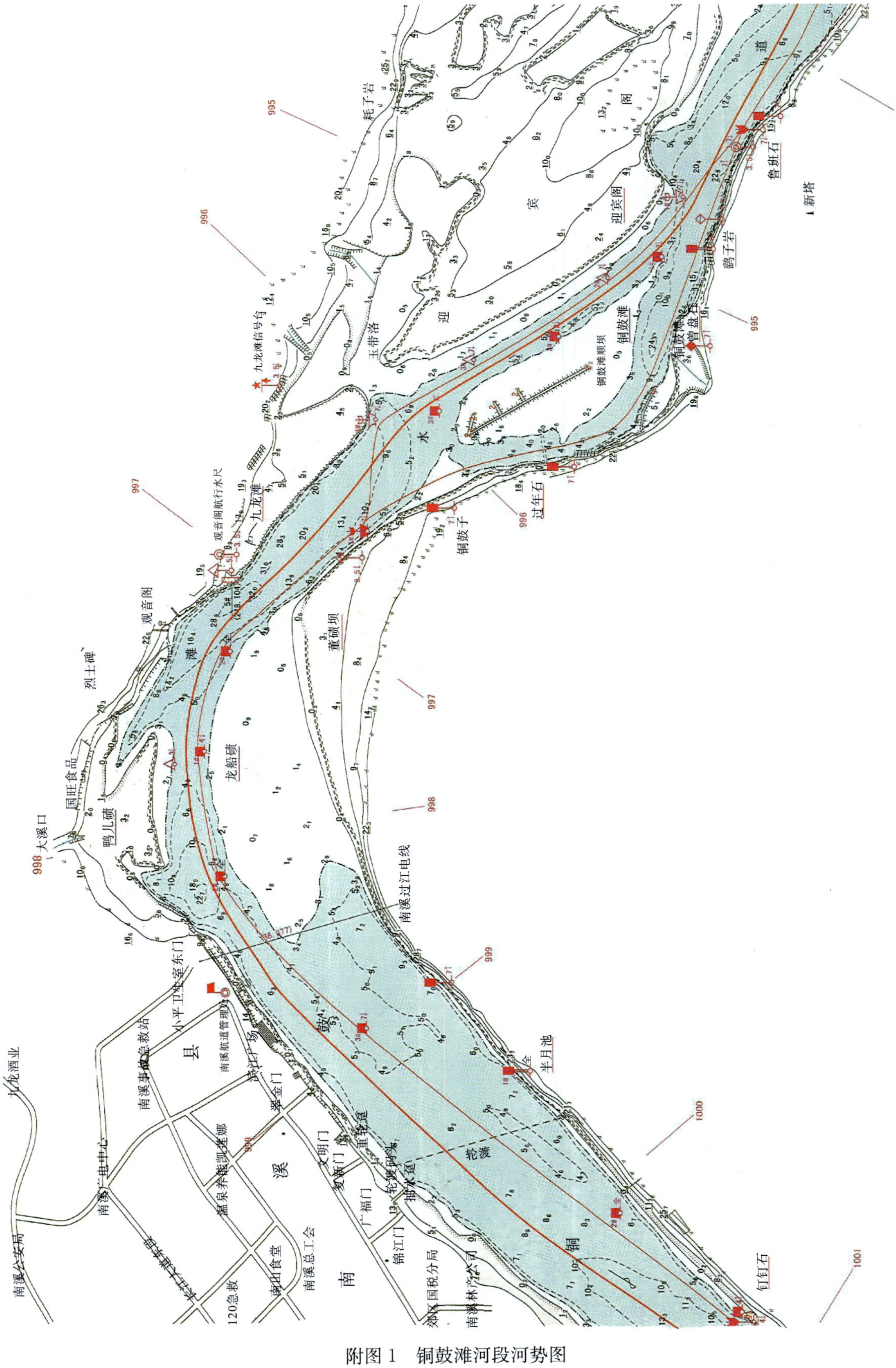

附图1　铜鼓滩河段河势图

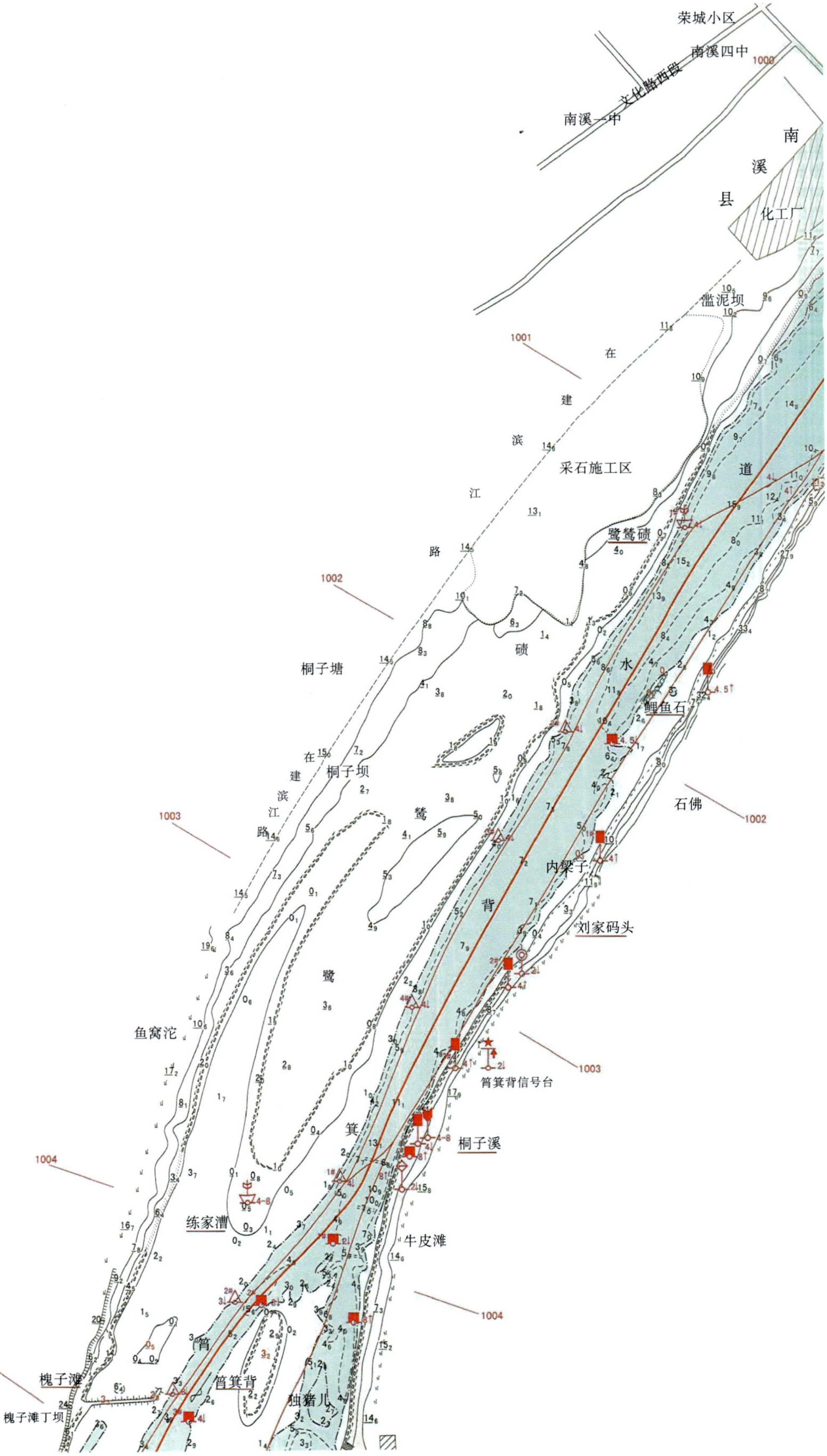

附图 2　筲箕背河段河势图